房屋开发总公司

已竣工生产的中能建华东电力装备有限公司异地重建项目

伍润粤海国际酒店

已竣工入住的兴润家园安置小区项目

正在建设中的镇江实验学校远洋分校项目

图书在版编目（CIP）数据

润州年鉴. 2018 / 润州区史志档案办公室编. —北京:方志出版社，2018. 9
ISBN 978-7-5144-3233-6

Ⅰ. ①润… Ⅱ. ①润… Ⅲ. ①区（城市）—镇江—2018—年鉴 Ⅳ. ①Z525.33

中国版本图书馆 CIP 数据核字（2018）第205370号

润州年鉴（2018）

编　　者：	润州区史志档案办公室
责任编辑：	李　静
出 版 人：	冀祥德
出 版 者：	方志出版社
	地址　北京市朝阳区潘家园东里 9 号(国家方志馆 4 层)
	邮编　100021
	网址　http://www.fzph.org
发　　行：	方志出版社图书经销中心
	电话 (010) 67110500
经　　销：	各地新华书店
印　　刷：	扬中市人民印刷有限公司
开　　本：	889 × 1194　　1 / 16
印　　张：	14
字　　数：	550 千字
版　　次：	2018年9月第 1 版　2018年9月第 1次印刷
印　　数：	0001~1000 册

ISBN 978-7-5144-3233-6　　定价：280. 00 元

润州年鉴

2018

总第16卷

镇江市润州区人民政府主办
润州区史志档案办公室编

方志出版社

《润州年鉴》主审

高国成　　徐心田

《润州年鉴》编审人员

主　　编　贾敬远

副 主 编　江朝民　华晨明

编　　辑　谢竞美　田　岽　何春华　孙　伟　薄开鹏

封面题字　王明龙

编辑说明

一、《润州年鉴》以马克思列宁主义、毛泽东思想、邓小平理论、“三个代表”重要思想、科学发展观为指导，贯彻落实习近平总书记系列重要讲话精神和治国理政新理念新思想新战略，坚持辩证唯物主义和历史唯物主义的立场、观点和方法，是镇江市润州区人民政府主办，区政府办公室、区史志档案办公室具体承办的综合性地方年鉴，旨在记载润州区经济、政治、文化、社会、生态文明等建设方面的成就、经验及发展情况，为了解润州、研究润州、发展润州提供信息密集、准确权威的地情资料，也为续修《润州区志》积累史料。

二、《润州年鉴(2018)》为《润州年鉴》总第16期，记述时限为2017年1月1日至2017年12月31日。为保持年鉴的完整性、实用性，部分资料的时间略有前溯和后延。

三、全书采用条目体，分类编辑。全书共55余万字，分类目、分目、条目3个层次，共设27个类目、130个分目、467个条目、45个表格、黑白图照36幅。条目为记述实体，其标题用黑体字节加【】表示。

四、本年鉴所用稿件由区各部门、单位专人撰写，(部分内容由编辑自撰或收录媒体发表的文章)经各单位领导审阅后定稿，在条目后署撰稿人姓名或单位，一个分目内同一作者的连续几个条目，署在最后一个条目。所有稿件均经过编辑部编辑加工，并经区地方志编委会审定。正文中数据由撰稿单位提供，如数据不一致的以区统计局提供的数据为准。量和单位的使用，执行国家标准。为保持文章原貌，“特载”“重要文件选录”等类目中的工作报告、文件、文章所涉及的数据、计量单位不作改动。

五、本年鉴在编辑过程中得到方志出版社和市史志办公室专家的热情指导，全区各级领导和有关方面给予了热情支持，在此一并致谢。由于编辑人员水平有限，疏漏错误之处在所难免，在此谨表歉意。

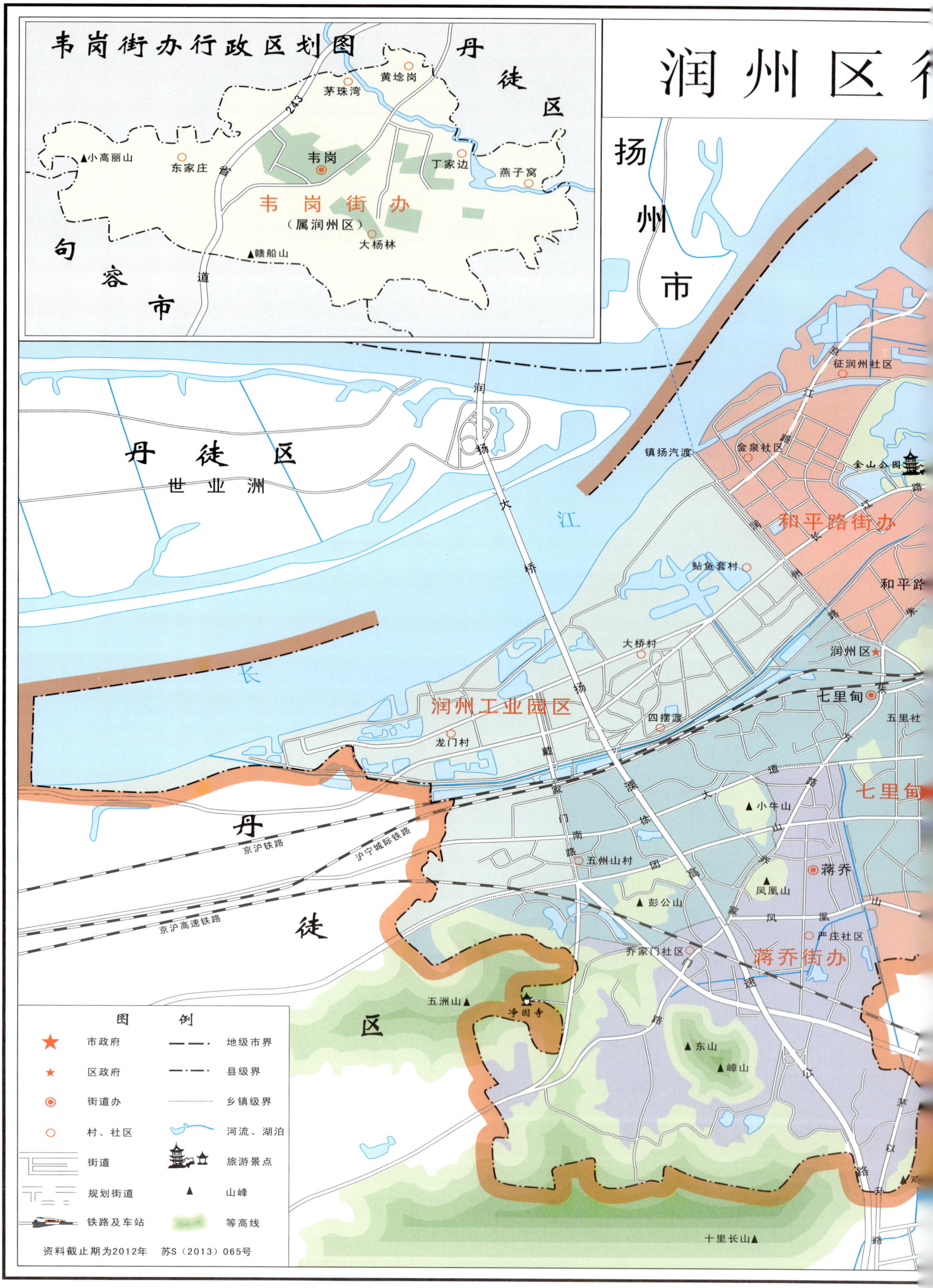

润州区
韦岗街办行政区划图
丹徒区
黄埝岗
茅珠湾
243
小高丽山
东家庄
韦岗
丁家边
燕子窝
韦岗街办
（属润州区）
大杨林
赣船山
句容市
首
道
扬州市
征润州社区
金泉社区
金山公园
镇扬汽渡
和平路街办
和平路
丹徒区
世业洲
江
长
鲇鱼套村
大桥村
润州区
七里甸
五里社
七里甸
润州工业园区
四摆渡
龙门村
小牛山
蒋乔
凤凰山
彭公山
五州山村
京沪铁路
沪宁城际铁路
京沪高速铁路
丹
徒
区
严庄社区
乔家门社区
蒋乔街办
五洲山
净因寺
东山
嶂山
十里长山
图例
市政府
区政府
街道办
村、社区
街道
规划街道
铁路及车站
地级市界
县级界
乡镇级界
河流、湖泊
旅游景点
山峰
等高线
资料截止期为2012年 苏S（2013）065号

政区划图

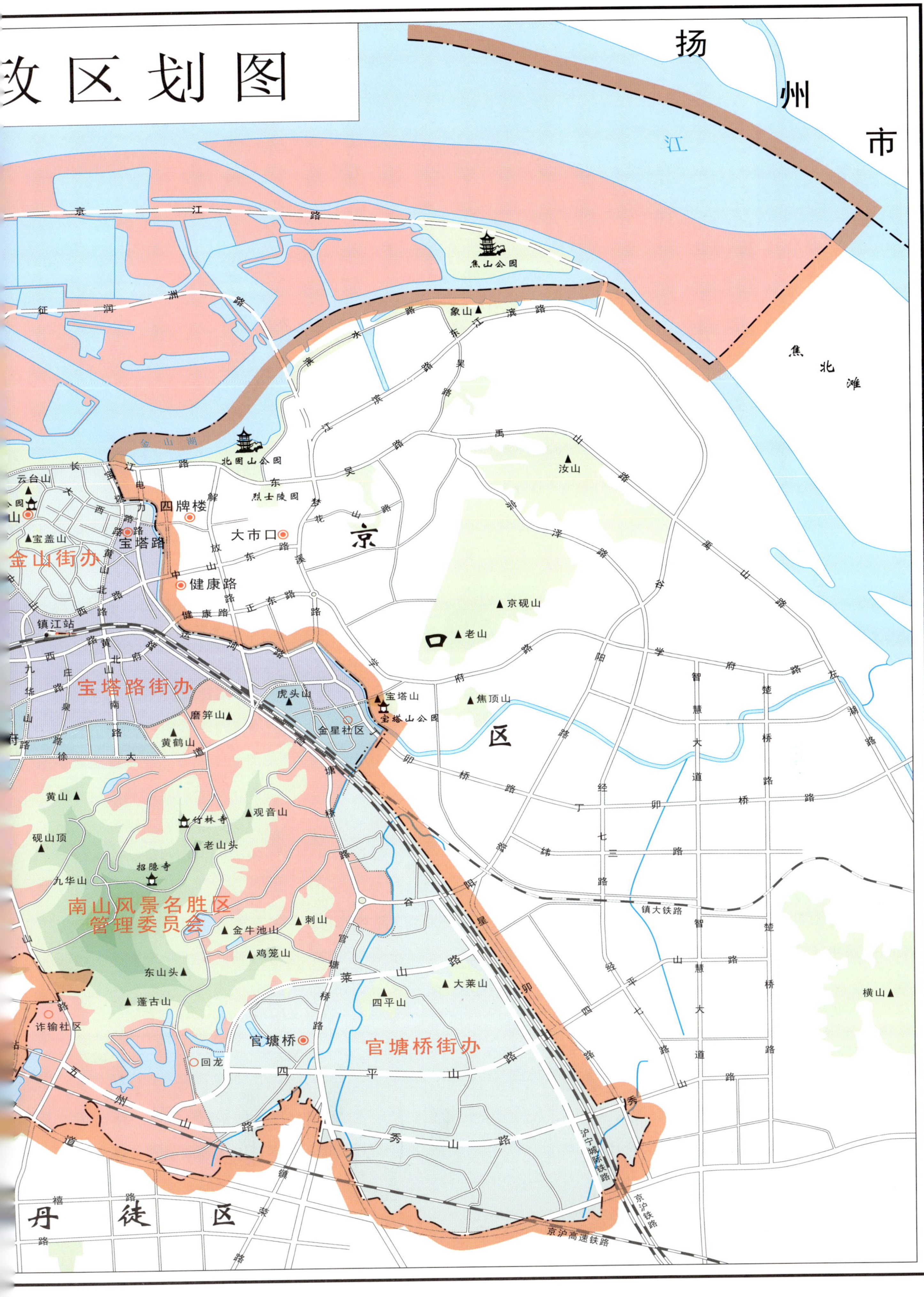

扬
州
市
江
焦北滩
京江路
征润洲路
焦山公园
象山
东吴路
江滨路
北固山公园
长江路
云台山
宝盖山
金山街办
四牌楼
大市口
宝塔路
健康路
解放路
中山东路
正东路
烈士陵园
梦溪路
花山湾路
禹山路
汝山
京
口
区
京砚山
老山
学府路
焦顶山
宝塔山
宝塔山公园
金星社区
虎头山
磨笋山
黄鹤山
镇江站
宝塔路街办
黄山北路
九华山路
中山西路
运河路
谷阳路
丁卯桥路
经三路
经七路
纬三路
镇大铁路
智慧大道
楚桥路
东湖路
智山路
黄山
观音山
竹林寺
老山头
砚山顶
招隐寺
九华山
南山风景名胜区
管理委员会
刺山
金牛池山
鸡笼山
东山头
蓬古山
谷阳大道
大莱山
四平山
官塘桥
官塘桥街办
官塘桥路
莱山路
四平山路
回龙
诈输社区
五州山路
秀山路
横山
沪宁城际铁路
京沪铁路
京沪高速铁路
丹
徒
区
禧路
镇荣路

不忘初心，牢记使命，为开创润

区委书记 高国成

2017年，在市委市政府坚强领导下，润州区全力支持镇江高新区管理体制调整完善，攻坚克难、埋头实干，圆满完成年度主要目标任务。针对区域管辖范围、产业结构调整带来的新变化、新形势，润州区积极应对，着力发展城市经济，经济发展稳中有进。全年完成地区生产总值208.35亿元，比上年增长7%；固定资产投资164.84亿元,增长1.5%；一般公共预算收入15.1亿元；社会消费品零售总额119.83亿元，增长10.5%。22个重点产业项目完成年度建设任务，魔幻海洋世界、星光时代广场、移动物联网中心等省市重点产业项目进展良好，西津渡旅游风情小镇列入市级首批特色小镇；韦岗旅游康养产业、启迪协信镇江科技城等项目签约落户。金山包装、正茂集团2个产品获市“单打冠军”称号。入选市“金山英才计划”13个，其中国家级人才2名，现代服务业类入选数全市第一。新增四上企业21家，全区实有各类市场主体29123户、同比增长23%。生态环境显著改善。深入开展“263”专项行动，实施年度重点生态项目19个。“一湖九河”水环境整治、“水岸共治”十大行动取得实效。城市建设持续加快。实施民主街、小街、官塘片区等棚户区、城中村改造项目11个，完成改造3739户、30.24万平方米，占市区改造总数的70%以上。加大违法用地查处和整改力度，获省“土地执法先进区”荣誉称号。民生事业扎实推进。城镇新增就业1.1万人、扶持创业1358人，获评省级创业型街道1个、创业型村（社区）11个、大学生创业优秀项目3个，镇江农批市场被评为省级创业孵化基地。新增1个老年人日间照料中心、12个老年助餐点。荣获省“残疾人工作先进区”称号，成为全市唯一的全国残疾预防综合试验区。教育现代化建设水平综合得分位居全省县（市、区）第一，创成省首批基础教育装备示范区、省平安校园建设示范区。

“强富美高”新局面而团结奋斗！

坚持务实创新

切实提升工作水平

坚持把握重点

不断强化监督职能

坚持优化服务

认真做好代表工作

坚持提升能力

全面加强自身建设

区人大常委会主任 范永放

镇江市润州区第九届人民代表大会第二次会议现场

（本版摄影：陈岗　陆彦杰）

不忘初心，牢记使命，为开创润

区委副书记、区长　徐心田

经济发展稳中有进
生态环境显著改善
城市建设持续加快
民生事业扎实推进
重点改革蹄疾步稳

大会选举产生的国家机关工作人员向宪法宣誓

“强富美高”新局面而团结奋斗！

强化理论武装，夯实思想基础

聚焦中心任务，服务城市发展

坚持履职为民，增进民生福祉

丰富监督形式，注重发挥实效

加强自身建设，提高履职能力

区政协主席 蔡文龙

政协镇江市润州区第六届委员会第二次全体会议现场

（本版摄影：陈岗 陆彦杰）

南城新貌　陈岗 摄

金山秋色　陈岗 摄

润州便览 2017

【数字润州】

土地面积88.87平方公里
户籍总人口为24.2万人
7个街道　3个场圃
8个行政村　51个社区
地区生产总值208.35亿元
财政总收入26.74亿元
全社会固定资产投资164.84亿元
社会消费品零售总额119.83亿元
外贸进出口总额3.42亿美元
中小学17所
在校学生16961人
城乡基本社会保险覆盖率98%
城镇登记失业率1.59%
城镇常住居民人均可支配收入45120元
农村常住居民人均可支配收入25455元
城镇常住居民人均消费支出27202元
农村常住居民人均消费支出18685元

【辖区内风景名胜】

全国重点文物保护单位：镇江英国领事馆旧址、昭关石塔
全国重点寺庙道观：金山江天禅寺
国家重点风景名胜区：“三山”风景名胜区中的“金山”
国家AAAAA级旅游风景区：金山公园
国家AAAA级旅游风景区：镇江博物馆、南山风景区
国家森林公园：南山国家森林公园
省级风景名胜区：南山风景名胜区、西津渡历史文化街区

【荣誉】

全国科技进步先进区
江苏省社会治安安全区
江苏省工会工作模范区
江苏省依法行政示范点
江苏省土地执法模范区
江苏省素质教育实验区
江苏省社区建设示范区
江苏省社区卫生服务先进区
江苏省人口和计划生育工作示范区
江苏省科普示范区
党建工作先进区
江苏省科技进步考核先进区
江苏省残疾人社区康复先进区

区政府所在地位于北纬32°11′42″、东经119°24′20″。
地址：镇江市润州路5号
邮政编码：212005
政府网站为“中国•润州”（网址「http://www.runzhou.gov.cn」）。

总 目 录

特　载

专　记

润州概况

2017 年大事记

中共润州区委员会

润州区人民代表大会

润州区人民政府

政协润州区委员会

中共润州区纪律检查委员会

民主党派·工商联

群众团体

法治·人民武装

综合管理

农业·水利

工业·服务业

城乡建设·环境保护

商业经济

财政·税务·审计·金融

教　育

科技·卫计·广播电视·文化·体育

居民生活与社会保障

街道·园区·场圃

人　物

荣誉榜

文件选录·题录

统计资料

彩色画页

索　引

《润州年鉴》主要机构(单位)简称全称对照表

简　称	全　　称	简　称	全　　称
区　委	中国共产党镇江市润州区委员会	规划分局	镇江市规划局润州分局
区人大	镇江市润州区人民代表大会常务委员会	国税二分局	镇江市国家税务局第二税务分局
区政府	镇江市润州区人民政府	地税三分局	镇江市地方税务局第三税务分局
区政协	中国人民政治协商会议镇江市润州区委员会	区环保局	镇江市润州区环境保护局
纪　委	中国共产党镇江市润州区纪律检查委员会	国土分局	镇江市国土资源局润州分局
法　院	镇江市润州区人民法院	城管局	镇江市润州区城市管理局
检察院	镇江市润州区人民检察院	科技局	镇江市润州区科学技术局
政法委	中共镇江市润州区委政法委员会	科　协	镇江市润州区科技技术协会
区委办	中共镇江市润州区委办公室	人社局	镇江市润州区人力资源和社会保障局
人大办	镇江市润州区人民代表大会常务委员会办公室	安监局	镇江市润州区安全生产监督管理局
政府办	镇江市润州区人民政府办公室	机关事务服务中心	镇江市润州区政府机关事务服务中心
政协办	政协镇江市润州区委员会办公室	工贸总公司	镇江市润州区工贸总公司
统战部	中共镇江市润州区委统一战线工作部	编　办	镇江市润州区机构编制委员会办公室
机关工委	中共镇江市润州区委区级机关工作委员会	台　办	中共镇江市润州区委台湾工作办公室
信访局	镇江市润州区信访局		镇江市润州区人民政府台湾事务办公室
法制办	镇江市润州区政府法制办公室	台谊会	镇江市润州区台属联谊会
史志档案办	镇江市润州区史志档案办公室	侨　办	镇江市润州区人民政府侨办办公室
团区委	共青团镇江市润州区委员会	侨　联	镇江市润州区归国华侨联合会
妇　联	镇江市润州区妇女联合会	工商联	镇江市润州区工商业联合会
文明委	镇江市润州区精神文明建设指导委员会	残　联	镇江市润州区残疾人联合会
区广播电视台	镇江市润州区广播电视台	供销社	镇江市润州区供销合作总社
关工委	镇江市润州区关心下一代工作委员会	环卫所	镇江市润州区环境卫生管理所
财政局	镇江市润州区财政局	作　协	镇江市润州区作家协会
农　委	镇江市润州区农业委员会	书　协	镇江市润州区书法家协会
发改经信委	镇江市润州区发展改革和经济信息化委员会	民革润州支部	中国国民党革命委员会 镇江市委员会润州区支部
商务局	镇江市润州区商务局	民建润州支部	中国民主建国会镇江市委员会润州区支部
公安分局	镇江市公安局润州分局	城投公司	镇江市润州区城市建设投资公司
市场监管局	镇江市润州区市场监督管理局	城管润州执法大队	镇江市城市管理执法支队润州大队

目　录

特　载

推动城市经济大发展大繁荣 …………………… 1
政府工作报告 ……………………………………… 6

专　记

蒋乔街道整建制委托给镇江高新区管理 …… 12
润州“注册E线通”项目启动 …………………… 12
“周末课堂”荣获“区级党员教育实境课堂”荣誉称号 ………………………………………… 13

润州概况

区情概要 ……………………………………… 14
位置、面积、区划 ……………………………… 14
交通 ……………………………………………… 14
地貌、资源 ……………………………………… 14
雨情、水情、气象 ……………………………… 15
风景名胜 ………………………………………… 15
民族、方言 ……………………………………… 15
人口 ……………………………………………… 15

经济建设 ……………………………………… 15
概况 ……………………………………………… 15
农业 ……………………………………………… 15
工业 ……………………………………………… 16
服务业 …………………………………………… 16
项目建设 ………………………………………… 16
外贸外经 ………………………………………… 16

政治建设 ……………………………………… 16
概况 ……………………………………………… 16

文化建设 ……………………………………… 16
概况 ……………………………………………… 16

社会建设 ……………………………………… 16
概况 ……………………………………………… 16

生态文明建设 ………………………………… 17
概况 ……………………………………………… 17

润州区组织机构及领导人名录 ……………… 17
中共镇江市润州区委员会 ……………………… 17
润州区人大常委会 ……………………………… 18
润州区人民政府 ………………………………… 19
政协润州区委员会 ……………………………… 21
润州区纪律检查委员会(监察局) ……………… 22
润州区人民法院 ………………………………… 22
润州区人民检察院 ……………………………… 22
润州区人武部 …………………………………… 23
群众团体 ………………………………………… 23
街道、场圃、园区 ……………………………… 23

2017 年大事记

1月 ……………………………………………… 26
2月 ……………………………………………… 26
3月 ……………………………………………… 27
4月 ……………………………………………… 29

5月 …… 30
6月 …… 30
7月 …… 31
8月 …… 32
9月 …… 33
10月 …… 34
11月 …… 34
12月 …… 35

中共润州区委员会

区委常委领导分工 …… 37

中共镇江市润州区第八届委员会委员、候补委员名单 …… 37

综述 …… 38
概况 …… 38
区委办公室工作 …… 38
保密工作 …… 39

重要会议 …… 39
中共润州区第八届委员会第三次全体会议 …… 39
中共润州区第八届代表大会第二次会议 …… 39

组织工作 …… 40
概况 …… 40
“三聚三提五创”开展 …… 41
干部教育格局常态化 …… 41
“润苗工程”实施 …… 41
中层干部选拔任用规范 …… 41
“两学一做”学习教育常态化制度化 …… 41
红色形象体系建设 …… 41
“书记项目”高标实施 …… 42
村社干部队伍建设 …… 42
“示范集群”分类打造 …… 42
校地合作 …… 42

宣传工作 …… 44
概况 …… 44
项目化推进机制 …… 46
对外宣传工作 …… 46
典型培树 …… 46
网络社会组织工作 …… 46
宣传系统“业务沙龙” …… 46

统战工作 …… 47
概况 …… 47
思想政治工作 …… 47
基层统战工作 …… 47
服务城市工作 …… 47
民宗侨台工作 …… 47
中央统战部到润州调研考察网络社会组织统战工作 …… 48

对台工作 …… 48
概况 …… 48
项目招引 …… 48
互动交流 …… 48
优化环境 …… 48
基层交往 …… 48
“两岸交流交往30周年纪念”活动 …… 48

信访工作 …… 49
概况 …… 49
加强接访下访,减少矛盾激化上行 …… 49
加强基层基础,维护良好信访秩序 …… 49
加强隐患排查,着力源头预防化解 …… 49
加强积案攻坚,切实提高办结率 …… 49
加强人员稳控,确保敏感时期安全 …… 49

史志工作 …… 50
概况 …… 50
《润州年鉴(2017)》出版发行 …… 50

档案工作 …… 50
概况 …… 50
档案资源体系建设 …… 50
档案利用体系建设 …… 50
档案安全体系建设 …… 50
档案法制宣传 …… 50

机关党建工作 …… 50
概况 …… 50
“书记项目”实施 …… 51

老干部工作 …… 51
概况 …… 51
润州区老年人体育协会 …… 52
润州区诗词协会 …… 52

党校工作 …… 53
概况 …… 53

润州区人民代表大会

区人大常委会主任、副主任工作分工 …… 54

区人大常委会组成人员名单 …… 54

综述 …… 54
概况 …… 54
重要视察活动 …… 56

重要会议 …… 57
区人大常委会议 …… 57
区人大主任会议 …… 57
区第九届人民代表大会第二次会议 …… 57

润州区人民政府

区长、副区长工作分工 …… 61

重要会议 …… 62
润州区政府召开政府组成人员全体(扩大)会议 …… 62
区政府常务会议 …… 62

综合服务和协调工作 …… 63
区政府办公室工作 …… 63
外事工作 …… 65
为民公开服务电话和效能监督工作 …… 65

机关事务服务中心工作 …… 66
概况 …… 66

侨务工作 …… 67
概况 …… 67
涉侨经贸科技对接平台搭建 …… 67
引资引智渠道开拓 …… 67
华侨华人高层次人才工作 …… 67
侨企助推转“侨经服务行动” …… 67
实施“归侨侨眷关爱工程” …… 67
侨务法治建设 …… 67
涉侨依法行政 …… 67
“侨情涵养行动” …… 67
社区侨务工作 …… 67
侨务外宣“传递乡情行动” …… 68

政协润州区委员会

政协润州区第六届委员会主席、副主席、秘书长工作分工 …… 69

政协润州区第六届委员会常务委员会 …… 69

综述 …… 69
概况 …… 69
强化理论武装,夯实思想基础 …… 69
聚焦中心任务,服务城市发展 …… 70
坚持履职为民,增进民生福祉 …… 70
丰富监督形式,注重发挥实效 …… 71
加强自身建设,提高履职能力 …… 71
政协六届二次全体会议 …… 71

重要建议 ……
抢抓机遇 奋发作为 开拓同城化背景下润州产业发展新空间 …… 72
关于打造教育现代化强区的建议案 …… 72
关于加快设立润州区产业引导基金的建议案 …… 72

中共润州区纪律检查委员会

润州区纪委常委、委员名单 …… 75

综述 …… 75
概况 …… 75
严把“三道关”,确保“廉洁”过“廉节” …… 76
夯实基层纪检监察组织建设 …… 76
“阳光纪检 执纪为民”走访专项行动 …… 76
学习中共十九大精神 …… 76
部署区委第二轮巡察工作 …… 77
巡察整改制度 …… 77
“村账镇管”全覆盖,多措并举防违纪 …… 77
提升信访案件查办质量 …… 78

民主党派·工商联

民革润州支部 …… 79
概况 …… 79

民盟润州支部 …… 80
概况 …… 80

民建润州基层委员会 …… 80
概况 …… 80

民进润州综合支部 …… 81
概况 …… 81

农工党润州支部 …… 82
概况 …… 82

致公党润州总支委员会 …… 83
概况 …… 83

九三学社润州委员会 …… 84
概况 …… 84

润州区工商业联合会 …… 85
概况 …… 85

群众团体

润州区总工会 …… 87
概况 …… 87
“微创新”工程 …… 87
职工技能竞赛 …… 87
构建和谐劳动关系 …… 87
区总工会与工商联联席会议制度 …… 87
评选润州区首届劳动模范 …… 88
“菜单式”培训 …… 88

共青团润州区委员会 …… 88
概况 …… 88
基层组织建设 …… 88
青年创业就业 …… 89
青年志愿者服务工作 …… 89
青少年违法犯罪 …… 89
学校及少先队工作 …… 89

润州区妇女联合会 …… 89
概况 …… 89
开展“巾帼心向党，建功新时代”学习教育活动 …… 89
推进妇联改革 …… 90
妇女创新创业 …… 90
组织宣传 …… 90
妇儿合法权益 …… 90
妇儿发展环境 …… 90

润州区科学技术协会 …… 90
概况 …… 90
指导基层开展各项创建活动 …… 90
创新驱动 …… 90
传统科普宣传活动特色亮眼 …… 91
农技协建设 …… 91
众创平台建设 …… 91

润州区文学艺术界联合会 …… 91
概况 …… 91
“最美家乡”润州区美术写生创作采风活动 …… 91
润州区菊吟京剧协会 …… 91
艺术普及工作 …… 91
诗教创先 …… 91
诗词创作 …… 91
《润州诗词》《风雅润州》诗集付梓 …… 91
何春华《向左向右》作品研讨 …… 92
纯子获全球汉语爱情诗大赛奖 …… 92
罗戎平出版《地域的文化立场》 …… 92
姚凤英出版散文集《野草萋萋》 …… 92
姜国强出版散文集《家乡的船》 …… 92

润州区残疾人联合会 …… 92
概况 …… 92
成功申报全国残疾预防试验区创建试点 …… 92
润州区残疾人综合服务中心项目建设 …… 93
街道“残疾人之家”全覆盖 …… 93

润州区红十字会 …… 93
概况 …… 93

润州区归国华侨联合会 …… 93
概况 …… 93

关心下一代工作 …… 95
概况 …… 95

法治·人民武装

政法委及综治工作 …… 98
概况 …… 98
全区政法工作会议 …… 99
“政法干警永远忠于党”主题教育活动 …… 99
全区社会矛盾和安全隐患大排查大整治 …… 99
“锣声敲响30年·平安润州谱新篇”主题活动暨“平安锣”表彰 …… 99

法制政府建设 …… 100
概况 …… 100
润州区委、区政府举行法律顾问聘任仪式 …… 100

公安 …… 101
概况 …… 101

检察 …… 103
概况 …… 103

法院 …… 105
概况 …… 105
审判方式改革 …… 106
审判队伍建设 …… 106

司法行政工作 …… 106
概况 …… 106
润州区司法局联合六部门完成基层司法所体制改革 …… 110
深入开展“美好生活　法律相伴”活动 …… 110

人民武装 …… 110
概况 …… 110
润州区举行2017年度军队院校招生政策宣讲 …… 110
镇江军分区领导调研润州区人武工作 …… 111

综合管理

经济发展与计划管理 …… 112
概况 …… 112

国有资产管理 …… 113
概况 …… 113

国土资源管理 …… 113
概况 …… 113

安全生产监督管理 …… 114
概况 …… 114

交通管理 …… 116
概况 …… 116
官塘新城建设 …… 116
农村公路管养 …… 117
“五项行动”整治 …… 117
行业管理 …… 117
法治建设 …… 117
安全生产 …… 117
党风廉政建设 …… 117

人事劳动管理 …… 117
概况 …… 117

物价管理 …… 118
概况 …… 118
行政审批制度改革，建立健全收费监管制度 …… 118
行政事业性收费事中事后监管 …… 119
平价商店提档升级，开展平价惠民365宣传月活动 …… 119
物业、停车收费管理 …… 119
完善价格监测体系 …… 120
市场价格检查，维护市场价格稳定 …… 120
节日期间政策提醒会 …… 120
商品房销售明码标价专项检查 …… 120
教育收费专项检查 …… 120
涉企收费专项检查 …… 120
价格举报工作 …… 120
拓展价格认证领域，提高认证业务水平 …… 120
“两学一做”活动 …… 121

支部党建工作 …… 121
惠民大走访活动 …… 121

市场监督管理 …… 121
概况 …… 121

统计管理 …… 123
概况 …… 123

农业·水利

农业 …… 125
概况 …… 125
农业生产提质增效 …… 125
生态环境持续改善 …… 125
农村改革进一步深化 …… 125
行政执法力度持续加大 …… 126
安全生产工作不断加强 …… 126
事中事后监管能力显著提升 …… 126

水利 …… 126
概况 …… 126
机关作风建设 …… 127
水法规宣传 …… 128

工业·服务业

工业 …… 129
概况 …… 129
亮点工作 …… 129

服务业 …… 130
概况 …… 130
产业情况 …… 130
主要工作 …… 130

工贸总公司 …… 131
概况 …… 131
“两学一做”学习教育常态化、制度化 …… 131
党风廉政建设“两个责任” …… 131
“书记项目” …… 131
企业改制工作 …… 131
企业债务风险 …… 131
房屋征收工作 …… 131

供销合作总社 …… 131
概况 …… 131
综合改革工作 …… 131
项目建设 …… 132
为农服务 …… 132
党建工作 …… 132

城乡建设·环境保护

城乡建设综述 …… 133
概况 …… 133

城市建设 …… 133
概况 …… 133
电力路道路提升与海绵化改造工程竣工 …… 133
枣林路中段通车 …… 134
庆丰圩路建成 …… 134
润州山路南段(中山西路至崇实女中段)建成通车 …… 134
润州区完成2017年街头绿地建设任务 …… 134
文苑竹林景区景观提升工程竣工 …… 134
赛珍珠文化公园建成开放 …… 134
南徐新城商务办公B区1号楼获国家优质工程奖 …… 135
城区防汛工作 …… 135

住房管理 …… 135
概况 …… 135
重点工程房屋征收拆迁 …… 135
富润华庭五期安置房小区竣工 …… 135
扬溧高速南出入口安置房(兴润家园)竣工 …… 135
紫园安置房小区建成交付 …… 135
危旧房解危工作 …… 136
住房保障工作 …… 136
住宅小区物业管理工作 …… 136
国信停车场项目竣工 …… 136
润州区6个老小区物业提升改造竣工 …… 136

建筑业管理 …… 136
概况 …… 136
区属建筑施工企业的发展 …… 136

建筑业安全生产管理 …… 137
区属施工企业文明工地创建和环境整治 …… 137

区属房地产开发 …… 137
润州区房地产开发总公司 …… 137
润州区土地房屋开发总公司 …… 137
南山里项目用地挂牌交易 …… 138
龚家湾棚户区改造项目 …… 138
张家湾棚户区改造项目 …… 138
何家湾棚户区改造项目 …… 138
蚕桑路西延工程建设 …… 138
沟西路建设项目 …… 138
华东列电厂异地重建项目陆续交付 …… 138
镇江实验学校远洋分校项目主体完工 …… 138
兴润家园安置小区全面竣工 …… 138

城乡卫生管理 …… 138
概况 …… 138
市容环境面貌 …… 138
重点难点工作 …… 138
城管队伍形象建设 …… 139
润州区环卫所 …… 139

城管执法 …… 139
概况 …… 139
加强队伍建设，规范执法行为 …… 139
加大整治力度，落实长效管理 …… 139
深化为民服务，营造良好氛围 …… 140

环境保护 …… 140
概况 …… 140
“两减六治三提升”专项行动 …… 140
生态建设重点项目 …… 141
中央环境督察组交办问题整改“回头看” …… 141
国控断面达标考核工作 …… 141
环境监管 …… 141
环境保护宣传力度 …… 141

商业经济

综述 …… 142
概况 …… 142

利用外资及港资 …… 142
概况 …… 142

对外招商 …… 143
概况 …… 143

商贸流通 …… 143
概况 …… 143

对外贸易 …… 143
概况 …… 143

对外经济技术合作 …… 144
概况 …… 144
中船西门子新品发布会 …… 144
举办润州区城市经济发展论坛 …… 145
赴丹麦挪威招商引资 …… 145

财政·税务·审计

财政 …… 146
概况 …… 146

国税 …… 147
概况 …… 147

地税 …… 148
概况 …… 148

审计 …… 148
概况 …… 148
审计全覆盖 …… 149
固定资产投资审计 …… 149
卫生系统财务收支审计 …… 149

金融 …… 149
概况 …… 149

教　育

综述 …… 151
概况 …… 151

幼儿教育 …… 152
概况 …… 152

中小学教育 …… 154
概况 …… 154

职业教育 …… 155
概况 …… 155

社会教育 …… 155
概况 …… 155

师资队伍 …… 155
概况 …… 155

重点学校、幼儿园介绍 …… 156
镇江市朱方路小学简介 …… 156
金山水城幼儿园简介 …… 156

科技·卫生·广播电视·文化·体育

科学技术 …… 157
概况 …… 157
科技招商 …… 157
优化创新发展环境 …… 157
知识产权保护 …… 158

卫生与计划生育 …… 158
概况 …… 158
人口计生工作 …… 158
疾控应急工作 …… 159
卫生监督工作 …… 159
润州区人民医院 …… 159

广播电视 …… 160
概况 …… 160
发挥全媒体平台宣传 …… 160
规范管理安全播出 …… 160
健全完善内部体系 …… 161

文化 …… 161
概况 …… 161
校园文化建设 …… 161
文化遗产保护 …… 162
润州区文化馆 …… 162
润州区图书馆 …… 162

体育 …… 164
概况 …… 164

居民生活与社会保障

民政工作 …… 167
概况 …… 167
现代民政示范区建设 …… 167
救灾救济 …… 167
现代社区治理创新实验区建设 …… 167
参与式治理 …… 168
区域性社区服务中心建设 …… 168
社区党组织为民服务专项工作 …… 168
第十一届村委会和第六届居委会换届选举后续工作 …… 168
第二次全国地名普查 …… 168
全国地名词典编撰 …… 168
区划调整 …… 168
双拥优抚 …… 168
老龄工作 …… 169
社会福利 …… 169
社会事务管理 …… 169

民族·宗教 …… 169
概况 …… 169
机构设置 …… 169
民族工作 …… 170
宗教工作 …… 170

润州区慈善总会 …… 171
概况 …… 171

润州区见义勇为基金会 …… 172
概况 …… 172

社会保障 …… 175
概况 …… 175
社会保障量质齐升 …… 175
城乡低保工作 …… 175
特困群体救助 …… 175

街道·园区·场圃

七里甸街道 …… 176
概况 …… 176
搭建平台提升社会服务水平 …… 177
夯实阵地营造精神文化家园 …… 177
创新模式丰富统战工作内涵 …… 177
树造品牌彰显基层党建活力 …… 177

官塘桥街道 …… 178
概况 …… 178
学法遵法普法用法 …… 180
防范和打击非法集资 …… 180
重点工作 …… 180
举办趣味运动会乐翻乡村娃 …… 180
举办“家在润州”广场演出 …… 181

宝塔路街道 …… 181
概况 …… 181
“两学一做” …… 182
两级“书记项目” …… 182
“大走访”惠民暖企促和谐 …… 182
项目推动 …… 182
人才招引 …… 182

和平路街道 …… 183
概况 …… 183
危房解危 …… 184
大走访为民解难题 …… 184
“三治理一挂牌” …… 184
提升城市环境 …… 184
维护生态环境 …… 184
海绵城市建设 …… 185
渔民文化体育公园 …… 185

金山街道 …… 185
概况 …… 185
建立党内关爱帮扶机制 …… 186
城市建设 …… 187
科技人才 …… 187
依托西津渡打造旅游经济圈 …… 187
“好人工作室”唱响好人之歌 …… 187
“平安锣”敲响30年 …… 187

韦岗街道 …… 188
概况 …… 188
“263”专项治理工作持续深入 …… 190
“传承红色基因”书记项目 …… 190
“暖企惠民大走访” …… 190
“两学一做”常态化 …… 190
“法制型、服务型”支部建设 …… 190
学习型机关建设 …… 190

南山街道 …… 190
概况 …… 190
书记项目 …… 192
重点项目 …… 192
加大市容整治力度 …… 192
落实民生保障机制 …… 192
精准扶贫“点对点” …… 192
大走访 …… 192

镇江市黄山园艺场 …… 193
概况 …… 193

镇江市水产养殖试验场 …… 193
概况 …… 193

润州茶场 …… 194
概况 …… 194

人　物

新任区级党政领导 …… 195

逝世人物 …… 197

荣　誉　榜

市级以上先进集体名录 …… 198
2017年润州区获市和市级以上表彰的先进集体名录 …… 198

市级以上先进个人名录 …… 199
2017年润州区获市和市级以上表彰的人物一览表 …… 199

区委、区政府表彰名录 …………………………… 200
2016年度润州区先进集体名录 ……………… 200
润州区创建“中华诗词之乡”先进单位、先进个人等名录 ……………………………………… 200
润州区劳动模范名单 ………………………… 201
润州区优秀教育工作者名单 ………………… 202
2017年度润州区基层党建工作先进典型表彰名单 ……………………………………… 202
2016年度润州区征兵工作先进单位和先进个人名单 ……………………………………… 203

文件选录·题录

重要文件选录 ……………………………………… 204
关于转发区档案局《润州区档案馆收集档案范围实施细则》的通知 ………………………… 204
关于印发《润州区农村产权交易管理办法(试行)》《润州区农村集体资产交易规则(试行)》《润州区农村土地承包经营权流转交易规则(试行)》的通知 …………………………………… 210
关于印发《润州区村级集体资金乡镇财政所管理试点工作实施办法》的通知 ……………… 217
关于印发《润州区政府购买棚改服务实施办法》的通知 …………………………………… 219

文件题录 ……………………………………………… 222
区委 …………………………………………………… 222
区人大常委会 ……………………………………… 226
区政府 ……………………………………………… 229
区政协 ……………………………………………… 234

统计资料

统计公报 ……………………………………………… 236
2017年润州区国民经济和社会发展统计公报 ……………………………………………… 236

统计数据 ……………………………………………… 239
基本概况 ……………………………………………… 239
国民经济与社会发展主要指标 ………………… 239
规模以上工业(分街道) ………………………… 241
建筑业主要指标 …………………………………… 241
固定资产投资 ……………………………………… 242
房地产开发投资 …………………………………… 242
城镇非私营单位从业人员和劳动报酬 ………… 243
社会消费品零售总额(分街道) ………………… 244
利用外资(分街道) ……………………………… 244
财政总收入 ………………………………………… 245
财政总支出 ………………………………………… 245
教育 …………………………………………………… 246
医疗机构 …………………………………………… 247

索 引

推动城市经济大发展大繁荣

——在中共镇江市润州区第八届代表大会第二次会议上的报告

王冬生

（2017 年 12 月 28 日）

各位代表、同志们：

这次大会的主要任务是：全面贯彻落实党的十九大、中央经济工作会议、省委十三届三次全会和市委七届六次全会精神，坚持以习近平新时代中国特色社会主义思想为指导，瞄准“两个一百年”奋斗目标，立足当前、锐意进取、奋勇争先，推动城市经济大发展大繁荣，开创润州“强富美高”新局面。

现在，我代表中共润州区委，向大会作报告，请予审议。

一、牢固确立发展城市经济的坚定信念

今年以来，在市委市政府坚强领导下，我们全力支持高新区管理体制调整完善，攻坚克难、埋头实干，年度主要目标任务圆满完成。当前，决胜全面建成小康社会、开启实现基本现代化新征程，已经成为举国上下的行动自觉。我们要牢牢把握润州发展还不够充分不够平衡的主要矛盾，坚持以经济建设为中心，坚定发展城市经济的信念，切实担负起时代赋予我们的使命和应有的政治担当。发展城市经济：

我们在实践上有成果。区委八届三次全会明确了发展城市经济的总体要求和努力方向。半年来，我们以凤凰涅槃的智慧、破釜沉舟的决心，“在游泳中学会了游泳”，交出了一份闪亮的“成绩单”：预计（下同）全区 GDP、一般公共预算收入分别完成 210 亿元、14.6 亿元；城镇、农村常住居民人均可支配收入分别达 44996 元、25398 元，继续领跑全市；三大类项目全部按序时推进，韦岗旅游康养小镇、启迪协信镇江科技城等产业项目签约落户，中海润江府、恒大华府等高端地产项目开工建设，城市经济已在润州大地上展现出勃勃生机；同步开展连镇铁路、民主街等 5 个新项目房屋征收和太古山、岗子下等 5 个结转项目拆迁扫尾，累计完成 3000 多户，城市经济发展空间进一步拓展。

我们在禀赋上有优势。润州是资源宝地，区域虽小但“含金量”极高，以仅占全市 2.47%的区域面积，集聚了 8.8%的常住人口，人均收入高，消费需求强；润州是三产高地，服务业占 GDP 比重超过 78%，有发达三产这个“主引擎”，城市经济发展必然可期；润州是民生福地，公共服务均等化、优质化在全市乃至全省名列前茅，城乡一体化水平全市最高，发展城市经济厚植着民心民意；润州是魅力胜地，北有碧水逶迤，南有绿肺横亘，更坐拥闻名遐迩的“两山一渡”①，全域旅游资源丰富，发展城市经济优势突出、前景广阔。

我们在精神上有动力。千秋伟业，百年恰是风华正茂，面对着即将到来的建党 100 周年，党的十九大描绘了“决胜全面建成小康社会，夺取新时代中国特色社会主义伟大胜利”的宏伟蓝图，实现中华民族伟大复兴的中国梦，激励着全区广大干部群众，助推着润州奋勇前行、驶向光辉的彼岸。作为润州贯彻落实十九大精神的战略选择，城市经济带动力强、创业就业空间广阔，能够有效应对资源环境约束，解决“人民日益增长的美好生活需要和不平衡不充分的发展之间的矛盾”。依托发展城市经济，实现“强富美高”，已在全区上下形成共识并汇集成强大的精神动力。

我们在组织上有保证。立足润州发展形势新的变化，我们坚持党要管党、从严治党，党的政治、思想、组织、作风、纪律、制度建设和反腐败斗争全面加强。意识形态工作常抓常新，三级“书记项目”成效斐然，“红色形象体系”建设在全省城市基层党建会上交流并获省委领导肯定，网络社会组织统战工作走在全省前列，党建引领城市经济发展的活力更强劲、保障更有力；有针对性地培训了各层各级干部1700多人次，一大批在行、懂行的干部成为发展城市经济的骨干；中央八项规定和省市委十项规定执行到位，监察体制改革试点推进有力，政治巡察“显微镜”“探照灯”作用凸显；“走村进企入户”大走访有效解决群众疾苦、企业困顿，“转作风提效能”有效遏制“庸懒散奢”，广大党员干部能力更强、作风更实，服务发展城市经济的自觉性主动性积极性更高。

二、聚力推进发展城市经济的工作重点

即将到来的2018年，是全面贯彻落实党的十九大精神的开局之年，也是润州凤凰涅槃、决胜高水平全面建成小康社会的关键之年。我们要深刻把握党的十九大精神丰富内涵，更加注重发展质量，更加注重民生福祉，更加注重和谐善治，聚力发展城市经济，全力打造产城融合示范区、改革创新先行区、基层治理样板区，奠定润州“两个一百年”伟大梦想的坚实基础。

2018年，全区经济社会发展的指导思想是：**全面贯彻落实党的十九大、中央经济工作会议、省委十三届三次全会和市委七届六次全会精神，坚持以习近平新时代中国特色社会主义思想统领全局，统筹推进“五位一体”总体布局和“四个全面”战略布局，积极应对发展矛盾的新变化，坚持稳中求进工作总基调，以提高发展质量和效益为中心，围绕“五个迈上新台阶”，认真落实省委“六个高质量”[②]发展要求，以供给侧结构性改革为主线，推动城市经济大发展大繁荣，全面完成市下达各项目标任务，开创“强富美高”新局面，为早日建成富强民主文明和谐美丽的现代化强区而接力奋斗！**

城市经济包括一二三产业，就润州现状而言，发展一产主要在绿化造林、土地复垦上做文章，发展二产重点是在智能制造、高端制造等实体经济上下功夫。就城市产业发展方面，必须深入贯彻新发展理念，紧扣建设现代化经济体系的要求，重点做好以下几个方面的工作：

1.以实体经济为本，构筑产业支撑。建设现代化经济体系，必须把发展经济的着力点放在实体经济上，坚持质量第一、效益优先。推动核心商圈提质增效。围绕“拓展新空间、培育新动力”，立足城际、青年广场等商圈，坚持传统服务业改造提升与新兴服务业培育发展并举，积极引入品牌之家、旗舰店、直营店、概念店等新业态，实现多种业态有机衔接，推动以零售为主的单一商业功能向融合销售、体验、休闲、娱乐、文化等新型复合功能转变；按照层次分明、结构合理、布局科学、功能互补要求，高起点规划、高标准建设、高品质打造一批特色鲜明、错位发展、类型多样的“互联网+倍全邻里中心”，增强区域资源集聚辐射功能。推动产业城市深度融合。坚持导向引领、规划先行，不断优化生产力布局、空间布局和功能布局，实现产、城、人、文“四位一体”，形态、业态、生态“三态合一”，引导城市空间由外延扩张向内涵提升转变；坚持产业为本、以产兴城，立足培植主导产业，统筹规划城市建设，有效放大资源、资本、技术、服务的规模效应和联动作用，为产城互动、双向融合奠定坚实基础；坚持因地制宜、以点带面，深入挖掘润州文化历史特色，注重历史文脉与商脉的传承、传统文化与现代文明的结合，探索以文带旅、以旅兴商、以商兴城新路径。推动发展引擎全面升级。加快设立产业引导基金，发挥政府资金杠杆作用，促进技术与市场融合、创新与产业对接，努力培育壮大战略性新兴产业；主动对接“中国制造2025”“互联网+”行动计划，推动新型工业化与信息化深度融合，以“腾笼换鸟”布局新产业，以“机器换人”积蓄新动力；做优做强金融、高端商贸、低碳经济、创新经济等高附加值产业，做深做特全域旅游、休闲度假、健康养老等高成长性产业，积极寻求总部经济、数据管理、供应链延伸等方面的突破，逐步建立以战略性新兴产业为先导、现代服务业为主体的润州特色现代化经济体系。

2.以项目建设为纲，增强竞争优势。坚持把项目建设作为城市经济的“发动机”，聚焦重点难点，全程跟进服务，层层压实责任，加快形成“三个一批”的滚动推进、梯次建设格局。聚焦“三率”抓推进。加快推进魔幻海洋世界、星光时代广场、智慧旅游大数据平台、启迪协信镇江科技城、交通产业园等在建项目，按期完成序时进度，保证竣工率；扎实推进西津渡风情小镇、韦岗旅游康养小镇、官塘低碳小镇、大西路商业中心等在手项目，强化协同调度，确保开工率；紧密跟踪在谈项目信息，提高签约率，力争中新(镇江)智能科创小镇、启迪清洁能源等项目年内落户。紧扣“双赢”强合作。主动加强与市级投资平台协调对接，整合优势力量，建立区级层面、市级平台、属地街道共同参与的联动招商、项目推进机制，强化政企合作，推进资源共享，落户新项目，发展新产业，在互利共赢中发展壮大城市经济。盘活闲产增后劲。梳理整合存量楼宇和地块信息，全区一盘棋统筹规划，制定出台《润州区关于加快楼宇经济发展的实施办法》，优化资源配置，提升楼宇品质，深入盘存挖潜；依托南徐核心，立足商务A区、国控双子楼、冠城金融街等，努力引入一批企业总部、金融后台、营销中心、科研院所，推动企业行业集聚、优势互补。

*3.以科技创新为先，升级核心引擎。*全面构建“政产学研金介用”协同创新机制，促进创新链、技术链、产业链三螺旋融合，为经济转型升级提供强大动力。加快建设创新平台。积极引进、培育、建设科技孵化器和检验检测、技术转移、科技金融等平台，加快提升科技公共服务水平，打造国家级、省级创新创业载体；围绕人工智能、移动互联网等高新技术产业招院引所，推动产业研究院建设，带动产业发展；深化知识产权示范区建设，建立健全知识、专利、技术、品牌、管理等要素的创新激励机制，释放发展活力。加快培育创新主体。突出企业主体地位，强化现有企业提档升级，集聚创新资源要素，培育“独角兽”企业，打造产业龙头；支持初创期、种子期的科技型小微企业发展，引导开展技术创新、中试及新产品开发，实现高新技术成果的有效转化；鼓励企业交叉设立研究院工作站，推进开放共享、优化要素配置，促进技术、产业、资本深度融合。加快集聚创新人才。立足宁镇扬高校、人才集聚优势，出台“润州英才计划（1+X）”，聚焦国家“千人计划”、省“双创计划”，健全人才招引、培养和服务体系，争取“工程师红利”③；整合项目、资本、环境等要素进行协同引才，逐渐形成“引进一个人才、带来一个团队、兴办一个企业、形成一个产业”的链式效应，以人才高地引领产业高地。

*4.以双招双引为重，积蓄转型动能。*牢固树立互惠共赢理念，坚持“政府引导、企业主体、部门服务”的原则，积极探索新方式、新方法，拓宽招商渠道，以大开放带动大发展。全新定位招引产业。紧紧抓住宁镇扬一体化、上海自贸区、“一带一路”等重大战略机遇，加快融入陆海内外联动、东西双向互济的全面开放新格局，大力实施以商引商、联动招商、基金招商、委托招商，力争在金融、低碳、环保、信息服务、全域旅游等产业上实现新的突破。全面改进体制机制。出台《关于加快推进润州区产业发展的政策意见》（1+X），围绕规划发展的主导产业、领域，制定一目了然、务实管用、吸引力强的优惠政策，提升实效性；通过市场化招聘、透明化考核，组建招商引资小分队，发挥好专业优势，做到科学招商、精准招商，提升专业性；建立产业研究专人负责制，对行业概况、发展现状、相关政策等深入调查研究，筛选出相关行业协会、目标企业，主动联系和拜访，提升针对性；实行“定期集中、及时调度”的招商工作机制，大力弘扬“店小二”精神，以完备的配套环境和优质的服务环境，推动项目既“落地生根”又“开花结果”，提升系统性。全力发挥比较优势。顺应“大智云物移”迅猛发展趋势，着力打造“城市大脑”④，促进互联网和招商工作融合发展；坚持以企引企、以商引商的链式招商模式，把握承接产业转移重点，多层次拓展产业上下游；立足润州厚重文化底蕴和丰富旅游资源，积极探索文化搭台、经济唱戏的招商模式，全方位释放润州区位交通完善、基础设施完备、配套服务优质的红利。

*5.以深化改革为要，释放争先活力。*当前，全面深化改革的“四梁八柱”已经基本确立，要坚定不移抓施工、抓落地。改革任务千头万绪，要进一步突出重点，在牵一发而动全身的重大改革上找准突破口、啃下“硬骨头”。深化供给侧结构性改革。把提高供给体系质量作为主攻方向，继续推进“三去一降一补”。去产能方面，注重运用市场和法治的办法倒逼落后低效产能退出市场；去库存方面，重点加大商办用房去化力度；去杠杆方面，积极化解企业债务链，加强区属平台风险管控；降成本方面，进一步落实各项减税、降费措施，切实降低企业制度性交易成本；补短板方面，既补硬短板也补软短板，既补发展短板也补制度短板，不断提高经济社会发展的协调性、均衡性。推进“放管服”改革。重点围绕“互联网 + 政务服务”，打造“数字政府”“网络政府”，深化全程电子化登记改革，巩固扩大政银合作成果，争当“不见面”审批标杆；健全投诉举报和意见反馈机制，建立互动反馈渠道，推动政务服务公开化；巩固“事改企”改革成果，稳妥解决区属国有企业改制中遇到的问题，提升业务能力，优化资本结构，提高运营效率；扎实推进全国残疾预防综合试验区创建试点、全省供销社系统创新联合社治理机制专项试点、全省首批家事审判方式和工作机制改革试点等重点改革任务。发力村（社区）股份制改革。让政府“看得见的手”和市场“看不见的手”同时发力，盘活村（社区）资金、土地、劳动力等生产要素，增强村（社区）集体经济开拓市场、抵御风险能力；在试点基础上，主攻难点、扩大范围、统筹安排，力争用2年左右时间基本完成改革任务。

三、持续优化发展城市经济的良好环境

坚持以人民为中心的发展理念，重点围绕城市治理与服务“四大系统”“十项行动”⑤，统筹推动生态保护、社会治理、文明创建、公共安全等协同共进，进一步营造发展城市经济的良好环境。

*1.着力构建人居环境优化系统。*始终坚持以人为本、生态优先，着力保护和改善城市环境，依托“有山有水”打造“青山绿水”，建设人与自然和谐共生、山水

花园相得益彰的“美丽润州”。展现清新靓丽的城市形象。全力推进三茅宫、张家湾、何家湾、下黄山等城中村、棚户区改造，加快保障性住房和住房供应体系建设，切实保障群众基本住房和多层次住房需求；深入开展老旧小区整治工程，积极开展危旧房、空斗墙解危工作，全面实施住宅小区物业管理提升工程，不断改善群众居住条件和居住环境；继续推进海绵城市建设，进一步提高城市防涝能力，节约水资源，保护和改善城市生态环境。拓展和谐有序的城市空间。继续抓好连镇铁路、岗子下、民主街等房屋征收拆迁工作，全力实施市、区重点工程建设；按照疏堵结合的要求，在城市出入口、主次干道及车站、学校、广场、公园周边等重点地区设置禁止区、规范区，加大对乱停乱放、占道经营等违规行为的查处力度，针对私搭私建、乱堆乱放现象持续开展集中整治，探索建立治违长效管理机制，确保市容整洁有序；助推辖区内京沪高铁、沪宁城铁、新312国道等交通干线沿线环境综合整治，解决“脏、乱、差”问题。营造干净整洁的城市环境。精心部署、强力推进“厕所革命”，补齐影响群众生活品质的短板；按照减量化、资源化、无害化的原则，推进城市垃圾分类收集和资源循环利用，加大对环卫保洁市场化的考核力度，不断提高城市道路保洁质量和环境卫生管理水平；全面落实“河长制”，启动生态河湖行动计划，强势推进“一湖九河”和“263”专项整治，解决突出环境问题，推动生态持续好转；高度重视运粮河国控断面达标工程建设，深入实施大气、水、土壤等污染综合治理，高标准开展生态文明项目建设，有效控制和防范环境污染风险，力促水清、气净、景美的城市“生态拐点”尽早到来；大力实施重要生态系统保护和修复重大工程，加快完成西南片区生态修复、水系治理等任务，为城市发展筑牢绿色生态屏障。

2.着力构建公共服务提升系统。坚持把满足人民日益增长的美好生活需要作为核心价值取向，让城市发展更有“温度”。持续扩大富民增收渠道。强化就业富民，加强职业技能培训，大力发展健康养老、全域旅游等现代服务业，积极探索电子商务、分享经济等新业态，让更多人自由择业、灵活就业，确保新增城镇就业1.2万人以上；强化创业富民，着力推动各类众创平台建设，以点带面营造全民创业氛围，用好“双创”政策，做足富民文章，让百姓口袋更加殷实。促进教育卫生优质发展。立足教育综合改革，丰富区域教育供给，优化教育资源布局，实施义务教育学校标准化建设，努力让每个孩子都能享有公平而有质量的教育；进一步推进基层卫生综合改革，积极打造健康管理平台，全面开展家庭医生签约服务；深入实施全民健康素养提升工程，稳步推进卫生公共服务项目，加快建设“健康润州”。不断完善社会保障体系。按照兜底线、织密网、建机制的要求，全面实施全民参保计划，扩大参保范围，提高保险待遇，构建更加公平更可持续的社会保障体系，实现“多险合一、并票征缴”，确保“应保尽保、应收尽收”；继续实施保障性安居工程，适时开展实物配租工作，扩大对进城农民、外来务工人员等新市民的覆盖，有效破解城市低收入家庭的住房难题；大力开展空巢、独居老人关爱行动，强化城市“三无”、农村“五保”老人托底保障；率先开展城市扶贫，充分汇聚专项扶贫、行业扶贫和社会扶贫等各方力量，有效实施产业扶贫、帮带扶贫、政策扶贫等多种手段，一户一策，精准发力，确保小康路上“一个不少、一户不落”。充分丰富文体生活。全面推进基层综合性文化服务场馆建设，拓展城市公共性文化空间，不断满足群众对高品质文化的需求；广泛开展形式多样的群众性文化活动，继续提升“家在润州”“街巷剧场”“润心书场”等文化活动水平，丰富群众的精神文化生活；加快发展全民健身，力争实现街道、社区两级文体活动广场全覆盖，以全民健康助推全面小康。

3.着力构建文明素养培育系统。坚持以社会主义核心价值观为引领，大力构筑全区人民共同的精神家园，让城市有根有魂。常态长效建设文明城市。大力培育和践行社会主义核心价值观，以纪念改革开放40周年为契机，推动核心价值观教育日常化、具体化、形象化、生活化；扎实推进基层“道德讲堂”规范化建设，组织开展“百家讲堂扬美德”活动，大力营造向善向上向美的社会风尚；以社区、公共场所、窗口行业等三大领域为重点，开展志愿服务站、点、岗建设，加快形成文明城市志愿服务常态长效工作机制；充分发挥区未成年人指导中心的功能，深化拓展“八礼四仪”养成教育。创新创优建设诚信环境。深入开展诚信主题教育和实践活动，采取发放倡议书、刷写宣传标语、树立诚信典型等多种形式，在全社会营造“守信光荣、失信可耻”的良好氛围；将诚信建设纳入文明机关创建测评考核，加强诚信社区建设，开展“人人都是窗口，个个都是形象”的教育活动，营造讲诚实、守信用的社会环境。群策群力建设和谐社区。抢抓城市建设机遇，采取配套、新建、置换、租赁等多种途径，确保社区办公活动用房、居家养老服务中心100%达标；加快建设“三社联动”机制和“党组织为民服务”品牌，推行“党员义工＋专业社工”志愿服务模式，引导居民积极参与基层民主自治，形成邻里团结和谐、人人拼搏进取的良好风尚；常态化开展“走村进企入户”大走访，进一步提升服务发展、服务群众的工作成效。有形有色建设“书香润州”。大力弘扬润州崇尚读书、重教育人的传统，深入实施“书香润州”数字化工程，以书化人、以书育人；全面推广“阅读慧心”工程，积极实施“十百千”评比活动，确保全民阅读率在92%以上；倡导设立城市书房、文化驿站、漂流书屋等特色鲜明的公益性阅读空间，打造没有围墙的城市课堂。

4.着力构建公共安全保障系统。始终坚持“抓重点、补短板、强弱项”,加快建立“横向到边、纵向到底”的安全防控体系,为经济社会持续发展、人民群众安居乐业保驾护航。织密社会治安防控体系。强化职能部门管理责任意识、群众自防意识和企业社会责任意识,加强对社会稳定、治安动态、公共安全和社会舆情等情报信息的搜集研判, 形成群防群治良好局面;深入推进“雪亮工程”,以三级综治中心为指挥平台、以综治信息化为支撑、以网格化管理为基础、以公共安全视频监控联网应用为重点,织密智能化立体化社会治安防控网络,确保全区居民公共安全感继续保持全省前列。筑牢社区治理防护体系。创新网格化社会治理机制,按照“一张网、五个统一”要求,推动现代科技与基层社会治理深度融合,实现人、地、事、物、组织等要素的信息化、数字化管理;严格落实重大决策社会稳定风险评估制度,扎实开展社会矛盾排查,深入贯彻《关于进一步加强信访法治化建设的意见》,妥善依法化解涉法涉诉信访问题,引导群众从“信访”向“信法”转变;发挥“平安锣”等品牌效应,深入推动平安志愿者队伍建设,真正做到“街巷楼群有人巡,矛盾纠纷有人解,重要部位有人控,突出问题有人管”。健全重大安全防范体系。坚持问题导向,强化底线思维,认真落实“一岗双责”责任制、企业法人负责制,完善权力清单和责任清单,有责必追、失责必问;超前研判可能出现的各种安全风险,制定针对性预案,落实安全防范措施,严防各类事故发生,确保社会安全大局稳定;完善自然灾害、事故灾难、企业生产安全、食品药品安全等突发事件的预防预警和应急处置机制,提升应对处理突发公共安全事件的能力。

四、全面提升发展城市经济的组织保证

打铁必须自身硬。推动新发展、争创新业绩,必须毫不动摇落实全面从严治党各项要求,切实加强城市基层党的建设,为发展城市经济提供坚强有力的组织保证。

1.强化政治建设,增强政治定力。坚持把政治建设摆在首位, 深入学习宣传贯彻党的十九大精神,在“学懂弄通做实”上狠下功夫,重点把握“四个一”⑥,自觉维护习近平总书记在党中央和全党的核心地位,维护党中央权威和集中统一领导; 切实加强党对人大、政协工作的领导, 紧密团结党外代表人士六支队伍,为全区发展进一步集聚智慧、凝聚人心、汇聚力量;扎实开展“不忘初心、牢记使命”主题教育,引导全区党员牢记党的宗旨,坚定理想信念,挺起精神脊梁;持续开展学习型党组织示范点创建,进一步创新学习载体和方式,在全区营造善于学习、勇于实践的浓厚氛围;严格落实意识形态责任制,强化分析研判,注重风险防控,健全网络舆情快速反应机制,加强网络安全管理,做强正面宣传,做好舆论引导,巩固壮大主流思想文化;全面提升以“润州先锋”“润州发布”为代表的新媒体影响力,加大技术力量投入,打造党务政务新媒体第一品牌。

2.突出固本强基,激发组织活力。持续推进三级“书记项目”,深化“红色形象体系”建设,积极打造100个党建微家、100个行动支部、100个先锋标杆;健全街道、社区、单位、行业党建互联互动体系,推动党建与大走访、社会治理“多网融合”,形成融合型区域化党建格局;区级统一招录村(社区)干部,实施村(社区)党组织书记能力素质提升三年集训计划,加强“全职书记”“全科社工”培养,探索村(社区)及其干部“双考核”和村(社区)书记跨街道流动,提升村(社区)干部待遇保障,切实增强基层党组织的创造力、凝聚力和战斗力;持续改进“两新”组织党建工作,强化政治属性和服务功能,推进组织覆盖和工作覆盖;多元化做大集体经济这块“蛋糕”,推动基层党组织服务能力持续增强, 当好带领群众致富奔小康的主心骨、领路人。

3.务求担当有为,提升干部能力。坚持党管干部原则,始终把政治标准摆在首位,严格选用牢固树立“四个意识”和“四个自信”、坚决维护党中央权威、忠诚干净担当的干部;着力提升干部八个方面的本领⑦,加强专业化干部队伍建设,科学制定机关事业单位招录计划,分类组建经济发展、征收拆迁、民生保障、社会治理四个人才储备库,完善“专题培训、五城论坛、周末课堂”联动教育体系,制定“一把手”、副职、后备干部考核细则;加快年轻干部培育锻炼,强化党外干部选拔培养,常态化组织年轻干部双向挂职,探索基层锻炼“工分”考核制,出台《细则》推动85后优秀副科职干部跨条块、跨领域交流,组织80后正科职干部年度跟踪回访;坚持党管人才原则,尊重人才成长规律,坚持市场配置人才资源,择天下英才而用之,切实把人才引好、用活。

4.全面从严治党,汲取前进动力。牢牢抓住保持党同人民群众的血肉联系这个根本, 对标对表中央《贯彻落实中央八项规定的实施细则》和省委市委具体实施办法,及时制定区委贯彻落实意见,迅速补齐短板;持之以恒抓好纪律建设,用好监督执纪“四种形态”,加强日常监督和专项检查,树立良好家风家训,让党员干部始终知敬畏、存戒惧、守底线;严格落实国家监察体制改革试点工作,推动机构整合、人员融合和流程磨合,实现对所有行使公权力的公职人员监察全覆盖;持续深化政治巡察,对巡察中发现的问题线索准确把握“四类处置方式”,充分发挥巡察震慑、遏制和治本功能;巩固反腐败斗争压倒性态势,坚持无禁区、全覆盖、零容忍,坚持重遏制、强高压、长震慑,以案促改、标本兼治,强化不敢腐的震慑、扎紧不能腐的笼子、增强不想腐的自觉,持续浓厚海晏河清、朗朗乾坤的政治生态。

同志们，沧海横流，新思想引领新时代；玉汝于成，新征程更需新作为！让我们紧密团结在以习近平同志为核心的党中央周围，高举中国特色社会主义伟大旗帜，在镇江市委市政府的坚强领导下，团结带领全区人民，不忘初心、牢记使命，以城市经济大发展大繁荣的崭新业绩，开创润州"强富美高"新局面！

【注释】

(1)"两山一渡"：金山、南山、西津渡。

(2)"六个高质量"：经济发展高质量、改革开放高质量、城乡建设高质量、文化建设高质量、生态环境高质量、人民生活高质量。

(3)"工程师红利"：传统制造业低廉劳动力的"人口红利"正在消失，接受高等教育、具备创新能力的中高端人才正在迅速增加，逐步形成适应高端制造和科技行业发展的新型"人口红利"。

(4)"城市大脑"：政府部门和企业打通信息关卡，采用阿里云人工智能技术，对整个城市进行全局实时分析，自动调配公共资源，为城市治理建设的共享数据大平台。

(5)"四大系统""十项行动"：人居环境优化系统、公共服务提升系统、文明素养培育系统、公共安全保障系统；交通畅行工程、停车便利化工程、排水防涝工程、黑臭水体整治工程、生活垃圾分类工程、基本公共服务提升计划、棚户区改造和住宅小区服务改善计划、新市民融入城市计划、市民文明素养提升计划、公共安全防护计划。

(6)"四个一"：贯彻一个时代主题，就是始终坚持和发展中国特色社会主义；掌握一个首要原则，就是始终坚持党对一切工作的领导；站稳一个根本立场，就是始终坚持以人民为中心；把握一个鲜明特色，就是始终坚持系统化思维。

(7)八个方面的本领：学习本领、政治领导本领、改革创新本领、科学发展本领、依法执政本领、群众工作本领、狠抓落实本领、驾驭风险本领。

政府工作报告

——在润州区第九届人民代表大会第二次会议上

代区长　徐心田

(2018年1月3日)

各位代表：

现在，我代表润州区人民政府向大会作工作报告，请予审议，并请区政协委员和其他列席人员提出意见。

2017年工作回顾

刚刚过去的一年，是党的十九大胜利召开的喜庆之年，也是新一届政府履职的开局之年。一年来，在市委、市政府和区委的正确领导下，在区人大、区政协的监督支持下，我们团结依靠全区人民，紧紧围绕迎接党的十九大、学习贯彻党的十九大精神这个大局，对标苏南加油干，精准务实惠民生，全区经济社会各项事业取得了新的进展。

回顾这一年，七个方面的成就令人鼓舞：

一是经济发展稳中有进。积极应对区域管辖范围、产业结构调整带来的新变化、新形势，着力发展城市经济，预计(下同)实现地区生产总值210亿元、增长7%；完成一般公共预算收入14.8亿元；固定资产投资165亿元、增长2%；服务业增加值占比达78%，社会消费品零售总额增长10.8%，均居全市前列。22个重点产业项目完成年度建设任务，魔幻海洋世界、星光时代广场、移动物联网中心等省市重点产业项目进展良好，西津渡旅游风情小镇列入市级首批特色小镇；韦岗旅游康养产业、启迪协信镇江科技城等项目签约落户。金山包装、正茂集团2个产品获市"单打冠军”称号。入选市“金山英才计划”13个,其中国家级人才2名,现代服务业类入选数全市第一。新增四上企业21家,全区实有各类市场主体29123户、同比增长23%。

*二是生态环境显著改善。*深入开展“263”专项行动[1],实施年度重点生态项目19个。建立全区三级“河长制”,村级以上河道、水库和湖泊都有了保护责任人。“一湖九河”水环境整治、“水岸共治”十大行动取得实效,完成御桥港支河河道整治和燕子窝小流域治理,建立运粮河国控断面水质达标联动运行机制。彻底解决了征润州水源地保护区域内的环境问题,有力保障了饮用水源地的安全。关闭规模畜禽养殖场42家,全市唯一实现全域范围畜禽禁养。查处整改环境隐患13起,其中1起移送司法机关。试点推进生活垃圾分类处置,打造了10个示范小区、45个分类示范亭。

*三是城市建设持续加快。*实施民主街、小街、官塘片区等棚户区、城中村改造项目11个,完成改造3739户、30.24万平方米,占市区改造总数的70%以上;全力攻坚6个在手项目扫尾,累计签约近300户;连镇铁路(润州段)房屋征收仅用时两个多月,完成1200多户的征收任务,有力保障了省重大工程无障碍施工;建成区属安置房593套,共安置2104户、2698套;完成危房解危342户。以“931”城市环境综合整治[2]为抓手,重点开展了主次干道、商业圈、农贸市场周边、校园周边集中整治行动,完成综合整治项目31个;开展建成区违法建设专项治理行动,共拆除违法建设487处、7.16万平方米。加大违法用地查处和整改力度,获省“土地执法先进区”荣誉称号。

四是民生事业扎实推进。“两个收入”分别增长8.9%、8%,均高于经济增长水平,增幅位居全市前列。城镇新增就业1.1万人、扶持创业1358人,获评省级创业型街道1个、创业型村(社区)11个、大学生创业优秀项目3个,镇江农批市场被评为省级创业孵化基地。新增1个老年人日间照料中心、12个老年助餐点。荣获省“残疾人工作先进区”称号,成为全市唯一的全国残疾预防综合试验区。教育现代化建设水平综合得分位居全省县(市、区)第一,创成省首批基础教育装备示范区、省平安校园建设示范区。建成和平路街道体育健身公园,每万人拥有公共体育设施面积居全市第一。七里甸、黎明2家社区卫生服务中心创成全国优质服务示范中心,累计成立6个关爱失独家庭社团组织。率先开展城市精准扶贫,发放城乡低保金3590万元。落实各项优抚安置政策826万元。深化文明城市长效建设,为镇江蝉联全国文明城市称号作出了应有的贡献。获评全市唯一的中华诗教先进单位。突出抓好防危房倒塌、防山体滑坡工作,彻底消除了癞元墩长江防汛重大安全隐患。深入开展社会矛盾和安全隐患大排查大整治行动,为党的十九大胜利召开营造了和谐稳定的环境。

*五是重点改革蹄疾步稳。*深入推进“放管服”改革,成立e办事分中心,不见面审批率达80%以上,“3550”[3]改革目标全面落地;在全市率先推出“注册E线通”[4]全程电子化登记,为群众创新创业提供方便。加快区属国有企业改革,3家国有企业均完成公司制改革,完善了企业法人治理结构,制定出台了《深化区管企业负责人薪酬制度改革方案》《润州区区管企业负责人经营业绩考核暂行办法》。全面完成农村土地确权登记颁证、农村集体资产清产核资工作,试点开展集体经营性资产股份制改革,区级农村产权交易中心正式运行。供销社综合改革被列为全省试点。

*六是各地发展特色鲜明。*七里甸街道积极盘活存量楼宇资源,南徐新城片区高端商业逐步集聚,青年广场商圈高档家居市场做强做精。官塘桥街道获批省级创业型街道,省级创业型村(社区)全覆盖,实现“金山英才计划”农业项目零突破。宝塔路街道高效服务省重大工程项目建设,不断提升城际商圈的业态品味,经济总量稳居全区前列。和平路街道扎实推进旅游大项目建设,环境保护、长江滩涂资源利用、渔民帮扶工作成效显著。金山街道一手抓旧城改造一手抓经济建设,老城区群众居住环境明显改善,文化旅游、现代金融等产业发展势头良好。韦岗街道妥善做好韦岗铁矿破产和联合水泥关停清算工作,持续巩固生态环境综合整治成效,积极推动区域产业向温泉特色小镇转型。南山街道积极化解历史遗留矛盾,充分挖掘山水资源,休闲体验旅游的知名度、美誉度不断提升。

*七是自身建设不断加强。*始终把遵守政治纪律和政治规矩摆在首位,推进“两学一做”学习教育常态化制度化,政风行风持续好转。扎实开展“走村进企入户”大走访活动,服务发展、服务基层、服务群众的能力和水平得到提升。深化法治政府建设,成立了区政府法律顾问委员会。坚决贯彻区委“三重一大”[5]决策制度,坚持重大事项向区人大常委会报告、向区政协通报,充分发挥各民主党派、工商联、无党派人士以及人民团体的民主监督作用。政府系统承办人大代表建议、政协委员提案211件,已落实解决122件,其余已列入计划逐步解决。全面落实政府系统党风廉政建设责任制,进一步强化行政监察、财政监管和审计监督,研究出台了加强政府性债务管理等多项制度。认真办理“12345”政府服务热线、“书记、市长信箱”和镇江论坛,及时呼应群众诉求。

一年来,税务、统计、审计、规划、国土、物价、广播电台、人民武装等相关单位倾心服务经济社会发展,工会、共青团、妇联、科协、残联、关工委等群众团体充分发挥桥梁纽带作用,双拥、慈善救助、机关事务、民族宗教、外事侨台、史志档案等各方面工作取得了新成绩，共同推动了政府工作全面进步。

各位代表，过去的一年，我们结合润州实际，深度研判转型新趋势，立足区域竞争新格局，紧扣群众关切新诉求，履职担当、迎难而上、创新作为，全区经济社会保持了良好的发展态势。这些成绩的取得，是区委总揽全局、正确领导的结果，是区人大、区政协有力监督、大力支持的结果，是全区人民团结奋斗、顽强拼搏的结果。在此，我谨代表区政府，向积极投身润州经济社会建设的广大干部群众、驻区部队官兵，向给予政府工作支持和监督的人大代表、政协委员，向各民主党派、工商联、各人民团体和所有关心、支持润州发展的同志们、朋友们，表示衷心的感谢和崇高的敬意！

在看到成绩的同时，我们也清醒地认识到，全区经济社会发展中还存在一些短板和问题：产业层次不够高，居民收入、企业收入、财政收入"三个口袋"不够充实，发展不平衡不充分的矛盾突出，经济发展质量还有待进一步提升；中心城区综合服务功能不够完善，城市空间布局和品质还有待进一步优化；政府工作人员以法治思维和方式深化改革、促进发展、改善民生和维护稳定的能力水平还有待进一步提高。对这些不足和问题，我们将进一步坚定信心、奋力攻坚，在发展中克服困难、在前进中解决问题。

2018 年工作安排

2018 年，是深入贯彻落实党的十九大精神的开局之年，也是润州加快转型发展、决胜高水平全面小康的关键之年。新的一年，机遇和挑战并存，压力和希望同在。长江经济带、扬子江城市群、宁镇扬一体化建设等国家、省重大战略纵深推进，润州优越的基础设施、深厚的历史文化、良好的生态环境等优势将进一步凸显。我们要进一步释放城市经济发展潜能，走出一条具有润州特色的产业强区之路，让"三个口袋"更加充实；我们要深化共建共治共享，切实提升城市治理与服务的水平，让城市生活更美好；我们要深入贯彻以人民为中心的发展思想，让人民群众有更多的获得感和幸福感。

按照区八届二次党代会部署，**今年政府工作的指导思想是：**全面贯彻落实党的十九大、中央经济工作会议、省委十三届三次全会和市委七届六次全会精神，坚持以习近平新时代中国特色社会主义思想统领全局，统筹推进"五位一体"总体布局和"四个全面"战略布局，积极应对发展矛盾的新变化，坚持稳中求进工作总基调，以提高发展质量和效益为中心，围绕"五个迈上新台阶"，认真落实省委"六个高质量"[6]发展要求，以供给侧结构性改革为主线，推动城市经济大发展大繁荣，开创"强富美高"新局面，为早日建成富强民主文明和谐美丽的现代化强区而接力奋斗！

今年经济社会发展的主要预期目标是：地区生产总值增长 7%；完成一般公共预算收入 12.2 亿元；完成固定资产投资 165 亿元；社会消费品零售总额增长 10%；城镇登记失业率低于 2.6%，城乡居民人均可支配收入增长与经济增长同步；全面完成市下达的节能减排约束性指标。

工作中，将着力抓好以下五个方面：

一、主攻城市经济，构建产业发展新格局

结合现有产业基础，挖掘区域资源禀赋，在产业的选择和培育上进一步理清方向、找准路径、精准发力，打造区域经济升级版。

*做强优势产业。*一是文化旅游业，重点建设西津渡旅游风情小镇、韦岗旅游风情小镇、沿京江路长江主题旅游、南山风景区等 4 个旅游集聚区，突出全域旅游和"旅游 +"业态融合，做精"吃住行、游购娱"产业链条，推动旅游发展从浅层景观旅游向深层次文化游、体验游、休闲游、养生游转型，加快打造沪宁线上一流的旅游目的地。二是现代商贸业，围绕适应区域消费能力、满足个性化消费需求，推动城际商圈、青年广场商圈业态提档升级，打造多种业态相互补充、线上线下相互融合、布局合理特色鲜明的区域商业中心，提高传统生活性服务业对经济增长的贡献率。三是现代金融业，支持现有各类金融机构提升金融服务功能、加强金融产品创新，吸引各类金融机构在润州设立分支机构，力争用 2–3 年的时间，使金融分支机构数达到 15 家左右，金融业对税收的贡献率提升至 20%左右。

*培育新兴产业。*一是生产性服务业，抓住制造业流程细化与服务外包化趋势，围绕镇江先进制造业发展方向，因地制宜发展与之相关的信息软件、工业设计、科技服务、检验检测、法律服务、咨询服务等重点业态，逐步集聚一批处于先进制造业产业链上游、价值链高端的生产性服务业企业。二是低碳产业，全力打造官塘风栖低碳小镇，推进低碳大会永久会址建设，推动低碳产业研究院落户，着力发展碳交易、新能源和节能环保研发、低碳新技术新产品研发设计等相关产业，打造镇江低碳发展的核心区、样板区。三是互联网经济，强化万物互联思维，顺应"大智云物移"[7]迅猛发展趋势，跳出"一地一域一点"的限制，不断延伸和拓展发展城市经济的空间，在平台经济、创意经济、分享经济等新模式、新业态上形成突破。

*发展楼宇经济。*充分挖掘、全面盘活区域范围内存量楼宇资源，变平面扩张为立体发展，努力"向蓝天要空间、向空间要效益"。出台加快楼宇经济发展的指导性政策，科学确定各片区楼宇的功能布局和产业定位，围绕楼宇入驻率、注册率、税收贡献率，制定"楼宇经济综合指数"。从商务 A 区、国控双子楼、冠城金融街等基础条件较好的楼宇做起，努力引入一批企业总

部、研发中心、营销中心、科研院所，先行打造和培育1~2个特色楼宇、亿元楼宇，以点带面、由点及面，逐步做大润州的楼宇规模、做优楼宇环境、做响楼宇品牌，使一栋栋楼宇嬗变成润州发展城市经济的富矿。

*抓好项目建设。*紧紧牵住项目建设这个经济发展的“牛鼻子”，强化招引工作，扩大有效投入，为城市经济的发展积蓄后劲。集中精力实施25个市、区重点产业项目，确保完成年度投资超过100亿元，服务业投资总量和增幅保持全市前列。力争魔幻海洋世界、镇江移动物联网中心、星光时代广场、三怪文化体验馆等6个项目竣工，加快形成新的增长点。强化项目的招引和储备，建设一支高素质、复合型、专业化的招商队伍，实施专业化、精准化招商；做好与市属产业集团的联动招商，建立共享、共商、共办的招商机制；创新招商模式，大力开展资本招商、平台招商、以商引商，切实提升招商的成效，为城市经济的发展储备一批好项目。

二、坚持创新驱动，集聚区域发展新动能

把创新作为区域发展的最强动能，加快经济增长动力从要素驱动、投资驱动向创新驱动转变，不断激发城市经济的发展活力。

*以市场化思维建设创新载体。*吸引社会资本建设众创空间、科技孵化器、产业研究院等平台，通过市场化运作、专业化运营，实现创新与创业相结合、孵化与投资相衔接，大力培育国家级、省级创新创业基地，构建科技创新产业链。支持启迪协信镇江低碳智创园建设，引入清华启迪智力资源，力争企业入驻孵化率达到80%以上。加快“联想星云·加速器”建设，为科技创业项目解决产业资源对接、先导用户拓展、项目融资、团队建设等关键问题，培育高成长性创新型企业集群。

*以战略性思维集聚创新要素。*围绕资本、人才两大创新核心要素，做长期培育的准备，打综合收益的算盘，以战略定力做好集聚吸纳。成立润州产业发展引导基金，围绕城市经济产业定位，发挥财政资金的杠杆作用，推动设立各类子基金，引导带动更多社会资本流入；不断做大区域基金规模，支持国控航天基金发展，实现“基金+项目+人才”的最大效应。出台“润州英才”计划，建立柔性引才机制，健全人才服务体系，大力引进各类高层次人才；积极实施驻镇高校毕业生留镇计划等人才工程，开展“乡土人才培育”“高技能人才开发”“创新型企业家培育”“青年人才创业”等4个本土人才培养计划，努力打造主城区人才“强磁场”。

*以系统性思维打造创新环境。*继续推进“不见面审批”改革，e办事分中心实质化运行，实现各类权力事项全进驻，进一步降低创新创业制度性交易成本，努力营造“效率最高、成本最低、服务最优”的区域行政环境。紧贴产业发展，落实好江苏省鼓励科技创新“40条政策”、镇江市聚力创新“6条政策”，制定务实、管用、吸引力强的区域综合政策体系。发挥润州宜居宜业宜游的优势，提供购房租房、子女入学、家属就业、医疗保健等各方面便利，吸引各类人才扎根润州。

三、突出生态宜居，彰显中心城区新魅力

推动城市形象出新、功能变优、秩序良好，让城市更富品质、更具品位、更有温度。

*城市建设更精致。*实施张家湾、下黄山村、太古山1号地块三期、恒顺北地块、太平圩等棚户区、城中村改造，完成结转项目征收扫尾，做好危房解危和老旧小区改造，抓好海绵城市建设，进一步优化城市空间布局。配合实施团山路西段、谷阳路、新马路等市政道路提升工程，高标准建成润州供销邻里中心、太古山社区邻里中心、南山路菜市场，启动南徐新城片区商业设施建设，进一步完善城市配套功能。做好伯先路、大龙王巷历史文化街区保护和开发，推动大西路商业老字号一条街建设，实施“书香润州”工程，做响“中华诗词之乡”品牌，进一步彰显城市文化内涵。

*城市管理更精细。*深入开展建成区违法建设专项治理工作，重点抓好住宅小区、待改造地块的防违治违，下决心实现“减少存量违建、杜绝新增违建”目标。充分发挥管理队伍“网格化”、管理手段数字化优势，对重点区域、重点路段实时监控，重点整治占道经营、露天烧烤等影响市容环境的行为。提升环卫保洁市场化运作水平，实现主次干道、背街小巷、村前屋后干净整洁。完善物业管理市场竞争机制，引入一批实力强、品牌佳的物业服务企业，引导居民形成购买服务的消费习惯，努力破解小区物业管理“老大难”问题。

*城市环境更精美。*持续开展“263”专项行动，努力建设空气清新、水质清澈、环境清洁的区域生态。完善河长巡河、护河、治河工作机制，实施“一河一策”，切实保护好水资源、治理好水污染、修复好水生态，确保运粮河国控断面水质达到Ⅲ类水标准。把长江“共抓大保护”落到实处，巩固征润州水源地周边环境整治成效，启动长江堤防城区段改造，做好长江非法采砂专项整治。切实巩固西南片区环境综合整治成果。实施土地整理复垦专项行动，开展林相改造、特色化种植，做好彩色化、四季化、效益化文章。扎实抓好扬尘、油烟、挥发性有机物治理，全年空气质量优良天数比例进一步提高，PM2.5浓度持续下降。优化垃圾收运体系，扩大城乡生活垃圾分类试点。

四、围绕人民需求，创造民生改善新成果

抓住人民群众最关心最直接最现实的利益需求，既尽力而为，又量力而行，使全区人民有更多获得感、幸福感。

*扎实做好增长性民生。*千方百计提高城乡居民收入，不断充实“居民收入”这个口袋。加大创业扶持力

度，突出大学毕业生、企业骨干、高校院所科研人员、海归人员、返乡创业者、退役退伍人员等重点人群，不断提高创业的成功率，全年新增各类市场主体5000户左右；大力开展就业技能培训，围绕需求较大的热门岗位，着力打造护理师、育婴师、茶艺师等职业培训基地；积极拓展公益性岗位，保持城镇“零就业”和农村“零转移”家庭动态为零。推进农村集体资产股份制改革，完善农村土地经营权流转机制，发挥农村产权交易市场作用，切实提高农业户籍人口财产性收入。

扎实做好保障性民生。按照兜底线、织密网、建机制的要求，进一步提升社会保障能力和水平。完成社保基金征缴2.6亿元，落实基本养老保险待遇稳定增长机制，确保主要险种参保率保持在98%以上。深入实施精准扶贫、精准脱贫工程，帮助含低保户、精准扶贫对象、低收入人群在内的困难群体过上更好生活。强化“三无”人员生活托底保障，推进居家养老服务项目建设，新建2个街道老年人日间照料中心、12个老年人助餐点。扎实开展“救急难”工作，完善社会救助“一门受理、协同办理”机制，确保困难群众求助有门、受助及时。力争创成省现代民政示范区、省双拥模范区。

扎实做好普惠性民生。推进全区基本公共服务标准化、清单化、均等化，增加人民群众“隐性财富”。推进更高水平教育现代化建设，实施新一轮教育布局规划调整，新建孔家巷小学、李家大山小学，长山学校、金山湖小学竣工交付，建设4所智慧校园，规范提升学前教育整体水平。以深化基层卫生综合改革为抓手，继续提升家庭医生签约服务能力，不断增强基本公共卫生服务成效，大力推进医养融合发展模式，复制推广黎明社区卫生服务中心成功经验。繁荣文化体育事业，着力提升基层公共文体设施建、管、用水平，精心打造文化服务品牌。

扎实做好治理性民生。打造共建共治共享的社会治理格局，为人民群众营造安居乐业的环境。积极构建全区网格化社会治理机制，按照“一张网、五统一”[8]要求，整合各类资源和服务平台。加强社会组织培育和管理，建设4个街道级社会组织孵化基地；积极发展涵盖环保、慈善、教育等行业的社会志愿者队伍，不断壮大社会治理力量。以“雪亮工程”[9]为抓手，织密社会面治安防控网络；依法打击盗抢骗、黄赌毒和非法集资、非法传销等违法犯罪行为，确保全区居民公共安全感继续保持全省前列。强化食品药品、消防安全、建筑施工、公共场所等重点领域的监管和专项整治，确保不发生重特大安全生产事故。健全公共法律服务体系，做好“七五”普法中期考核验收和民主法治示范村(社区)、“省级法治文化建设示范点”创建工作。

五、持续优化作风，展现政府建设新形象

深入领会习近平新时代中国特色社会主义思想的丰富内涵，牢固树立“四个意识”和“四个自信”，坚决维护党中央权威，全面贯彻执行党的理论和路线方针政策，忠实履行政府职责，在新时代展示出新形象、新风貌。

强化责任担当。树立强烈的担当意识，把责任扛在肩上，聚焦转型升级，聚焦改革创新，聚焦民生改善，沉下身、静下心，真正谋一方发展、富一方百姓、保一方平安。以落实显真功，以实绩论英雄，把责任担当的成效体现在狠抓工作落实上，夙兴夜寐、心无旁骛，坚决把既定部署落实到位，真正把每个细节落实到位，推进全区重大战略、重大举措、重大任务的落实。进一步完善督查机制，加大重点领域、重点项目、重点工作等方面的跟踪督查，坚决杜绝庸政懒政怠政行为。

提升专业素养。推动高质量发展，经济工作要鲜明转向追求质量效益，城市建设要鲜明转向内涵式提升，社会建设要鲜明转向共建共治共享。为此，政府公职人员要加强对城市经济发展规律的研究，加强对完善城市功能、提升城市品位的谋划，加强对优化城市治理与服务的探索，自觉摒弃惯性思维和路径依赖，切实转变理念思路、发展方式和工作方法，更加精准务实地抓工作干事业，积极适应新形势，努力练就新本领，切实拿出新作为。

严格依法办事。深入贯彻全面依法治国要求，建设法治政府，切实做到法无授权不可为、法定职责必须为，把依法治区的要求贯彻到政府行政的各个方面、每个环节。坚决贯彻区委决策部署，严格执行重大行政决策程序规定。认真落实区人大及其常委会各项决议决定，积极支持区政协履行政治协商、民主监督和参政议政职能，办好人大代表建议和政协委员提案。广泛听取民主党派、工商联、人民团体和无党派人士意见建议，自觉接受司法监督、舆论监督和社会监督。

永葆清正廉洁。严格执行中央八项规定实施细则和省市具体实施办法，驰而不息纠正“四风”，防止“老问题”出现“新表现”，引导政府公职人员追求理想信念的“高线”、践行埋头苦干的“基线”、守住党纪国法的“底线”。牢固树立“过紧日子”的意识，进一步压缩“三公经费”支出，将更多的财力用到改善民生、加快发展上；加大财政收支管理、专项资金管理和国有资产管理，严格控制政府债务，完善预算管理体系。坚持以“零容忍”态度惩治腐败，努力实现干部清正、政府清廉、政治清明。

各位代表，新时代展现新面貌，新征程要有新作为！让我们紧密团结在以习近平同志为核心的党中央周围，在区委的正确领导下，不忘初心、牢记使命，锐意进取、扎实工作，为建设“强富美高”新润州而努力奋斗！

【名词解释】

(1)263 专项行动： 指"两减六治三提升"专项行动，"两减" 是减少煤炭消费总量和减少落后化工产能；"六治"是治理太湖水环境、治理生活垃圾、治理黑臭水体、治理畜禽养殖污染、治理挥发性有机物污染和治理环境隐患；"三提升" 是提升生态保护水平、提升环境经济政策调控水平和提升环境执法监管水平。

(2)931 城市环境综合整治： 指以"九整治""三规范""一提升" 为主要内容的城市环境综合整治行动。"九整治"为整治城郊结合部、整治城中村、整治棚户区、整治老旧小区、整治背街小巷、整治城市河道环境、整治低洼易淹易涝片区、整治建设工地和整治农贸市场；"三规范"为规范占道经营、规范车辆停放和规范户外广告设置；"一提升"为提升城市长效管理水平。

(3)3550 改革： 指开办企业 3 个工作日内完成，不动产登记 5 个工作日内完成，工业建设项目施工许可 50 个工作日内完成。

(4)注册 E 线通： 指通过线上对接，在全流程网上注册登记中为企业和个体工商户同时提供 "一站式" 代办登记服务和基于电子营业执照开办银行账户的服务。

(5)三重一大： 指重大决策、重要人事任免、重要政策与项目安排和大额度资金使用。

(6)"六个高质量"： 经济发展高质量、改革开放高质量、城乡建设高质量、文化建设高质量、生态环境高质量、人民生活高质量

(7)大智云物移： 指大数据、智能化、云计算、物联网和移动互联网。

(8)一张网、五统一： 指省委办公厅、省政府办公厅印发的《关于创新网格化社会治理机制的意见》中第三条：完善统一的城乡社区网格治理体系以及"网格统一规划、资源统一整合、人员统一配备、信息统一采集、服务统一标准"。

(9)雪亮工程： 指以县、乡、村三级综治中心为指挥平台、以综治信息化为支撑、以网格化管理为基础、以公共安全视频监控联网应用为重点的群众性治安防控工程。

润州区诗协作品选

感怀新时代

王忠东

华夏欣逢新代回，山河壮丽展擂台。

六千良将聚盛会，一股清流润众才。

力创复兴宏伟事，强军富国赶前埃。

神州崛起腾飞路，命运齐驰共体开。

蒋乔街道整建制委托给镇江高新区管理

2017 年 6 月 6 日，市委、市政府召开调整完善镇江高新区管理体制动员大会。市委书记惠建林出席会议并讲话，强调要坚决做到讲政治、讲大局、讲团结，思想统一、步调一致、目标一致，确保圆满完成高新区体制调整各项任务，为推动全市创新发展、谱写“两聚一高”镇江篇章作出更大贡献。市长张叶飞主持会议。市委常委、秘书长郭建宣读了《关于调整完善镇江高新技术产业开发区管理体制的实施方案》。根据该方案，润州区七里甸街道有 6 个村社整建制划入蒋乔街道，调整后的蒋乔街道整建制委托给镇江高新区管理。调整后的润州区辖七里甸、官塘桥、宝塔路、和平路、金山、韦岗、南山 7 个街道办事处，共 8 个村，51 个社区。

润州“注册 E 线通”项目启动

5 月 18 日，由润州区与中国银行镇江分行合作的“注册 E 线通”项目正式启动。随着工商注册登记业务窗口前移至中行各营业网点，润州创业青年纪鹏在中国银行润州支行完成了代办营业执照等业务，全市第一份全程电子化公司营业执照顺利颁发。润州区区长高国成、中国银行镇江分行行长刘瑞成出席启动仪式。“注册 E 线通合作项目”是润州区市场监管局与中国银行润州支行创新服务方式、共同服务全区经济发展的合作成果。该项目将注册登记业务窗口前移至润州中行银行营业网点，创业群众只需就近选择银行网点，就能实现无纸化申请全流程电子化，就能领取多证合一营业执照，就能拥有电子营业执照增值服务。项目充分利用了银行密集、智能、成熟的网络服务优势，解决了全程电子化登记管理过程中个人身份认证、电子签名确认等制约瓶颈问题，使市场主体同时享受到高效便捷的政务服务与丰富优质的金融服务，对提升注册登记便利化、服务全区市场主体发展都起到积极推动作用。

“周末课堂”荣获“区级党员教育实境课堂”荣誉称号

润州区委党校创新开设“周末课堂”，打造常态化培训新品牌，2017 年 2 月 ~12 月，每月双周六举办，做到月月有培训、全年不断线。联合相关部门，通过组织全区各级领导干部上讲台授课和外请相关省、市专家学者授课相结合的方式，重点围绕经济发展、社会治理、科技创新、民生保障、党的建设等专题，阐释理论、交流经验、答疑解惑，打破传统的单一培训模式，实现跨专业、跨部门、跨领域培训有机融合。全年共举办 24 讲，参训人员达 1000 余人次。2017 年 11 月 28 日，《订单培训 精准滴灌 润州“周末课堂”提升队伍硬实力》相关文章在镇江日报头版刊登，2017 年 12 月，区委党校“周末课堂”荣获区委颁发的“区级党员教育实境课堂”荣誉称号。

周末课堂 （党校 提供）

润州概况

栏目编校:谢竞美

区情概要

【位置、面积、区划】 润州区是镇江市市辖区，位于长江下游南岸古运河以西，地处镇江市区西南部。东以古运河为界,与镇江市京口区毗邻；东南部分地段与镇江新区(江苏省镇江经济开发区)连接;北濒长江,与扬州市邗江区隔江相望;西南与镇江市丹徒区、镇江高新区接壤。

2017 年 6 月区划调整，润州区七里甸街道有 6 个村社整建制划入蒋乔街道，调整后的蒋乔街道整建制委托给镇江高新区管理。年末全区土地总面积 88.87 平方公里,其中耕地面积 688 公顷,茶园面积 62 公顷，果园面积 14 公顷，另有淡水养殖面积 471 公顷。境内七里甸街道 14.77 平方公里,官塘桥街道 22.2 平方公里,宝塔路街道 7.63 平方公里，和平路街道 26 平方公里,金山街道 6 平方公里,韦岗街道 12.8 平方公里,南山街道 15.58 平方公里。共 8 个行政村,51 个社区。其中,七里甸街道辖 1 个行政村,11 个社区;官塘桥街道辖 3 个行政村,2 个社区;宝塔路街道辖 11 个社区;和平路街道辖 3 个行政村,12 个社区；金山街道辖 10 个社区;韦岗街道辖 1 个行政村;南山街道辖　5 个社区。区政府所在地位于北纬 32°11′42″、东经 119°24′20″，地址为镇江市润州路 5 号,邮政编码为 212005,政府网站中文域名为“中国·润州”(网址 http://www.runzhou.gov.cn)。

【交通】 润州区境内长江、运河交汇构成水路运输网;沪宁铁路、312 国道、243 省道、222 省道、沪宁高速公路和润扬长江公路大桥等重要交通要道纵横交织，陆运非常发达。官塘桥路、南徐大道、润州路、朱方路、中山西路、黄山路、电力路、大西路、长江路、金桥大道、跑马山路、檀山路、团山路等贯通境内城区，农村实现村村通公路。

【地貌、资源】 润州区位于长江运河交汇处,属宁、镇、扬丘陵地区和长江冲积平原区，地势西高东低,南高北低。境内丘陵平地此起彼伏,有金山、宝盖山、跑马山、五州山、嶂山、南山、长山等,征润州、牌湾、鲇鱼套、小码头一带滨江沙洲由长江淤泥沉积而成,地形平坦宽阔。土壤类型分为水稻土、潮土、黄壤土和石灰岩土。土壤分布低,山以黄棕壤为主,岗地以黄土为主，平原以潜育型水稻土为主。

全区北有长江,东有古运河,西有运粮河,南有周家河、四明河等,开掘成大、中、小沟渠 45 条共 75.98 公里，有小型水库 6 座,水闸、滚水坝 15 座,排灌站 31 座共 55 台(套),总装机容量 2328.5 千瓦。全区矿产资源以非金属矿产为主，有分布于韦岗一带的优质熔剂灰岩、铁矿,分布于五州山至彭公山一带的石灰石，及分布于赣山北麓、五州山等地的石英砂岩等,区内砖瓦黏土、水泥配料等分布广泛。植物主要有常绿树种如雪松、侧柏、广玉兰、女贞等;落叶树种有蜡梅、白杨、银杏、水杉、槐等,药用植物有枸杞、黄芪、何首乌、龙胆草、车前草等,经济作物有茶树、果树、桑树、竹林等。2017 年成片造林面积 12 公顷,森林覆盖率 32.25%。动物有哺乳类犬、猫、狐、鼠等,鸟类有麻雀、喜鹊、乌鸦等 100 多种，家禽类有鸡、鸭、鹅、鹌鹑、家鸽等,爬行类有水蛇、蜥蜴、壁虎、龟、鳖等，昆虫类有蟋蟀、金龟子、天牛、蝉等，境内长江鱼类有13目25科90多种，其中刀、鲥、鳗、河豚等属名贵鱼类，另外近郊养殖户养殖青鱼、草鱼、鲫鱼、鲤鱼等。（史志办）

【雨情、水情、气象】 2017年平均气温17.0℃，较常年偏高1.4℃，属显著偏高年份，其中7月出现破纪录的极端高温天气。年平均降水量1392.1毫米，比常年平均偏多28.3%，属偏多年份。年累计日照时数为1890.4小时，比常年同期偏少4.2%，属正常范畴。

气温：年平均气温17.0℃，较常年偏高1.4℃，异常度值为1.98，属显著偏高年份，排历史第二极值。3月25日入春，比常年平均(3月19日)晚6天，冬季(2016年11月22日入冬)124天，比常年平均(119)多5天；5月17日入夏，较常年平均(5月23日)早6天，2017年春季(3月25日~5月17日)共53天，较常年平均的63天少10天；9月28日入秋，比常年平均的9月24日晚4天，2017年夏天共134天，较常年平均的124天多10天；11月30日入冬，比30年平均(11月23日)晚7天，2017年秋季为59天，比历史平均63天少4天。11月19日出现初霜，比常年平均初霜日(11月13日)晚了6天。

降水：年平均降水量1392.1毫米，比常年平均偏多28.3%，属偏多年份。

梅雨概况：2017年6月22日入梅（常年平均6月19日），7月11日出梅(常年平均7月12日)，入梅略晚，出梅正常，梅雨期20天(常年23天)，较常年略短。

梅雨期降水量明显偏少，降水量为124.2毫米~186.5毫米，平均梅雨量为149.9毫米，较常年平均(253.9毫米)偏少4成。梅雨期降水呈间歇性、过程性。梅雨期内雨带南北摆动，降水呈间歇性、过程性特点，其中在7月1~2日和9~10日出现大到暴雨天气，其余时间均以雷阵雨天气为主。

暴雨（大暴雨）：2017年暴雨日镇江5天，大暴雨日镇江2天。

高温：2017年高温天气集中在7、8月份，其中7月份的高温天气破多项纪录，高温日数18天，7月14日至29日出现连续16天的高温日，7月21日至28日镇江出现持续8天37℃以上的高温天气，最高气温极值出现在24日达40.6℃，破有气象记录以来历史同期极值，平历史极端最高气温纪录第二位。

寒潮：2017年11月17~19日出现冬天的首次寒潮天气过程，镇江48小时最低气温降温幅度均达10℃以上。

降雪和积雪：2017年，共出现1个降雪日，受冷空气影响，2月8日上午出现降雪，24小时雨雪量（7日20~8日20时）镇江5.6毫米。

大雾和霾：2017年，全年霾天数175天，雾日数25天，均较往年有所下降（2016年霾日数189天，雾日数55天）。

（市气象局）

【风景名胜】 润州区具有“城市森林”和“真山真水”的独特风貌，以“天下第一江山”闻名于世。“寺裹山”的金山以绮丽著称。市区的昭关石塔、西津渡古街、镇江英国领事馆旧址等古、近代建筑和金山寺、招隐寺、竹林寺、鹤林寺等寺庙体现润州历史名胜深厚的内涵；城南有南山国家森林公园，公园青山连绵，古木幽深，昭明太子读书台、文苑、增华阁等点缀其中。长江路和金桥大道把春江潮广场、金山江天禅寺、润扬长江公路大桥连为一体，成为润州版图一道亮丽的风景线。（史志办）

【民族、方言】 全区有回、蒙古、满、维吾尔、苗、壮、布依族等少数民族31个，4700余人，其中回族约4000人。

润州话属北方方言的次江淮方言，城区及近郊(七里甸街道)以镇江话为主要方言，而远郊韦岗一带有部分移民操河南罗山话，征润州部分居民带有明显泰兴话。与普通话相比，镇江话没有全浊声母和舌尖后音声母，鼻化元音介于前鼻音韵母与元音韵母之间，in、ing不分，en、eng不分，n、l不分；有入声调。词汇中保留着丰富的吴方言词。（史志办）

【人口】 2017年年末，全区总户数为10.18万户，户籍总人口为24.24万人，其中男12.15万人，女12.09万人，男、女之比为100.5%；全年出生2126人(男1111人，女1015人)，全年死亡2966人（男1677人，女1289人)，人口自然增长率为-3.5‰。（公安分局）

经济建设

【概况】 2017年完成地区生产总值208.35亿元，增长7%；固定资产投资164.84亿元，增长1.5%；一般公共预算收入15.1亿元；社会消费品零售总额119.83亿元，增长10.5%；到位外资4800万美元；研发经费支出5200万元。城镇常住居民人均可支配收入45120元，增长8.9%；农村常住居民人均可支配收入25455元，增长8.2%。

【农业】 全年完成农业大项目投资0.45亿元，实现农林牧渔增加值0.74亿元，粮食单产平均亩产达520公斤，完成社会资本投农2.06亿元，高效农业保险占比达67.8%，大力推广优质农业种养品种，全区优质果品比例达到86%，无性系良种茶比例达到71%；引进金童玉女小黄瓜、手指南瓜，拇指西瓜、娃娃甜瓜等蔬菜新品种五十多个，推广嫁接等新技术3项。完成蔬菜播种面积213.33公顷次，完成成片造林12公顷，四旁绿化5.13万株，森林覆盖率达32.24%；加强森林病虫害的清理，共治理受害林面积37公顷，比上年缩小6.0%，清理病死树株数1303株，比上年下降4.9%，治理率100%。

【工业】 工业经济支撑乏力。高新区管理体制调整后，全区剩余规模以上工业企业12家，原2个省重点投资项目、5个市重点技改项目均已划至镇江高新区，工业经济总量大幅下降，无新增长点，二产投资比重也出现明显下降。工业经济占全区经济比重已锐减至10%以下，支撑作用正在消失。

【服务业】 服务业集聚区稳中求进。西津渡文化产业园作为市级示范园区，着力提升文化博览、休闲和旅游配套功能，实现年游客接待量400万人次，入驻商户113家。城际商圈、青年广场商圈等重点“三集”园区，按照“一园区一主导产业一平台”的思路，坚持政府引导，市场化运作，发挥行业协会的协调优势和商管公司专业招商优势，精准招商。万达金街入驻305家商户，入驻率达98%，基本实现满铺经营，以城际商圈为依托的新的商贸中心正在形成。

【项目建设】 实施区级重点产业项目22个，总投资381.53亿元，年度投资计划64.3亿元，全年，实际完成投资64.7亿元。12个续建项目均完成年度建设任务。西津渡旅游风情小镇提前完成当年投资计划，镇屏山西地块土地已上市摘牌，环云台山功能提升项目中的书香府邸、桔子酒店顺利开业。魔幻海洋世界项目极地馆正在封顶，海洋馆地上二层施工，游客中心正在装饰装修。4个新建项目中，智慧旅游大数据平台已完工。

【外贸外经】 全区完成进出口总额3.42亿美元，同比增加12.4%，其中，出口完成2.95亿美元，同比增加12.2%。进口总额0.48亿美元，同比增长13.3%。2017年，全区服务外包执行额1.8亿美元，同比增加38%。

政治建设

【概况】 推进“两学一做”学习教育常态化制度化，政风行风持续好转。扎实开展“走村进企入户”大走访活动，服务发展、服务基层、服务群众的能力和水平得到提升。深化法治政府建设，成立了区政府法律顾问委员会。坚决贯彻区委“三重一大”决策制度，坚持重大事项向区人大常委会报告、向区政协通报，充分发挥各民主党派、工商联、无党派人士以及人民团体的民主监督作用。政府系统承办人大代表建议、政协委员提案211件，已落实解决122件，其余已列入计划逐步解决。全面落实政府系统党风廉政建设责任制，进一步强化行政监察、财政监管和审计监督，研究出台了加强政府性债务管理等多项制度。认真办理“12345”政府服务热线、“书记、市长信箱”和镇江论坛，及时呼应群众诉求。全区在印发《润州区热线考核细则》和《区政府12345服务热线工作要点》基础上，不断完善网络、规范流程、强化领导。全区“区－街道－社区”三级办理网络在实践中被进一步织密，办理效率在实践中被进一步提升，承办单位“受理、办理、办结、回访”工作流程被固定下来，做到了“件件能落实、件件有回音”。干部工作基础夯实，遴选22名80后科级干部跨条线轮岗，优选23名年轻公务员双向挂职。制定出台《关于进一步规范干部选拔任用工作的意见》和《润州区中层干部选拔任用工作实施细则》，全面规范中层干部选拔任用。

文化建设

【概况】 2017年，扎实开展“扎根基层，服务群众”文化惠民活动，组织书法志愿者走进西津渡社区和凤凰家园社区开展迎新春送福送春联系列活动。八一建军节，走进润州消防大队，开展送书画进军营活动。举办“水韵润州”第三届摄影大赛，“水利情、中国梦”第一届硬笔书法大赛，“水利杯”第一届诗词创作大赛，在司法系统开展“美丽润州，法律相伴”文艺创作活动，丰富了全区文化活动。三集广播剧《韦岗战斗》、歌曲《春风又绿月又圆》荣获镇江市第二届精神文明建设“五个一工程奖”。孙炜、李守农的国画《彩韵滇南》获江苏省第二届江苏美术奖提名奖，区作家协会曾竹花入选镇江市文化单位第二届“五个一批”文艺人才。长效性开展“道德讲堂”，邀请全国道德模范赵亚夫、中国好人陈杰群到道德讲堂做宣讲交流活动，把街道推荐的“镇江好人”作为道德讲堂的宣讲员，深入弘扬助人为乐、诚实守信、孝老爱亲、敬业奉献、见义勇为的崇高精神。广泛开展诚信宣传教育，开展“1+5+x”诚信社区建设，打造了金山宝地诚信示范街区。

社会建设

【概况】 2017年，润州区按照《润州区参与式治理工作指导手册》规范的流程、规则、程序，按照参与式治理，打造了一批示范街道、示范社区。根据《关于做好全省现代社区治理创新实验区中期评估工作的通知》的文件要求，贯彻参与式治理，使社区居委会对社区议事协商的有序组织，社区居民广泛参与社区事务，社区各方力量对社区建设共同支持，最终达到用民主协商的方式解决社区问题，提升为民服务水平。做实网格参与，进一步优化网格划分范围，初步划分326个自然网格、4个专属网格，网格长330个，网格员488个。完善网格化管理内容，保障网格长基本工作条件，加强网格长志愿服务能力培训，推广协商参与，城市社区全面开展社区协商，制定“社区协商议事规程”。积极推进社会组织信用体系建设，率先完成社会组织统一社会信用代码赋码工作，赋码率达到100%。加大社会组织培育扶持力度，开展社会组织即社工人才增能培训。城镇新增就业1.1万人、扶持创业1358人，获评省级创业型街道1个、创业型村（社区）11个、大学生创业优秀项目3个，新增1个老年人日间照料中心、12个老年助餐点。

平安润州建设取得新成效。建立区、街道、村（社区）三级综治信息交流平台，规范统一各级综治信息平台的运用，配置综治终端221个，完善功能设置，发挥预测预警研判、指挥调度作用，实现区、街道、村的三级互联互通。加快升级建设治安防控体系，持续推进“123技防城”增点扩面工程，新建监控探头200余只，校园监控逐步推进接入区教育云平台，社会面监控系统二期已基本完成。进一步加强了治安防控志愿者、社区矫正志愿者、禁毒志愿者队伍的建设，全面实现群防群治队伍的整体联动。

生态文明建设

【概况】 深入开展“263”专项行动，实施年度重点生态项目19个。建立全区三级“河长制”，村级以上河道、水库和湖泊都有了保护责任人。“一湖九河”水环境整治、“水岸共治”十大行动取得实效，完成御桥港支河河道整治和燕子窝小流域治理，建立运粮河国控断面水质达标联动运行机制。彻底解决了征润州水源地保护区域内的环境问题，有力保障了饮用水源地的安全。全区入江支流国控运粮河新河桥断面水质为Ⅲ类，达标率100%，全区集中式饮用水质达标率100%。关闭规模畜禽养殖场42家，全市唯一实现全域范围畜禽禁养。查处整改环境隐患13起，其中1起移送司法机关。试点推进生活垃圾分类处置，打造了10个示范小区、45个分类示范亭。全年，市区空气总监测天数为365天，环境良好天数为205天，空气质量平均优良天数比例为56.1%，较2016年PM2.5下降15.7%。

润州区组织机构及领导人名录

中共镇江市润州区委员会

书　　记　王冬生（　~2017.12）
　　　　　高国成（2017.12~　）
副 书 记　高国成（　~2017.12）
　　　　　徐心田（2017.12~　）
　　　　　范永放（　~2017.06）
　　　　　贾敬远（2017.06~　）
常　　委　严竹波（　~2017.06）
　　　　　蒋　勇
　　　　　徐　燕（女）
　　　　　仇　洋（　~2017.12）
　　　　　杨　坚（2017.12~　）
　　　　　周文雄
　　　　　陈家军
　　　　　张庆松

区委办公室

主　　任　江其兵
副 主 任　季前进
　　　　　陈赞群
　　　　　吴从芜

区委机要保密局

局　　长　季前进
副 局 长　吴从芜

组织部

部　　长　徐　燕（女）
副 部 长　倪南成（　~2017.03）
　　　　　徐文军
　　　　　凌　鑫（2017.03~　）

区级机关工委

书　　记　魏春平（　~2017.05）
　　　　　江　琳（女，2017.05~　）

区委老干部局

局　　长　倪南成（　~2017.03）
　　　　　徐文军（2017.03~　）
副 局 长　吴国良

区委离退休干部工作委员会

书　　记　徐文军（2017.09~　）

区委新经济社会组织工委

副 书 记　李　远（2017.05~　）
　　　　　薛锦涛

区委党代表联络办公室

主　　任　汤小东（　~2017.05）

区委党员电教中心

主　　任　杜　炜（　~2017.08）
　　　　　李　志（2017.08~　）

宣传部
部　　长　陈家军
副部长　张　镇
　　　　蒋天舒(女)
　　　　杜婷婷(女)

文明办
主　　任　张　镇
副主任　方　翔

文联
主　　席　蒋天舒(女)
副主席　杨　镇

互联网信息办公室
主　　任　束志祥

广播电视台
台　　长　杜婷婷(女)
副台长　陈　岗
　　　　王晓滢(女)
　　　　于彬彬

统战部
部　　长　徐　燕(女)
副部长　张群林(　~2017.12)
　　　　杨庆荣(2017.05~　)
　　　　高　峰

民族宗教局
局　　长　高　峰(　~2017.05)
　　　　杨庆荣(2017.05~　)

台湾工作办公室
主　　任　潘大林
副主任　王镇俐(女)

政法委
书　　记　张庆松
副书记　贺永欣(女)
　　　　顾忠卫
　　　　孙建民(　~2017.03)

社会管理综合治理委员会办公室
主　　任　贺永欣(女)
副主任　王纪庚

国家安全领导小组办公室
主　　任　顾忠卫
副主任　郑永明(　~2017.08)

依法治区领导小组办公室
主　　任　张庆松
副主任　孙建民(　~2017.03)
　　　　赵仲秋(2017.05~　)

区委610办公室
主　　任　陈廷桥(2017.08~　)
副主任　康金林

机构编制委员会办公室
主　　任　张　斌
副主任　徐海萍(女)
　　　　张　伟

人才办
主　　任　徐子强(　~2017.08)
副主任　袁　颖
　　　　(女,　~2017.08)

人才工作领导小组办公室
专职副主任
　　　　袁　颖
　　　　(女,2017.08~　)

信访局
局　　长　张　铁(　~2017.09)
　　　　高　飞(2017.09~　)
副局长　王　霞
　　　　(女,　~2017.05)
　　　　胡中良
　　　　张梅平(2017.05~　)

区社会矛盾纠纷调处服务中心
主　　任　张志荣
副主任　包永林(　~2017.08)
　　　　王　霞
　　　　(女,　~2017.05)
　　　　王玉坤(2017.05~　)
　　　　张　健(2017.08~　)

维稳办
主　　任　姜亚东(2017.12~　)
副主任　孙　伟(　~2017.12)
　　　　马晓波(2017.12~　)

史志档案办公室
主　　任　华晨明
副主任　谢竞美(女)
　　　　孙　伟(2017.12~　)

档案馆
馆　　长　华晨明

区委党校
校　　长　范永放(　~2017.08)
　　　　贾敬远(2017.08~　)
常务副校长　卢春生
副校长　朱恒赏
　　　　何　峥(女)

润州区人大常委会

主　　任　范永放
副主任　刘凯成(2017.01~　)
　　　　易丽娟(女)
　　　　赵宝恒
　　　　徐菊生
党组书记　范永放
党组副书记
　　　　刘凯成(2017.03~　)

办公室
主　　任　祝昌镜

人事代表联络委员会
主　　任　杨　飚
副主任　李庆华

内务司法委员会
主　　任　陈维怡(　~2017.03)
　　　　孙　渊(2017.05~　)
副主任　姜克才

财政经济委员会
主　　任　孙　渊(　~2017.05)
　　　　魏春平(2017.05~　)
副主任　邹媚华(女)

社会事业委员会
主　　任　黄成龙
副主任　蔡文辉

环境资源城乡建设委员会

主　　任　徐厚华

润州区人民政府

区　　长　高国成（　~2017.12）
　　　　　徐心田（2017.12~　）
副 区 长　严竹波（　~2017.06）
　　　　　贾敬远（2017.06~　）
　　　　　蔡　萍（女，　~2017.12）
　　　　　祝中昊
　　　　　陆金火
　　　　　胡如明
　　　　　刘国明（2017.01~　）

政府办公室

主　　任　江朝民
副 主 任　姚　继（　~2017.05）
　　　　　张　杰
　　　　　周恒祥
　　　　　吴润宇（2017.05~　）
党组书记　江朝民

外事办公室

主　　任　姚　继（　~2017.05）
　　　　　吴润宇（2017.08~　）
副 主 任　汤　丹（　~2017.08）

侨务办公室

主　　任　周　红（女）

法制办公室

主　　任　陈文博（　~2017.03）
　　　　　孙建民（2017.03 ~ 2017.12）
　　　　　张群林（2017.12~　）
副 主 任　陈　飞
　　　　　丁一舟（女，2017.05~　）
党组书记　陈文博（　~2017.03）
　　　　　孙建民（2017.03 ~ 2017.12）
　　　　　张群林（2017.12~　）

机关事务服务中心

主　　任　李其兵
副 主 任　曹　阳（　~2017.06）
　　　　　刘　亮（　~2017.06）
　　　　　王　毅
　　　　　姚　缤（女，2017.05~　）
　　　　　王玉坤（2017.05~　）

区 e 办事服务中心

主　　任　张　杰（2017.12~　）

发展改革和经济信息化委员会

主　　任　刘国明（　~2017.03）
　　　　　吴斌斌（2017.03~　）
副 主 任　蔡　飞（　~2017.12）
　　　　　李　伟
　　　　　范海进（　~2017.03）
　　　　　高　飞（2017.05 ~ 2017.09）
　　　　　冯　斌
　　　　　黄　昕（　~2017.03）
　　　　　向　绯（女）
　　　　　杨海莲（女，2017.12~　）
　　　　　倪守俊
党组书记　刘国明（　~2017.03）
　　　　　吴斌斌（2017.03~　）
党组副书记
　　　　　范海进（　~2017.03）
　　　　　冯　斌
纪检组长　沈小梅（女，　~2017.08）

旅游局

局　　长　向　绯（女）

教育局

局　　长　庄炳锁
党委书记　庄炳锁
党委副书记　陈晓鸽（女）
纪委书记　陈晓鸽（女，　~2017.08）
副 局 长　钱　进
　　　　　马国金
　　　　　曹　琳（女）
　　　　　樊安成
党委委员　束乾春
　　　　　夏建平
　　　　　李祥荣

区政府教育督导室

主　　任　陈晓鸽（女）

文体局

局　　长　钱　进

镇江市信息中等专业学校

校　　长　杜闽生（　~2017.12）
党支部书记
　　　　　谢　军（　~2017.08）
　　　　　杜闽生（2017.12~　）

润州中等专业学校

校　　长　杜闽生（2017.12~　）
党支部副书记
　　　　　李祥荣（2017.12~　）

镇江实验学校

校　　长　夏建平
副 校 长　文执良（2017.12~　）
党总支书记
　　　　　文执良（　~2017.12）
　　　　　夏建平（2017.12~　）
党总支副书记
　　　　　束乾春（2017.12~　）

润州区实验小学

校　　长　靳钟琦（女）
党支部书记　张　悦（女）

科学技术局

局　　长　张　娟（女）
副 局 长　赵　翼（　~2017.05）
　　　　　张　希（女，　~2017.12）
　　　　　孙　伯（2017.08~　）
　　　　　郭海燕（女，2017.12~　）
党组书记　张　娟（女）
纪检组组长　许育根（~2017.08）

民政局

局　　长　徐建春（　~2017.03）
　　　　　夏兴政（2017.03~　）
副 局 长　徐怀联
　　　　　李　忠
　　　　　张海东（2017.12~　）
　　　　　王志华

党组书记 徐建春(~2017.03)
夏兴政(2017.03~)
纪检组组长
丁 琳
(女, ~2017.03)
王 霞
(女,2017.05~2017.08)

司法局

局 长 张志荣
副 局 长 包永林(~2017.08)
解宏亮
张 健
王宝凤(女)
党组书记 张志荣
党组副书记
包永林(~2017.08)
纪检组组长
包永林(~2017.08)

财政局

局 长 匡淑平
副 局 长 吴建春
徐新华
朱建福
殷荣栋
党组书记 匡淑平
纪检组组长
易仁东(~2017.08)
党组成员 易仁东
殷歌民
七里甸分局局长 倪秋凤(女)
官塘桥分局局长 戴洪祥

区会计服务中心

主 任 徐新华

资产经营管理公司

总 经 理 殷歌民

人力资源和社会保障局

局 长 孙祥波
副 局 长 徐子强
陆承宝
沈 军(2017.12~)
张国荣
戴 敏
党委书记 孙祥波
党委副书记
胡志中
纪委书记 胡志中(~2017.08)

社会保险管理中心

主 任 杜建华

劳动就业管理中心

主 任 戈新苏

人才服务中心

主 任 蒋厚军

住房和城乡建设局

局 长 张春平(~2017.03)
徐建春(2017.03~)
副 局 长 许 谦
池鹤云
卢 军
王文育(~2017.03)
党委书记 张春平(~2017.03)
徐建春(2017.03~)
党委副书记
祝明强(~2017.08)
纪委书记 祝明强(~2017.08)

城管局

局 长 沈明安
副 局 长 李 俊(~2017.08)
江再连(~2017.08)
刘 俊
刘洪建
党委书记 沈明安
党委副书记
蒋志诚(~2017.08)
李 俊(2017.08~)
纪委书记 蒋志诚(~2017.08)

环卫所

所 长 卜 平
党支部书记 卜 平

交通运输局

局 长 纪宁军
副 局 长 于苏平
陈 鑫(~2017.12)
赵仲秋(~2017.05)
夏 兵(2017.12~)
朱 辉
党组书记 纪宁军
党组副书记 于苏平
纪检组组长
高 奇(~2017.08)

农业委员会

主 任 朱 震(~2017.03)
黄 昕(2017.03~)
副 主 任 张云凯
尹 忠(~2017.08)
江再连(2017.08~)
党委书记 朱 震(~2017.03)
戴 云
(女,2017.03~2017.09)
祁明星
(女,2017.09~)
党委副书记 王明新
纪委书记 刘祝迁(~2017.08)

水利局

局 长 孙学斌
副 局 长 欧阳国良(~2017.08)
张建明
李国楠
党组书记 孙学斌
党组副书记
欧阳国良(~2017.08)
纪检组组长
欧阳国良(~2017.08)
党组成员 王桂元

商务局

局 长 吴斌斌(~2017.03)
范海进(2017.03~)
副 局 长 仲 凡(女)
许传亮(~2017.08)
熊 文(2017.08~)
党组书记 吴斌斌(~2017.03)
范海进(2017.03~)
党组副书记
仲 凡
(女,2017.05~)
纪检组组长
许传亮(~2017.08)

招商中心

主 任 吴斌斌(~2017.03)

范海进(2017.03~)
副主任 邓 燕(女)
印兴剑(~2017.08)
王晓东(~2017.08)
梅 俊(2017.08~)

卫生和计划生育委员会

主 任 蒋阿喜
副主任 周志红
(女, ~2017.05)
赵立军
王国文
袁其中
江蓓芬(2017.05~)
党委书记 蒋阿喜
党委副书记
夏兴政(~2017.03)
纪委书记 夏兴政(~2017.03)
周志红
(女,2017.05~2017.08)

区人民医院

党支部书记 满 明

区红十字会

会 长 夏兴政(~2017.03)
袁其中(2017.03~)
副会长 朱月霞(女)

审计局

局 长 史润忠
副局长 施耘宁(女)
季吉祥
党组书记 史润忠
纪检组组长
刘建华(~2017.08)

安全生产监督管理局

局 长 范丰年
副局长 杨宗庆
孙 伯(~2017.08)
顾万银
殷叶飞(~2017.08)
钱勇建(2017.12~)
党组书记 范丰年
纪检组组长
殷叶飞(~2017.08)

统计局

局 长 江金保
副局长 朱玉和(~2017.08)
李玉萍(女)
张涵宇
党组书记 江金保
党组副书记
朱玉和(~2017.08)
纪检组组长
朱玉和(~2017.05)
李玉萍
(女,2017.05~2017.08)

环保局

局 长 唐明乐
副局长 曹 阳
沙开红(女)
曾远忠
党组书记 唐明乐
纪检组组长
康 忠(~2017.08)

金融办

主 任 姜银土
副主任 陈伟林
钱玲凤(女)
党组书记 姜银土

市场监督管理局
(食品药品监督管理局)

局 长 朱 明
副局长 蔡 勇
刘 健
赵 敏(女)
胡 俊
肖 骁
稽查大队大队长 郑江新
第一分局局长
杨 勇(~2017.08)
蔡 雷(2017.08~)
第二分局局长
吴华昆(2017.05~)
第三分局局长
卢惠平
第四分局局长
袁界荣(2017.05~)
第五分局局长
司智玲(2017.05~)

党委书记 朱 明
副书记 曾晓亚(~2017.08)
纪委书记 曾晓亚(~2017.08)
党委委员 戴 鹏(2017.08~)
孙 浪

物价局

局 长 李 伟
党组书记 李 伟

供销合作总社

主 任 王桂元
副主任 李慧萍(女)
谭福良
李火云
缪 迪
党委书记 王桂元
纪委书记 李火云

区工贸总公司

总经理 蔡 飞
副总经理 周望梢(女)
葛月鹏
谷志源(2017.12~)
党委书记 刘志敏
纪委书记 周望梢(女)

房地产开发总公司

副总经理 陈志强
刘景荣
王永海
窦阿林(2017.05~)

土地房屋开发总公司

党总支书记 余江华
副总经理 田伟忠

城市建设投资公司

副经理 陈宏平
王昌仁

政协润州区委员会

主 席 蔡文龙
副主席 高亚明
蒋卫东(~2017.01)
蔡 飞
季 莉(女)

倪南成(2017.01~　)
张春平(2017.01~　)
党组书记　蔡文龙
党组副书记　倪南成(2017.03~　)
秘书长　王寿从

政协办公室

主　任　刘向华(女)

提案委员会

主　任　宦玉兔

学习和文史委员会

主　任　肖尚平
副主任　吕　芹(女)

经济科技委员会

主　任　杨东明

社会事业委员会

主　任　陆庆宏

润州区纪律检查委员会(监察局)

书　记　仇　洋(　~2017.12)
杨　坚(2017.12~　)
副书记　周向群
孙建民(2017.12~　)
常　委　孙建军
李志鹰
(女,2017.08~　)
夏　兵(　~2017.12)
局　长　周向群(　~2017.12)
副局长　李志鹰
(女,2017.08~2017.12)
郭海燕
(女,　~2017.12)
办公室主任
许传亮(2017.08~　)
基层工作室主任
夏　兵(　~2017.12)
信访室主任
蔡楚天(　~2017.05)
金威威
(2017.05 ~ 2017.12)
郑永明(2017.12~　)
案件审理室主任　袁小鲁
党风政风监督室主任
李志鹰
(女,　~2017.08)
汪　健(2017.08~　)
纪检监察干部管理监督室主任
刘　玥
(女,　~2017.12)
案件监督管理室主任
刘　玥
(女,2017.12~　)
第一纪检监察室主任
孙建军(　~2017.12)
金威威(2017.12~　)
第二纪检监察室主任
赵　莹
(女,　~2017.12)
第三纪检监察室主任
赵　莹
(女,2017.12~　)
第四纪检监察室主任
彭　明(2017.12~　)

区委巡察工作办公室

主　任　周向群(2017.08~　)
副主任　曾晓亚(2017.08~　)
许育根(2017.08~　)
杨留永(2017.12~　)
巡察组组长
蒋志诚(2017.08~　)
周志红
(女,2017.08~　)
巡察组副组长
高　奇(2017.08~　)
刘祝迁(2017.08~　)
派驻区委办公室纪检组组长
沈小梅
(女,2017.08~　)
派驻区政府办公室纪检组组长
吴国武(2017.08~　)
派驻区人民法院纪检组组长
殷叶飞(2017.08~　)
派驻区人民检察院纪检组组长
王　霞
(女,2017.08~　)
派驻区财政局纪检组组长
易仁东(2017.08~　)

润州区人民法院

院　长　张子敏(2017.01~　)
副院长　马　力
杨克勤(　~2017.08)
姚维新
徐根法(2017.08~　)
党组书记　张子敏
党组副书记　马　力
纪检组组长
王新国(　~2017.05)
王　琳
(女,2017.05~2017.08)
政治处主任　徐根法(　~2017.12)

审判委员会

专职委员　吴　翔
叶志祥

执行局

局　长　王　翔

润州区人民检察院

检察长　王　飞(2017.01~　)
副检察长　张耀林
曹学卫
王志祥
田云山
党组书记　王　飞
党组副书记　王志祥
纪检组组长
杨　可(　~2017.08)
党组成员　张耀林
曹学卫
杨　可
蒋文明
成建民
马少俊(　~2017.12)
政治处主任　蒋文明

反渎职侵权局

局　长　马少俊(　~2017.12)

检察委员会

专职委员　成建民
杨海峰

润州区人武部

政　　委　周文雄
部　　长　朱小兵（　　~2017.06）
　　　　　张　成（2017.06~　　）
副 部 长　韩启涛（2017.05~　　）

群众团体

总工会

主　　席　夏祝平
副 主 席　叶宏军
　　　　　丁建美（女）

团区委

书　　记　蒋　蒙
　　　　　（女，2017.08~　　）
副 书 记　高　嫱
　　　　　（女，　　~2017.05）
　　　　　金　恺（2017.09~　　）

区妇联

主　　席　戴　云
　　　　　（女，　　~2017.03）
副 主 席　张媛媛
　　　　　（女，2017.03~　　）
　　　　　范玲玲（女）

科协

主　　席　刘　旭
副 主 席　李　志（　　~2017.08）
　　　　　尹　忠（2017.08~　　）

残疾人联合会

理 事 长　杜长春

工商业联合会

主　　席　刘永飞
副 主 席　马雪松
党组书记　张群林（　　~2017.12）

侨联

主　　席　田　冰

街道、场圃、园区

七里甸街道

书　　记　邵建海
副 书 记　韩绪超（　　~2017.05）
　　　　　戴克祥（2017.05~　　）
　　　　　陈小坤（　　~2017.05）
　　　　　郑奇斌（2017.05~　　）
　　　　　陈稳宇（　　~2017.05）
　　　　　陈欣国
纪工委书记　吴　瑛（女）
组织宣传统战委员
　　　　　霍晓剑
人武部部长　瞿惠林
主　　任　韩绪超（　　~2017.05）
　　　　　戴克祥（2017.05~　　）
副 主 任　黎　骏（　　~2017.05）
　　　　　周景润
　　　　　瞿惠林
　　　　　曹永曜（　　~2017.05）
　　　　　蔡楚天（2017.05~　　）
　　　　　刘　欢
　　　　　（女，2017.05~　　）
人大工委主任
　　　　　江晓鹏（　　~2017.08）
　　　　　陈小坤（2017.08~　　）
政协联络委主任
　　　　　陈小坤（　　~2017.08）

蒋乔街道

（2017 年 6 月划入高新区）

书　　记　周洪源
副 书 记　胡立仁
　　　　　常耀中（　　~2017.05）
　　　　　高　飞（　　~2017.05）
　　　　　易宝顺
　　　　　高　静（女）
　　　　　许忠华（2017.05~　　）
纪工委书记
　　　　　金威威（　　~2017.05）
　　　　　高　嫱
　　　　　（女，2017.05~　　）
组织宣传委员
　　　　　曹　永（2017.05~　　）
统战委员　汤　丹
人武部部长　薛真文
主　　任　胡立仁
副 主 任　毛　辉
　　　　　朱红辉
　　　　　薛真文
　　　　　王　慧
　　　　　（女，　　~2017.05）
人大工委主任　贾代武

官塘桥街道

书　　记　刘春光
副 书 记　戚　研（　　~2017.09）
　　　　　张　轶（2017.09~　　）
　　　　　蒋伟林
　　　　　祁明星
　　　　　（女，　　~2017.09）
纪工委书记
　　　　　汪　健（　　~2017.08）
　　　　　王美吉（2017.08~　　）
组织宣传统战委员
　　　　　刘美中（　　~2017.08）
　　　　　杜　炜（2017.08~　　）
人武部部长　孙宝定
主　　任　戚　研（　　~2017.09）
　　　　　张　轶（2017.09~　　）
副 主 任　陶文琦
　　　　　（女，　　~2017.05）
　　　　　孙宝定
　　　　　袁尤其
　　　　　朱　怡
　　　　　曹　阳（2017.06~　　）
人大工委主任　张　浩
政协联络委主任
　　　　　蒋伟林（　　~2017.12）
政协联络委副主任
　　　　　刘美中（　　~2017.08）

宝塔路街道

书　　记　赵春雷（　　~2017.05）
　　　　　韩绪超（2017.05~　　）
副 书 记　田　伟
　　　　　康　云
　　　　　许忠华（　　~2017.05）
　　　　　陈稳宇（2017.05~　　）
纪工委书记
　　　　　张　晋
　　　　　（女，　　~2017.05）
　　　　　黎　骏（2017.05~　　）
组织委员　李　远（　　~2017.05）
宣传委员　张媛媛

(女，　~2017.03)
统战委员　吴　莹
(女，　~2017.08)
杨　娴
(女，2017.08~　)
组织宣传委员
杨　娴
(女，2017.05~　)
人武部部长　李建国
主　　任　田　伟
副 主 任　俞进东
康　伟
李建国
鄂　萍(女)
人大工委主任　刘步楼
人大工委副主任
曾　杰(　~2017.03)

和平路街道

书　　记　王重阳
副 书 记　陆振兴
石光亚
杨庆荣(　~2017.05)
常耀中(2017.05~　)
纪工委书记　王卫领
组织宣传统战委员
丁一舟
(女，　~2017.05)
赵　翼(2017.05~　)
人武部部长　张　宇
主　　任　陆振兴
副 主 任　高　闯
张　宇
丁笑笑
陶文琦
(女，2017.05~　)
胡笑宇(2017.05~　)
人大工委主任
邵建栋
政协联络委主任
杨庆荣(　~2017.05)

金山街道

书　　记　周　藜(女)
副 书 记　戴克祥(　~2017.05)
汤小东(2017.05~　)
石荣贺(　~2017.08)
李　雍
戴永能
纪工委书记　臧荣辉
组织宣传统战委员
吴润宇(　~2017.05)
尤　毅(2017.05~　)
人武部部长
王美吉(　~2017.08)
刘银辉(2017.08~　)
主　　任　戴克祥(　~2017.05)
汤小东(2017.05~　)
副 主 任　王美吉(　~2017.08)
房　永
刘　欢
(女，　~2017.05)
杨　勇(2017.08~　)
王　慧
(女，2017.05~　)
刘银辉(2017.05~　)
甘文茂(2017.05~　)
人大工委主任　卢庆荣

韦岗街道

书　　记　孙　晶(女)
副 书 记　马　乐
程相会
熊　文(　~2017.08)
耿长旭(2017.08~　)
纪工委书记　王　妮(女)
组织宣传统战委员
尤　毅(　~2017.05)
张　晋
(女，2017.05~　)
人武部部长
刘银辉(　~2017.05)
主　　任　马　乐
副 主 任　刘银辉(　~2017.05)
吴俊彪
耿长旭
刘　亮(2017.06~　)
人大工委主任
江　琳
(女，　~2017.05)
姚　继(2017.05~　)

南山街道

书　　记　朱　震(2017.03~　)
副 书 记　黄华良
郑奇斌(　~2017.05)
石荣贺(2017.08~　)
费荣海(2017.08~　)
纪工委书记
刘美中(2017.08~　)
组织宣传统战委员
吴　莹
(女，2017.08~　)
主　　任　黄华良
副 主 任　杨海莲
(女，2017.08~2017.12)
张　希
(女，2017.12~　)
人大工委主任　蔡　军

南山联合社区服务中心

副 书 记　吴国武(　~2017.08)
费荣海(　~2017.08)
纪工委书记
吴国武(　~2017.08)
组织宣传统战委员
杨海莲
(女，　~2017.08)
副 主 任　杨　斌(2017.08~　)
姜光明
赵　鸣

黄山园艺良种场

副 场 长　朱邦政
郑红青
龚祝峰
糜有俊
朱一国
纪委书记　郑红青

水产养殖试验场

副 场 长　谢泉林
丁　军
张红军

润州茶叶良种场

副 场 长　窦宏进
倪南强
周　斌
洪　敏(女)

润州工业园区

(2017年6月划入高新区)

副 书 记　王　旭

赵春雷(2017.05~)
孙 松
凌 鑫(~2017.03)
陈 俊(~2017.05)
纪工委书记 韦福余
组织委员 胡 菲(女)
宣传委员 朱大智
统战委员 倪德斌
人武部部长 冯筱祥
主 任 王 旭
副 主 任 赵春雷(2017.05~)
陈祥峰(~2017.05)
乔文成
周煜昕
张 岭
人大工委主任 孙 松

润州区诗协作品选

沁园春·改革开放四十年

李克俭

平地惊雷，春暖花开，喜鹊叩门。令黄河叠浪，大江拍岸，千山生翠，五岳凝魂。陌荡云烟，犁耘荒野，刈草银锄拔劣根。风帆顺，赞举贤率众，开拓殊勋。

辛勤沃野耕耘。喜硕果、满园溢馥芬。看人和勤政，虫除苗壮；波扬四海，令动三军。官纳清泉，国施仁策，不忘初心系庶民。享国运，有非凡舵手，傲立乾坤。

2017年 大事记

栏目编校：薄开鹏

1　月

6日　南京财经大学经济学院与润州区统计局共同举行教学科研实践基地和学生实习实训基地签约揭牌仪式。区委副书记、区长高国成出席并致辞，南京财经大学副校长邱伟芬、南财大经济学院党委书记陈耀辉出席仪式。副区长凌云志主持签约揭牌。

15～18日　中国人民政治协商会议镇江市润州区第六届委员会第一次全体会议召开。会议听取了中共润州区委书记王冬生所作的题为《同心同德，群策群力，为高水平全面建成小康社会而不懈奋斗》的讲话；审议通过了蔡文龙主席代表区政协第五届委员会常务委员会所作的工作报告和副主席蒋卫东所作的提案工作情况报告；蔡文龙当选区政协第六届委员会主席，张春平、季莉、高亚明、倪南成、蔡飞当选区政协第六届委员会副主席，王寿从当选区政协第六届委员会秘书长，王兴堂等21人当选区政协第六届委员会常务委员。

16～19日　润州区第九届人民代表大会第一次会议召开。大会听取、审议镇江市润州区人民政府工作报告；审查、批准镇江市润州区2016年国民经济和社会发展计划执行情况及2017年国民经济和社会发展计划(草案)的报告；审查、批准镇江市润州区2016年财政预算执行情况和2017年财政预算(草案)的报告；听取、审议镇江市润州区人大常委会工作报告；听取、审议镇江市润州区人民法院工作报告；听取、审议镇江市润州区人民检察院工作报告；审议通过镇江市润州区第九届人民代表大会法制委员会、财政经济委员会组成人员名单。大会选举范永放为润州区第九届人民代表大会常务委员会主任，选举刘凯成、易丽娟、赵宝恒、徐菊生为润州区第九届人民代表大会常务委员会副主任，选举祝昌镜等27人为润州区第九届人民代表大会常务委员会委员。选举高国成为润州区人民政府区长；选举严竹波、蔡萍、祝中昊、陆金火、胡如明、刘国明为润州区人民政府副区长；选举张子敏为润州区人民法院院长，选举王飞为润州区人民检察院检察长。

20日　润州区举行老干部迎春茶话会。区委副书记、区人大常委会主任范永放出席并作讲话，区委常委、常务副区长严竹波作2016年全区经济社会发展情况的汇报，区委常委、组织部部长、统战部部长徐燕主持。

23日　中国共产党镇江市润州区举行第八届纪律检查委员会第二次全体会议，区委书记王冬生出席会议并讲话，要求深入学习贯彻习近平总书记在中央纪委七次全会上的重要讲话和中央、省、市纪委全会精神，总结工作，分析形势，部署2017年全区党风廉政建设和反腐败工作。区四套班子领导出席会议。会议由区委常委、纪委书记仇洋主持。

24日　润州区召开2016年度党(工)委书记抓基层党建和落实全面从严治党主体责任述职会，专题听取各街道(园区)党工委书记和部分区级机关部门党委书记抓基层党建和履行党风廉政建设主体责任述职。区委书记王冬生主持会议并讲话。

2　月

1日　润州区在润州广场开展全民健身志愿服务活动。现场，群众代表们分别展示了健身舞蹈、太极拳、太极剑、健身气功、木兰扇、柔力球、空竹、健身腰鼓等精品项目,展示项目数量达24个。

3日 市委书记夏锦文带领有关部门到润州区宝塔路街道黄山社区党群服务中心,开展“暖企惠民”大走访。夏锦文现场了解中心运行和现场服务情况,并与社区群众、商户、工作人员及社会组织代表座谈交流。

是日 市委常委、宣传部部长童国祥率领市发改委、经信委等部门负责人,到润州部分重点企业开展“暖企行动”。区委常委、宣传部部长陈家军,副区长、区发改经信委主任刘国明陪同走访。

4日 润州区召开重点工作动员部署大会。动员全区上下全力以赴确保经济“开门红”,全面推进“两减六治三提升”专项行动,走村入户大走访、暖企“新春百企行”走访、城市社区入户大走访等重点工作。区委书记王冬生主持会议并讲话。副区长胡如明、祝中昊,区委常委蒋勇分别对各项重点工作进行了部署。区委副书记、区人大常委会主任范永放宣读了《关于表彰2016年度先进集体的决定》。

10日 润州区召开2017年度监督责任部署会。深入贯彻中央、省、市纪委和区委全会精神,深刻分析当前党风廉政建设和反腐败工作形势,明确重点和方向,对全面履行监督责任做出部署。区委常委、纪委书记仇洋出席会议并讲话。

12日 省重大项目集中开工现场推进会举行。润州江苏美佳电梯二期项目、江苏英特康新能源汽车充电桩项目同步启动,区委书记王冬生,区委副书记、区长高国成出席开工仪式。区委常委蒋勇主持开工仪式。区政协主席蔡文龙,区政府副区长胡如明、刘国明参加开工仪式。开工仪式结束后,区四套班子领导集中收听收看全省、全市重大项目集中开工现场活动视频直播。

16~17日 新华社江苏分社采访团到润州,深入一线采访润州“创业明星”及海绵城市建设情况。

20日 由润州区政府、同济大学、德国柏林职教集团合作,依托省润州中专联合创办的镇江市首家中德合作办学机构——镇江中德职业教育中心正式揭牌成立。

21日 全国、江苏省、镇江市、润州区四级人大代表视察润州法院并听取相关工作汇报。代表们到法院诉讼服务中心、指挥中心以及位于法院内的镇江市廉政文化精品工程“启园”视察。

23日 润州区政协召开六届一次主席会议,区政协主席蔡文龙主持会议。会议传达学习了省、市“两会”精神要点,讨论《润州区政协2017年工作意见》及重点工作安排、有关人事任职事项;讨论决定区六届政协各专门委员会组成人员名单和界别活动组及其成员名单;讨论决定区政协领导和机关委办分工联系各界别组方案及六届政协主席、副主席、秘书长分工方案;讨论决定政协工作理论研究会相关事宜。

24日 润州区召开全区党建工作会议,总结2016年全区党建工作成绩和经验,全面部署2017年党建工作各项任务。市政协副主席、润州区委书记王冬生出席会议并讲话。区委副书记、区长高国成主持会议。

25日 润州区召开全区农村工作会议,贯彻落实中央、省、市农村工作会议精神,回顾总结2016年全区“三农”工作,部署落实2017年和“十三五”时期农业农村工作任务,加快推进农业现代化,努力建设富有特色的“强富美高”新农村。市政协副主席、润州区委书记王冬生出席会议并作讲话。区委副书记、区长高国成主持会议。区委常委蒋勇作工作报告。

是日 润州“周末课堂”正式开课。区委副书记、区人大常委会主任、区委党校校长范永放做开课动员,区委常委、组织部部长、统战部部长徐燕主持,区政协副主席、区委组织部副部长倪南成出席。

27日 市委常委、宣传部部长童国祥带领市发改委、经信委等部门相关负责人,到润州企业及项目现场开展“暖企惠民”大走访活动。市政协副主席、润州区委书记王冬生参加座谈。

是日 润州区召开区九届人大常委会第一次会议。区人大常委会主任范永放主持会议,区长高国成到会提请人事任免案。会议投票表决通过了有关人事任免事项;讨论、通过了区九届人大常委会议事规则;讨论、通过区九届人大常委会有关事项;讨论、通过《润州区人大常委会2017年度工作要点》;讨论、通过2017年度区人大常委会、主任会议历次议题安排。根据《江苏省实施宪法宣誓制度办法》的规定,新当选的同志向《宪法》宣誓。

28日 润州区召开八届区委第一轮巡察工作动员部署会,传达学习中央和省、市委关于巡察工作的最新要求,部署巡察工作。会上,区委常委、组织部部长、统战部部长徐燕宣读了市政协副主席、润州区委书记王冬生对八届区委第一轮巡察工作的批示。区委常委、纪委书记仇洋就做好该轮巡察工作做动员讲话。

3 月

2日 润州区召开安全生产工作会议,贯彻落实国家和省、市安全生产工作会议精神,总结上年全区安全生产工作,部署2017年主要工作任务,确保全区安全生产形势进一步向上向好。区委副书记、区长高国成出席会议并讲话。

是日 润州区政协召开六届二次主席会议，会议听取了区政协六届一次全体会议提案立案情况汇报，讨论提案办理工作，确定重点提案。区政协主席蔡文龙主持会议。

3日 润州区召开全区项目建设推进会，推进全区重点项目建设。市政协副主席、区委书记王冬生主持会议并讲话，区委副书记、区长高国成作具体工作部署。

6日 润州区女企业家联谊会在睿泰数字产业园正式成立，区委常委，组织部部长、统战部部长徐燕到会祝贺并讲话，副区长蔡萍、刘国明共同为联谊会揭牌。

女企业家联谊会成立仪式 （区电台 提供）

9日 宿迁市委组织部副部长、党建办主任张卫东率队到润州区参观考察基层党建工作。市委常委、组织部部长、统战部部长李健，市政协副主席、润州区委书记王冬生等陪同考察。

10日 市政协副主席、润州区委书记王冬生等润州区四套班子领导到官塘桥街道四明河边绿化工地，与辖区内150多名干部群众、市交通产业集团志愿者一同参加义务植树活动。

14日 润州区召开首届劳动模范推荐评选部署会，以树立典型、表彰先进，广泛宣传劳动模范的先进事迹和崇高精神，引领带动全区劳动者为推进“两聚一高”新实践，加快建设“强富美高”新润州作出贡献。区委常委、组织部部长、统战部部长徐燕出席会议并作讲话。

15日 润州区召开确保一季度“开门红”重点工作部署会，副区长胡如明出席会议。

是日 润州区在万达商圈组织开展“3·15国际消费者权益日”大型宣传活动，副区长蔡萍出席。

17日 润州区召开2017年人武部党委（扩大）会议，深入学习贯彻中共十八届六中全会和习近平总书记系列重要讲话精神，认真落实中央军委、军委国防动员部党委和东部战区党委部署要求，总结上年工作，分析当前形势，部署2017年任务，努力在新的起点上，开创以国防后备力量建设为重点的人武部工作新局面。市政协副主席、润州区委书记、区人武部党委第一书记王冬生出席会议并讲话。

是日 由镇江市委组织部、扬州大学、润州区人民政府共同主办，润州区委组织部、扬大科学技术处、扬大社会合作与服务处承办的镇江市科技镇长团“扬州大学行”暨扬州大学——润州区人民政府全面合作签约仪式在扬州大学举行。第九批科技镇长团部分成员、企业家代表参观了解扬州大学。市委常委、组织部部长、统战部部长李健，扬州大学党委书记姚冠新出席签约仪式并讲话。

20日 润州区召开区委党的建设工作领导小组会议，审议通过2017年党建工作要点、2017年度全区基层党建“书记项目”和基层党建示范点建设。市政协副主席、润州区委书记、区委党的建设工作领导小组组长王冬生主持会议并讲话。

22日 润州区召开“碧水绕润州——水岸共治”十大行动专题部署会议，回顾总结上年“水岸共治”工作情况，部署2017年保护水资源、防治水污染、改善水环境、修复水生态等重点工作。副区长刘国明出席会议并讲话。

23日 区委副书记、区长高国成召集区环保局、住建局、城管局、水利局等四家单位负责人，专题听取开展“263”专项行动工作的情况汇报，并就相关内容进行部署与安排。

25日 市长张叶飞会见到镇参加新品发布会的中国船舶工业集团副总经理陈琪一行，双方就推进中船在镇企业发展等有关事项进行交流。市政协副主席、润州区委书记王冬生，区委副书记、区长高国成，副区长胡如明参加会见。

26日 由润州区蒋乔街道、镇江报业传媒集团联合主办的镇江蒋乔特色文化节启动仪式暨桃花游园开幕式在嶂山村举行。区委常委、宣传部部长陈家军，副区长蔡萍出席启动开幕式。

28日 润州区被授予“江苏省残疾人工作先进县市区”荣誉称号。

29日 由润州团区委、区教育局、区少工委联合组织主办的传承“红色基因”——“小雷锋弘扬大精神”主题教育活动表彰汇演在润州区实验小学举行，团市委副书记、市少工委主任朱明珠，区委常委、组织部部长、统战部部长徐燕，副区长蔡萍出席活动。

30日 润州区召开全区基层党建“书记项目”启动暨红色形象体系现场推进会，集中启动全区各直属党委、街道（园区）党工委、村（社区）党组织94个基层党建“书记项目”，并现场观摩“全面推行红色形象体系、加强党内政治文化建设”试点成果。市政协副主席、润州区委书记王冬生，市委“两新”工委书记、组织部副部长徐冀锋出席会议并讲话。区委常委、组织部部长、统战部部长徐燕主持会议。

基层党建“书记项目”启动暨红色形象体系现场推进会 （区电台 提供）

是日 润州区召开创建“中华诗词之乡”总结表彰大会暨诗教工作部署会，表彰先进，总结经验，动员全区上下珍惜荣誉，再接再厉，进一步扩大“中华诗词之乡”文化品牌优势，推动诗教工作常态化、特色化、长效化发展。区政协主席、区创建领导小组组长蔡文龙出席会议并讲话，区委常委、宣传部部长陈家军主持会议。

4 月

1 日 副市长孙晓南一行到润州调研教育工作，并反馈 2016 年度教育工作督导考核情况，区委副书记、区长高国成，副区长蔡萍等陪同调研。

5 日 河北省秦皇岛市委书记孟祥伟一行到润州区，实地调研精神文明建设工作。市委常委、宣传部部长童国祥，市委宣传部副部长、文明办主任顾小俊，区委常委、宣传部部长陈家军陪同调研。

6 日 润州区召开全区人才工作领导小组扩大会议，回顾总结 2016 年全区人才工作成效，研究部署 2017 年全区人才工作任务。区委副书记、区长、区人才工作领导小组组长高国成出席会议并讲话，区委常委、组织部部长、统战部部长、区人才工作领导小组副组长徐燕主持会议。

7 日 省纪委副书记、监察厅厅长王立平到七里甸街道光华社区，调研润州农村集体“三资”管理工作。市委书记惠建林，市委常委、纪委书记黄利民，区委副书记、区长高国成，区委常委、纪委书记仇洋等陪同调研。

11 日 润州区召开 2017 年建议提案交办会。区委常委、常务副区长严竹波，区人大常委会副主任赵宝恒、区政协副主席倪南成出席会议并讲话。

12 日 市委书记惠建林到润州调研，通过进企入村，全面了解润州发展动态，倾心听取群众意见。市政协副主席、润州区委书记王冬生陪同调研。

是日 润州区召开全区文化体育工作会议，回顾总结上年成绩，研究部署 2017 年工作，奋力推进全区文体事业再上新台阶。副区长蔡萍出席会议并讲话。

13 日 润州区政府与中国农业银行镇江分行举行战略合作协议签约仪式，区委副书记、区长高国成，中国农业银行镇江分行党委书记、行长陶长辉出席签约仪式并代表双方签约。

14 日 润州区召开全区征收搬迁工作会议，动员部署 2017 年全区征收搬迁任务，推进在手项目扫尾工作。区委副书记、区长高国成主持会议并讲话。

17 日 润州区召开大项目建设暨“双过半”工作推进会议，认真分析一季度经济运行情况，对照任务、找准差距，查摆问题、落实举措，确保二季度实现项目建设达序时、经济工作“双过半”的目标。市政协副主席、区委书记王冬生出席会议并作讲话，区委副书记、区长高国成主持会议。

19 日 省政协副主席许津荣带队到润州区黎明社区卫生服务中心，调研医疗卫生服务优化行动。

20 日 润州区召开暖企工作会议，区委副书记、区长高国成主持会议并讲话。

23 日 副市长孙晓南一行到润州区走访调研义务教育阶段学校布局规划和建设情况。区委副书记、区长高国成，副区长蔡萍陪同调研。

24 日 润州区召开宣传思想文化工作项目化考核部署会，提升全区宣传思想文化工作整体水平，全面部署宣传思想文化工作项目化考核事项。区委常委、宣传部部长陈家军出席会议并作讲话。

25 日 润州区召开九届人大常委会第二次会议，与会人员视察了润州区南徐小学、实验幼儿园新城花园分园的校园安全工作，会议提请并通过了有关人事任免事项，根据《江苏省实施宪法宣誓制度办法》的规定，新当选同志向《宪法》宣誓。会议还听取并审议区人民政府关于农村土地经营承包权确权登记情况的报告。区人大常委会主任范永放出席会议，副主任易丽娟主持会议。

27 日 润州区庆“五一”暨劳模表彰大会在润州实验小学会议厅举行，全区首次从各战线各行业中评选出的 30 位区劳动模范接受区委、区政府表彰。市政协副主席、区委书记王冬生与区劳模交流并合影留念。区委副书记、区长高国成出席大会并讲话。

28 日 润州区政府召开 2017 年廉政工作会议，进一步贯彻落实国务院、省、市政府廉政工作会议精神，全面总结上年全区政府系统反腐倡廉工作情况，部署 2017 年各项任务。区委副书记、区长高国成参加会议并作讲话。

是日 润州区政协召开六届三次主席会议，视察并听取全区非遗传承工作情况汇报，区政协主席蔡文龙主持会议并讲话。

5 月

2 日 市委书记惠建林赴润州区现场推进中能建电力设备制造、美佳高速电梯等重点产业项目，并召开企业家座谈会。

4 日 润州团区委联合江苏科技大学团委举行“五四”纪念活动暨“亚夫共青工程”校地合作共建启动仪式。

是日 江苏省人民检察院的30多名青年检察官到润州，开展“青年检察官在行动，做强知识产权维权”“五四”青年节专题交流活动。区委副书记、区长高国成参加活动。

5 日 省委宣传部副部长、省委网信办主任徐缨一行到润州考察调研网络社会组织工作。市委常委、宣传部部长童国祥，区委常委、组织部部长、统战部部长徐燕陪同参观考察。

是日 润州区2017年度迎接全国文明城市测评动员部署大会在粤海会议中心召开。市政协副主席、区委书记王冬生出席会议并作讲话，区委副书记、区长高国成主持会议。

9 日 润州区召开“263”专项行动推进会，对“两减六治三提升”专项行动工作再细化、再明确、再部署。副区长祝中昊出席会议并讲话。

10 日 润州区召开全国文明城市测评迎检专项行动部署会，进一步深化全区全国文明城市建设。区委常委、宣传部部长陈家军，副区长祝中昊出席会议并作讲话。

11 日 由润州区政府与黑龙江大学共同建设的创新服务平台——东北亚(镇江)科技人才合作交流中心正式成立。区委副书记、区长高国成，黑龙江大学副校长严明出席仪式并为中心揭牌，省外国专家局副局长刘甦出席仪式并致辞。区委常委、组织部部长、统战部部长徐燕主持仪式。

16 日 镇江启迪众创工社在润州区举行揭牌仪式，标志着启迪协信科技城项目正式启动。仪式上，该项目与镇江智能制造产业研究院签约，双方将共同推进学术研究成果落地，推动智能制造企业创新发展。润州区委副书记、区长高国成出席仪式并致辞。副区长刘国明与市科技局负责人为镇江启迪众创工社揭牌。

17 日 镇江中船日立造船机械有限公司新工厂在润州区正式开业。该项目的开业投产将进一步延伸润州船舶与海工配套产业园产业链，加速船舶与海工配套的产业集聚。中船集团副总经理陈琪，区委副书记、区长高国成出席开业仪式。

是日 辽宁省知识产权局局长李长春一行到润州调研知识产权工作。

18 日 由润州区与中国银行镇江分行合作的“注册E线通”项目正式启动。全市第一份全程电子化公司营业执照顺利颁发。区委副书记、区长高国成，中国银行镇江分行行长刘瑞成出席启动仪式。

是日 2017年江苏省老年人体育节润州区分会场开幕仪式在官塘桥街道宝平社区广场举行，全区各街道(园区)的500多名中老年代表和体育健身团队成员参加开幕仪式，区老年人体育协会主席蒋卫东宣布体育节开幕。

22 日 镇江市政协副主席、九三学社镇江市委员会主委施卫东一行到润州区专题调研九三学社润州委员会组织建设工作。润州区委常委、组织部部长、统战部部长徐燕，副区长、九三学社润州委员会主委祝中昊出席调研活动。

23 日 润州区委召开全区推进“两学一做”学习教育常态化制度化工作座谈会，认真贯彻习近平总书记重要指示和中央、省委、市委座谈会精神，对全区推进“两学一做”学习教育常态化制度化工作进行部署。市政协副主席、润州区委书记王冬生出席会议并讲话。区委副书记、区人大常委会主任范永放主持座谈会。

是日 市委副书记、市长张叶飞率有关方面负责同志到润州区检查防汛工作。

24 日 市委常委、宣传部部长童国祥率领市有关部门到润州区现场督查文明城市创建工作。区委常委、宣传部长陈家军陪同督查。

是日 润州区政协召开六届四次主席会议，视察润州区“中华诗词之乡”巩固提高工作。区政协主席蔡文龙主持会议并讲话。区政协副主席、区创建领导小组副组长高亚明对区“中华诗词之乡”巩固提高工作提出了具体措施和建议。

6 月

5 日 润州区启动“走村进企入户”大走访督查调研活动，区委副书记、区人大常委会主任范永放，区委常委蒋勇率队到南山街道，现场督查调研该街道开展大走访的总体情况。

6 日 市委、市政府召开调整完善镇江高新区管理体制动员大会，市委书记惠建林出席会议并讲话，市委常委、秘书长郭建宣读《关于调整完善镇江高新技术产业开发区管理体制的实施方案》,根据该方案,润州区七里甸街道有6个村社整建制划入蒋乔街道,调整后的蒋乔街道整建制委托给镇江高新区管理。

7日 参加2017年全国网络社会组织工作推进会的200多名代表到润州,现场观摩网络社会组织工作。区委常委、宣传部部长陈家军陪同参观。

8日 区委副书记、区长高国成带领区环保、农委、水利、住建、城管等部门主要负责人,视察四明河、新河桥国控断面、金山村畜禽养殖场,专题推进全区"263"专项行动工作。

是日 省政府研究室主任郑炎一行到润州,就镇江市沿江城市发展开展专题调研,听取相关情况的汇报,并参观位于润州区的魔幻海洋世界等项目现场。

12日 润州区召开全区重点工作推进会。市政协副主席、区委书记王冬生在会上指出,全区上下要进一步认清当前形势、统一思想、激发干劲、统筹兼顾,确保区划调整平稳有序过渡,全力实现"时间过半、任务过半",以优异的成绩迎接中共十九大的胜利召开。区委副书记、区长高国成传达贯彻市委市政府调整完善镇江高新区管理体制动员大会精神并部署重点工作。区委副书记、区人大常委会主任范永放主持会议。副区长刘国明围绕"双过半",对相关工作进行点评和部署。

14日 润州区召开专题行动动员会,研究部署全区开展农村基层不正之风和腐败问题"三治理一挂牌"专项行动。区委副书记、区长高国成出席会议并作讲话。区委常委蒋勇主持会议。区委常委、纪委书记仇洋参加会议。

是日 教育部关工委主任李卫红和参加全国教育关工委创新案例交流会的150多名代表,到金山街道西津古渡社区考察社区教育工作。

19日 共青团江苏省委书记王伟一行到润州考察调研。市委常委、组织部部长、统战部部长李健,团市委书记贾敬远,润州区人大常委会主任、区委副书记范永放等陪同调研。

20日 润州区政府召开"双过半"工作部署会,进一步贯彻落实全区重点工作推进会议精神,确保经济工作完成"时间过半,任务过半"的序时进度要求,副区长胡如明出席会议。

21日 润州区政协召开六届五次主席会议,视察全区"两减六治三提升"专项行动推进情况。区政协主席蔡文龙出席会议并讲话,部分对接润州区的市政协委员受邀参加视察。

23日 润州区九届人大常委会召开第11次主任会议,区人大常委会主任范永放主持会议并讲话。代表一行详细了解全区基层司法所社区矫正的工作情况,会议听取了区人民政府关于基层医疗人才队伍建设工作情况的报告。

是日 润州区政协召开六届二次常委会议,审议通过《关于打造教育现代化强区的建议案》(讨论稿),协商决定有关人事任免事项。区政协主席蔡文龙主持会议并作讲话。

25~29日 润州区开展为期五天的全区青年干部党性教育培训班。区委常委、组织部部长、统战部部长徐燕作开班动员讲话,来自全区各街道、机关部门的41名青年干部参加了培训。

28日 润州区召开纪念中国共产党建党96周年大会暨基层党建"书记项目"督查点评会。市政协副主席、润州区委书记王冬生出席会议,并以《旗帜鲜明讲政治、忠诚干净勇担当》为题,为全区850多名党组织书记、党员领导干部,上了一堂专题党课。会议由区委副书记、区长高国成主持。

30日 由润州区委宣传部、丹徒区委宣传部、镇江画院联合主办的"最美家乡"中国画联展在镇江美术馆开幕。

是日 润州区举办全区党支部书记集中培训会,扎实推进"两学一做"学习教育常态化制度化,进一步提升全区党支部书记的理论素养和工作能力,全区490多名基层党支部书记参加培训。

7 月

4日 润州区召开全区"两减六治三提升"专项行动工作上半年总结会,总结"263"工作上半年推进情况,部署下半年重点工作。区"263"专项行动领导小组组长、区委副书记、区长高国成参加会议并讲话。

是日 区委副书记、区长高国成带领区防汛防旱指挥部成员奔赴润州各地,现场督查防汛工作。

7日 润州区召开全区"走村进企入户"大走访工作推进会,传达贯彻省、市、区委的最新要求,总结交流上半年大走访工作,部署推进下一阶段工作。区委副书记贾敬远主持会议并讲话。区委常委蒋勇,副区长刘国明出席会议点评走访工作完成情况,并对下一阶段工作做具体部署。

13日 润州区第八届委员会第三次全体(扩大)会议隆重召开。全会认真贯彻落实省委十三届二次全会、市委七届四次全会精神,动员全区上下进一步提振精气神,以凤凰涅槃的智慧和勇气,立足苏南站位,提升发展热度,不断开创"两聚一高"新局面。区委副书记、区长高国成主持会议开幕式。全会听取和讨论了市政协副主席、区委书记王冬生代表区委常委会所作的题为《凤凰涅槃正当时》的工作报告。全会审议并通过了《中共镇江市润州区第八届委员会第三次全体会议决议》。

是日　润州区委、区政府召开全区"慈善一日捐"动员大会，市政协副主席、区委书记王冬生出席会议并讲话。区委副书记、区长高国成，区政协主席蔡文龙出席会议。区委副书记、常务副区长贾敬远主持会议。

14 日　润州区政协召开视察文明城市复审迎检工作会议，政协委员们实地察看了金星菜场、万达商业街区、天和星城社区三个重点点位的迎检工作，并听取有关部门负责人的工作汇报。区政协主席蔡文龙主持会议并讲话，区委常委、宣传部部长陈家军陪同视察。

19 日　润州区政协开展"委员进企业"活动，重点围绕"如何加快建立润州区产业投资引导基金"这一主题，走进企业进行视察调研和座谈交流。区政协主席蔡文龙主持活动并讲话。

22 日　润州区召开全区社会稳定工作会议，市政协副主席、润州区委书记王冬生出席会议并作重要讲话，区委副书记、区长高国成主持会议。

25 日　润州区政协召开六届六次主席会议，听取并评议区政府关于上半年经济工作情况的通报。区政协主席蔡文龙主持会议并讲话，副区长胡如明代表区政府通报全区上半年经济工作情况。

25 日　由润州区委、区政府主办，区民政局、区文体局、区文化馆协办的"军民鱼水情，共唱中国梦"进军营文艺演出活动在武警镇江市支队礼堂隆重举行。区人大常委会主任范永放、副主任刘凯成出席活动。

进军营文艺演出　　（区电台　提供）

是日　润州区卫计委以"基本公共卫生，我服务你健康"为主题，组织辖区内 8 家社区医院的医护人员在中山广场开展"国家基本公共卫生服务项目宣传月"活动。

26 日　润州区人大召开九届人大常委会第 14 次主任会议，实地视察公安七里甸派出所和公安润州分局，听取公安润州分局所作的执法规范化建设情况的报告。区人大常委会主任范永放主持会议并讲话，副区长、公安润州分局局长陆金火对执法规范化建设作补充和表态发言。

8　月

4 日　润州区召开全区村级集体资金乡镇财政所管理试点工作部署会，全面部署启动区村级集体资金乡镇财政所管理试点工作。区委副书记、常务副区长贾敬远出席会议并讲话。

是日　润州区召开全面推行党员红色积分管理工作部署会，在全区党支部中全面推行红色积分管理。

8 日　润州区召开全面推进河长制工作会议，副区长、区河长办主任刘国明出席会议并讲话。

9 日　区委副书记、区长高国成率有关部门主要负责人，现场考察全区社会矛盾和安全隐患大排查大整治工作。区委常委、政法委书记张庆松，副区长刘国明参加考察活动。

15 日　润州区政协组织开展农业供给侧结构性改革视察活动，区政协主席蔡文龙出席活动并作讲话。

16 日　润州区总工会举行劳模"爱心奉献，励志助学"帮扶活动，来自该区的全国、省、市、区劳模代表为 10 名困难职工子女送上了慰问金和学习用品。

17 日　市政协副主席、润州区委书记王冬生主持召开区委常委会会议，传达学习习近平总书记在省部级主要领导干部专题研讨班上的重要讲话精神，强调要认真学习贯彻习近平总书记重要讲话精神和市委常委会议精神，抓实抓好当前各项工作，以优异成绩迎接中共十九大顺利召开。

19 日　润州区召开党政联席会议（扩大会），加快推进"263"专项行动和当前重点工作。市政协副主席、润州区委书记王冬生出席会议并讲话。区委副书记、区长高国成主持会议。

20 日　安徽省淮北市烈山区委常委、组织部部长、统战部部长胡家培一行 18 人到润州区考察基层党建工作，区委副书记、常务副区长贾敬远，区委常委、组织部部长、统战部部长徐燕等陪同考察。

21 日　润州区召开校园周边综合治理联席会议暨暑期校园周边环境整治工作部署会，副区长蔡萍出席会议并讲话。

22 日　润州区九届人大常委会召开第 16 次主任会议，区人大常委会主任范永放主持会议并讲话，区委副书记、常务副区长贾敬远列席会议。会议听取并审议区人民政府关于安全生产工作情况的报告。

25 日　润州区委巡察机构工作暨区纪委综合派

驻改革动员部署会召开，深入贯彻中央和省委、市委精神，对区委巡察机构建设和区纪委综合派驻改革这两项工作进行动员部署。区委副书记、区长高国成出席会议并作讲话，区委副书记、常务副区长贾敬远主持会议，区委常委、组织部部长、统战部部长徐燕宣读了区委巡察办、2个巡察组和5个派驻纪检组有关干部的任命决定。

是日 润州区人大常委会组织召开政情通报会，区人大常委会主任范永放主持会议并讲话，区委副书记、区长高国成通报全区上半年国民经济和社会发展情况以及下半年工作安排。润州区九届人大常委会召开第六次会议，区人大常委会主任范永放参加会议，区委副书记、常务副区长贾敬远列席会议，区人大常委会副主任赵宝恒主持会议，会议听取并审议区人民政府关于2017年上半年国民经济和社会发展计划及财政预算执行情况的报告，听取并审议区人民检察院控告申诉工作情况的报告，通过有关人事任免事项，根据《江苏省实施宪法宣誓制度办法》的规定，新当选的同志向《宪法》宣誓。

26日 润州区召开全区大排查大整治专项行动推进会。市政协副主席、区委书记王冬生出席会议并要求，时刻绷紧安全稳定这根弦，做到排查要全覆盖、整治要彻底、维稳要及时，全力打好大排查大整治攻坚战，全力维护社会大局和谐稳定，以优异成绩迎接中共十九大胜利召开。区委副书记、区长高国成主持会议。区委常委、政法委书记张庆松在会上通报了前一阶段专项行动开展情况并就下阶段工作作具体部署。副区长陆金火、刘国明出席会议。

27日 润州区“一把手”城市经济专题研修班正式开班，区委副书记、区长高国成作开班动员讲话。43名区有关单位部门负责人参加开班仪式。

28日 润州区政协召开工作理论研究会换届暨六届一次理论研讨会，会议通过区政协工作理论研究会理事会成员名单，选举产生新一届会长、副会长、秘书长等人选，宣读论文获奖名单并颁奖。区政协主席蔡文龙出席会议并讲话，区政协副主席张春平主持会议。

30日 市政协副主席、润州区委书记王冬生组织市发改委、经信委、规划局以及润州区、高新区等相关部门召开暖企座谈会，专题推进“暖企”大走访工作。

31日 省委常委、组织部部长郭文奇调研考察润州区七里甸街道万科社区党建工作，听取万科社区党总支实施“党建引领360”，创新城市社区基层党建工作的情况介绍。市委书记惠建林，市委常委、组织部部长、统战部部长李健，市政协副主席、润州区委书记王冬生等陪同调研考察。

9 月

1日 润州区召开2017年度征兵工作定兵会议，区征兵办现场组织审定新兵。区委常委、区人武部政委周文雄主持会议，区征兵领导小组副组长、副区长陆金火出席会议并讲话，区人武部部长张成总结前阶段征兵工作情况，部署下一步工作任务。

2日 中央统战部八局巡视员许睢宁一行到润州区调研考察网络社会组织统战工作。省委统战部副部长、省社会主义学院党组书记练月琴，市委常委、组织部部长、统战部部长李健，市政协副主席、润州区委书记王冬生陪同考察。

7日 润州区举行2017年度新兵欢送暨役前训练动员大会，热烈欢送52名即将踏上征途的新兵。

8日 润州区召开2017年庆祝教师节座谈会，以“迎接党的十九大 做好学生引路人”为主题，共同庆祝第33个教师节。区委常委、宣传部部长陈家军出席会议并讲话，副区长蔡萍宣读了区委、区政府表彰决定。

10日 润州区召开第九批科技镇长团总结暨第十批科技镇长团下派工作会议，回顾总结第九批科技镇长团工作成效，研究部署第十批科技镇长团工作。区委常委、组织部部长、统战部部长徐燕出席会议并讲话，区政府副区长胡如明主持会议，副区长、科技镇长团团长凌云志参加会议。

11日 润州区召开全区大排查大整治专项行动推进会，贯彻落实省委、市委有关会议精神，全面深入推进大排查大整治专项行动。市政协副主席，润州区委书记王冬生主持会议并作讲话，区委副书记、区长高国成出席会议。

14日 省出入境检验检疫局副局长王续刚率省网络监管督查组到润州督查网络市场监管工作。

15日 润州区九届人大常委会召开第18次主任会议，区人大常委会主任范永放主持会议并讲话，副区长祝中昊列席会议，会议听取了区人民政府关于棚户区改造和安置房建设情况的报告。

16日 国防大学政治学院教授代兵应邀到润州区“周末课堂”，就当前国际形势及地区安全为全区相关工作人员进行专题授课辅导。区委常委、人武部政委周文雄主持培训。

19日 由市政协主办的“灯·篮·杯”进家庭活动在润州广场举行，市政协副主席、润州区委书记王冬生，市政协城乡委主任季平出席活动并走进周边小区的居民家中送上装有节能灯、环保袋、可降解杯子以及低碳小常识宣传册的环保菜篮。区政协主席蔡文龙出席活动并致辞。

是日 润州区政协召开六届八次主席会议,专题视察和推进润州区城市经济发展工作,审议《关于加快设立润州区产业引导基金的建议案》等事宜。区政协主席蔡文龙主持会议并讲话。

27 日 2017 国际低碳(镇江)大会润州分会场围绕“创新驱动、绿色发展”主题举办“镇江市润州区城市经济发展论坛”。市政协副主席、润州区委书记王冬生,清华启迪协信镇江公司总经理顾璞出席活动并致辞。区委副书记、区长高国成和启迪众创工社总经理李小忠共同为润州区创新创业示范基地揭牌,区委副书记、常务副区长贾敬远主持活动。

是日 润州区政协召开六届三次常委会议。审议通过《关于加快设立润州区产业引导基金的建议案(讨论稿)》,协商决定有关人事任免事项以及政协委员增减事宜,区政协主席蔡文龙主持会议。

29 日 润州区召开全区社会稳定工作会议,认真贯彻落实中央、省、市会议精神,全面抓好“两节”及十九大期间安全生产和社会稳定工作。市政协副主席、润州区委书记王冬生出席会议并讲话。

30 日 润州区召开“喜迎十九大、润州在行动”基层党建“书记项目”现场观摩暨“红色先锋·五大看齐”行动部署会。区委副书记、区长高国成出席会议并讲话。区委副书记、常务副区长贾敬远部署“红色先锋·五大看齐”行动,区委常委、组织部部长、统战部部长徐燕传达全省城市基层党建工作经验交流座谈会精神。

10 月

23 日 润州区召开八届区委第二轮巡察工作动员部署会,贯彻落实党中央、省、市委关于开展巡察工作的系列要求,部署启动八届区委第二轮巡察工作。区委常委、组织部部长、统战部部长、区委巡察工作领导小组副组长徐燕出席会议,宣读市政协副主席、润州区委书记王冬生对八届区委第二轮巡察工作的批示,宣布巡察工作组组长、副组长及组员授权任职和任务分工。区委常委、纪委书记、区委巡察工作领导小组组长仇洋出席会议并作动员讲话。

是日 润州区九届人大常委会召开第 20 次主任会议,区人大常委会主任范永放主持会议,副区长祝中昊列席会议,会议听取区人民政府关于贯彻实施“两减六治三提升”工作情况的报告。润州区政府召开 2018 年区级行政事业单位部门预算编制工作会议,全面部署 2018 年区级行政事业单位部门预算编制工作,区委副书记、常务副区长贾敬远出席会议并讲话。

24 日 润州区政协举行视察城市精细化管理活动,区政协主席蔡文龙出席并讲话。

25 日 润州区九届人大常委会召开第七次会议。区人大常委会主任范永放参加会议。区人大常委会副主任徐菊生主持会议。副区长陆金火列席会议。会议补选了市八届人大代表;通过了有关人事任免事项,根据《江苏省实施宪法宣誓制度办法》的规定,新当选的同志向《宪法》宣誓;会议听取并审议区人民政府关于“走村进企入户”大走访工作情况的报告;听取并审议区人民政府关于社会救助工作情况的报告;听取并审议区人民政府关于区九届人大一次会议代表批评、建议和意见办理情况的报告;听取并审议区人民政府关于 2016 年环境状况和环境保护目标完成情况的报告。会议讨论并通过《镇江市润州区人民代表大会常务委员会讨论决定重大事项的规定》; 作关于召开区九届人大二次会议的决定。

26 日 润州区政协召开六届九次主席会议,听取区政府 2017 年提案办理工作情况通报并进行评议。区政协主席蔡文龙主持会议并讲话,区委副书记、常务副区长贾敬远列席会议。

31 日 共青团润州区第十次代表大会隆重开幕,全区各地、各行各业的 156 名团员青年代表参会。市政协副主席、润州区委书记王冬生出席开幕式并寄语新时代润州青年。大会选举产生共青团润州区第十届委员会及出席共青团镇江市第十七次代表大会代表。

11 月

3 日 区委理论学习中心组举行专题学习会,学习传达中共十九大精神,市政协副主席、区委书记王冬生主持并领学,区委常委、区纪委书记仇洋领学《中国共产党巡视工作条例》和江苏省委修改《关于贯彻中国共产党巡视工作条例实施办法的决定》。全体区委常委,区人大、区政协主要负责同志参加会议。

7 日 润州区政协开展民主评议区教育局活动,听取区教育局工作情况汇报并进行评议。区政协主席蔡文龙出席并作讲话,区政协副主席倪南成主持活动。

是日 润州区全体新闻工作者开展“走项目、看现场、随手拍”一线采风活动。

17 日 润州区委、区政府举行法律顾问聘任仪式,市政协副主席、区委书记王冬生,区长高国成出席聘任仪式,并分别为 2 名区委法律顾问、6 名法律专家库成员和 12 名区政府法律顾问颁发聘书。

是日 润州区召开 2018 年度重点党报党刊征订工作会议,贯彻落实市委重点党报党刊发行工作会议精神，部署全区2018年度重点党报党刊发行工作任务。区委常委、宣传部长陈家军出席会议并讲话。

19日 省委宣讲团党的十九大精神报告会在镇江市举行，省委宣讲团成员、市委书记惠建林出席会议作宣讲报告和开班动员，并到润州区七里甸街道万科社区与党员代表座谈交流。

20日 区委常委、区人武部政委周文雄、区人武部部长张成带队赴部分街道和村（社区）观摩验收基层武装部和民兵营（连）战备规范化建设。

22日 润州区举行“夕阳红千人口福行动计划”合作项目签字暨捐款仪式。副区长陆金火出席仪式，并为向合作项目捐款的爱心人士张晓春颁发慈善捐赠证书。

23日 省委统战部副部长、省社会主义学院党组书记练月琴率领省有关部门负责人、各辖市委统战部相关领导，现场观摩镇江市网络社会组织统战工作实践创新示范点，润州区七里甸街道万科社区作为全市唯一一个基层社区观摩点纳入现场会行程。市委常委、组织部部长、统战部部长李健，市政协副主席、润州区委书记王冬生，区委常委、组织部部长、统战部部长徐燕陪同观摩。

24日 润州区九届人大常委会召开第22次主任会议，区人大常委会主任范永放主持会议，区委副书记、常务副区长贾敬远列席会议。会议听取了区人民政府关于2017年财政预算执行情况和2018年财政预算编制草案的报告。

25日 市委宣讲团中共十九大精神润州专场宣讲会在润州实验小学报告厅举行，市委宣讲团成员、市政协副主席、润州区委书记王冬生作宣讲报告。区四套班子领导到会参加，全区副科职以上领导干部、各村（社区）党组织书记和离退休老干部聆听了报告会。

27日 区委副书记、区长高国成走进宝塔路街道，为街道全体党政领导、各部门负责人、各社区党组织书记、副书记宣讲中共十九大精神。

29日 区委副书记、区长高国成带队到镇江市交通产业集团现场对接与市产业集团的联动招商工作。区委常委、组织部部长、统战部部长徐燕，副区长胡如明参加了对接会。

是日 润州区政协召开六届十次主席会议，专题视察区科技公共服务平台建设。区政协主席蔡文龙主持会议并讲话。

12 月

1日 润州区召开全区领导干部务虚会，深入贯彻落实中共十九大精神，以及市委七届五次全会精神，全力谋划好下一年的工作。市政协副主席、区委书记王冬生主持会议并讲话，区委副书记、区长高国成出席会议并围绕如何做强城市经济提出建议。

4日 润州区委副书记、区长高国成率队赴镇江市城建集团对接联动招商与项目建设工作。区委副书记、常务副区长贾敬远，副区长胡如明参加对接会。

5日 润州区政协主席蔡文龙到官塘桥街道官塘桥村向该村的全体党员干部和村民代表宣讲党的十九大精神。

是日 吉林师范大学副校长张作岭率队到润州开展考察、交流活动，并与区教育局就建立专业实习基地达成协议。副区长凌云志参加活动。

7日 由镇江市作协、润州区文联联合举办的何春华长篇纪实散文《向左，向右》研讨会举行。

9日 镇江市首届创新创业人才博览会在市体育会展中心开幕。润州区组织创新创业人才服务团队、辖区企业、技能人才代表等参加大会的服务论坛、展示展演、人才招聘及推介等活动环节。区委副书记、区长高国成出席开幕式并现场参观润州区展厅。

13日 中共十九大精神宣讲举行区人大代表专场报告会，区人大常委会主任范永放为区人大常委会组成人员、区人大机关工作人员以及基层人大工委工作人员作宣讲报告。

是日 由润州区政协、区卫计委、文体局联合主办的“新时代、新征程、新发展”——润州区送演出、送健康、送图书下乡活动在韦岗街道开演。

16日 中央社会主义学院副院长朱沛丰，省政协副主席、省社会主义学院院长朱晓进和省委统战部副部长、省社会主义学院党组书记练月琴带队，率中央社会主义学院和省社会主义学院联合举办的“新社会阶层统战工作理论政策”研讨班一行120人现场参观润州区七里甸街道万科社区网络社会组织统战工作实践创新示范点。

19日 润州区九届人大常委会召开第八次会议，区人大常委会主任范永放出席会议，区人大常委会副主任刘凯成主持会议，副区长胡如明列席会议。会上，区人大常委会组成人员对区政府组成部门、垂直管理部门、“两院”效能建设开展测评；会议讨论并通过区人大常委会工作报告（草案）和区九届人大二次会议的有关事项。

是日 润州区召开宣传思想文化重点项目现场观摩会，进一步深化完善项目化工作机制，集中展示交流全区13个宣传思想文化重点项目工作成果。区委常委、宣传部部长陈家军率项目考核组成员到现场观摩并作讲话。

26日 润州区政协召开六届四次常委会议，讨论区政协六届二次全体会议有关事项，区政协主席蔡文龙主持会议并讲话。

26 日 市委常委、镇江军分区司令员曹寅、军分区政委李迎久一行到润州区南山街道观摩验收基层战备规范化建设。区委副书记、常务副区长贾敬远，区人武部部长张成陪同观摩。

是日 润州区组织开展打击非法采砂集中整治“统一巡江”行动。副区长刘国明率区水利局、区水政监察大队及属地街道负责人到长江西口门、征润洲滩涂、焦南坝周边等长江润州段水域区域进行突击巡查。

27 日 中共镇江市润州区举行第八届委员会第四次全体会议，市政协副主席、润州区委书记王冬生主持会议。全会认真审议区八届二次党代会报告和区纪委工作报告，讨论研究区八届二次党代会召开的有关事项，审议通过区八届二次党代会召开的日程草案和有关建议名单，听取区八届二次党代会代表资格审查委员会关于代表资格的审查报告以及区八届一次党代会代表提案和建议办理情况的报告，作出区委八届四次全会决议。全会决定，区八届二次党代会于2017 年 12 月 28 日在碧榆园召开。

28 日 中共镇江市润州区第八届代表大会第二次会议在碧榆园举行。大会全面贯彻落实中共十九大、中央经济工作会议、省委十三届三次全会和市委七届六次全会精神，坚持以习近平新时代中国特色社会主义思想为指导，瞄准“两个一百年”奋斗目标，立足当前、锐意进取、奋勇争先，推动城市经济大发展大繁荣，开创润州“强富美高”新局面。会上，市政协副主席、润州区委书记王冬生代表中共润州区第八届委员会作题为《推动城市经济大发展大繁荣》的工作报告，区委副书记、区长高国成主持大会开幕式。大会审议并通过《中共镇江市润州区第八届代表大会第二次会议关于区委工作报告的决议》《中共镇江市润州区第八届代表大会第二次会议关于区纪委工作报告的决议》《中共镇江市润州区第八届代表大会第二次会议关于代表提案审查情况的报告》。会上举行 2017 年度全区基层党建工作先进典型表彰仪式。

29 日 润州区九届人大常委会举行第 9 次会议，区人大常委会主任范永放主持会议。会议表决通过关于接受高国成辞去区人民政府区长职务请求的决定，表决通过关于任命徐心田为润州区副区长的决定。会议表决通过关于任命徐心田为润州区人民政府代区长的决定，并组织徐心田面向国徽，向《宪法》庄严宣誓。会议根据王冬生本人的申请，经过审议，表决通过关于接受王冬生辞去镇江市第八届人民代表大会代表职务请求的决定。根据《选举法》的有关规定，会议补选徐心田为镇江市第八届人民代表大会代表。会议讨论、通过九届人大二次会议的有关事项。会议听取区委常委、纪委书记杨坚所作的关于全区纪检监察工作情况和监察体制改革试点工作推进情况的通报。

是月 由润州区人民政府主办、润州区史志档案办公室编纂的《润州年鉴(2017)》正式出版发行。

润州区诗协作品选

过润扬大桥有感

王纪庚

一派滔滔起大江，两桥款款通淮扬。

高低巨舳东西水，上下轻车南北方。

几度回眸蒜山渡，三番颔首惠龙商。

前程犹仗初心力，亿万必能奔小康。

中共润州区委员会

栏目编校:谢竞美

区委常委领导分工

高国成:主持区委全面工作,主管党建、干部人事工作,分管区人大、区政协、区人武部工作。

徐心田:主持区政府全面工作,分管经济工作和机构编制、审计、对外开放和人民武装委员会工作。

贾敬远:负责区委党校工作,协助书记分管党建工作、区委日常工作,分管场圃、双拥、对台、保密、区委办公室工作;负责区政府常务工作、应急工作,分管财政、税务、金融、国有资产管理、档案、地方志、政务公开等工作。

蒋　勇:分管农村工作、大项目建设。

徐　燕:负责区委组织部、区委统战部工作,分管组织人事、干部和干部培训、人才、工会、共青团、妇联、区级机关工委、老干部、关工委工作;协助分管区委党校工作。

杨　坚:主持区纪委、监察委工作,分管纪检监察工作。

周文雄:分管人民武装、国防动员和驻区部队联系工作。

陈家军:负责区委宣传部工作,分管意识形态、社会科学理论、新闻、文化、科技、科协、教育、医疗卫生、体育、人口与计划生育、精神文明创建工作。

张庆松:负责区委政法委工作,分管政法、社会稳定、社会治安综合治理、国家安全、信访、城建城管工作。

中共镇江市润州区第八届委员会委员、候补委员名单

（2017 年 12 月）

区委常委

高国成　徐心田　贾敬远　蒋　勇　徐　燕　杨　坚　周文雄　陈家军　张庆松

区委委员

高国成　徐心田　贾敬远　范永放　蔡文龙　蒋　勇　徐　燕　杨　坚　周文雄　陈家军
张庆松　陆金火　胡如明　刘国明　江朝民　徐文军　庄炳锁　匡淑平　沈明安　祁明星
邵建海　周　藜　孙　晶　朱　震

区委候补委员

王重阳

综 述

【概况】 2017年，全区上下紧密团结在以习近平总书记为核心的党中央周围，坚持以中共十九大精神为指导，认真贯彻落实省市委决策部署，团结带领全区上下，全力稳增长、调结构、促改革、抓创新、惠民生、防风险，取得了显著成效。经济建设稳步迈进。全区GDP、一般公共预算收入分别完成210亿元、14.6亿元；城镇、农村常住居民人均可支配收入分别达44996元、25398元。三大类项目全部按序时推进，韦岗旅游康养小镇、启迪协信镇江科技城等产业项目签约落户，中海润江府、恒大华府等高端地产项目开工建设。同步开展连镇铁路、民主街等5个新项目房屋征收和太古山、岗子下等5个结转项目拆迁扫尾，累计完成3000多户。举办润州区城市经济发展论坛，润州区创新创业示范基地成功揭牌。入选“金山英才计划”13名，其中国家级2名。民生建设提质增效。教育改革发展实现三个“第一”(省教育现代化建设水平综合得分列全省所有县市区第一，基础教育装备示范区、平安校园建设示范区评审得分均为全省第一)；基层卫生综合改革持续深入，康复联合病房实现设床位社区卫生服务中心全覆盖；“263”专项行动硕果累累，受到《焦点访谈》《新华日报》等媒体广泛宣传；全力推进民主街、连镇铁路(润州段)等5个今年征收项目和太古山、岗子下等5个结转扫尾项目，累计完成3000多户；“走村进企入户”大走访实现居民企业全覆盖，累计解决诉求6490多个；信访积案化解和社会矛盾调处扎实有效，实现“十九大”期间“非访、滋事、群体性矛盾、负面影响”“四零”目标。党的建设精益求精。以“润苗工程”有效落实“789”干部培养计划，组织年轻干部赴沂蒙接受党性教育，选派23人双向挂职，组织57名“一把手”赴深大、华为研修城市经济，对59名年轻科级干部综合研判，跨口轮岗15人。“三聚三提五创”有力激发干部队伍活力，“菜单式培训”全面提升干部专业化能力；“全面推行红色形象体系”项目受到省委组织部高度肯定，“书记晒项目”形成一批示范亮点。全面从严治党不断向纵深推进，建立健全约谈函询、述责述廉全程纪实等制度，制定落实“两个责任”细则和问责条例实施办法，全面开展巡察工作，深入践行“四种形态”，有力巩固反腐败斗争压倒性态势。着力构建党内监督体系。成立区委巡察工作机构，完成八届区委第一轮巡察工作，共巡察4个党组织，发现3个方面49项问题，被巡察单位根据反馈意见制定整改措施63条。组织开展第二轮巡察，共覆盖8家党组织，实现街道全覆盖。统筹推进国家监察体制改革试点工作，成立区改革试点工作小组，统筹谋划深度融合、制度建设、后勤保障等衔接后续工作，确保监察体制改革试点工作蹄疾步稳、落细落地。扎实推进党内法规建设工作，严格落实党内规范性文件报备制度，共报备文件64件。树立正确选人用人导向。严格执行干部选拔任用规定程序，严格落实民主推荐、民主测评等程序要求，制定岗位职责积分考核办法和街道（园区）、区级机关部门中层干部选拔任用工作实施细则，规范基层党委选人用人，并对干部廉洁自律情况进行考核。印发进一步严格干部日常监督管理工作若干规定、进一步规范干部选拔任用工作的意见，进一步强化落实主体监督责任。对各街道党工委党务副书记、区级机关部门组织人事工作分管领导进行专题培训，学习贯彻领导干部报告个人有关事项两项法规，开展新一轮领导干部个人有关事项申报工作，实现443名区管科级干部全覆盖。在八届区委第一、二轮巡察中对12家单位88名区管干部进行了个人有关事项抽查核实，向4名核查对象发放函询通知书，核实函询结果，对3名领导干部实施诫勉谈话。驰而不息抓好作风建设。扎实推进“两学一做”常态化制度化，做到“学有实效、做有实绩”。坚持以上率下，深入贯彻落实中央八项规定实施细则和省委、市委、区委十项规定。全年开展纠正“四风”监督检查67批次，查处问题5起，给予党政纪处分5人。利用新闻媒体、新媒体、宣传栏、廉政短信等多种形式，大力宣传优秀传统文化，持续加强廉政文化建设，引导党员领导干部树立良好道德风尚和家风。认真开展走村进企入户“大走访”，3篇稿件被省市专刊采用，37篇被“江苏大走访”官方微信采用(其中首页7篇)，构建“暖心”干群关系和“亲”“清”政商关系。推进“三治理一挂牌”专项行动，推动6个涉农街道全部挂牌农村产权交易服务中心并运行实现交易，18个涉农社区全面完成清产核资工作。抓牢扶贫领域专项整治，对2个村社区和6个社区卫生服务中心财务进行抽查抽审，查处村社区和基层单位干部11人。全区各项事业均衡发展，精神文明建设、平安法治建设取得新突破，统战、群团组织和军民融合发展、国防后备力量建设等工作取得新成效。

【区委办公室工作】 紧紧围绕城市型经济发展大局，强化“三服务”(服务发展、服务决策、服务落实)意识，突出工作重点，努力增强主动性和创造性，各项工作全面上水平，服务质量整体上台阶。综合文字、决策参谋方面。全年共起草各类综合文字材料200余篇，组织、承办各类会务、活动60余次，审核、印发各类文件350余份，办理各类通知100多次，处理上级来文690余份，较好地完成了区委和领导交办的各项任务。全面深化改革方面。制定2017年区委深化改革工作要点，协同各部门做好经济、民生、生态等方面改革试点，年初确定的各项改革任务基本完成。在全区6个涉农街道全面开展农村社区股份制改革试点，农村集体资产清产核资工作全部完成。落地80个“书记项目”，做好“红色视觉”“红色基因”“红色先锋”三大工程，实施村(社区)党组织书记队伍建设与管理改革工作。信息报送方面。全年共上报省市信息近800篇，其中被《镇江信息》录用26条，被省级刊物录用131条，编发《润州信息》8期，确保有部署、有落实、有反馈。牵头大走访工作方面。下发各类通知30余份，编制督查通报、信息专报25期，组织专题活动10余场，累计在省、市大走访专刊和省大走访官微首页、栏目等用稿40篇，处在全市前列。党内法规建设工作方面。起草印发《中共镇江市润州区委法律顾问工作规则(试行)》，聘任2人为区委法律顾问、6人为区委法律专家库成员。严格执行党内规范性文件报备程序，共向上报备文件8件，向下报备56件，做到有件必备、及时报备和规范报备。

【保密工作】 2017年度全区保密工作紧密围绕区委中心工作，投入40余万元实施机要保密局整体改造，增扩办公面积、优化空间布局，加装视频监控、防盗窗网，办公条件和值班环境大幅改善；集中清理了近十年库存下来的文件，按规履行销毁程序，有效破解泄密风险隐患点；强力推进党委信息化项目，配合广电公司完成电子政务内网、加密视频会议系统建设等。严格按照规定做好涉密公文收发、传阅、催办、归档、保密等工作，24小时在岗在位，确保了通信畅通、政令畅通。同时加强保密意识教育，全区各级各部门保密意识进一步增强。加大了对涉密网络的管理和检查力度，健全和落实了保密管理责任制，确保了国家秘密的安全。(张一玄)

重要会议

【中共润州区第八届委员会第三次全体会议】 中共镇江市润州区第八届委员会第三次全体会议于2017年7月13日在粤海会议中心举行。全会认真审议了王冬生同志代表区委常委会所作的题为《凤凰涅槃正当时》的工作报告，一致同意并批准通过这个报告。

全会认为，扬子江城市群建设、宁镇扬一体化、镇江高新区管理体制调整完善等，使当下润州的形势、任务发生了深刻变化。从历史看，润州贡献必须肯定，从产业看，润州经济必须转型，从现实看，润州形象必须提升，从前景看，润州未来注定更好。

全会指出，面对新的形势与任务，必须审时度势，乘势而上，开启新的发展征程。在总体定位上：要努力把润州建设成为产业发达、富有活力、和谐宜居、开放文明的现代化主城区，为提升镇江城市首位度贡献力量；在发展重点上：要做大做强城市经济，不断提升经济增长的质量和效益，不断提升富民惠民的层次和水平；在现实路径上：要注重处理好城市发展、产业集聚、环境资源三者之间的关系，积极推进城市功能建设、生态建设、社会建设，集聚人气，提升品质，形成特色。重点是做好“发展城市经济，全面释放小康建设最强动能；共享城市红利，全面提升小康建设富民水平；提升城市品位，全面改善小康建设人居环境；优化城市服务，全面筑牢小康建设社会基础；铸就城市文明，全面丰富小康建设本质内涵”等五个方面的工作。

全会强调，事业兴衰，关键在党，关键在人。要提升发展城市经济的本领，汇聚发展城市经济的力量，务实发展城市经济的作风，让全区每一个党组织、每一名党员干部的作用都得到更好发挥。

全会同意因工作变动而调离本区的岳益民、鲁宽、王旭、周洪源、赵春雷5人辞去中共镇江市润州区第八届委员会委员职务，决定依次递补朱震、周藜、徐文军、庄炳锁为中共镇江市润州区第八届委员会委员。

全会号召，要更加紧密地团结在以习近平同志为核心的党中央周围，高举中国特色社会主义伟大旗帜，在市委、市政府的坚强领导下，勠力同心、争先进位，持之以恒发展城市经济，齐心协力推进“五城共建”，确保年度目标任务圆满完成，迈出凤凰涅槃坚实步伐，以优异成绩迎接党的十九大胜利召开！

【中共润州区第八届代表大会第二次会议】 中共镇江市润州区第八届代表大会第二次会议于12月28日在碧榆园举行。大会认真审议了王冬生同志代表中共镇江市润州区第八届委员会所作的题为《推动城市经济大发展大繁荣》的工作报告，一致同意并批准通过这个报告。

大会认为，2017年，在市委市政府的坚强领导下，全区上下全力支持高新区管理体制调整完善，攻坚克难、埋头实干，圆满完成了年度主要目标任务。润州发展城市经济，在实践上有成果、在禀赋上有优势、在精神上有动力、在组织上有保证，要坚定发展城市经济的信念，切实担负起时代赋予我们的使命和应有的政治担当。

大会指出,2018年是全面贯彻落实中共十九大精神的开局之年,也是润州凤凰涅槃、决胜高水平全面建成小康社会的关键之年。要全面贯彻落实中共十九大、中央经济工作会议、省委十三届三次全会和市委七届六次全会精神,坚持以习近平新时代中国特色社会主义思想统领全局,统筹推进"五位一体"总体布局和"四个全面"战略布局,积极应对发展矛盾的新变化,坚持稳中求进工作总基调,以提高发展质量和效益为中心,围绕"五个迈上新台阶",认真落实省委"六个高质量"发展要求,以供给侧结构性改革为主线,推动城市经济大发展大繁荣,全面完成市下达各项目标任务,开创"强富美高"新局面,为早日建成富强民主文明和谐美丽的现代化强区而接力奋斗!

大会强调,要以实体经济为本,构筑产业支撑:推动核心商圈提质增效、推动产业城市深度融合、推动发展引擎全面升级。要以项目建设为纲,增强竞争优势:聚焦"三率"抓推进、紧扣"双赢"强合作、盘活闲产增后劲。要以科技创新为先,升级核心引擎:加快建设创新平台、加快培育创新主体、加快集聚创新人才。要以双招双引为重,积蓄转型动能:全新定位招引产业、全面改进体制机制、全力发挥比较优势。要以深化改革为要,释放争先活力:深化供给侧结构性改革、推进"放管服"改革、发力村(社区)股份制改革。

大会要求,必须着力构建人居环境优化系统,展现清新靓丽的城市形象、拓展和谐有序的城市空间、营造干净整洁的城市环境。必须着力构建公共服务提升系统,持续扩大富民增收渠道、促进教育卫生优质发展、不断完善社会保障体系、充分丰富文体生活。必须着力构建文明素养培育系统,常态长效建设文明城市、创新创优建设诚信环境、群策群力建设和谐社区、有形有色建设"书香润州"。必须着力构建公共安全保障系统,织密社会治安防控体系、筑牢社区治理防护体系、健全重大安全防范体系。

大会强调,打铁必须自身硬。要强化政治建设,增强政治定力;要突出固本强基,激发组织活力;要务求担当有为,提升干部能力;要全面从严治党,汲取前进动力。

大会号召,全区上下要紧密团结在以习近平同志为核心的党中央周围,高举中国特色社会主义伟大旗帜,在市委市政府坚强领导下,团结带领全区人民,不忘初心、牢记使命,以城市经济大发展大繁荣的崭新业绩,开创润州"强富美高"新局面! (张一玄)

组织工作

【概况】 2017年,全区组织工作紧紧围绕迎接中共十九大和学习贯彻中共十九大精神这条主线,主动融入中心大局,着力提升党内政治生活的规范性、干部队伍建设的科学性、基层党建工作的实效性、人才工作的精准性,为推动城市经济大发展大繁荣,建设"强富美高"新润州提供坚强的组织保证和人才支撑。

干部工作基础夯实。启动"润苗工程",深入实施育苗、墩苗、壮苗、护苗计划,遴选22名80后科级干部跨条线轮岗,优选23名年轻公务员双向挂职,35岁以下科级干部、街道党政正职80后占比列全市第一方阵。实施"三聚三提五创",激发干部队伍活力,选树好班子、好搭档、好班长、好书记、好助手38个(对)。统筹培训资源,打造常态化教育格局,全年开展主体班次10期、"周末课堂"24期,培训1500多人次。制定出台《关于进一步规范干部选拔任用工作的意见》和《润州区中层干部选拔任用工作实施细则》,全面规范中层干部选拔任用。制定出台《关于印发进一步严格干部日常监督管理工作若干规定的通知》,对乡科级后备干部、选调生等重点群体以及领导干部辞去公职、因私出国(境)等重点事项的日常监督管理逐一规范细化,切实将全面从严的要求落细落实。

基层党建亮点纷呈。围绕迎接中共十九大和学习贯彻十九大精神,开展"红色先锋·五大看齐""学习十九大·微心得"征集评选等系列活动,选树五大领域30名"润州先锋"。围绕基层党建8类突出问题,排定三级基层党建"书记项目"80个。区委书记领办"全面推行红色形象体系"项目,特色做法在全省、全市城市基层党建会议上交流,得到省委常委、组织部部长郭文奇、市委书记惠建林肯定,《新华日报》头版报道。区委和南山街道党工委获评全市优质"书记项目"。围绕村(社区)干部队伍建设,"七上七下"调研讨论,推动出台区委1号文件,规范提升村(社区)干部待遇保障,平均涨幅超30%。制定村(社区)"领头雁"三年集训计划,实施递进式培养。围绕推进"两学一做"学习教育常态化制度化,出台"5个3"文件体系,红色积分管理和"三式"督查机制实现全覆盖,"一支部一书记工作室"做法被省《情况通报》刊载。在全国率先成立网络社会组织联合会党支部,党员"双管双培"、党建创新小组、党建团建同抓等做法,得到中央网信办、省委组织部和团省委领导首肯。建成省级支部书记工作室1个、市级支部书记工作室和党员教育实践课堂5个、五星"双型"先进党支部7个,走在全市前列。

人才工作转型突破。积极应对区划调整,不断创新人才工作机制,优化人才发展环境。推行人才目标责任考核法,考核结果作为评定评优重要依据。牵头汇编政策一本通，建立党政领导挂钩联系人才制度。举办“全市科技镇长团扬大行”活动，与扬州大学签订全面合作协议。与黑龙江大学共建“东北亚（镇江）科技人才合作交流中心”，推动项目合作。先后邀请海内外专家106名到润州考察，商谈合作。开展“百企高校行”等活动45场，引进创新创业团队24个。2017年入选“金山英才计划”13名，其中国家级2名，现代服务业入选数全市第一，现代农业类实现零突破。

自身建设严实并重。围绕基层组织工作，在中组部培训班上作体会交流发言。开展“谈访看育”行动，131名街道区管干部“个个谈”，59个村（社区）班子“家家访”，65名领军人才“回头看”，123名年轻干部“系统育”。部机关实施积分管理考核，每季度排名，评出“学做标兵”，全年积分情况作为评先评优的主要依据。持续强化信息宣传，讲好“组工故事”，放大“润州声音”，重点工作2次被《新华日报》头版报道、7次被省《组工信息》推介、8次被《镇江日报》头版报道，发表市组工信息38条，在省市报刊上发表调研文章44篇。

【“三聚三提五创”开展】 聚焦“全力优化生态环境、聚力推进创新驱动、大力提升民富民享”三件大事，着眼领导干部“提振干事激情，提高服务水准，提升惠民质效”三项目标，通过“显绩考、隐绩挖”“领导评、群众议”等方式做实做细日常考察，系统整合原有各项考核体系，将实绩考核、民主测评、组织研判有机结合，在全区领导班子和领导干部中争创“忠诚团结创新担当好班子”“从严治党好书记”“服务基层好班长”等5种类型、38个（对）先进典型，充分发挥先进典型的示范引领作用，全面提振干部队伍干事创业精气神，并为干部使用、调整提供有力依据。

【干部教育格局常态化】 突出“发展城市经济”核心任务，全面整合资源，强化“四位一体”培训体系建设，打造“月月有培训、双周有学习、人人有提升”的常态化教育格局。“精挑主菜”，围绕城市经济主题，先后组织57名“一把手”赴深大、华为专题研修，到人大、苏州工业园“双招双引”专项培训。“优选配菜”，统筹条口专训、单位内训，有效避免多头培、重复训，举办人大、工会干部等专题班6场，累计200余人次。“细烹土菜”，联合区委党校以及相关职能部门搭建常态化教育培训平台“周末课堂”，双周六准时开课，围绕经济发展、科技创新、城市建设、社会治理、民生保障、党的建设等六大专题，以讲促学、以学促训、以训促干，全年累计培训1293人次，全区科级干部轮训率超80%。

【“润苗工程”实施】 制定出台《在全区年轻干部中实施“润苗工程”的实施意见》，深入实施育苗、墩苗、壮苗、护苗计划。一是强化“育苗”练本领。组织50名年轻干部赴沂蒙老区，提升党性修养；开展“五城论坛”专场展示，实现同台竞技；引导立足工作岗位，开展走访调研，撰写专题报告128份。二是有序“墩苗”增阅历。选派7名青年副科级后备干部到街道挂任实职，16名年轻干部双向挂职，落实“三个一视同仁”，明确“四个一”要求，实施双导师制度，推动一线压担历练。三是精准“壮苗”提能力。遴选23名35周岁以下年轻科级干部跨条线、跨单位轮岗，搭建实践锻炼平台；对成熟较快的3名85后选调生，实行“先就职、再任职”的超前培养模式，先主持工作，视实干实绩情况决定是否提拔。四是积极“护苗”助成长。面向全区30周岁以下干部，开展“凝心聚力”大走访，推行“谈话＋分析＋反馈”“三步走”工作法，全面建成年轻干部个人成长档案库，实现工作实绩、奖惩情况等信息全过程、全视角记录。

【中层干部选拔任用规范】 制定出台《关于进一步规范干部选拔任用工作的意见》和《润州区中层干部选拔任用工作实施细则》，着力规范基层干部选拔任用工作流程，将职数预审制度延伸到中层股级干部。全区调整中层干部均严格执行事前预审、事中报备、事后纪实的制度规范。

【“两学一做”学习教育常态化制度化】 因地制宜制定全区《实施方案》《2017年工作安排》，并总结前期特色做法和成功经验，配套出台抓党建责任“三张清单”、村（社区）书记能力提升“三年计划”、党员讲学议事检查“三大平台”“民主三评议”、党员关爱帮扶激励“三项举措”，形成“5个3”制度安排，推动制度视野、主体责任、工作力量、资源保障、创新空间、督导网络六下支部。积极创设、常态运行“润州先锋”微信公众号，全年累计发布202期，推送原创信息362条，关注人数近12500人，单条最高阅读量达7000余人次，已成为润州党员干部学习教育的重要载体。成立10个区级督导组，“拉网式”集中督查、“推磨式”互学互查、“暗访式”随机抽查实现全区党支部督导全覆盖，“一支部一书记工作室”做法被省“两学一做”学习教育《情况通报》刊载。

【红色形象体系建设】 全面推行红色形象体系，加浓基层党建政治色彩，提升党建引领整体效应。实施“红色视觉”工程，让红色元素可观可感。引入视觉识别系统，按照“四统一”要求（标识、元素、功能、风格）、“六个有”标准（党旗党徽、党章党规、领袖肖像、经典语录、制度规定、活动展示),打造室内的静态阵地、网上的互动阵地、移动的活动阵地。实施“红色基因”工程,让红色洗礼日常经常。构建党员讲学、民主议事、检查督导“三大平台”,推动红色文化进楼宇、进社区、进家庭,健全党员关爱帮扶激励“三项举措”,让支部活动“活”起来、广大党员“动”起来、基层组织“强”起来。实施“红色先锋”工程,让红色引领融入融合。构建“党建+”“支部+”“党员+”的“3+”格局,与服务、民生、公益、治理等有机融合,把“书记访党员、支委到网格、党员进家门”作为支部活动的“规定动作”,推动广大党员干部在常态化联系服务中见真情、交真心、解真难。特色做法在全省、全市城市基层党建会议上交流,得到省委常委、组织部部长郭文奇,市委书记惠建林肯定,《新华日报》头版报道。

【“书记项目”高标实施】 聚焦基层党建8类重点难点问题,以区委书记项目为牵引,实施范围横向拓展到直属党(工)委、纵向延伸到村(社区)党组织,全区共排定三级“书记项目”80个。坚持每季一推进,3月集中启动,6月督查点评,9月现场观摩,12月评比表彰。在“润州先锋”微信公众号开设“书记晒项目”专栏,晒出进展、比出差距,并接受群众评议,评选全区十佳“书记项目”,面上示范带动。区委和南山街道党工委基层党建“书记项目”被评为市级优质书记项目。

【村社干部队伍建设】 年初,区委常委会专题研究,将村(社区)干部队伍建设纳入2017年全面深化改革重点事项。扎实开展59个村(社区)班子“家家访”,逐个看阵地、认人头、听建议。“七上七下”调研讨论,推动出台《关于进一步规范提升村(社区)干部待遇保障水平的意见》,村(社区)干部待遇平均涨幅超30%。制定《润州区村(社区)党组织书记能力素质提升三年集训计划》,实施基础班、提升班、研修班三年递进培养、动态管理,先后赴宁波市委党校举办全区村(社区)党务副书记“如何抓好基层党建”研修班、上海交大村(社区)党组织书记“党建引领基层善治”专题研修班。

【“示范集群”分类打造】 分领域打造12个区级基层党建示范点,其中万科社区“党建引领360”品牌获省、市两级组织部门充分肯定,网络社会组织党建工作得到中央网信办、省委组织部认可、《江苏组工信息》推介。创成全市五星先进党支部7个。区级打造10个支部书记工作室、10个党员教育实境课堂,其中1个获评省级支部书记工作室,5个获评市级支部书记工作室和党员教育实境课堂。开展“红色先锋·五大看齐”活动,针对机关、农村、城市、企业、离退休等5类支部不同特点,分类引导党员聚焦勤廉实干、融城富民、和谐向善、创新转型、发挥余热“五个看齐”,年底选树30名“润州先锋”。

【校地合作】 统筹发展优势,推动地方与高校“政、产、学、研、用”深度交流与合作,举办镇江市科技镇长团“扬州大学行”,润州与扬州大学签订全面合作仪式,江苏镇江建筑科学研究院等10家企业现场签约,校地合作得到深化。与黑龙江大学共建东北亚(镇江)科技人才合作交流中心,推动研究生工作站、外国留学生感知中国文化体验平台等项目开展合作。推动区农委、统计局分别与南京财经大学共建大学生就业见习基地,团区委与江苏科技大学共同打造“亚夫共青工程”校地合作平台,举办“青创学堂——‘70 80 90’创业导师分享会”等活动。 (马万勋)

省委常委、组织部部长郭文奇调研润州城市基层党建工作

(区委组织部 提供)

党的基层组织数量情况和换届情况

表 1　　截止时间：2017 年 12 月 31 日　　单位：个

项目		总数	党委	总支部	支部
党的基层组织数		572	45	33	494
任届期满		110	1	5	104
本年换届		110	1	5	104
城市街道		258	33	28	197
乡镇		—	—	—	—
企业	国有经济控制	15	2	1	12
	集体经济控制	8	—	1	7
	非公有经济控制	129	7	1	121
事业单位		55	3	3	49
机关	合计	121	13	4	104
	中央一级	—	—	—	—
	省（区、市）一级	—	—	—	—
	市（地、州、盟）一级	—	—	—	—
	县（市、区、旗）一级	71	6	3	62
其他		244	20	23	201

党员基本情况

表 2　　截止时间：2017 年 12 月 31 日　　单位：人

项目		年龄														
		总数	预备党员	女	少数民族	台湾省籍	30 岁及以下	31 至 35 岁	36 至 40 岁	41 至 45 岁	46 至 50 岁	51 至 55 岁	56 至 60 岁	61 至 65 岁	66 至 70 岁	71 岁及以上
总计		11994	121	3716	176	—	1323	804	684	759	917	1261	957	1516	1425	2348
一、在岗职工		4491	98	1569	71	—	867	617	558	621	704	745	354	18	2	5
公有制单位	合计	2709	87	1051	44	—	404	372	399	452	454	437	191	—	—	—
	党政机关工作人员	1038	28	227	21	—	145	146	109	148	170	230	90	—	—	—
	事业单位管理人员	409	6	145	4	—	58	45	67	72	58	71	38	—	—	—
	事业单位专业技术人员	844	34	522	16	—	102	114	182	182	157	81	26	—	—	—
	企业管理人员	140	7	49	2	—	26	19	9	20	25	28	13	—	—	—
	企业专业技术人员	45	6	20	—	—	16	8	4	7	3	3	4	—	—	—
	工勤技能人员	233	6	88	1	—	57	40	28	23	41	24	20	—	—	—
	农民工	—	—	—	—	—	—	—	—	—	—	—	—	—	—	—
非公有制单位	合计	1782	11	518	27	—	463	245	159	169	250	308	163	18	2	5
	企业管理人员	391	4	99	10	—	55	31	38	45	81	92	39	8	2	
	企业专业技术人员	352	4	90	8	—	65	48	43	41	63	64	26	1	—	1
	民办非企业单位管理人员	40	1	13	—	—	13	6	3	1	2	7	5	1	—	2
	民办非企业专业技术人员	23	—	7	—	—	10	5	4	2	1	1	—	—	—	—
	工勤技能人员	976	2	309	9	—	320	155	71	80	103	144	93	8		2
	农民工	—	—	—	—	—	—	—	—	—	—	—	—	—	—	—
二、农牧渔业		38	—	7	—	—	1	2	2	1	1	8	10	6	3	4
外出务工经商人员		—	—	—	—	—	—	—	—	—	—	—	—	—	—	—
三、军人、武警		—	—	—	—	—	—	—	—	—	—	—	—	—	—	—
四、学生		—	—	—	—	—	—	—	—	—	—	—	—	—	—	—
五、离退休人员		5891	—	1564	82	—	—	—	—	—	—	20	268	440	1432	1401	2330
六、其他		1574	23	576	23	—	455	185	124	137	192	240	153	60	19	9

党员学历构成情况

表 3　　截止时间:2017 年 12 月 31 日　　单位:人

项目		总数	研究生	大学本科	大学专科	中专	高中、中技	初中及以下
总计		11994	261	2788	2699	960	2213	3073
一、在岗职工		4491	196	2090	1288	202	529	186
公有制单位	合计	2709	150	1578	718	84	149	30
	党政机关工作人员	1038	103	617	272	17	29	—
	事业单位管理人员	409	11	228	134	13	19	4
	事业单位专业技术人员	844	31	574	184	32	20	3
	企业管理人员	140	2	47	55	8	24	4
	企业专业技术人员	45	1	19	14	4	6	1
	工勤技能人员	233	2	93	59	10	51	18
	农民工	—	—	—	—	—	—	—
非公有制单位	合计	1782	46	512	570	118	380	156
	企业管理人员	391	15	96	161	24	69	26
	企业专业技术人员	352	9	92	123	32	66	30
	民办非企业单位管理人员	40	2	10	13	2	8	5
	民办非企业专业技术人员	23	1	11	9	—	2	
	工勤技能人员	976	19	303	264	60	235	95
	农民工	—	—	—	—	—	—	—
二、农牧渔业		38	—	2	5	—	9	2
	外出务工经商人员	—	—	—	—	—	—	—
三、军人、武警		—	—	—	—	—	—	—
四、学生		—	—	—	—	—	—	—
五、离退休人员		5891	5	267	934	667	1335	2683
六、其他		1574	60	429	472	91	340	182

宣传工作

【概况】 2017 年，润州区宣传思想文化工作在区委的领导下，在市委宣传部的指导下，全面贯彻落实中共十九大精神和习近平新时代中国特色社会主义思想，采取“项目化”的推进手段，唱响主旋律，打好主动仗，凝聚正能量，为谱写“两聚一高”润州新篇章提供了强大的思想保证、舆论支持和精神动力。

坚持学用结合，扎实推进理论武装。以高度的政治责任感，严格落实意识形态工作责任制要求，思想理论建设向纵深推进。理论宣讲全面覆盖。坚持把学习贯彻习近平总书记系列重要讲话精神作为首要政治任务，全年先后组织 12 场不同专题的中心组学习会，加强对以习近平同志为核心的党中央治国理政新思想新实践的宣传阐释。以“周末讲堂”“润心讲堂”等区级理论大讲堂为载体，推动全区党员干部的日常学习。全区各级领导干部带头开展十九大精神宣讲，先后集中开展 32 场宣讲活动，确保党员干部学习中共十九大精神全覆盖、无死角。全区党员干部积极参加学习调研活动，全区领导班子全年报送调研成果 42 篇，完成年度调研和信息工作任务。意识形态工作落到实处。区委常委会专题研究全区意识形态工作，牵头召开全区意识形态领域情况分析研判联席会议，制定下发《润州区党(工)委(党组)意识形态工作责任制实施方案》和《2017 年度党(工)委(党组)意识形态工作责任制考核细则》等考核文件，严格要求全区各党委(党组)每年向区委书面报告本地区、本部门意识形态工作情况。做好网络论坛的信息传播管控，严格对各类报告会、研讨会、讲座、论坛活动的管理。制定下发“扫黄打非”进基层工作文件，西津渡社区和润州区信息中专在被评为省级“扫黄打非”进基层示范点的基础上，西津渡社区获评国家级示范点。

坚持服务发展大局，强化舆论宣传鼓劲造势。紧紧围绕建设“强富美高”新润州的工作大局，唱响主旋律，壮大主流舆论，为润州经济发展营造良好氛围。强化主题教育活动。在《镇江日报》“润州天地”栏目和“润州发布”微信平台上，以迎接、宣传、贯彻“十九大”为主线，围绕“党中央治国理政新理念新思想新战略”“砥砺奋进的五年”“奋力谱写‘两聚一高’镇江篇章”等主题精心组织宣传报道，大力营造建设高水平全面小康的良好舆论氛围。全年深入开展先进典型学习宣传活动，共选树推荐江苏“最美人物”典型7名，培育和推出“镇江好人”等践行社会主义核心价值观的身边典型3名。建好用好博物馆、嵇直故居、陆小波故居等爱国主义教育基地，在七一期间、烈士纪念日、国家公祭日等关键时间节点，组织党员赴现场学习教育。全面完成对外宣传任务。2017年在省级以上媒体发表新闻报道400多篇，其中《人民日报》36篇，《光明日报》6篇，新华社通稿7篇，《新华日报》29篇，在市级媒体《镇江日报》头版头条发稿28篇。充分发挥《镇江日报》润州天地专版的主阵地作用，全年刊发“润州天地”50期、800余篇新闻稿件约30万字；发送润州手机报147期。深入做好市区“暖企”行动、263专项行动等重点工作的宣传工作，润州天地先后开设了《“263”润州在行动》《调结构，转方式，来自企业一线的报道》等专题、专栏，对全区服务企业“店小二”、推动生态环境质量持续好转等工作进行宣传报道。中央电视台《新闻联播》节目对金山街道西津古渡社区党员观看《厉害了，我们的新时代》节目进行了详细报道，播出了采访党员干部的同期声画面。圆满完成党报党刊征订任务。着力强化网络管理。成立全区网络管理专设机构，配备专职人员、专项经费，实现网信办实体化运转，统筹协调全区互联网管理工作。建立区网评员队伍，推进网络论坛真实身份信息注册工作，组织网站从业人员开展技能培训2次。万科社区、西津渡社区两个点位列入全国网络社会组织现场推进会现场考察。西津渡社区爱心家园网络社团活动基地多次接待中央、省市网信系统实地观摩，工作成效获得领导肯定。2017年，共处理全区网络舆情100余起，编写舆情快报42期。建立应急联动和24小时网络值班制度，建立每日舆情零报告制度和重要舆情分析研判制度。认真做好十九大等重要时段网络安全防护管理，确保十九大期间网络空间安全。

文明创建弘扬正能量，有效提升社会文明程度。狠抓全国文明城市迎检重点工作。坚持齐抓共管的长效管理工作机制，结合市督查组双月测评结果，强化日常督查、落实“负面清单”，促进文明城市创建活动常态发展。5月份全面进入迎检状态，先后成立领导小组、督导组，从宣传氛围、基础设施、市容市貌、城市秩序、服务质量、市民素质、台账资料等方面多次进行督导检查，对存在的问题逐一下发整改通知单，并适时跟踪整改情况。持续打造一批“双美双优”创建工程示范点，深入开展“啄木鸟行动”，广泛动员市民争当城市主人翁，积极监督社会不文明现象，推动提升城市管理科学化、精细化水平；组织开展“精美镇江，文明先行”主题活动，深入推进文明旅游、文明交通、节俭节约、网络文明传播等文明引导行动，常态化开展“讲文明树新风”公益广告宣传。开展“双升双亮”达标提升行动，坚持问题导向，聚焦文明城市创建薄弱点，多措并举，持续提升创建整体水平。不间断开展典型培树。常态化开展“身边好人”推荐和学习活动，组织道德模范、身边好人学习宣传，开展“我为核心价值观代言”活动，在全区范围内形成“月月推荐，季度评选”的长效模式。宝塔路街道在万达广场开展“最美宝塔人”表彰活动，分设“最美志愿者”“孝老爱亲”“敬业奉献”等多项评选类型，推选出一批群众身边的道德典范，在表彰先进的同时，弘扬正能量，引导居民群众养成良好的道德素养和行为习惯。2017年，赵振怀同志获得“中国好人”荣誉称号、4人当选“镇江好人”。长效性开展“道德讲堂”。各道德讲堂根据实际，定期开展“道德讲堂”活动，引导辖区居民积极参与，2017年共开展127期“道德讲堂”活动，共有6000余人次参加，在群众中得到了较好的评价。各社区以“道德讲堂”为主，结合“我们的节日”、市民教育、家庭教育等活动，邀请全国道德模范赵亚夫同志、中国好人陈杰群同志到道德讲堂做宣讲交流活动，把街道推荐的“镇江好人”作为道德讲堂的宣讲员，深入弘扬助人为乐、诚实守信、孝老爱亲、敬业奉献、见义勇为的崇高精神。开展社区志愿服务活动。全区在“志愿江苏”平台累计注册志愿者45051人、志愿者团队173个。注册人数占润州区常住人口总数的20.18%、占适龄人口的24.32%。广泛开展“一月一主题，大爱镇江之行”主题志愿活动，广泛开展“关爱他人、关爱社区、关爱自然”志愿服务活动，并结合我们的节日活动，做好节日期间的志愿服务活动。完善嘉许回馈机制，以万科社区为示范点开展星级志愿者认定工作，评选年度优秀志愿者，优秀志愿团队和优秀志愿服务社区，倡导行德立善。全年，辖区开展各种志愿服务活动共254次。提升未成年人思想道德水平。在全省深化未成年人文明礼仪养成教育暨文明校园创建工作推进会上，万科社区、润州实验小学作为实地参观点展示未成年人思想道德建设工作成果。深化“养正学堂”未成年人文明礼仪养成教育，推广养正学堂主题课“33+”模式，推进小橘灯志愿服务、美德少年评选表彰、校馆衔接工作。开展“我们的节日”“七彩的夏日”“缤纷的冬日”、心理健康百场宣讲等活动。建成区未成年人指导中心并投入使用，深化乡村学校少年宫等校外阵地建设。

强化重点项目引领，促进文化产业繁荣发展。重点项目建设进展顺利。贯彻落实全市文化产业年度工作部署会精神，克服区划调整的影响，及时调整文化改革发展领导小组成员，积极推动润州区产业转型发展引导基金管理办法、扶持政策修订，每年100万元的区级文化产业引导资金做到专款专用。2017年，镇江移动物联网产业大厦及镇江移动第三机房楼建设项目、北京明星时代影院等重点项目持续跟进。镇江移动物联网产业大厦项目共完成投资5650万元，占年度计划的113%。北京明星时代影院进展较为顺利，完成投资1亿元，占年度计划的125%，并已经对外营业。大江风云影视基地项目，一期已建成对外营业。招商引企工作有序推进。2017年，新签约启迪协信的“镇江印象”项目，总投资8000万元，预计2018年底完成装潢并招商。在全市文化产业招商推介会上发布推介韦岗铁矿工业文化旅游项目，11月润州区政府成功与市城投集团、中青旅控股股份有限公司、江苏亚东建设发展集团有限公司签约了镇江西南片区韦岗旅游康养产业项目。2017年，实现新增规上文化企业一家——镇江市和信商务策划有限责任公司。

落实文化惠民，不断繁荣文化事业。文化事业繁荣发展。扎实开展“扎根基层，服务群众”文化惠民活动，组织书法志愿者走进西津渡社区，凤凰家园社区开展迎新春送福送春联系列活动。举办润州水利发展诗词创作采风、“文明邻里”万科社区文化节诗词创作采风。围绕润州水利资源，继续开展“水韵润州”系列摄影、书法、诗词创作大赛，深厚润州水文化。举办“最美家乡”润州区美术写生创作采风活动。《韦岗战斗》《春风又绿月又圆》在镇江市第二届精神文明建设“五个一工程”获得表彰。

综合能力建设不断提升。项目化推进机制成效显著。全区共确定了12个区级重点项目，对每个项目定目标、定内容、定人员、定责任，给予精准扶持、进行精确考核。区委常委会专题听取宣传思想文化工作项目化考核的工作汇报，以区委名义制定下发《宣传思想文化工作项目化考核实施方案》文件，召开全区项目化考核部署大会，全面激发基层打造好重点项目的工作主动性。成立督查考核工作小组，与基层共同做好重点项目的推进，有效促进了全区宣传思想文化工作水平的提升。队伍建设有力加强。设立宣传系统“干部沙龙”平台，以新媒体应用、项目化考核等为主题，不定期组织召开宣传文化干部沙龙活动，广泛开展讨论交流，激发干部队伍活力。2017年，系统内有两名同志新入选全市第二批“五个一批”和青年文化人才。强化对宣传思想文化领域重要课题的调查研究，敏锐捕捉宣传文化领域遇到的新情况、新问题，2017年，共有10条工作信息被《镇江宣传动态》录用，承担市社科联研究课题一件并获得三等奖。用心开展大走访。部主要领导率先垂范，身体力行，带着感情开展大走访活动，对在走访中发现的特困家庭实施精准帮扶并予以资助，极大地树立了困难群众战胜困难的信心。区委宣传部党支部共走访困难群众30户、农户32户、城市居民40户、外来人口102户，企业8家。机关党建做实做细。严格按照要求和程序完成宣传部党支部换届工作，高标准更新制作了部机关党建园地。深入开展“两学一做”常态化学习教育活动，开展“旗帜鲜明讲政治，‘两聚一高’当先锋”交流研讨、“我为创新、富民做什么”专题讨论、“旗帜鲜明讲政治”主题党课、“喜迎十九大 机关党员干部在行动”等系列活动，树立党员干部先锋标杆形象。

【项目化推进机制】 区委常委会专题听取宣传思想文化工作项目化考核的工作汇报，以区委名义制定下发《宣传思想文化工作项目化考核实施方案》文件，召开全区项目化考核部署大会，共确定了12个区级重点项目，全面激发基层打造好重点项目的工作主动性。12月份，召开了全区重点项目现场观摩会，实地观摩了4个项目现场，8个项目结合PPT汇报交流，对全年项目化建设成果进行了集中展示，有效促进了全区宣传思想文化工作水平的提升。

【对外宣传工作】 中央电视台《新闻联播》节目对金山街道西津古渡社区党员观看《厉害了，我们的新时代》节目进行了详细报道，播出了采访党员干部的同期声画面。积极做好“江苏发展大会”新媒体供稿工作，共上报稿件42篇，被大会官方微信采用26篇，用稿数量位列全市第3位，被市委宣传部表彰为“江苏发展大会”新媒体宣传优秀组织单位。

【典型培树】 深入宣传“身边好人”，在全区范围内形成“月月推荐，季度评选”的长效模式，全年共有4人当选“镇江好人”，润州区赵振怀同志获得“中国好人”荣誉称号。选树推荐江苏“最美人物”典型7名，培育和推出“镇江好人”等践行社会主义核心价值观的身边典型3名。

【网络社会组织工作】 万科社区、西津渡社区两个点位列入全国网络社会组织现场推进会现场考察。西津渡社区爱心家园网络社团活动基地多次接待中央、省市网信系统实地观摩，工作成效获得领导肯定。

【宣传系统“业务沙龙”】 设立宣传系统“干部沙龙”平台，以新媒体应用、项目化考核等为主题，不定期组织召开宣传文化干部沙龙活动，广泛开展讨论交流，激发干部队伍活力。系统内有两名同志新入选全市第二批“五个一批”和青年文化人才。 （徐鲁生）

统战工作

【概况】 2017年是统战系统新体制运行的第一年，全区统战工作在市委、区委的领导下，始终坚持“六个围绕”，认真学习领会习总书记系列重要讲话精神，紧紧围绕学习贯彻中共十九大精神中心，强化服务小区大统战格局，深入落实中央和省、市统战工作会议精神，切实增强“四个意识”，充分发挥“统战优势”，围绕发展目标，破解重点难点，依托区域优势，汇聚各方合力，构建大统战格局，拓展“同心圆”半径，画出最美最大同心圆，

【思想政治工作】 认真学习领会习近平总书记系列重要讲话精神尤其是统一战线重要思想，坚持问题导向，立足服务大局，以“补短板”思维为统领，以“解困局”实效为目标，构建“大统战”格局，拓展“同心圆”半径。坚决维护核心。区委不断强化统战工作领导，深化“四个纳入”“四个带头”工作机制，常委会全年3次研究统战工作，召开统战工作领导小组会议，大统战工作格局日趋完善。围绕喜迎中共十九大和学习贯彻十九大精神，积极开展民主党派座谈会、党外人士话心得等活动，“四个意识”更加牢固，“四个自信”更加坚定。倾力服务中心。结合区委区政府工作实际，年初下发《2017年全区统战工作要点》，始终与区委区政府目标同向、步调同频、举措同行，探索“党委出题、党派调研、政府采纳、部门落实”参政议政工作机制，各民主党派和无党派人士向区“两会”提交议案、提案92件。广泛凝聚人心。深入开展大走访活动，发放调查问卷200余份，走访困难群众65户，帮助15家企业协调解决矛盾和难题。

【基层统战工作】 围绕“基层基础”这个关键，强化工作责任，强化宣传发动，确保各基层单位守土有责、守土尽责。强化街道责任。认真落实“一把手”负责制，严格实行分管领导责任追究制，通过培训、研讨等方式学习宣传统战政策法规，提高基层统战干部履职能力，提高群众对统战工作的知晓度、认可度和参与度。每月召开统战工作例会，督促基层优服务、解难题、创特色。亮化社区品牌。黄山社区成功培育红蜡烛志愿者协会、残疾人协会等6个社会组织，迎江路中心社区扎实推进“同心工程”示范点建设；万科、西津渡社区网络社会组织统战工作走在全省前列，得到中央和省委、市委统战部肯定并接受省级现场观摩，万科社区“三进三联”工作机制被《江苏统一战线》专题报道。优化党派活动。始终坚持民主和团结两大主题，采取多种形式，通过多种途径，引导民主党派和无党派人士围绕中心、服务大局，切实履行参政议政、民主监督职能。在全区7个民主党派中扎实开展“不忘合作初心，继续携手前进”专题教育活动，精心组织“观故居、增共识”“梦圆学校大讲堂”等活动；加大各民主党派活动保障力度，圆满完成民建润州一支部改选等工作。

【服务城市工作】 坚持服务先行，广泛联谊交友，拉长包容半径，努力画好思想同心圆、发展同心圆、和谐同心圆。围绕中心服务。瞄准城市经济发展，引导各民主党派、无党派代表人士积极建言献策，党外“六支队伍”248名代表人士提出意见建议23条、提供社情民意180余条。畅通渠道服务。开通“润州统战”公众号，开启建言献策直通车，通过百企帮百村、暖企惠民大走访、我与领导面对面、政协委员现场答疑等，多形式倾听心声、了解实情、化解矛盾。完善机制服务。全面构建新型政商关系，圆满完成省政协委员、市区两级人大代表和政协委员中党外人选的酝酿、推荐、提名、协商、考察等工作，对112名非公经济人士进行了综合评价；落实江苏发展大会“永不落幕”要求，定期联系海内外知名人士10余人。

【民宗侨台工作】 认真学习贯彻《宗教事务条例》等，提升宗教工作法治化水平，确保民宗执法行为程序合法、处置依法。规范场所建设，建立健全统一的宗教财务管理制度、财务报告制度，重点整治小庙小观非法收费，取缔宗教非法聚集点。规范侨台联谊，以侨联、台办为主体，切实提高正规联谊交友活动频次，提高活动质量，保障活动效果；严厉打击打着联谊交友幌子，进行制造分裂、反党反人民的非法联谊活动，确保社会和谐稳定。民宗工作更到位。经过多方争取，区民宗局由“挂牌”改“合署”，改变了无执法主体资格的尴尬局面；出台《润州区宗教活动场所实行分级评估管理实施办法》《关于进一步加强宗教教职人员管理的规定》等文件，完成宗教活动场所统一社会信用代码赋码和登记证换发工作，清真饮食补贴全部发放完毕。工商联工作更积极。落实“三个加强”要求，提高民营企业家参政议政水平，收集非公经济领域“金点子”18条；圆满完成区工商联、万达金街商会换届，区工商联喜获“全国‘五好’县级工商联”。侨台工作更细致。充分利用“侨之家”微信平台，广泛宣传发动，关心侨胞生活，开展侨界活动8次；牢牢把握和平

发展主题，挖掘台商资源，积极招引项目，认真组织开展"两岸交流交往30周年纪念"活动。

【中央统战部到润州调研考察网络社会组织统战工作】 9月2日上午，中央统战部八局巡视员许睢宁一行到润州区调研考察网络社会组织统战工作。省委统战部副部长、省社会主义学院党组书记练月琴，市委常委、组织部部长、统战部部长李健，市政协副主席、润州区委书记王冬生陪同。调研组一行先后实地察看了七里甸街道万科社区和金山街道西津古渡社区，详细了解社区开展网络社会组织统战工作的情况，对润州区积极探索网络社会组织统战工作予以充分肯定。在万科社区，调研组一行听取了社区实施"三进三联"工作模式、加强网络社会组织统战工作的做法及成效，参观了镇江市社会组织公益创新园、镇江市网络社会组织联合会基地、"e和"工作室以及网络社会组织"e同心汇"线下活动阵地，重点调研了"工作体系进入，联通党内党外；资源平台进入，联结线上线下；项目服务进入，联动社区社团"的"三进三联"社区统战工作新模式。许睢宁对万科社区创新网络社会组织统战工作管理模式予以高度评价，并对如何进一步强化统战思维，将统战元素渗透到社区各方面提出了新要求。调研组对西津古渡社区统战工作"三联"机制和"四个一"制度给予了高度肯定，对"社会儿女""my0511爱心家园"的爱心公益给予高度赞赏。 （吕云柱）

对台工作

【概况】 2017年，区委台办深入学习、贯彻落实中央和省、市对台工作精神、决策，牢牢把握两岸关系和平发展主题，按照市委、市政府打造台商发展"第一福地要求"，以"服务大局、深化合作、精准交流、做好服务"为工作主线，进一步发挥优势和特色，进一步创新思路和举措，有序推进和落实了各项工作。

【项目招引】 通过近几年的不懈努力，区委台办初步建立了润州区台商资源库，在此基础上，积极推介润州，招引项目。2017年因区划调整，润州区原来招引的项目如台江弈利科技有限公司、泰利丰健康产业园等项目都划给了高新区。新招引、建成的台资项目仅有两个还留在润州，即台湾吉的堡时代华府国际幼儿园、吉的堡少儿国际英语学校项目。针对新的区情区况，积极招引、推介符合润州区实际和产业定位的新的台资项目。

【互动交流】 按照"推进项目、推介润州、推动合作"的工作思路，区委台办充分利用各类招商活动，主动拜会台商，捕捉信息源，洽谈合作事宜。现已与台湾两岸连锁经营协会、台湾中华国际经贸促进总会、台北市商圈理事会、台湾中华两岸会展经贸促进协会、台湾弈宣科技公司、吉的堡教育集团等台商建立了良好的合作关系。台湾植牙产业、台湾中华工商文化经贸促进协会、台湾吉的堡教育集团、多联活动策展股份有限公司、台利康有限公司、台湾高雄医科大学口腔医学院、台湾陈仁德医院、台湾玄鸿仪生医国际有限公司等台商多次到润州参访、洽谈项目。

【优化环境】 区委台办始终把对台胞、台属、在地台企的服务作为全区对台工作的重点。通过细致务实的工作，及时帮助企业解决发展难题，坚定台企发展信心。在全区台企中积极开展台商走电商工作，帮助开拓市场。积极组织台企台商参加省举办的走电商培训班、辅导讲座，编写了台企走电商意愿调查表，发放到每个台企了解意愿，结合走访活动，对有一定可能性的企业逐一上门沟通、宣传。对台商的投诉和求助，第一时间协调处理，依法维护台商的合法权益。

【基层交往】 牢牢把握做好台湾人民工作这个方向，做好上级交办的对口交流和专项交流工作。根据中央对台工作决策部署，镇江承担了与台湾新北市相应区域的对口交流任务，润州区的任务是新北市瑞芳区34个里的对口交流和平溪区12个里的专项交流工作。区委台办利用邀请来访、分类交流、项目化运作等方式，与市台办合作，实现对口区域"六长"联动，广交新朋友、深交老朋友，促进两岸共识。2017年，润州区和市台办先后组织开展了"两岸家校联动，携手共助成长"，镇江·新北中小学学生核心素养培育研讨活动、"绿色生活 两岸家园"——镇江·新北低碳小区发展论坛活动、"携手同行·筑梦未来"镇江·新北中学生激情季体验营活动、镇江·新北"民俗文化＋旅游"交流活动等；邀请、接待对口区域的新北市八里区里长联谊会暨新北市吴氏宗亲会、台湾新北市瑞芳区狮子会历任会长参访团、台湾新北市门诊院长"江南行"、台湾新北市淡水区乡里长交流参访团、中华统一促进党花莲定国党部等民间交流团体近300人。

【"两岸交流交往30周年纪念"活动】 2017年是两岸交流合作30周年，市台办部署"两岸交流合作30周年"微视频大赛和主题征文及史料征集活动。区委台办把这项活动作为年内一项重要工作任务，第一时间进行了动员部署，按照“统筹协调、上下联动、专业指导、社会参与”的工作思路，成立了组织机构、健全了工作机制、搭建了信息平台，采取“征寻线索、主动出击、提前介入”的工作方式，召集区文联、区广播电台、各街道、各台资企业、老台属开会，进行征集消息发布，在全区掀起了“追寻历史记忆，浓厚血脉亲情，珍惜同胞福祉”的声势和热潮。计征集涵盖散文、诗歌、随笔等多种文体的各类文章16篇，微视频脚本2部。为了保证微视频拍摄的质量，邀请相关专家对微视频脚本进行多次评审，最后遴选确定拍摄微视频1部。经全市专家评审，润州区报送的微视频《穿越海峡的健康梦》获得微视频三等奖（全市各地共报送微视频15部，仅6部作品获奖）；报送的征文《当我写下了超炫白蛇传，也就写下了苏台一家亲》《书同文，心同愿》分别荣获二、三等奖，区委台办也被评为此次“两岸交流交往30周年纪念”活动组织奖。

（杨贤峰）

信访工作

【概况】 2017年，全区信访系统在区委、区政府的正确领导和上级信访部门的有力指导下，深入贯彻中央、省、市、区关于信访工作的各项决策部署，紧紧围绕全区中心工作，创新信访工作机制，落实信访工作责任，以“大排查大整治”、“惠民大走访”等活动为抓手，切实规范初信初访、攻坚化解信访积案、加强网上办信工作，进一步打造“法治、阳光、责任”信访。

全年，群众进京赴省去市越级访236批686人次，与上年同期相比分别下降48.1%、37.2%，群访25批419人次，与上年同期相比分别下降50.1%、37.9%。其中群众进京62批74人次，群访3批28人次，非访31.5人次；赴省访49批92人次，集访3批30人次；去市上访125批520人次，集访19批361人次。群众到区上访76批320人次，集访16批212人次，与上年同期相比，总批数、总人次分别下降47.9%、36.1%，集访批数、人次分别下降32.9%、33.5%。全区信访呈现出总量稳中有降、矛盾趋缓、秩序向好的良好态势。

【加强接访下访，减少矛盾激化上行】 严格落实领导干部接访、约访、包案和带案下访等制度，特别是在重点敏感时期，每天由区领导在区信访接待室接待来访群众或主动约见信访群众；各街道党政领导到一线接访，把握信访群众真实诉求，做好政策解释及群众情绪疏导，努力实现信访矛盾就地化解，信访问题就地解决，避免问题积累、矛盾激化。全区党政领导共接待上访群众98批286人次，带案下访26批32人次，重点约访8批12人次，其中党政主要领导接待15批28人次，带案下访6批8人次，重点约访6批6人次，督办、会商解决重大疑难信访案件23件，特别是鹤林社区康湾组群众、征润州砂石码头业主等信访事项在区领导的高位协调下得到圆满解决。

【加强基层基础，维护良好信访秩序】 主动适应信息化社会需求，积极推进阳光信访信息系统，将信访业务各个环节，纳入网上信访信息系统统一管理，实现对整个工作过程的全覆盖。全区共收到人民来信218封，比上年同期下降46.8%，已办结201封；网上投诉33件，比上年同期下降50%，已办结30件。各级信访件的及时受理率为94.18%，按期办结率为100%，满意率为97.69%。落实“依法逐级走访权益保障卡”制度，做到应发尽发，共发放权益保障卡276份，较上年增加了87%，有效提高了全区信访工作的法治化、规范化、科学化水平。

【加强隐患排查，着力源头预防化解】 以区开展的“惠民大走访”活动为契机，组织各级领导干部深入基层、深入一线，变“上访”为“下访”，变“接访”为“走访”，把信访工作点设到居民点、百姓家，畅通群众诉求和意愿表达的渠道。以环境保护、劳动社保、征地拆迁、非法集资等领域为重点，全面排查掌握信访苗头隐患，并逐一进行登记造册。共梳理涉访涉稳重点问题6个、重点群体10个，重点人员63人，对排查出来的问题，逐人逐事分析，落实领导包案，细化调处化解稳控，全力将矛盾纠纷处置在萌芽状态。

【加强积案攻坚，切实提高办结率】 2017年，区委、区政府高位推动信访积案化解，区委常委会研究通过了《润州区信访案件区领导包案原则》，全区82个重点信访案件，均落实了区领导包案，按照“三到位一处理”要求，采取结对帮扶、困难救助、真情感化等方法措施，着力源头化解，综合施策化解，群策群力，推动问题及时就地解决，一批信访老户得以妥善化解和停诉息访。全区共化解信访积案23件，其中省交办积案件8件，市交办重点信访积案6件，其他积案9件。

【加强人员稳控，确保敏感时期安全】 全力做好重大活动和敏感时期的信访稳定工作，精心谋划、周密部署、制定预案，明确重点防控人员，细化应急处置措施，确保了全国“两会”“一带一路”高峰论坛、江苏发展大会等敏感时期和重大活动期间没有发生有影响的信访极端事件和群体性事件。

（胡中良）

史志工作

【概况】 2017年，区史志工作以中共十九大精神及习近平总书记的重要讲话精神为指导，围绕中心，服务大局，积极落实全市史志工作会议精神，认真履行职能，主动开展工作，充分发挥史志“资政、存史、育人”作用，为全区经济和社会发展做贡献。

【《润州年鉴(2017)》出版发行】 《润州年鉴》是润州区人民政府主办、润州区史志档案办公室编纂的公报性、综合性、资料性大型工具书。12月，《润州年鉴(2017)》由方志出版社正式出版发行。全书684千字，设28个类目、131个分目、541个条目，另配以50个表格、53幅黑白图照，谋篇布局合理，层次清晰，内容丰富，资料翔实，书前有总目录，书末有索引。客观、全面、真实、系统地记录了润州2016年全区政治、经济、社会、文化发展等方面的基本面貌、发展状况和各行各业取得的新进展、新成绩、新经验，为宣传润州，资政、存史发挥了重要作用。

（谢竞美）

档案工作

【概况】 2017年，全区档案系统围绕区委、区政府的中心工作，认真学习中共十九大精神及习近平总书记的重要讲话精神，务实进取，不断创新，打牢基础，整合资源，恪守“为党管档，为国守史，为民服务”的神圣职责，促进档案事业稳步发展。2017年新进馆档案已初步实现数字化，存量档案也部分实现数字化，全馆数字化率达20%。

【档案资源体系建设】 2017年年初，区史志档案办有序实施档案接收进馆工作。1月份，民政局婚姻档案接收进馆296盒，近15万页；2月份，政府办公室档案进馆219卷、6294件，近15万页；4月份，水利局档案进馆197卷、808件，近5万页；6月份，司法局公证档案进馆617盒，近40万页；6月底，农委农村土地确权档案进馆49盒，近5万页；11月份，区人大办档案进馆170卷、585件，近5万页。全年共有6家单位档案进馆，一年接收的档案量是近五年来的总和。

【档案利用体系建设】 全年共接待查阅档案近2000人次，其中婚姻档案近1800人次，文书档案近100人次，企业改制档案近100人次，有力地服务了政府机关、社会各界对档案的需求。帮助区委办、区环保局等一些单位整理档案近1万件。联合区人社局，整理退休职工档案1000余份。

【档案安全体系建设】 坚决落实库房“八防”（防盗、防火、防潮、防虫、防霉、防光、防水、防尘）措施，密切监控墙体防水、湿度变化等状况，从门锁更换、灯光调节等细处入手，努力排除危害档案安全的各种隐患。克服惯性思维，坚持实行库房每日巡检，每逢节假日轮流值班，始终绷紧档案安全这根弦。11月初，完成重要档案数据异地异质备份工作。新机房已投入使用，将长期保存数据、工作数据和利用数据分别存放在不同数据库中，档案数据实行“三库分离”，以保证档案实体安全和信息安全。

【档案法制宣传】 2017年，以纪念“6·9国际档案日”为契机，围绕“档案——我们共同的记忆”这一宣传主题，充分展现档案与人民群众的密切联系，有效提升社会公众的档案意识。一是组织一次全面学法活动。组织全办工作人员全面、系统的学习《中华人民共和国档案法》《关于加强和改进新形势下档案工作的意见》等知识，提高工作人员在新形势下如何做好档案工作的知识水平。二是开设了兰台讲堂。由区史志档案办工作人员轮流授课，讲述润州历史，道德模范，档案知识，进一步拓宽档案干部工作思路，促进知识更新，提升业务能力。三是开展对外宣传活动。6月8日，到蒋乔街道嶂山村以悬挂横幅、设立咨询台及张贴宣传挂图等方式进行现场宣传，档案人员用通俗易懂的语言为村民讲解档案法律、档案知识、档案保管利用等知识，并告知利用档案的程序、档案馆地址，为村民更为直观地展现档案文化的独特魅力。 （谢竞美）

机关党建工作

【概况】 2017年润州区机关工委在市级机关工委的领导下，紧扣“服务中心、建设队伍”核心任务，以“书记项目”为抓手，以创建“双型”党支部为载体，坚持党建文化引领，不断激发机关党组织活力，夯实基层基础，拓展服务内涵，不断提升机关党建工作科学化水平，为机关各项工作的开展提供有力保证。

强化责任，落实管党职责。将党建工作纳入机关部门年度绩效考核，制定下发《区级机关党建工作目标管理考评办法》，进一步明确各基层党组织负责人履行从严管党治党的责任；组织党建重点工作“双月督查”，分片督查相互学习借鉴；正茂集团零距离了解现状；法院、检察院等重点单位逐一推进。建立分片共建制度，将机关部门划分为五个党建片区，每个季度组织片区党员开展集中活动。

扎实推进“两学一做”学习教育。制定方案，落实主体。制定“两学一做”常态化制度化重点工作安排，各机关党组织根据单位性质和服务内容，制定具体安排。真学悟透，入脑入心。各支部书记切实履行第一责任人的责任，讲党课开展专题讨论。开展十九大报告和新《党章》以及习总书记新理念新思想新战略的学习，将学习教育融入日常、抓在经常。全面推行红色积分管理，评选“学做标兵”。凝聚力量，做有实绩。区土地房屋开发总公司第一党支部与迎江路中心社区结对共建，六年来共捐助“爱心小饭桌”等40多万元，成为“两学一做”党员发挥作用的示范。发表致全区党员干部的一封信，引导党员干部积极参与263专项整治行动。组织机关党员干部参加文明创建活动，彰显机关干部的文明素质，提升文明创建的水平。“区级机关党组织共圆居民微心愿——一个党代表提案衍伸的冬日暖阳故事”，体现了机关党组织落实党内关爱帮扶。

【“书记项目”实施】 深化“双型”党支部创建。区水利局等11家党支部作为四星党支部上报区委组织部核查，金山湖法庭党支部争创五星党支部，实现润州机关“五星支部”零的突破。区法院“一园两馆”作为优秀“党员实境教育课堂”，接受了省委组织部检查核定。余江华等4人作为“润州先锋”候选人上报，“余波工作室”等3个书记工作室、“周末课堂”等3个实境课堂参与全区评优评先。规范支部政治生活。优化组织设置，撤销京江开发党支部；举办150人参加的入党积极分子培训班，新发展党员16名；规范、平稳实施基层党组织集中换届；金山湖法庭支部成为全区基层党建“书记项目”现场观摩点。督促各支部和党员认真学习党支部组织生活基本制度“工作法”，认真开展好“主题党日”活动。激发组织生活活力。财政局党支部牵头组织经济条口片区内党员展开户外拓展训练。政法委政法围绕“政法干部永远忠于党”为主题举办读书征文和演讲比赛。机关工委举办喜迎十九大系列活动，其中“晒家风、淳民风、正党风”活动，所属42家党组织机关干部和党员代表、社区老党员百余人参加，在全区弘扬“机关干部勤廉向我看齐、社区居民和谐向善向我看齐”的好政风和好民风，受到了区委组织部、市级机关工委的充分肯定。策划“大走访故事会”，引导机关干部不光走访，还需走心，钝化社会矛盾，共图发展良策。“红歌迎七一、红书传党恩”组织联建党员移动课堂教育签约活动更是将润州机关党建与社区党建、市级机关党建联姻共建，延伸了机关党建的服务触角。 （张葛亮）

老干部工作

【概况】 2017年，区委老干部工作在区委、区政府的领导和市委老干部局、市离退休党工委的指导下，深入学习习近平总书记系列重要讲话和中共十九大精神，认真贯彻落实全国老干部工作“双先”表彰大会精神和区第八次党代会精神，围绕“两聚一高”主要任务，坚持稳中求进的工作总基调，加强离退休干部思想政治建设和党组织建设，发挥老干部独特优势和作用，强化老干部工作部门自身建设。认真落实老干部政治、生活待遇，切实从政治上尊重，思想上关心，生活上照顾，精神上关怀老干部，圆满地完成了各项任务，取得明显成效。

全区各级党组织、政府部门把老干部工作摆上重要位置，主要领导身体力行，分管领导亲力亲为，率先垂范，常问老干部之事，常听老干部工作之言。坚持老干部工作制度，深入老干部家庭，老干部工作部门调查了解情况，交流沟通思想，召开会议研究解决老干部工作中的问题。全面抓好上级有关文件的贯彻落实，及时召开区委常委会，专题研究了全区老干部工作，调整区委老干部工作领导小组组成人员，成立了区委离退休干部党工委，并将老干部工作纳入各级党委、政府年度工作考核目标，形成了领导高度重视，部门齐抓共管新的工作发展态势。

积极组织老干部政治理论学习，做到常交流、勤沟通，促进老干部与时俱进，适应形势发展要求。参与区委、区政府重要会议和重要活动，维护提高老干部知情权和知情度。区委扩大会、区党代会、区人代会、区政协会等重要会议，均邀请离退休老干部列席，并听取他们的意见和建议。春节前召开的工作情况通报会，由区领导向离退休老干部通报2017年全区各行事业发展情况以及2018年工作打算，聆听老干部们的建议和殷切希望。通过会议和活动，使老干部进一步了解了国家大事，地方要事，知情权受到维护，知情度得到提高，既落实了老干部基本政治待遇，又统一了老干部思想认识。2017年，围绕迎接中共十九大，组织开展以“畅谈十八大以来变化，展望十九大胜利召开”为主题的正能量活动。通过访谈、座谈、主题征文、网络发声、文艺演出、书画摄影等多种形式，着重引导老干部畅谈十八大以来以习近平同志为核心的党中央提出的新理念新思想新战略，畅谈十八大以来党和国家最振奋人心，最有标志性的发展成就，畅谈各地各部门在政治，经济和社会建设中得民心，顺民意，经得起历史检验的大事要事，畅谈令人欣喜的民情民意变化和党风政风社风变化，为十九大胜利召开营造良好氛围。十九大召开后，迅速组织老干部学习领会十九大精神，掀起学习十九大新高潮，开展“点赞十九大”系列活动，用习近平新时代中国特色社会主义思想武装老干部思想，做到政治坚定，思想常新，理想永存，永葆共产党员先进性，不忘初心，牢记使命，为党和人民事业增添正能量。为每位老干部征订了《时政》《银潮》杂志、《老年周报》以及《镇江日报》等学习材料，并及时地征订发放了十九大报告单行本，组织大小集中学习4场。积极拓展“南山金秋”微信号的关注度，建立润州区老干部微信群，通过多形式，多直感地加强学习。常交流勤沟通，是疏导老干部思想的有效办法。加强了解情况，投入感情，沟通思想，解决问题的力度，多走访，多亲近，多服务，多办实事，提高了老干部对工作的满意度。重大节日，开展走访慰问老干部，老干部生病住院，能及时看望慰问，老干部遇到困难时，能第一时间作出回音，能办的立即办，一时不能办的要解释清楚，说明情况，并主动牵头，主动作为。通过与老干部思想交流，真心实意为老干部解决困难，既疏通了老干部思想，又服务了老干部，受到老干部的欢迎和赞誉。努力使老干部的生活待遇与经济社会发展水平相适应，尽心竭力为老干部办实事，做好事，解难事，改善老干部晚年生活，是新时期老干部工作的重要职责。确保离休干部生活待遇全面落实。每逢工资调整，护理费增加等切身利益时，及时与相关部门联系沟通，确保按时足额发放到位，对老干部医疗费用，做到按规定实报实销。对身体不好，家庭困难的对象，及时给予看望，关心和照顾。2017年，全区有离休干部27名，其中行政17名、事业性单位7名、企业性单位3名，他们均享受同等离休干部生活待遇。根据老同志年龄增长，各种疾病发生率提高，组织离退休干部体检不断增加体检项目，并在全市最好的医院之一进行体检，受到了老干部的一致好评。2017年组织县处级退休干部赴泰州海军诞生地参观，以纪念中国人民解放军诞生90周年；赴常熟沙家浜革命历史纪念馆，瞻仰革命史，缅怀革命先辈，不忘初心，牢记使命，继续为党和人民事业发展增添正能量。

加强老干部活动室管理，为活动提供优质的服务。活动室内有阅览桌，交流桌，棋牌桌等场所，使来活动的老干部均能做到心情愉悦，高兴而来，满意而归。同时也鼓励老干部们参加市老干部活动中心的一些活动。2017年，分别同京口区老干部局联合举办两区县级退休干部掼蛋友谊赛，共有近20名老干部参加。与和平路街道桃一社区联办“不忘初心跟党走，丹青喜迎十九大”丹青壮暮沙龙书画展。组织老干部分别参加市局举办的《鱼水情》庆祝建党90周年，喜迎十九大、镇江市老干部乒乓球比赛；喜迎十九大，老干部作品征集等各项活动。鼓励老干部参与社区活动。积极鼓励老干部按照“四就近”原则自愿参加社区活动。一年来，涌现出一批像何以范、张兴淮、王忠东、周建华、王仁进、李克俭等优秀离退休干部。关心和支持全区各类老年协会组织开展活动。动员和引导老干部们自愿加入协会组织，丰富自身的业余文化生活，践行自身的晚年价值。

2017年，按照省、市离退休党工委要求在和平路街道桃一社区和七里街道万科社区进行试点深化工作，两社区基本做到了离退休干部党组织健全，活动正常。推动离退休党员教育，管理和服务有效衔接，坚持“老有所养、老有所教、老有所为、老有所乐”，建立健全各方党组织互动衔接机制，加强关爱服务，完善教育管理，引导发挥作用，共建幸福家园。两社区的试点工作总结出的初步经验，得到省、市局领导的表扬和认可。（老干部局）

【润州区老年人体育协会】 2017年，区老年人体育协会按照省、市两级老体协关于创建“江苏省老年三项特色之乡”工作部署，攻克其中最难的气排球之乡加强推广普及力度，组织了一系列的比赛展示活动。2017年5月18日，区老年体协利用“省老年人体育节润州分会场开幕式”的契机，大力宣传省“三项创建”特色之乡工作，组织各街道爱好体育活动的老同志举办气排球运动培训班；5月28日，成功举办了“先锋杯”福地润州全市气排球邀请赛；10月21日，举办了一期气排球教练员培训班，取得很好效果；11月25日，成功举办了全区气排球比赛，共20支队伍参加，得到了全市人民的好评。期间，区老年体协组织老年钓鱼、门球、象棋、扑克、乒乓球、气排球队伍参加市十五届运动会老年人部的比赛，其中象棋、扑克均获团体第一名，气排球女一队获团体第二名，男队获第五名。2017年8月，区老年体协与西津渡文化旅游有限公司合作，建设了气排球训练基地。2017年，区老年体协向省老年体协申报“江苏省老年气排球之乡”。（老体协）

【润州区诗词协会】 诗教创先取得殊荣。2017年11月，润州区被中华诗词学会授予“中华诗教先进单位”。润州区立足于诗教内涵提升，着力打造润州诗教品牌，大力推广中华路小学、西津渡社区和区法院创建“中华诗教先进单位”的做法和经验，建立长效机制，巩固提高创建成果。推荐朱方诗社等11家诗社创建“江苏省诗教先进单位”。2017年2月，区诗协等4家单位被评为“江苏省诗教先进单位”,镇江实验学校教师王凡娣、区诗协常务副会长李克俭被评为“江苏省诗教先进个人”。3月28日召开的润州区创建“中华诗词之乡”总结表彰大会暨诗教工作部署会议上,区委、区政府表彰了一批创建先进单位和个人;同时,推出了西津诗社等10个示范诗社、梅和清等10名十佳诗人;对在诗词创作中成绩突出的27人和8名诗教研讨会优秀论文作者予以表彰。诗词创作硕果累累。2017年,全区共有1583首作品入选《江苏新诗年选》《镇江新咏》《灯火》和《润州诗词》等诗集。其中由市诗协编辑出版的《镇江新咏》诗集收录润州54名作者320首作品;由市委宣传部和文明办组织编写的《灯火》诗集,夏兴政、曾竹花、张晓波、田冰、李克俭、徐长顺、孙忠帝等8名作者11首作品入选。在国家级和省、市诗词刊物发表作品388首,其中在《中华诗词》《诗词月刊》《诗词之友》等国家级刊物发表210首,市《多景诗词》发表178首,为历年来之最。《中国诗赋》第一期集中刊登了润州区88名作者121首诗词作品,并且加了编者按。《润州诗词》《风雅润州》诗集付梓。由润州区委、区政府编印的《润州诗词》,选录了100多位作者700余首诗词作品,镇江市政协副主席、润州区委书记王冬生为此书作序。《风雅润州》是润州区诗协继《润州行吟》和《诗苑雅韵》之后出版的第三本诗集,该书选录了16位作者600余首诗词作品。 (区诗协 李北)

党校工作

【概况】 2017年,区委党校紧紧围绕中心大局,坚持“党校姓党”根本原则,积极履行工作职能,充分发挥培训、轮训党员领导干部主渠道和主阵地作用,全面完成了年初制定的各项目标任务。

专题培训达到了新规模。在进一步突出党的理论教育和党性教育的基础上,创新设置启发性教育、实用性教育、针对性教育等3类主题,突出实际需求、合理设置课程,联合区委组织部等相关部门,开展针对性教育培训。2017年,共举办各类主体班次7期,培训重点对象350人次,无论班次还是人数,均达历史新高。注重培训成果转化,通过撰写调研文章、开展“周末家说·五城论坛”等交流学习心得体会,切实破解现实工作中的难点疑点问题。

常态培训开创了新局面。创新开设“周末课堂”,打造常态化培训新品牌,2017年11月28日,《订单培训 精准滴灌 润州“周末课堂”提升队伍硬实力》相关文章在《镇江日报》头版刊登,2017年12月区委党校“周末课堂”荣获区委颁发的“区级党员教育实境课堂”荣誉称号。

重点工作塑造了新形象。在认真做好本职工作的同时,还积极参与全区各项重点工作。2017年先后参加小街、连镇铁路、太古山、航运新村等片区房屋征收以及扫尾、解危工作,共完成106户任务。扎实做好“两学一做”学习教育,2017年8月,按照要求先后派员参加组织协调和督促检查,分别督查了区市场监管局和区供销社两个党委共计13个党支部,确保区委的要求一贯到底。2017年8月~12月,认真开展“暖企惠民”大走访活动,先后走访特困户、低保户12户,协调解决问题10多个。

自身建设取得了新提升。积极拓宽选人育才渠道,2017年8月,首次通过选调和公开招考录用了2名参公人员,为党校注入了新鲜血液。健全办学设施,投资10多万元对办公环境、办学条件进行了全面改善;加强支部规范化建设,实施党务公开、党员先锋亮绩、积分管理等制度,实现了硬件设施和软性管理同向发展、同步提升。 (区委党校)

润州区人民代表大会

栏目编校:谢竞美

区人大常委会主任、副主任工作分工

范永放:主持区人大常委会全面工作,分管办公室工作;
刘凯成:分管内务司法、信访工作;
易丽娟:分管区人大常委会社会事业工作;
赵宝恒:分管区人大常委会人事代表联络、财政经济工作;
徐菊生:分管环境资源与城乡建设工作。

区人大常委会组成人员名单

范永放	刘凯成	易丽娟	赵宝恒	徐菊生	祝昌镜	艾学平	华庆富	陈小坤
蒋　蒙	杨　飚	陈　晖	张永宁	孙　渊	林伟庆	李庆华	徐文军	姚　继
夏祝平	邵建栋	黄成龙	刘步楼	张媛媛	卢庆荣	杜长春	徐厚华	张　浩
贾代武	孙　松	沙玉庆	蔡　军	常　修	魏春平			

综　　述

【概况】 2017年是中共十九大胜利召开之年,是润州区全力推进“两聚一高”、全面落实“十三五”规划的关键之年,也是九届人大的开局之年。区人大常委会在区委的正确领导下,在“一府两院”的积极配合下,在全体代表的有力支持下,认真落实区九届人大一次会议确定的目标任务,创新工作思路,切实履行职责,主动服务大局,全面加强自身建设,各项工作顺利推进。

坚持务实创新,切实提升工作水平。坚持党的领导,依法履职尽责。区人大常委会始终坚持党的领导,根据区委中心工作,确定工作思路,把握工作重点,切实做到工作部署紧贴区委要求,重大决定体现区委意志,使人大各项工作始终与区委同心、同向、同步。区人大常委会始终坚持依法履职、坚持依靠代表、坚持密切联系群众,围绕促进区域经济发展、保障和改善民生,加强工作监督;围绕营造和谐稳定的法治环境,加强法律监督;围绕发挥代表主体作用,加强和改进代表工作,推进润州区各项事业的发展。始终坚持党管干部原则与人大依法任免有机结合,先后依法任命国家机关工作人员84人次,免职21人次。加强制度建设,完善工作机制。区人大常委会在总结以往成功做法和经验的基础上,针对工作需要,健全各项制度,修订完善了《区九届人大常委会议事规则》《组成人员守则》,使各项工作有章可循、规范运作,形成了“用制度管人、用制度管事”的良好机制。在听取和审议“一府两院”专项工作过程中,区人大常委会成立由分管副主任为组长、各工作委员会组成人员为成员的调研小组，会前开展调研，听取意见建议，会后对审议意见落实情况进行跟踪问效，进一步提高了会议的审议质量。在连续两轮开展效能测评的基础上，以工作提速、服务提质、监督提效为目标，继续对政府组成部门、垂直管理部门和“两院”开展第三轮效能测评。创新工作方法，强化工作举措。强化履职意识，积极探索加强改进人大工作的新途径、新办法。在政情通报会上，各位代表心系发展大局，围绕老旧小区改造、健康产业发展、特色小镇建设等进行了专题发言，积极为润州区经济社会发展建言献策。面对镇江高新区管理体制调整后新的发展形势和镇江高新区基层人大工作的新要求，区人大常委会加强对镇江高新区基层人大工作的指导，探索代表活动、监督工作等新思路、新举措，实现镇江高新区基层人大工作在新起点上的新发展。区人大常委会坚决落实中央关于深化国家监察体制改革的决策部署，组织考察组前往浙江省衢州市柯城区学习监察体制改革试点经验，配合区委落实润州区监察委员会有关筹备事项。

坚持把握重点，不断强化监督职能。加强财经监督，促进经济发展。区人大常委会把促进国民经济和社会发展计划、财政预算的执行作为监督重点，听取并审议了关于2016年财政决算情况和同级审计情况的报告、2017年上半年国民经济和社会发展计划及财政预算执行情况的报告，建议区人民政府积极应对镇江高新区管理体制调整、经济下行压力和政策性减税等不利因素影响，进一步规范和细化部门预算编制，提高预算编制的科学性、准确性，增强预算执行的约束力；充分发挥审计监督职能，加强对审计结果整改情况的跟踪检查；促进产业结构调整、企业转型升级，支持主导产业和优势企业做大做强，推进供给侧结构改革，培育更多的财税增长点；坚持稳中求进，坚定发展信心，攻坚克难，确保顺利完成人代会确定的各项工作任务。主任会议对2017年预算执行情况和2018年预算草案编制情况进行了专题审查，实现了对财政预算的全程监督。加强民生监督，促进民生改善。区人大常委会坚持以人为本，密切关注民生，维护群众利益。听取并审议了关于农村土地经营承包权确权登记情况的报告，保护农民土地权益，促进现代农业发展。听取并审议了关于“走村进企入户”大走访工作的报告，建议区人民政府认真搜集企业和群众的意见建议，优化问题承办、会办、督办流程，做群众的知心人、贴心人，做企业的促进者、店小二。听取并审议了关于社会救助工作情况的报告，提出了加强统筹协调、提高服务能力、加大宣传力度、提升工作实效等审议意见。主任会议听取了关于实施农村公路提档升级工程工作情况的报告、棚户区改造和安置房建设情况的报告，建议区人民政府加大投入力度，严把工程质量，满足群众生产生活的需要。主任会议在听取基层医疗人才队伍建设工作情况的报告的基础上，提出要抓好人才的引进、培养、使用等关键环节，打造医术高明、医德高尚的人才队伍，为卫生事业的发展提供有力支撑。听取了关于安全生产工作情况的报告，要求织密扎牢安全生产防护网。校园安全工作直接关系着师生的安全、家庭的幸福、社会的稳定，区人大常委会高度重视，组织专题视察。加强法律监督，促进公平正义。区人大常委会立足维护公平正义、促进社会稳定，不断加强法律监督。深入法院、检察院调查研究，共组织16批次120多名区人大代表旁听法院庭审、监督强制执行，参加公诉评议、新闻发布会、听证会等。听取并审议区人民法院关于商事审判工作情况的报告，提出了不断优化审判资源，加强节点管控，严格审判期限，推进审判作风建设等审议意见。听取并审议区人民检察院控告申诉工作情况的报告，提出了健全完善工作机制，畅通控申举报渠道，加强控申工作规范化管理和控申队伍高素质专业化建设等改进工作的意见建议。主任会议听取了公安润州分局执法规范化建设情况的报告，组织视察了公安派出所。配合市人大开展《镇江市非物质文化遗产项目代表性传承人条例》和《镇江市长江岸线资源保护条例》等地方性法规的立法调研工作，召开5次座谈会，广泛征求意见建议，提出了20多条修改意见。配合省人大立法调研组做好《江苏省慈善条例》《江苏省广播电视管理条例》等地方性法规的立法调研工作。对《江苏省学前教育条例》《江苏省保护和促进华侨投资条例》等法律法规的实施情况开展执法检查。加强环保监督，促进生态文明。加强环境保护、改善环境质量是当前全区人民群众的共同期盼，区人大常委会积极回应群众关切，首次专题听取了关于2016年度环境状况和环境保护目标完成情况的报告，主任会议专题听取了贯彻实施“两减六治三提升”工作情况的报告，要求区人民政府进一步提高环境保护意识，牢固树立绿色发展理念，以“263”专项行动为抓手，扎实开展大气、水、土壤等环境问题的专项治理，提高环境执法监管水平，建立生态保护长效机制，持续改善环境质量，实现经济社会与环境保护协调可持续发展。

坚持优化服务，认真做好代表工作。认真开展代表培训。针对换届后新当选人大代表比较多的实际，为切实提高代表综合素质，进一步发挥代表作用，区人大常委会组织开展了两次代表培训，邀请省人大常委会有关领导作辅导报告，重点围绕如何当好代表、履行代表职责，如何提好建议等方面进行详细讲解。为帮助新任区人大常委会组成人员、区人大各专门委员会委员等尽快适应工作要求，在湖南大学举办了为期5天的人大干部综合素能提升培训班，提高人大干部的政治理论素养和业务能力水平。结合中共十九大精神宣讲，组织50多名代表开展集中培训，增强代表的党性意识。积极组织人大代表和人大干部参加省、市人大开展的各类培训班，通过学习培训，代表的整体素质和履职能力得到了有效的提升。认真办理代表建议。区九届人大一次会议以来，经议案审查委员会审查交区人民政府办理的代表建议共84件。区人大常委会加大督办力度，继续实行"开门办案""回头看"制度，在区政府办的统一协调下，发改经信委、卫计委、民政局、住建局、城管局、人社局、教育局、市场监管局等承办3件以上建议的部门和单位，召开了代表建议专题答复会，邀请提出建议的代表参会，及时向代表通报办理进展，与代表共商办理的意见和办法。共办结50件，占交办建议的59.5%，承办单位与代表的见面率100%，代表满意率100%。为推进重要建议办理，由区人大常委会分管领导牵头，区人大财经工委负责对"进一步加快润州区经济转型升级步伐"这一重要建议进行督办，主任会议专题听取了办理情况的报告。认真组织代表活动。区人大常委会指导各代表小组因地制宜开展活动，不断创新方式、丰富内容。全区9个代表小组围绕城市型经济发展、产业结构调整等开展了近40次视察调研。坚持区人大常委会组成人员联系代表制度，畅通与代表联系沟通的渠道。坚持定期向代表通报全区重要工作动态，有计划地组织代表列席常委会，参加执法检查、视察调研等活动，代表的知情权和参与权得到了保证。将选民接待和"暖企惠民"大走访相结合，转变工作方式，从接待选民向主动走访转变，累计走访选民1336人次，收集选民建议、意见600多条。推进基层人大规范建设。以"强规范、创特色"为目标，加强对基层人大工作的指导。主任会议对基层人大规范化建设进行了专题部署，定期对推进情况开展督查，提升了基层人大工作规范化、制度化、法治化水平。不断加强载体建设，指导9个"人大代表联络工作站"完成提档升级，推进21个"人大代表联络工作室"规范化建设。各基层人大工委组织代表积极在助推发展、为民办事、扶贫济困等方面做表率，形成了亮点纷呈、各具特色的工作局面。七里甸街道人大工委积极开展法制宣传教育，送法进社区、进军营、进校园。蒋乔街道人大工委继续开展"上联下访"，联系走访社区、企业、居民38次，帮助解决各类问题52件。官塘桥街道人大工委开展"一对一，点对点"精准扶贫，走访慰问贫困户12户。宝塔路街道人大工委组织代表调研城际商圈，为打造一流的"万达金街步行街"出谋划策。和平路街道人大工委组织代表对楼宇经济、旅游资源开发等项目推进情况开展视察调研，为城市型经济发展建言献策。金山街道人大工委不断深化"五助"新内涵，筹集资金十余万元，帮扶困难群众近200人次。韦岗街道人大工委结对帮扶韦岗小学困难学生，赠送学习用具，募集优秀读物，组织课外活动。南山街道人大工委组织代表进农村、进社区、进企业，听取群众对社会保障、医疗卫生、食品安全等民生问题的意见建议。润州工业园区人大工委帮助辖区企业解决交通、供电等方面的问题22件。

坚持提升能力，全面加强自身建设。加强思想建设。区人大常委会坚持定期集中学习制度，扎实开展"两学一做"专题教育，认真学习中共十九大和习近平总书记系列重要讲话精神，用党的最新理论成果武装头脑、指导实践、推动工作，在深学细悟中坚定理想信念、增强"四个意识"，在身体力行中规范履职行为、强化责任担当。加强作风建设。充分发挥区人大常委会党组领导核心作用，落实全面从严治党主体责任，深入学习贯彻《党章》和廉洁自律准则等，切实做到严修身、强党性，严用权、守法纪，严律己、重品行，听民意、成事业。认真贯彻民主集中制，坚持依法集体行使职权，切实担当起落实区委重大决策部署的政治责任。进一步畅通信访渠道，2017年区人大常委会收到和接待代表、群众来信来访和市人大交办案件共18件(起)，均得到了有效办理。加强调查研究。圆满完成区人大工作理论研究会换届工作任务，新一届人大工作理论研究会成员和会员单位认真开展调查研究，撰写《提高代表建议的办理实效》《加强规范化建设，提升基层人大工作水平》等调研报告20余篇，为人大工作提供理论支撑。区人大常委会组织开展了深化医药卫生体制改革进展情况专题调研，成立了专项调研组，在搜集卫计委等职能部门、医务工作者、社区群众意见建议的基础上，形成了高质量的调研报告，为省十二届人大常委会第32次会议的专题审议和专题询问提供了参考。继续加大宣传力度，在《民主法治建设》等媒体发表宣传稿件200余篇，润州人大的形象得到进一步提升。

【重要视察活动】 为进一步增强区人大常委会的监督实效，充分发挥人大代表参政议政作用，2017年，区人大常委会及主任会议先后视察了万科社区侨务工作开展情况；视察校园安全工作；视察基层司法所社区矫正工作；视察公安派出所。

重要会议

【区人大常委会议】 2017 年，区人大常委会先后举行了 9 次常委会，审议了“一府两院”10 项工作报告，提出了 10 项审议意见，作出了 5 项决议决定。主要议题是：讨论、通过有关人事任免事项；讨论有关暂停代表职务事项；讨论、通过区九届人大常委会议事规则；讨论、通过区九届人大常委会有关事项；讨论、通过《润州区人大常委会 2017 年度工作要点》；讨论、通过 2017 年度区人大常委会、主任会议历次议题安排；视察校园安全工作；讨论、通过有关人事任免事项；听取并审议了区人民政府关于农村土地经营承包权确权登记情况的报告；讨论决定有关重大事项；讨论、通过有关人事任免事项；听取并审议区人民政府关于 2016 年财政决算情况和同级审计情况的报告，并作相关决定；听取并审议区人民法院关于商事审判工作情况的报告；接受有关辞职请求，并做相关决定；讨论、通过有关人事任免事项；听取并审议区人民政府关于 2017 年上半年国民经济和社会发展计划及财政预算执行情况的报告；听取并审议区人民检察院控告申诉工作情况的报告；讨论、通过有关人事任免事项；听取区人民政府政情通报；部分区人大人大代表专题发言；补选市八届人大代表；讨论、通过有关人事任免事项；听取并审议区人民政府关于“走村进企入户”大走访工作情况的报告；听取并审议区人民政府关于社会救助工作情况的报告；听取并审议区人民政府关于区九届人大一次会议代表批评、建议和意见办理情况的报告；听取并审议区人民政府关于 2016 年环境状况和环境保护目标完成情况的报告；讨论、通过《镇江市润州区人民代表大会常务委员会讨论决定重大事项的规定》；作关于召开区九届人大二次会议的决定；补选市人大代表；接受有关辞职请求，并做相关决定；讨论、通过有关人事任免事项；组织区人大常委会组成人员对区政府组成部门、垂直管理部门、“两院”效能建设开展测评；讨论、通过区人大常委会工作报告(草案)；讨论、通过区九届人大二次会议的有关事项；听取并审查区人民政府关于调整润州区 2017 年国民经济和社会发展计划部分指标及财政预算的报告，并作相关决定；讨论、通过有关人事任免事项。

【区人大主任会议】 2017 年，区人大常委会召开了 26 次主任会议，听取了“一府两院”8 项工作报告。主要议题是：讨论《区八届人大常委会 2016 年度工作要点》；讨论 2016 年度区八届人大常委会、主任会议历次会议议题安排；听取区人民政府关于贯彻实施《江苏省学前教育条例》工作情况的报告；听取区人民政府关于运粮河治理以及润州水利工作情况的报告；听取国土润州分局关于区内企业项目用地服务工作情况的报告；听取公安润州分局工作情况汇报；听取区人民政府关于构建数字化城管系统区级平台工作情况的报告；听取区人民政府关于市场信息化远程信用监管平台建设使用情况的报告；听取 2016 年预算执行情况，审查 2017 年预算草案；听取区人民政府关于科技创新一条街建设情况的报告。

【区第九届人民代表大会第二次会议】 润州区第九届人民代表大会第二次会议于 2018 年元月 2 日下午在粤海国际酒店开幕，大会正式会议历时三天半。会议正式代表 167 人，组成 8 个代表团。列席代表 65 人，参加大会活动。大会主要议程是：听取、审议镇江市润州区人民政府工作报告；审查、批准镇江市润州区 2017 年国民经济和社会发展计划执行情况及 2018 年国民经济和社会发展计划（草案）的报告；审查、批准镇江市润州区 2017 年财政预算执行情况和 2018 年财政预算（草案）的报告；听取、审议镇江市润州区人大常委会工作报告；听取、审议镇江市润州区人民法院工作报告；听取、审议镇江市润州区人民检察院工作报告。会议选举徐心田同志为润州区人民政府区长，选举杨坚为区监察委员会主任，选举张媛媛、陈小坤、姚继、魏春平为区九届大常委会委员。

（刘　璇）

2017 年润州区人大常委会会议情况一览表

表 4

时　间	名　称	议　题
2 月 27 日	区九届人大常委会第 1 次会议	会议讨论、通过有关人事任免事项;讨论有关暂停代表职务事项;讨论、通过区九届人大常委会议事规则;讨论、通过区九届人大常委会有关事项;讨论、通过《润州区人大常委会 2017 年度工作要点》;讨论、通过 2017 年度区人大常委会、主任会议历次议题安排
4 月 25 日	区九届人大常委会第 2 次会议	会议视察了校园安全工作;讨论、通过有关人事任免事项;听取并审议区人民政府关于农村土地经营承包权确权登记情况的报告
5 月 26 日	区九届人大常委会第 3 次会议	会议讨论决定有关重大事项
6 月 26 日	区九届人大常委会第 4 次会议	会议讨论、通过有关人事任免;听取并审议区人民政府关于 2016 年财政决算情况和同级审计情况的报告,并作相关决定;听取并审议区人民法院关于商事审判工作情况的报告
7 月 10 日	区九届人大常委会第 5 次会议	会议接受有关辞职请求,并做相关决定;讨论、通过有关人事任免事项
8 月 25 日	区九届人大常委会第 6 次会议	会议听取并审议区人民政府关于 2017 年上半年国民经济和社会发展计划及财政预算执行情况的报告;听取并审议区人民检察院控告申诉工作情况的报告;讨论、通过有关人事任免事项;听取区人民政府政情通报;部分区人大人大代表专题发言
10 月 25 日	区九届人大常委会第 7 次会议	会议补选市八届人大代表;讨论、通过有关人事任免事项;听取并审议区人民政府关于“走村进企入户”大走访工作情况的报告;听取并审议区人民政府关于社会救助工作情况的报告;听取并审议区人民政府关于区九届人大一次会议代表批评、建议和意见办理情况的报告;听取并审议区人民政府关于 2016 年环境状况和环境保护目标完成情况的报告;讨论、通过《镇江市润州区人民代表大会常务委员会讨论决定重大事项的规定》;作关于召开区九届人大二次会议的决定
12 月 19 日	区九届人大常委会第 8 次会议	会议补选市人大代表;接受有关辞职请求,并做相关决定;讨论、通过有关人事任免事项;组织区人大常委会组成人员对区政府组成部门、垂直管理部门、“两院”效能建设开展测评;讨论、通过区人大常委会工作报告(草案);讨论、通过区九届人大二次会议的有关事项;听取并审查区人民政府关于调整润州区 2017 年国民经济和社会发展计划部分指标及财政预算的报告,并作相关决定
12 月 29 日	区九届人大常委会第 9 次会议	会议讨论、通过有关人事任免事项;接受有关辞职请求,并做相关决定;讨论、通过九届人大二次会议的有关事项;听取全区纪检监察工作情况和监察体制改革试点工作推进情况通报

2017 年润州区人大常委会主任会议情况一览表

表 5

时　间	名　称	议　题
1 月 25 日	区九届人大常委会第 1 次主任会议	讨论《区八届人大常委会 2017 年度工作要点》;讨论 2017 年度区九届人大常委会、主任会议历次会议议题安排; 研究 2016 年度基层人大工委考核情况
2 月 9 日	区九届人大常委会第 2 次主任会议	讨论《区八届人大常委会 2017 年度工作要点》;讨论 2017 年度区九届人大常委会、主任会议历次会议议题安排;讨论区九届人大常委有关事项;讨论区九届人大常委会第一次会议有关事项
2 月 22 日	区九届人大常委会第 3 次主任会议	讨论对涉嫌挪用资金的代表暂停职务的事项
3 月 7 日	区九届人大常委会第 4 次主任会议	讨论主任会议的有关事项;讨论、研究区人大机关当前重点工作
3 月 27 日	区九届人大常委会第 5 次主任会议	听取“关于进一步加快润州区经济转型升级步伐”重要建议的处理意见;视察万科社区侨务工作开展情况
4 月 11 日	区九届人大常委会第 6 次主任会议	传达全省各级人大常委会主任学习会的精神;研究区九届人大常委会第二次会议相关事宜;讨论主任会议的有关事项
4 月 26 日	区九届人大常委会第 7 次主任会议	听取区人民政府关于公车管理使用、运行维护情况的报告
5 月 3 日	区九届人大常委会第 8 次主任会议	讨论主任会议的有关事项;研究区九届人大常委会第三次会议的有关事项;交流有关工作
5 月 24 日	区九届人大常委会第 9 次主任会议	听取区人民政府关于实施农村公路提档升级工程工作情况的报告;讨论、研究有关重大事项
6 月 7 日	区九届人大常委会第 10 次主任会议	传达市关于高新区管理体制调整会议精神以及区委常委会的会议精神; 研究区九届人大常委会第四次会议的有关事项;讨论主任会议的有关事项;交流有关工作
6 月 23 日	区九届人大常委会第 11 次主任会议	听取区人民政府关于基层医疗人才队伍建设工作情况的报告;视察基层司法所社区矫正工作情况
7 月 5 日	区九届人大常委会第 12 次主任会议	讨论主任会议的有关事项;交流当前工作;学习张德江委员长在推进县、乡人大工作和建设经验交流会上的讲话精神
7 月 10 日	区九届人大常委会第 13 次主任会议	研究区九届人大常委会第五次会议的有关事项
7 月 26 日	区九届人大常委会第 14 次主任会议	听取公安润州分局执法规范化建设情况的报告;视察七里甸派出所

续表 5

时　间	名　称	议　题
8 月 7 日	区九届人大常委会第 15 次主任会议	传达市人大召开的工作会议精神；研究区九届人大常委会第六次会议的有关事项；讨论主任会议的有关事项；交流近期工作
8 月 22 日	区九届人大常委会第 16 次主任会议	研究有关人事任免事项；听取区人民政府关于安全生产工作情况的报告
9 月 5 日	区九届人大常委会第 17 次主任会议	讨论主任会议的有关事项；讨论关于在支部开展大走访活动的事项；讨论有关培训事项；交流当前工作；开展十九大专题学习
9 月 15 日	区九届人大常委会第 18 次主任会议	听取区人民政府关于棚户区改造和安置房建设情况的报告；交流近期工作
10 月 9 日	区九届人大常委会第 19 次主任会议	讨论主任会议的有关事项；研究区九届人大常委会第七次会议的有关事项；交流当前工作
10 月 23 日	区九届人大常委会第 20 次主任会议	听取区人民政府关于贯彻实施“两减六治三提升”工作情况的报告
11 月 6 日	区九届人大常委会第 21 次主任会议	讨论主任会议的有关事项
11 月 24 日	区九届人大常委会第 22 次主任会议	听取 2017 年预算执行情况，审查 2018 年预算草案
12 月 5 日	区九届人大常委会第 23 次主任会议	讨论主任会议的有关事项；研究区九届人大常委会第八次会议的有关事项；交流当前工作
12 月 15 日	区九届人大常委会第 24 次主任会议	听取“区人民政府关于进一步加快润州区经济转型升级步伐”重要建议办理情况的报告；研究补选市代表有关事项
12 月 28 日	区九届人大常委会第 25 次主任会议	研究区九届人大常委会第九次会议的有关事项
12 月 29 日	区九届人大常委会第 26 次主任会议	关于提名区政府代区长的相关事宜

区长、副区长工作分工

高国成:主持区政府全面工作,分管机构编制、审计、人事、人民武装委员会工作。

严竹波:负责区政府常务工作、应急工作,分管财政、税务、金融、监察、国有资产管理、档案、地方志、政务公开等方面工作。

分管区政府办公室、机关事务服务中心、财政局、监察局、法制办、金融办、城投公司、土地房屋开发总公司、房地产开发总公司、档案馆。

联系工业园区、市国税二分局、地税三分局、史志办。

蔡　萍:负责教育(含成人教育、职工教育)、文化、体育、卫生、医改、血防、人口和计划生育、妇女儿童、广播电视、工商管理、食品药品监督、产品质量监督等方面工作。

分管区教育局(文体局)、卫计委、市场监督管理局、广播电视台。

联系团区委、妇联、文联、红十字会、驻区学校。

祝中昊:负责城乡规划、住房和城乡建设、城乡管理、房地产开发、安置房建设、交通运输、环境保护、国土资源等方面工作。

分管区住建局、城管局、交通运输局、环保局。

联系规划分局、城市管理行政执法润州分局、国土润州分局。

陆金火:负责司法、民政、社区建设、双拥、民族宗教事务、老龄事业、残疾人事业、公安、消防、稳定等方面工作,协助分管人民武装方面工作。

主持公安润州分局全面工作,分管区司法局、民政局、润州公安消防大队。

联系区民宗局、残联、驻区部队。

胡如明:负责发展和改革、项目建设、多评合一、人力资源、社会保障、服务业经济、开放型经济、商务、科技、知识产权、旅游、外事、侨务、对台事务等方面工作。

分管区发改经信委(旅游局)、人社局、商务局、科技局(知识产权局)、外事办、侨办。

联系侨联、台办。

刘国明:负责工业经济、信息化、民营经济、产业"三集"发展、统计、安全生产、信访、供电、能源、物价、农业和农村经济、"菜篮子"工程、粮食、供销社、场圃、水利、农机等方面工作。

分管区统计局、安监局、农委、水利局、供销社、工贸总公司。

联系区信访局、黄山园艺场、水产养殖场、润州茶场、总工会、工商联。

凌云志:协助分管科技、人才、教育、文化、招商引资等方面工作。

冷静:协助分管开放型经济、商务、旅游、文化、妇女儿童、民族宗教等工作。

重要会议

【润州区政府召开政府组成人员全体(扩大)会议】 8月11日下午,区政府召开政府组成人员全体(扩大)会议,会议的主要任务是贯彻落实省委十三届二次全会、市委七届四次全会和区委八届三次全会会议精神,专题研究部署全区富民增收各项工作。区长高国成出席会议并讲话,区委副书记、常务副区长贾敬远主持会议并作工作部署。蔡萍、陆金火、刘国明、凌云志、刘学智、冷静等区领导出席会议。高国成深刻分析了全区富民工作面临的新形势新任务,进一步明确了聚焦富民的主攻方向和关键举措。他指出,全区上下要把聚焦富民摆在更加突出的位置,作为最应该干、能够干和必须干好的头等大事,做到目标定位再聚焦、思路举措再聚焦、工作部署再聚焦,以扎实过硬的富民成果,做好富民这张分量重、分值高的答卷。高国成强调,全区上下要把握富民增收的时代内涵,呼应人民群众对富民增收的内心企盼,咬定工作目标,久久为功,积小胜为大胜,变蓝图为现实,确保实现"两个高于、两个实现、两个达标"富民目标,全力推动民生水平迈上新台阶,到"十三五"期末全面建成体现高水平要求、惠及全区人民的小康社会。高国成要求,全区上下必须按照省委提出的富民"加减乘除法"的要求,紧贴润州区情民情实际,做好"加法"提高群众收入,做好"减法"减轻群众负担,做好"乘法"释放群众创业创造活力,做好"除法"破除影响富民的制约和束缚,努力把思路打得更开、路径拓得更宽、措施落得更实。一是紧紧抓住产业富民这个最大源泉。要以产业层次、经济总量、居民收入"三提升"为目标,突出"高端、特色"两大关键,产业要向价值链中高端升级,提高财富创造的能级,产业要向地域特色、资源特色挖潜,拓宽富民的受益面,着力把富民产业做大做强。二是深入挖掘创业富民这个最大潜力。要主动融入"创时代"这个大环境,紧紧抓住创业富民这个"牛鼻子",让广大群众用创业之手推开富裕之门。要抓住大学毕业生、企业骨干、高校院所科研人员、海归人员、返乡创业者五类重点群体,瞄准教育培训、电子商务、社区服务、创意经济、分享经济等重点领域"掘金"。三是切实增强基本公共服务这个最大普惠。要把完善公共服务作为富民的重要内容,推进基本公共服务标准化,解决好民生热点问题,不断增强群众的安全感,通过增加服务供给、创新提供方式,用基本公共服务开支的"减"换来群众收入含金量的"增"。四是扎实推进脱贫攻坚这个最大工程。要认真落实习近平总书记"扶贫工作必须务实、脱贫过程必须扎实、脱贫结果必须真实"的要求,做好以城市困难家庭为主、体现润州特色的精准扶贫工作,找准帮持对象,做到一户一策,确保小康路上一户不落、一个不少。五是加快释放深化改革这个最大红利。继续深化推进商事制度改革和农村综合改革,破除影响富民体制机制上的障碍、思想观念上的束缚,释放富民的乘数效应,促进群众收入快速增长。高国成强调,创造扎实过硬的富民成果,需要政府、市场、群众三方共同发力,形成强大合力。党委政府要积极努力,要使出硬招实招,汇聚富民的"三十六计"。社会各界要协同发力,汇聚各方力量,整合各种资源,形成协同效应。广大群众要思富用力,要充分调动广大群众追求美好生活的积极性、主动性和创造性,使这种内生动力的迸发,与党委政府推进富民的举措同频共振。

区委副书记、常务副区长贾敬远从合力完成富民增收硬任务、大力培育经济发展新动能、全力营造和谐稳定大环境等三方面对推动富民增收和做好下半年工作进行部署,要求全区干部以钉钉子精神狠抓落实,以"拧螺丝"的方式压实责任,拿出更多"硬招""实招"和"新招",攻坚克难,真抓实干,全力以赴做好下半年各项工作,确保区委、区政府决策部署落到实处,以优异成绩迎接中共十九大胜利召开!

会上,区民政局围绕精准扶贫,宝塔路街道围绕发展繁荣城市经济与富民增收,七里甸街道光华社区围绕集体资产的管理、保值、增值和增加集体经济组织成员收入,官塘桥街道官塘桥村着眼失地农民、突出土地流转和股份改革,和平路街道长江村着眼失水渔民,突出滩涂利用,实现集体强与农民富,金山街道西津渡社区着眼城市居民,突出引导创业与精准帮扶,谈增加收入与精准脱贫分别作了大会交流发言。

【区政府常务会议】 2017年,区政府召开常务会议8次。第1次区政府常务会议,研究"走村进企入户大走访"以及"两减六治三提升"专项行动实施方案等;第2次区政府常务会议,研究全区"四上企业"培育实施办法;第3次区政府常务会议,研究《润州区全面推行河长制工作方案》;第4次区政府常务会议,专题研究教育工作事宜;第5次区政府常务会议,研究设立润州区产业发展引导基金,讨论区政府组成人员全体(扩大)会议报告;第6次区政府常务会议,研究成立区政府法律顾问委员会相关事宜,研究润州区国有企业公司制改革方案;第7次区政府常务会议纪要,讨论《区政府工作报告》,讨论政府购买棚改服务实施办法。 (王振铭)

2017 年润州区政府重要会议一览表

表 6

时　间	名　称	议　题
1 月 6 日	区政府组成人员(扩大)会议	研究《政府工作报告》
1 月 9 日	区政府第 42 次常务会议	《江苏省安全生产条例》专题辅导
2 月 7 日	区政府第 1 次常务会议	研究《区政府工作规则》;研究区长、副区长工作分工
3 月 2 日	全区安全生产工作会议	研究全区安全生产工作
4 月 5 日	区政府第 2 次常务会议	研究 2017 年度辖区街道(工业园区)绩效管理考核实施意见等
4 月 24 日	区政府第 3 次常务会议	研究《润州区全面推行河长制工作方案》等
7 月 10 日	区政府第 4 次常务会议	听取全区安全生产工作情况汇报等
8 月 10 日	区政府第 5 次常务会议	研究《国有企业负责人薪酬制度改革方案》;讨论区政府组成人员(扩大)会议报告等
8 月 11 日	区政府组成人员(扩大)会议	研究部署全区富民增收各项工作
10 月 27 日	区政府第 7 次常务会议	听取全区安全生产工作情况汇报、研究润州区国有企业公司制改革方案等
12 月 18 日	区政府第 8 次常务会议	讨论《政府工作报告》;研究 2017 年人代会指标调整事宜

综合服务和协调工作

【区政府办公室工作】 2017 年,在区委、区政府的坚强领导下,区政府办公室紧紧围绕全区工作大局,以优化服务为核心、创新工作为动力、改进作风为抓手、完善制度为保证,积极参与政务,精心管理事务,强化综合协调,狠抓督促落实,提升服务效能,圆满完成了年度工作目标和领导交办的各项任务,为全区经济和社会发展作出了新的贡献。

围绕中心、服务大局,参谋辅政工作积极主动。综合协调各方,努力保障区政府正常运转是政府办公室的重要职责。一是围绕经济建设做好服务。主动投身城市经济建设主战场,协同有关部门积极做好项目建设、招商引资等重大工作的综合协调,圆满完成润州区城市经济发展论坛等重大活动的筹备工作,得到了区政府领导的充分认可。二是围绕区委区政府重点事项做好协调。始终与区领导站在第一线,靠前指挥,牵头协调。在“不见面审批”制度改革、国有企业事改企改革、国有企业负责人薪酬制度改革等重点难点工作上,多次召集部门协调推进,确保了任务的圆满完成。三是围绕社会稳定抓好矛盾调处。坚持积极主动、因势利导,严格依法办事,认真做好人民群众来信来访的接待处理工作,全年共办理群众来信 70 多封,在解决实际问题的过程中密切了政府与群众的联系。四是围绕民生改善做好牵头推进。牵头推进 2017 市、区两级重点民生项目建设,每月对全区 7 个民生项目逐一过堂,积极跟踪推进,每半年联合区督查组进行督查推进,进一步明确时间节点和工作要求。调查研究当好参谋。一方面,围绕区委、区政府的中心工作、领导关心的重点问题、社会关注的热点问题、涉及全局的重大问题、制约发展的关键问题,深入调查研究,提出对策建议,充分发挥参谋助手作用,形成了一批具有较高水准的调研报告,为领导决策提供参考。《从深圳发展思考润州推进“聚力创新”的关键举措》获全市政府系统优秀调研成果一等奖。另一方面,始终坚持把信息作为服务领导的重要渠道抓紧、抓好。加强信息体系建设,拓宽信息渠道,强化信息整理,集中反映领导关注的重点、群众关心的热点和改革过程中的难点,及时反馈工作动态和社情民意。2017 年,“中国润州”门户网站录入信息 200 多条,被“中国镇江”门户网站录用信息 40 多条,充分加强了政府与群众之间的信息沟通。督查督办抓好落实。坚持把抓好政府决策落实作为督查工作的出发点和落脚点,进一步创新工作思路,改进督查方式,规范工作程序，较好地发挥了督查督办职能。一是围绕工作落实开展督查督办。对区政府在九届一次人代会上向全区人民所作的2017年工作承诺进行分解，进一步明确了今年全区百项重点工作，定期进行专项督查催办，有力推动了各项工作的落实。二是加强建议、提案办理。对于办理人大代表建议和政协委员提案工作，以严格程序、严格时限、保证质量为根本要求。在办理过程中，主动邀请人大、政协领导和代表委员实地视察办理情况，及时督查办理质量，研究解决问题的办法，取得了较好的成效。全年办理市人大代表建议、政协委员提案18件，代表委员的满意率100%，解决率100%。办理区人大代表建议84件、区政协委员提案127件，代表委员满意率100%，办复率100%，一大批群众反映强烈、代表高度关注的难点、热点问题得到有效落实。三是办好热线、信箱、论坛。畅通群众诉求渠道，加强考核督查，形成办理"12345"热线、"书记、市长信箱"、镇江论坛的良性服务机制，不断提升办理速度和质量。全年办理"12345"热线5125件、"书记、市长信箱"113件、镇江论坛180多件，办结率100%。

健全机制、强化责任，综合服务能力持续提升。严谨认真，严格把关公文办理。一是着力提高文稿质量。为全面、准确地反映区政府的决策和工作部署，要求全办人员牢固树立公文精品意识，认真做到了解上情，把握下情，找准实际工作的"切入点"，努力使撰写的文稿达到政策性、操作性和实效性的统一。全年共完成会议、汇报材料200多篇。牵头起草了《区政府工作规则》《区政府党组工作规则》等一系列政策文件，组织起草的政府工作报告、区政府组成人员会议报告等重大文稿受到区政府领导的高度肯定。二是严格规范办理程序。按照特件特办、急件急办、一般文电抓紧办的原则，及时、准确地做好各类文件、电报的收发、办理工作。按照规范要求，对以区政府和区政府办名义上报、下发的各类公文，在内容、文字、格式、时限等方面认真审核把关，全年实现发文零差错。三是准确发布政府信息。根据《政府信息公开条例》的要求，对有关政府信息进行全面梳理，认真进行保密审查，上网公布，为公民及时快捷地了解相关政府信息提供了便捷。超前服务，精心组织各类会议。在组织政府常务会、区长办公会等会议时，广泛收集议题，充分准备材料，与有关部门事前会商到位。在组织工作部署类会议时，充分准备领导讲话、发言材料、传达提纲等，明确提出具有可操作性的贯彻意见，并做好会议精神的贯彻落实和情况反馈，切实保障会议取得良好效果。在会务的组织中，牢固树立"细节决定成败"的理念，从会议通知、材料准备、会场布置、会议记录等诸多环节，严格要求，确保万无一失。完善机制，切实加强应急管理。进一步完善突发事件预警体系和快速反应机制，严格抓好应急物资储备、应急预案管理、值守应急、突发事件处置、信息报送等制度落实，推进应急管理工作规范化、标准化。严格落实24小时值班应急制度，确保值班人员在岗、在位，时刻保持通讯畅通，遇到紧急重大事件，坚持做到及时报告，果断处置。严格管理，扎实做好外事工作。严格按照审核程序与审批权限，加强对出国（境）人员、来华访问人员的审批，全年办理出国（境）15批27人次、邀请来访事项9批26人次无差错；拓宽外事工作服务经济发展途径，凡涉及项目洽谈、引进审批事项，做到急事急办、特事特办；会同区相关部门，积极为辖区外经外贸、外商、外资企业提供优质服务；配合市外办做好国际友人、国际友好城市的交流与合作。全力以赴，不断加快政务服务网建设。在e办事中心尚未正式运行的情况下，区政府办牵头梳理"不见面审批（服务）"改革相关事项，围绕"网上办、集中批、联合审、区域评、代办制、不见面"，突出重点难点，持续精准发力，"不见面审批（服务）"改革取得了阶段性的成果。相继印发《加快推进"不见面审批（服务）改革"的实施方案》和《润州区第一批"不见面审批（服务）事项清单》，不见面审批率达80%以上。

三茅宫海绵工程建设　（陈　岗　摄）

转变作风、提升素质，机关自身建设不断推进。突出班子自身建设。按照"团结、务实、高效、廉洁"的要求，班子成员注意强化整体意识，发挥整体功能，维护整体形象。坚持以身作则。班子成员充分发挥表率作用，带头讲党性、讲修养、讲原则，带头遵守各项党纪政规，带头执行办公室各项规章制度，将管人与管事、抓业务与抓队伍、抓勤政与抓廉政结合起来，切实担当起带好队伍的责任。坚持分工负责制。班子成员在平时的工作中既各司其职、各负其责，认真做好区政府领导的跟班服务工作，又团结协作、相互配合，遇有区委、区政府重要会议、重大招商活动时，能集中全部力量，实行统一指挥，齐心协力做好工作。坚持民主集中制。圆满完成区政府办公室党支部换届选举工作。坚持定期召开主任工作会议，对涉及人事调整、评先荐优等重要事项，充分发扬民主，实行班子成员集体研究、民主决策。突出队伍素质提升。一是注重培养锻炼。针对办公室年轻同志多的特点，注意在实践中培养锻炼和大胆使用，搞好传帮带，主动给他们出题目、压担子，努力提高他们在工作中早挑大梁、独当一面的能力。二是扎实开展两学一做。根据“两学一做”专题教育安排，办公室党组成员带头上专题党课，交流心得体会，办公室全体党员参与学习党章、党规和习近平同志系列重要讲话精神，形成人人学、人人思、人人做的浓厚氛围。三是狠抓党风廉政教育。认真贯彻落实党风廉政建设责任制，严格执行党员干部廉洁自律的各项规定，进一步引导和教育党员干部增强党性修养，牢固树立正确的世界观、人生观、价值观，讲修养、讲道德、讲廉耻，筑牢拒腐防变的思想防线。突出大走访工作成效。严格落实区委区政府“走村进企大走访”要求，自觉地把大走访作为一项重要政治任务，紧紧围绕“听民意、摸实情、谋实招”的工作目标，深入挂钩社区黑桥社区扎实开展大走访。办公室参与走访党员干部10名，共走访企业19家，困难群众41户、城市居民50户，收集各类问题8件，解决率100%。通过大走访活动，进一步改进工作作风，不断提升服务发展、服务基层、服务群众的能力和水平，让党员干部受教育，让企业群众得实惠。（王振铭）

【外事工作】 2017年，在区委、区政府的领导和市外办的指导下，润州区外办立足实际，认真贯彻执行省、市有关外事方针政策，与时俱进，在落实上下功夫，在创新上做文章，较好地完成了全年各项工作任务。

规范管理，优化服务，因公出国（境）管理更加科学合理。2017年，外办严格按照上级有关管理规定和文件精神，进一步细化了管理措施，在实际审核工作中加大严控力度，共办理机关干部出国7批20人次，办理教师出国学习培训8批12人次。在严格执行有关规定的同时，对不同领域因公出访采取有保有压的措施，优化出访任务和人员结构。在全区出访总量持续下降的前提下，确保了教育部门、商务部门赴境外开展经贸合作任务，对教育、卫生、科技、“双招双引”等领域的赴外交流合作提供了保障。涉外管理服务工作保持规范有序。严格审批到华访问邀请函的办理，积极为企业办理到华邀请和申请办理APEC商务卡，邀请到华8批25人次，办理APEC商务卡3批5人次。为了能更好地了解外籍人员和境外本地人员基本情况，区外办与公安部门密切配合，长期做好动态跟踪服务，掌握相关资料，做好涉外事件的预警和防范，全年未发生一起不良外事案件。精心组织和参与配合全市大型涉外活动。由区招商部门牵头，区外办全力协助和参与各类涉外招商活动。积极做好项目沟通服务。精心组织润州区经贸团赴丹麦、挪威开展先进制造业与现代服务业招商；邀请世界500强公司丹麦丹佛斯集团动力与工作装置事业部总裁多梅尼克一行5人到润州洽谈有关项目。同时加强对外合作交流。接待留日博士总会李建平会长一行，就进一步深化合作进行了交流。

强化机制，深化建设 加强学习，切实提高队伍思想政治素质。坚持把党的方针政策、法律法规以及外事工作专业知识作为学习的重点，要求干部通过文件、报刊、网络、集体学习和培训等形式钻研外事工作知识，努力提高政治理论水平。优化服务，完善健全合作共赢工作机制。区外办通过召开全区各街道分管领导、相关企业负责人座谈会，以及常态化走访相关企业，听取属地和企业对优化润州区外事工作的意见，了解企业的运行现状和外事需要，推介外事服务的基本内容，同时就企业反映运营中遇到的一系列困难，迅速上报给区政府分管领导，尽快加以协调解决，得到了相关企业的好评。明确职责，深化内化党风廉政建设。进一步增强“窗口”服务意识，落实责任，将“两学一做”学习成果与具体工作项结合，将廉政学习与政治学习、民主生活会相结合，不断强化外事干部的廉洁意识和法制观念，确保责任落实到位。（王振铭）

【为民公开服务电话和效能监督工作】 2017年，区政府办公室系统共接收热线工单6018件，办结率100%，24小时三方通话接通率100%，群众满意率保持80%以上，热线办理工作水平不断提高。

抓规范管理，提高承办水平。组织领导不断强化。区政府主要领导、分管领导对热线办理情况高度重视，对市政府督查室《督查通报》和本区每月通报、每周专报坚持每期必阅，重要事项进行批示。各地、各部门明确各街道、部委办局主要领导为热线承办工作的第一责任人，分管领导负责具体协调办理，为切实提高办理质量提供有力保障。运行机制日趋成熟。全区在印发《润州区热线考核细则》和《区政府12345服务热线工作要点》基础上，不断完善网络、规范流程、强化领导。全区“区—街道—村(社区)”三级办理网络在实践中被进一步织密，办理效率在实践中被进一步提升，承办单位“受理、办理、办结、回访”工作流程被固定下来，做到了“件件能落实、件件有回音”。人员安排科学合理。2017年，区政府继续优先保障热线办理力量，第一时间安排一批新鲜血液充实办公室热线办理队伍，继续安排经验丰富骨干指导协调工单处置，形成以老带新、平顺过度的工作格局。各属地、部门也主动调整，将经验丰富、工作负责的人员安排在“12345”热线处理的岗位上，年轻的公务员成为“12345”工作的生力军。

抓督办落实，提高办事效率。加强考核管理。健全政府“12345”服务热线月度督查考核评分机制，确保将群众满意率和单位办结率作为关键数值，纳入考核评比中。完善“首接负责”和协办制度，明确规定工单首接单位为工单下步流转第一责任单位，在区领导未明确牵头单位前提下，首接单位具体负责牵头协调工作。加强督查催办。全年共印发督查专报29期，件件得到区领导批示，针对热线集中反映的物业管理、征地拆迁、社会保障等事项，多次现场参与问题推进，得到了辖区群众高度肯定；对所有工单均按照预计答复时间要求，实行24小时预警，严防出现超期工单；对紧急重大诉求做到第一时间介入，能不过夜坚决不过夜。加强业务指导。坚持每月工作例会制度，通报办理情况、学习政策文件、研讨共性问题，通过例会的交流、培训，“手把手”地帮助属地、部门规范了派单、办单、催单的一整套办理体系，基层办理水平稳步提升。

抓宣传引导，提高氛围影响。加大媒体宣传力度，相继在相关媒体上宣传热线办理贴近群众的创新举措，营造良好的宣传舆论氛围。做大舆论宣传，做响“润州模式”，借助“中国润州”门户网站、My0511论坛等新媒体渠道，进一步贴近群众生活，将润州“12345”服务热线打造成一条政府联系民众、服务民众最优的“民生链”，在提升政务效能、密切政民联系、打造效能政府上发挥积极作用。 (王振铭)

机关事务服务中心工作

【概况】 2017年机关事务工作，在区委、区政府领导下，在市局指导下，认真学习贯彻中共十八大、十九大精神，以“两学一做”学习教育活动为抓手，紧扣区级机关管理、服务、保障工作重点，履行职能，高效服务，较好地完成了各项工作。

后勤服务。后勤保障“零投诉”。做好区机关正常用水、供电，及电信网络畅通，对原公安润州分局办公楼主水管进行更换220米，年节水2万多元，增加宽带13个，维修网络50余次，电话报修80余次；对各项经费的支出按照厉行节约的原则进行审核，保障机关后勤工作正常运转；及时迅速规范地做好区委、区政府文件交换和报纸发放，全年完成交换文件共1700余份，发放报纸杂志共19.6万余份。综合服务“零差错”。注重提升会议服务水平，圆满完成了区人大、政协、区委全委会等大中型会议共980余次，接待与会人员5万余人次；通过精细化食堂管理，科学制定每周菜谱，严格执行食品卫生相关条例，确保食品安全，全年为机关干部职工提供就餐11.4万余次。安保事件“零发生”。抓牢安保维稳工作基础，全年对区机关大院实行24小时监控，按时对消防器材进行检查，全年实现了无刑事案件、无治安案件、无火灾事故、无责任事故的目标。环境优化“无死角”。机关大院卫生清洁继续全天候保洁，同时加强大院绿化的护理，确保机关大院一年四季花红树绿。遇到大型会议，安排专人指挥车辆的停放，确保车辆进出畅通，停放有序。

后勤管理。节能管理扎实推进。积极参加上级机关事务管理局组织的节能工作交叉互查互评和赴深圳、珠海、扬州等地学习考察活动。积极开展节能示范单位创建工作，润州区机关幼儿园成功创建省级公共机构节能示范单位，中心和区检察院成功创建镇江市节水型示范单位，并完成省级节水型示范单位的申报工作。围绕“建设节约型机关”主题，充分利用展板、滚动屏、橱窗等舆论阵地，强化机关大院全体职工节能、节水、节电和资源综合利用的意识，形成“节约光荣，浪费可耻”的良好风尚。办公用房管理有序有力。根据省、市机关事务管理局文件要求，强化已腾退办公用房的统筹管理，完成全区近60个党政机关及直属事业单位办公用房的清查统计和上报工作，办公用房面积合计34675平方米，其中领导干部384人，办公用房面积4515平方米，没有超标使用现象。结合办公用房清理整改，对区政协、统计局、总工会、工商联办公室进行调整出新；对区人大、广播电视台、档案馆、科协办公室进行出新改造；对区信访局进行阳光房基础和外墙防水工程建设。公车管理智能与精细并举。全面推进公务用车“管理平台化、平台信息化、车辆标识化”，让保留公车行驶在阳光下。对车辆调度室进行改造，充分利用车辆管理系统、汽配财富管家系统以及在车辆OBD接口上加装了北斗终端，对车辆进行数字信息化管理，并完成全部公务车辆标识化喷涂工作。根据一年来对车辆的统计，全年安全行驶54.8万公里，运行费用142万元，与上年相比，运行费用逐年下降。出台了《社会化用工驾驶员薪酬管理办法》，提高了社会化用工驾驶人员工作积极性。

（黎一娜）

侨务工作

【概况】 2017年，区侨办在区委、区政府及上级侨务部门的领导、关心下，紧紧围绕全区中心工作，认真履行工作职责，发挥侨务工作优势，主动适应经济发展新常态，服务经济发展大局，维护侨界合法权益，圆满完成了年度工作目标和领导交办的各项任务。

【涉侨经贸科技对接平台搭建】 参与上级侨办接待海外知名侨领考察及知名海外华文媒体考察。协助上级侨办举办“华侨华人创业发展洽谈会”“海外高层次人才江苏行”等侨务活动，提前了解人才和项目需求，做好前期对接工作，整理参会的海外高层次人才科技项目信息，及时与发改经信委、科技局及商务局联系，同时邀请街道和相关部门参加洽谈会，向海外高层次人才推介全区人才政策和科技需求，提升对接有效性。

【引资引智渠道开拓】 发挥上级侨办的海外网络资源优势，借助国、省侨办网站，向“海外引才联络点”和“海外重点专业社团”发布全区引资引智环境介绍、高层次人才政策和需求信息，为润州宣传造势，扩大在海外的影响。

【华侨华人高层次人才工作】 协助开展海内外江苏知名人士摸排推荐工作，推荐留日博士总会会长李建平参加江苏发展大会，为江苏经济发展聚智聚力。对涉侨企业进行需求调研，协助开展海外高层次人才和项目需求信息征集工作。实施“万侨创新行动”和“海外人才为国服务计划”，推荐邓林忠创业团队项目参加国侨办第五批“重点华侨华人创业团队”评选。

【侨企助推转“侨经服务行动”】 贯彻市委、市政府“暖企惠民”工作要求，充分利用国、省侨办举办的华创会、海创会、高层次人才行等侨务引资引智平台资源，及时发布活动信息，收集意见建议，组织企业家及企业高管参加，开展项目对接交流，引导海外资金、项目、人才合作。组织企业家参加国侨办“武汉华创会”等涉侨经贸活动，促进信息交流、资本对接、资源整合。

【实施“归侨侨眷关爱工程”】 坚持以人为本，做好侨界特殊群体扶贫救助工作。在重要节日走访慰问，做好困难归侨定补工作，开展惠民大走访活动，推动侨界民生改善，全年共为困难归侨侨眷发放定补、救济补助资金等5万余元，救济扶持贫困归侨侨眷60余人（次），让困难侨界群众感受到党和政府的关心。

【侨务法治建设】 深入宣传和贯彻执行《中华人民共和国归侨侨眷权益保护法》《江苏省实施〈中华人民共和国归侨侨眷权益保护法〉办法》《江苏省保护和促进华侨投资条例》等涉侨法律法规，依托全区“侨法宣传角”阵地，指导“全国侨法宣传示范单位”四圩社区开展侨法宣传进社区活动。指导基层借助“志愿者学雷锋”“送法进社区”和“广场文艺演出”活动的契机开展侨法宣传，对促进社会和谐稳定、提高法律维权意识、保障侨胞合法权益具有重要意义。配合镇江市人大执法检查，组织街道、园区开展《江苏省保护和促进华侨投资条例》贯彻落实情况摸底调查，全区共走访侨资企业和海归企业18家企业，了解企业生产经营中遇到的困难和问题，各位企业家认真、如实填写了调查问卷，将信息收集整理，及时反馈。

【涉侨依法行政】 规范华侨回国定居审批、身份认定等涉侨行政行为，推进涉侨决策、执行、服务和结果公开，自觉接受社会监督。积极妥善处理涉侨信访，化解矛盾，上下形成合力，依法处理涉侨问题，对涉及“三侨生”子女升学加分身份认定，侨眷拆迁求助等问题，做到件件有落实，事事有回应，遵照“一视同仁、不得歧视、根据特点、适当照顾”的原则，落实好各项侨务政策，为海外侨胞和归侨侨眷排忧解难办实事，维护了侨界人士的合法权益，确保了侨界和谐稳定。

【“侨情涵养行动”】 按照省侨办的工作部署，对海外本地籍华侨华人进行排查摸底，并将信息进行统计后上报；推荐政治上有影响、经济上有实力、学术上有造诣、社会上有地位的“四有人士”纳入“镇江经济发展能为、有为者名录”，更好地为经济建设服务。

【社区侨务工作】 指导有条件的街道、社区建立侨界志愿者服务队，把社区建成对外宣传侨务的窗口，沟通交流的桥梁。在基层街道建立“侨之家”，对老弱家庭开展走访、在节日时慰问、在生病时探望、在侨胞回乡时拜访。指导基层社区为困难归侨侨眷及侨界的“四有人士”重点眷属举办健康知识讲座，进行医疗咨询活动；在社区组织侨界群众开展“与美同行、友爱相伴，侨务伴你行”系列活动，在春节、端午、中秋等传统节日，组织形式丰富多彩的活动、深受群众的欢迎。社区“侨之家”、侨眷戏曲室全年360天都为归侨侨眷开放，方便归侨侨眷互动交流。开展电脑使用知识系列讲座，帮助老年人侨眷，学习电脑的常用知识，和国外的子女有更多形式的交流。

【侨务外宣“传递乡情行动”】 注重发挥新兴网络媒体优势，充分利用中国侨网、中新网、江苏侨网、镇江侨网等国家、省市新闻媒体，围绕本区引智引资、创业投资环境、重大活动等内容，全方位、多角度开展宣传，积极向上级侨务部门投稿，搭建了海内外、区域间信息化互动交流平台，取得了良好地实际效果，提升润州影响力。为展示新侨创新创业、自强不息的精神气魄，配合市侨办、市侨联开展了“创业中华——镇江新侨圆梦”宣传活动，积极组织宣传，做好对象人选的推荐工作，讲好“侨界精彩故事”，展现润州招才引智的良好环境。加强侨务信息工作，整理上报各类侨务信息和企业动态，更好地发挥了侨务信息在指导侨务工作、反映侨情动态中的作用。向相关部门、重点企业和人士赠阅《华人时刊》杂志，在宣传侨务、工作交流等方面发挥了积极作用。（周　红）

润州区诗协作品选

满江红·为改革开放四十年作

王汉民

放眼全球，寻春色，中华惟一。看大陆，海清河晏，日新月异。四十年宏图大展，十三亿庶民康立。铸辉煌，红利惠邻邦，皆沾泽。

长征路，从未息。圆梦曲，声声激。更新途教我，做潮头客。反霸维和宁热士，巡天探海开奇域。为和平世界舞红旗，初心炽。

政协润州区委员会

栏目编校：谢竞美

政协润州区第六届委员会主席、副主席、秘书长工作分工

蔡文龙：主持区政协全面工作，分管办公室；

高亚明：分管社事委（教育、卫生、文化、体育、社会保障、港澳台侨、民族宗教、外事、城乡建设、人口资源环境、政法、安全生产、工会、共青团、妇联等）；

蔡　飞：协助分管经科委、社事委；

季　莉：分管经科委（经济科技、农业和农村工作）；

倪南成：分管提案委，负责民主监督和社情民意工作；

张春平：分管学习和文史委、理论研究会，联系各民主党派、工商联和各界人士；

王寿从：负责区政协日常工作的协调安排，协助主席分管办公室。

政协润州区第六届委员会常务委员会

主　席：蔡文龙

副主席：高亚明　蔡　飞　季　莉　倪南成　张春平

秘书长：王寿从

常务委员（按姓氏笔画排序）：

王兴堂　邓　燕　朱　莉　朱顺云　仲　庆　刘　旭　刘永飞　刘向华　杨东明
步建坤　肖尚平　吴　忠　吴爱平　邹　明　张　蕾　陆庆宏　陈　星　范　衡
宦玉兔　唐顺明　曹　琳

综　述

【概况】 区政协六届一次全体会议以来，在中共润州区委的坚强领导下，区政协常委会全面贯彻中共十八大及历次全会和十九大精神，深刻领会习近平新时代中国特色社会主义思想，及时传达贯彻省市区重要会议精神，准确把握新时代人民政协的性质定位和政治方向，聚焦改革发展，强化履职能力，全面完成了各项工作任务，为润州经济社会发展作出了积极贡献。

【强化理论武装，夯实思想基础】 加强理论学习，区政协通过常委会议、主席会议、集中培训、机关学习等多种形式积极组织引导参加政协的各党派团体和全体政协委员，认真学习中共十八大及历次全会和十九大精神，深刻领会习近平新时代中国特色社会主义思想，及时传达贯彻省市区重要会议精神，准确把握新时代人民政协的性质定位和政治方向。服从党的领导。坚定不移地维护以习近平同志为核心的中共中央权威和集中统一领导，举旗定向，从思想上政治上行动上同中共中央保持高度一致。始终维护区委统揽全局、协调各方的领导核心地位，自觉在区委的领导下谋划和推进工作，做到重要工作主动报告、重大事项及时汇报、重点议题充分沟通，切实把区委的决策部署贯彻落实到政协履职的全过程。强化从严治党。严格落实党风廉政建设主体责任，加强组织领导，健全工作机制，强化党内监督。顺利完成区政协机关党支部换届工作，配强班子，充实力量，做到党建工作与政协工作同部署、同检查、同落实。开展"两学一做"学习教育，让党员干部始终做到规矩在心、落实在行，时刻查摆自身在"学"与"做"等方面存在的不足，机关人员素质有了明显的提高。

【聚焦中心任务，服务城市发展】

善谋发展之策，针对在润州区设立产业投资引导基金这一课题，组成专题调研组，深入相关部门和重点企业开展调研，听取意见和建议，并赴发达地区考察学习，汲取先进经验和做法，根据润州实际，提出了《关于加快建立润州区产业引导基金的建议案》，分析设立该基金的迫切性，并提出5个方面的建议，得到了区委、区政府的高度重视，被列入区2018年重点工作，交区相关部门落实。围绕宁镇扬同城化战略进行调研，撰写了《开拓同城化背景下润州产业发展新空间》的调研报告，分析了润州区产业发展的四大优势和三大局限，提出了五大举措、五项建议，在市政协会议上进行交流，得到了与会人员的一致好评。区政协通过会议协商、专题协商、视察调研等形式为城市经济发展建言。听取了区政府上半年经济工作情况的通报并进行审议，提出加快产业创新，加强产业协作，加快产城融合等意见建议。专题视察城市经济工作，提出加快产业规划定位，做大做强现有产业，积极发展新兴产业，推进构建现代产业体系建设等建议。视察区科技服务平台建设情况，提出打造科研平台、金融平台、服务平台，进一步整合资源、广揽人才，为新一轮的产业调整输入原生力量的意见建议。开展农业供给侧结构性改革专题视察活动，针对润州区农业逐步萎缩的现状，提出了发展特色化高效观光农业的建议。善聚发展之力。发动全体政协委员和政协机关干部，围绕润州区的产业调整、民生实事、社会治理、创业创新等议题开展研究，征集论文46篇，对新形势下润州经济社会发展进行探讨，取得了一批研究成果。积极参与棚户区改造、在手结转项目扫尾、重大基础设施地块征收等工作，分别参加了民主街、小街、太古山二期、官塘片区、连镇铁路等项目的征收拆迁工作。区政协领导班子成员主动服务项目建设，帮助协调解决美的城(四期)项目用地和外资注入等困难和难题，为拓展城市发展空间，保障重大项目建设助力。

【坚持履职为民，增进民生福祉】

走访调研收集民意，按照区委"暖企惠民"工作的统一部署，区政协开展了各个层面的大走访活动。区政协机关干部走进田间地头，居民家中，了解生活居住情况，共走访200余户，梳理出各类问题105个，将其中一些共性问题集中反应给相关部门处理，并多渠道筹款数万元为特困家庭排忧解难，送去党的温暖。开展"政协委员进企业"活动，走进启迪协信太古城、镇江液压件厂、江苏睿泰数字产业园等企业开展调研视察、走访座谈，听取意见建议，为企业发展出谋划策。组成专门调研组对全区因病致贫情况开展调研，分析辖区内重病家庭现状和存在的主要问题，提出3个方面11条意见建议，为推进精准扶贫建言。聚焦社会关注民生。区政协主席会、常委会围绕人民群众关注的教育、医疗等热点多次开展协商议政，推动优化基本公共服务供给，不断满足群众新期盼、新要求。六届二次常委会议审议通过了《关于打造教育现代化强区的建议案》，向区委区政府提出要进一步加强教育制度建设，合理规划教育布局，统筹分配教育资源等建议。专题视察和推进基层卫生先进区建设，提出要抓好各项基础性工作，提高居民的就医舒适度和满意度，做深做细基本公共卫生服务项目等建议。组织委员视察全民健身与全民健康深度融合工作，了解润州区体育阵地建设、体育产业发展、体育组织及健身团队发展等情况，并提出意见建议。助推生态文明建设。专题视察润州区"两减六治三提升"推进情况，提出要强化督查和责任追究，全力保障生态建设和专项行动各项任务落地见效的建议。组织政协委员视察润州区城市精细化管理工作，了解城管数字化管理平台运行情况，提出在标准化上下功夫、在信息化上做文章、完善考核奖惩机制等意见。围绕推进精美镇江建设，举办"灯·篮·杯"进家庭活动，通过有奖答题的方式向广大市民赠送环保大礼包，宣传倡导绿色低碳生活方式。推进文化惠民工程。区政协高度重视诗教普及与提升，专题视察基层诗社，就诗社环境建设、氛围营造、诗词创作等工作交流经验成果。召开创建"中华诗词之乡"总结表彰大会暨诗教工作部署会，邀请中华诗词学会副会长林峰向广大诗友作专题讲座，组织“格律诗创作大赛”“水韵润州”和“美在万科”等诗词大赛，诗教活动丰富多彩。坚持把创作优秀诗词作品作为检验诗教成果的硬指标，组织广大会员开展诗词创作，共有1527首作品入选《江苏新诗年选》《镇江新咏》等诗集，在国家级刊物上发表200余首诗词作品，为历年之最。2017年，润州区被评为镇江辖市区中唯一的中华诗教先进单位，区诗协被评为江苏省诗教先进单位。关注非遗保护工作，六届三次主席会议专题视察了区非遗展示馆，听取非遗传承工作情况汇报，提出加强保护与管理、注重传承与发现等建议，牵头出版《润州区非物质文化遗产项目集》，为文化传承助力。与区卫计委、区文体局共同举办“送演出、送健康、送图书”三送下乡活动，丰富了农村居民的业余文化生活。

【丰富监督形式，注重发挥实效】

提案办理规范有序，六届一次全会共收到提案168件，经提案委审查，立案交办127件，其余转市政协或并案处理。为推动提案落地见效，一是通过委员培训、公开征集提案线索、把好提案入口关等方式抓提案质量，二是通过提案交办会、现场答复会、个别交流等形式抓提案办理，三是通过区长领办、主席督办、开展回头看等方式促重点提案落实。截至2017年10月底，由区级承办的提案已全部办结并答复委员，所提问题已经解决或基本解决的72件，正在解决或列入计划逐步解决的54件，委员的满意和基本满意率达到100%，提案办理工作成效明显。专题视察贴近热点。区政协分专题开展主席视察活动，推动改革和重点工作开展。关注司法责任制改革后审判、检察工作开展情况，到区法院、区检察院了解内设机构改革、人员分类管理、工作成效等方面的情况，对存在的问题提出意见建议。关注十九大前的全区安保维稳工作，赴公安润州分局视察辖区内重点路段、场所的监控情况，听取维稳工作介绍，提出切实增强责任意识、深入开展不稳定因素排查、加大社会面管控力度、严格队伍管理等方面意见。组织视察全国文明城市复审迎检准备工作，看现场、查实情，将发现的问题及时反馈给相关职能部门，并督促解决。民主评议以评促改。组织委员对区教育局“履职尽责、勤政为民”情况开展民主评议，通过实地视察、座谈交流、个别走访等形式，对区教育局近年来，在创建教育现代化示范区过程中取得的成绩给予充分肯定，针对目前区教育现状和存在的问题提出意见建议，区教育局进行了认真答复并及时落实整改措施，起到了改进工作、提高效能的作用。

【加强自身建设，提高履职能力】

着力提升委员素质，重视委员培训，邀请专家讲授人民政协基础理论知识和提案撰写技巧，提高委员的政治共识、思想认识和履职能力。搭建委员履职平台，主席会议和调研视察活动，邀请相关委员参加，发挥委员的优势和专业特长，使提出的意见建议更有针对性和可操作性。加强委员履职考核，详细记录委员参加活动、履职建言、获奖评优情况。坚持委员述职制度，激发委员履职的自觉性和使命感。委员关心社会弱势群体，据不完全统计，2017年委员们通过各种形式捐款一百余万元。着力加强对委组工作的指导。年初及时召开专委会、界别组、政协基层联络委负责人会议，组织学习专委会、界别组和政协基层联络委工作制度、考核办法，确保委组活动正常开展。建立区政协领导和机关委办与界别组、政协基层联络委对口联系制度，指导、参与界别组、政协基层联络委开展的活动，每次活动做到有计划安排、有考勤记录、有宣传报道。定期听取委组情况汇报，交流工作情况，收集意见建议，不断改进工作。委组活动丰富多彩，文教卫界别组视察区学前教育、社区卫生服务中心等方面工作，提出意见建议；民主党派、无党派界别组开展“观故居、增共识”等活动，进一步增进多党合作的政治共识；侨台群团民族宗教界别组赴泰州调研宗教文化助力地方旅游经济发展情况等等，通过开展活动，密切了委员们的沟通联系，提高了委员们的参政热情。着力深化机关“效能革命”。加强机关制度建设，下发了《润州区政协机关管理制度》《润州区政协机关公务员平时考核实施方案》，对机关工作人员的工作制度、学习制度、行为规范等都作了相关规定。强化机关协调服务，严格办文办会程序，加强机关对外接待和老干部管理工作，确保政协工作有序开展。注重信息宣传，办好《润州政协》和润州政协网站，加强与新闻媒体的合作，及时宣传区政协协商议政、调研视察、建言献策的最新成果。着力扩大对外交往联谊。始终坚持团结和民主两大主题，充分发挥人民政协联系面广、智力密集的独特优势，广泛汇聚各方力量，服务润州建设。邀请民主党派、工商联和无党派人士、人民团体参加政协例会，注重发挥各党派团体和政协各参加单位在参政议政中的作用，营造畅所欲言、合作共事的议事氛围。努力扩大“朋友圈”，积极为省市政协和外地政协考察团到润州区考察调研做好联络服务工作，全年共接待省内外考察团9批次。

【政协六届二次全体会议】 中国人民政治协商会议镇江市润州区第六届委员会第二次全体会议于

2018年1月2日至4日在镇江市碧榆园会议中心举行。会议听取了中共润州区委书记高国成所作的题为《迈入新时代，争创新作为，凝心聚力加快发展城市经济》的讲话；听取并审议了区政协第六届委员会常务委员会工作报告和提案工作情况报告；列席了区人大九届二次会议，听取并讨论了《政府工作报告》及其他相关报告；集中学习了中共十九大报告。会议按期完成了既定的各项议程，取得了圆满成功。

重要建议

【抢抓机遇 奋发作为 开拓同城化背景下润州产业发展新空间】

宁镇扬地缘相近，经济社会联系紧密，同城化发展的基础良好。江苏省第十三次党代会报告明确提出要推动宁镇扬板块一体化发展，其中，产业整合和协调发展是同城化建设的“最先一公里”和“最后一公里”。地处宁镇扬板块核心区域的润州区，在宁镇扬同城化背景下，其产业发展将面临一系列机遇和挑战，系统思考和超前谋划润州产业发展策略具有重要的现实意义。建议：1.要做强做优既有产业体系，加快培育新产业体系，精准对接《江苏省贯彻国家创新驱动发展战略纲要实施方案》，有序提高产业体系的开放度，推动本土文化国际化，有序提高我区的开放度，构建开放型产业体系；2.提升以海洋工程装备及高技术船舶制造为代表的高端装备制造业发展质量，支持柳工等企业研发新品，有序开拓国际市场，促进智慧物流、检验检测等生产性服务发展，大力发展特色数字产业，抢抓大数据上升为国家战略的黄金发展期；3.构筑润州区“一中心三产业带一高地”的产业空间结构；4.引进创新人才，坚持扩大人才规模、优化人才结构、提升人才层次，构建普惠、智能、协同、融合的“众创空间”，为人才的创造平台，还要积极鼓励有条件的科技企业承担各类科技计划，向上争取科技扶持资助资金。5.加大清洁生产力度，构建低碳生产模式，建设绿色低碳美丽宜居的新润州，为吸引高端先进生产要素创造条件。

【关于打造教育现代化强区的建议案】 目前我区教育布局不尽合理、学前教育相对薄弱、师资建设仍需加强已成为制约我区教育进一步发展的瓶颈和打造教育现代化强区的短板。为精准找短板、精细补短板，将教育现代化强区建设的蓝图尽快变为现实，特提出如下建议：1.做好“优化组合”，实施“精准配置”，优化教育资源配置效率，推动市和区教育布局调整联动。我区应抢抓新一轮大调整机遇，在加快推进民生工程补短板项目的基础上，统筹推进老校改造和新校建设，不断优化全区义务教育布局。2.推动普惠性学前教育的发展，破解“入园难、入园贵”的社会难题，努力实现教育公平。进一步发挥政府主导作用，按照“保基本、广覆盖、可持续”原则，使得我区学前教育的发展“跑赢”人民群众的需求。3.落实校长(园长)任期制，实施教师素质提升工程，科学设置教师入职门槛，开展“志愿导学”“师德承诺”“心理测试”等活动，深入推进师德师风建设，针对区内特级教师数量偏少的问题，加快人才高地的构筑，进一步优化完善特级教师、名校长、学科带头人培养体系。

【关于加快设立润州区产业引导基金的建议案】 目前，产业结构升级和经济转型发展对创新、创业提出了更高的要求，政府成立产业引导基金，是新常态下财政支持经济发展方式转变的创新举措，有利于撬动金融资本和社会资本为产业创新加油助力，有效整合资源、化解风险，更好地推动城市转型和产业升级。为此，区政协成立了专题调研组，深入周边城市、有关部门、典型企业和园区调研，组织区政协委员、企业代表围绕这一主题进行专题视察研讨，提出了很好的意见和建议：1.建立完善的“募、投、管、退”生态运营体系。在资本募集上，母基金应寻求具有丰富的政府引导基金管理经验的基金管理人，确保在资金募集方面与政府政策导向高度吻合。2.建立“基金+”的产业协同发展模式。借助基金发现好资源，掌握更多的创新创业项目信息、产业投资项目信息、科技服务业项目信息、高科技前沿技术等，将基金与项目、高端人才、成果转化等进行链接，形成良好的协同发展模式，带动传统产业转型升级，培育新兴产业发展壮大。3.积极培育以基金为龙头的金融产业。通过培育扶持，打造如中山西路金融街、冠城金融街之类的镇江金融“微中心”，逐步实现新增机构数量倍增、资金管理规模倍增、税收总量倍增目标。4.将基金发展成润州招商的重要利器。通过基金等资本招商，聚集科技、产业、人才等要素，围绕“产业联盟+研究院+专利池+技术交易平台+基金+特色园区”的科技创新服务链条，构建润州新兴产业生态。5.优化产业引导基金人才软环境建设。通过交流、委托培养等多种形式加强区内专业基金投资人才队伍建设。依托驻镇高校，加强基金人才培训体系建设，在为基金行业培养人才的同时，多渠道、全方位提升政府部门相关管理人员的整体素质，为产业投资引导基金健康快速发展提供强大的智力支撑。

(谢　鹏)

2017 年区政协委员构成情况表

表 7

时间(届次)	委员数(人)	界别构成
2018 年(六届二次全体会议)	156	中共界 17 人;民主党派界 18 人;无党派代表人士 4 人;工商联界 14 人;工会界 1 人;共青团界 1 人;妇联界 1 人;科协界 9 人;侨联界 2 人;台联界 3 人;文化艺术界 7 人;科技界 7 人;社会科学界 2 人;教育界 8 人;体育界 1 人;医疗卫生界 9 人;经济界 27 人;农业和农村界 1 人;社会法制和社会保障界 16 人;民族宗教界 4 人;特邀人士 4 人

2017 年区政协常委会会议情况一览表

表 8

时　间	名　称	议　题
3 月 2 日	区政协六届一次常委会议	会议审议通过了《润州区政协 2017 年工作意见》及 2017 年重点工作安排。协商决定有关人事任免事项
6 月 23 日	区政协六届二次常委会议	审议通过《关于打造教育现代化强区的建议案》(讨论稿),协商决定有关人事任免事项,并对下半年工作进行部署
9 月 27 日	区政协六届三次常委会议	审议通过《关于加快设立润州区产业引导基金的建议案》(讨论稿);协商决定有关人事任免事项以及政协委员增减事宜
12 月 26 日	区政协六届四次常委会议	讨论区政协六届二次全体会议有关事项。会议审议通过了区六届政协常委会工作报告、区六届政协常委会关于提案工作情况报告,以及关于召开区政协六届二次全体会议的决定。会议还讨论通过了关于召开区政协六届二次全体会议的其他有关事项

2017年区政协主席会会议情况一览表

表9

时间	名称	议题
2月23日	区政协六届一次主席会议	会议传达学习了省、市“两会”精神要点，讨论《润州区政协2017年工作意见》及重点工作安排、有关人事任职事项；讨论决定区六届政协各专门委员会组成人员名单和界别活动组及其成员名单；讨论决定区政协领导和机关委办分工联系各界别组方案及六届政协主席、副主席、秘书长分工方案；讨论决定政协工作理论研究会相关事宜
3月2日	区政协六届二次主席会议	会议听取了区政协六届一次全体会议提案立案情况汇报，讨论提案办理工作，确定重点提案
4月28日	区政协六届三次主席会议	视察润州区非遗展示馆并听取区文体局所作的全区非遗传承工作情况汇报
5月24日	区政协六届四次主席会议	视察润州区“中华诗词之乡”巩固提高工作。视察学校、企业和社区诗社的诗教特色、诗社环境建设、氛围营造、诗词创作等工作
6月21日	区政协六届五次主席会议	视察全区“两减六治三提升”专项行动推进情况。围绕“263”专项行动工作开展进行讨论评议，共同商议推进环境治理的有效办法
7月25日	区政协六届六次主席会议	听取区政府关于上半年经济工作情况的通报，并进行评议。副区长胡如明代表区政府通报全区上半年经济工作情
8月25日	区政协六届七次主席会议	专题视察和推进基层卫生先进区建设。先后视察了蒋乔社区卫生服务中心和七里甸社区卫生服务中心两个基层医疗卫生机构，并围绕该项工作进行讨论评
9月19日	区政协六届八次主席会议	专题视察和推进润州区城市经济发展工作，审议《关于加快设立润州区产业引导基金的建议案》等事宜
10月26日	区政协六届九次主席会议	听取区政府对区政协六届一次全体会议提案办理情况的通报，并进行评议
11月29日	区政协六届十次主席会议	专题视察区科技公共服务平台建设对服务平台的主要功能、技术支持、服务水平和运行发展状况进行了解并对科技公共服务建设提出了合理化建议
12月26日	区政协六届十一次主席会议	讨论召开区政协六届二次全体会议的有关事项

中共润州区纪律检查委员会

栏目编校:谢竞美

润州区纪委常委、委员名单

（2017 年 12 月）

常委:

杨　坚　　周向群　　孙建民　　孙建军　　李志鹰(女)

委员:

杨　坚　　周向群　　孙建民　　孙建军　　李志鹰(女)　　倪南成
马　力　　王志祥　　史润忠　　石光亚　　易仁东　　夏　兵
赵　莹(女)　　金威威

综　　述

【概况】 2017 年，全区各级纪检监察组织在上级纪委和区委的领导下,围绕全区工作大局,聚焦监督执纪问责，坚持把纪律挺在前面,驰而不息纠正“四风”,坚定不移惩治腐败，深化纪检监察体制改革,为推动“强富美高”新润州建设提供了坚强有力的纪律保障。

“两个责任”得到有效落实。推动党委落实好主体责任，协助区委制定 2017 年度“两个责任”清单,细化分解职责任务,层层签订主体责任书和监督责任书,将党风廉政建设目标任务落实到具体对象、明确到责任部门、细化到时间节点。切实履行好专责监督职责,督促各单位严格落实“双报告”制度,协助开展年度责任制检查考核。着力加强对党组织和党员领导干部遵守党章党规党纪、贯彻执行党的路线方针政策情况监督检查，督促各级党组织和党员领导干部担当起管党治党政治责任。建立健全约谈函询、述责述廉全程记实等制度,制定落实“两个责任”细则和问责条例实施办法,不断加大问责追究力度。2017 年,对落实“两个责任”不力实施责任追究 3 人次，并给予党纪处分。

深入把握运用“四种形态”。落实纪法分开、纪严于法的要求,坚持惩前毖后、治病救人的方针,积极探索监督执纪“四种形态”的具体标准、适用方法、相互转化、审理量纪等有效机制。2017 年,共运用“四种形态”处理 84 人次。其中,第一种形态批评教育、谈话函询 45 人次,占比 53.6%,使红脸出汗成为常态；第二种形态党纪轻处分、组织调整 27 人次,占比 32.1%;第三种形态党纪重处分、重大职务调整 2 人次,占比 2.4%;第四种形态严重违纪涉嫌违法立案审查 10 人次,占比 11.9%,有力维护了纪律工作小组，制定印发实施方案,有序推进机构组建、部门设置、干部转隶等重点工作,积极筹备区监察委员会主任选举、人员任命、成立挂牌等关键工作，统筹谋划深度融合、制度建设、后勤保障等后续工作，确保监察体制改革试点工作蹄疾步稳、落细落地。

队伍自身建设不断加强。扎实推进“两学一做”学习教育常态化制度化，深入开展“打铁还需自身硬”专项行动。严格执行监督执纪工作规则，强化自我约束，注重全程监督，完善内控机制，把纪委的权力关进制度的笼子。实现线索处置和执纪审查以上级纪委领导为主，建立健全向上级纪委请示报告制度。落实纪委书记、副书记提名和考察以上级纪委会同组织部门为主的要求，制定实施街道纪工委书记、区纪委派驻纪检组组长、副组长提名考察办法。完善全区纪检监察工作项目化管理机制和纪检监察干部动态管理考核评价机制。加强对重要岗位和关键环节的监督，开展区纪委机关廉政风险点排查，共梳理廉政风险点18个，均整改到位并长期防控。公开工作流程，定期发布和通报执纪审查信息，回应社会关切和群众期盼。

【严把“三道关”，确保“廉洁”过“廉节”】 2017年，为进一步加强节日期间的党风廉政建设，润州区纪委严把“教育、督查、问责”三道关，打出廉洁过节“组合拳”，坚决遏制“四风”问题反弹回潮，确保全区党员干部“廉洁”过“廉节”。把好“教育关”，提前敲响廉政警钟。组织观看《永远在路上》《打铁还需自身硬》等警示教育片，引导广大党员干部树立正确的人生观，增强廉洁自律意识。向全区党员干部发送廉政短信，开设廉政党课，重温党规党纪，划好“廉政红线”，提醒党员干部在节日期间时刻绷紧自律之弦，构筑反腐“第一道防线”。把好“督查关”，严防作风问题反弹。采取分级负责制，由各级纪检监察组织和相关职能部门对辖区内的公款消费、公车使用、值班纪律以及执行作风建设有关规定情况进行全面自查和网格化督查，并随机开展明察暗访，同时公布举报电话、邮箱，畅通信访举报渠道，发动群众参与监督，形成全方位的监督体系，让披着“隐身衣”的“四风”问题无所遁形，在全区营造良好的作风环境。把好“问责关”，强化管党治党责任。严查快处“四风”问题尤其是隐形变异问题线索，对节日期间的违规违纪问题发现一起追究一起，对有令不行、有禁不止、顶风违纪的单位和个人绝不姑息。严格落实“一案双查”制度，对“两个责任”落实不到位，发生严重违规违纪行为的单位及主要负责人，按照《中国共产党问责条例》规定严肃问责，形成有力震慑。

【夯实基层纪检监察组织建设】 2017年，区纪委紧紧围绕加强基层纪检监察组织建设要求，把建强基层纪检干部队伍放在重要位置，着力抓实选、育、用、管四个环节，提升纪检监察组织建设整体水平，为推进基层党风廉政建设和反腐败工作提供坚强保障。畅通“选”的渠道，千方百计配强班子。严格落实街道纪工委书记提名考察办法，按照“街道纪工委不少于3人”要求，全区7个街道共配备专兼职纪检干部25名。在选优配强街道纪工委班子的同时，重点抓好村居纪检干部配备，坚持将政治过硬、公正廉洁、了解社情民意、在群众中威信较高的优秀干部充实到村居纪检组织，全区59个村居共配有专兼职纪检干部113名。创新“育”的方式，多途径提高监督执纪能力。将街道、村居纪检干部培训纳入全年培训计划，采取开展业务轮训、开设廉政讲堂、召开理论研讨会等多种方式，提高基层纪检干部综合素质。注重实践锻炼，全年共选派7名街道纪工委书记、4名基层纪检干部赴市、区纪委进行跟班培训，累计开展各类培训102余人次。增强“用”的效果，引导纪检干部聚焦主责。认真开展街道纪工委书记分工兼职“回头看”及议事协调机构清理工作，确保街道纪工委聚焦主责主业，履行好监督执纪责任，种好自己的“责任田”。2017年，全区7个街道共退出议事协调机构20个，保留13个。提高“管”的水平，规范纪检干部履职行为。建立健全区纪委监察局领导班子、相关室办分片联系基层纪检监察组织制度。按区域邻近等原则，把街道纪检组织划分成3至4个片区，定期组织开展业务交流活动。加强对街道纪工委、村居纪检组织的日常考核和年度考核机制，年底开展街道纪工委书记述职述廉，重点考核党风廉政建设目标责任完成情况。

【“阳光纪检 执纪为民”走访专项行动】 2017年，润州区纪委深入基层开展“阳光纪检 执纪为民”走访专项行动，继续加大对民生领域的监督执纪问责力度，不断提高群众对正风反腐的获得感。走访专项行动坚持以发现问题、解决问题为抓手，全面结合大走访工作、“三治理一挂牌”专项行动，结合委局领导挂钩联系制度，分5组走访辖区相关街道，采用座谈交流、定点接访、入户走访、带案问访等多种形式，与居民群众“面对面”交流，变“坐等来访”为“主动走访”，现场听取群众心声，受理群众举报，全面摸排扶贫民生领域侵害群众利益的不正之风和腐败问题线索。全年，“阳光纪检 执纪为民”行动共走访群众近30户，并将收集到的各类问题线索建立专项台账，及时处置。

【学习中共十九大精神】 为认真学习贯彻中共十九大精神，区纪委迅速制定全区纪检监察系统学习贯彻十九大精神工作方案。一是集中观看研讨。全程集中收看习近平总书记在中共十九大的报告，分层次组织区级、街道、村（社区）纪检干部，通过对照原文学、专题研讨学、集中交流学、中心组理论学习等方式，深刻领会十九大报告和新党章的丰富内涵和核心要义。二是座谈交流谋划。分别召开街道、直属单位纪（工）委书记及派驻纪检组长座谈会，结合学习贯彻十九大精神，对2018年工作进行谋划，确保全区纪检监察干部时刻保持干在实处、走在前列、勇立潮头的精神状态和使命担当。三是学深学透学懂。加强个人自学，按照原原本本学报告、认认真真读党章的要求，学习领会报告的新理念、新思想、新论断、新战略、新要求，着重学习党章总纲和条文部分修改的内容，撰写心得体会。四是实时分享互动。通过"润州纪委"微信群、"润廉清风"QQ群组织全区纪检干部互动学习，结合思想和工作实际，学深悟透十九大精神和新党章的思想精髓，做到听得懂、能领会、可落实，扎扎实实把十九大精神体现到全区全面从严治党、党风廉政建设和反腐败斗争的全过程、全方面。

【部署区委第二轮巡察工作】 10月23日，润州区召开八届区委第二轮巡察工作动员部署会，贯彻落实党中央、省、市、区委关于开展巡察工作的系列要求，部署启动八届区委第二轮巡察工作。会议强调，开展巡察工作，是贯彻落实全面从严治党向纵深发展的制度安排，要进一步提高政治站位，深化政治巡察，发挥利器作用；要突出问题导向，深入查找党的领导弱化、党的建设缺失、全面从严治党不力，党的观念淡薄、组织涣散、纪律松弛、管党治党"宽松软"的问题，发挥尖兵作用；要强化整改督办，即知即改，推进标本兼治；要综合用好巡察成果，真正体现巡察的权威。被巡察单位要强化从严治党意识，主动接受巡察，积极配合巡察组开展工作，把接受巡察的过程当作寻找差距、增强党性、改进工作的过程。八届区委第二轮巡察是新成立的区委巡察机构"第一次任务"，全体巡察干部要牢记职责使命，强化责任担当，认真履职尽责，让管党治党真正"严紧硬"，为推进"两聚一高"润州新实践提供坚强的政治保障。会议指出，八届区委第一轮巡察工作聚焦从严治党，抓住了"全面从严治党主体责任"关键，达到了"发现问题形成震慑"目标，实现了"整改问题促进提升"初衷，起到了"锻炼队伍积累经验"效果，取得初步成效。会议要求，该轮巡察要优化方案举措，切实履行政治巡察职责使命，做到增强"四个意识"，把政治巡察要求落到实处；坚持问题导向，把巡察震慑要求落到实处；加强督促整改，把成果运用要求落到实处；注重上下联动，把上级巡察要求落到实处。要建优建强队伍，锤炼对党忠诚的政治品格，养成学思践悟的学习习惯，担起动真碰硬的责任担当，强化遵规守纪的底线意识，确保巡察任务圆满完成。

【巡察整改制度】 2017年，区委巡察办和巡察组认真总结以往巡察工作经验，深入梳理八届区委第一轮巡察发现的3方面52项问题与被巡察单位提供的63项整改措施，初步建立"五式管理"与"五账管理"相结合的巡察整改制度，确保巡察成果能够有效落实。一是分类梳理问题。按照党的领导、党的建设和全面从严治党、党风廉政建设及反腐败斗争工作三方面进行归纳总结。坚持问题导向，紧盯重点人、重点事、重点问题。深入了解被巡察党组织和党员干部在尊崇党章、坚持党的领导、加强党的建设和落实党的路线方针政策方面情况，落实中央和省市区委重大决策部署情况，履行全面从严治党责任情况。二是启动"五式管理"。对巡察发现的问题线索和整改情况实施清单式、项目式、台账式、销号式、承包式的"五式管理"。清单式管理，列出"五张清单"，以问题清单对应被巡察单位反馈意见，以任务、整改清单对应被巡察单位问题整改方案，以办结、追责清单对应问题整改督办。项目式管理，将二轮巡察重点关注的问题领域划分成三大类型，细化到小项目，使整改工作开展更具有针对性。台账式管理，对巡察中发现的问题建立台账，专人负责管理，使每项工作都有详细记录。销号式管理，按照记录的问题，逐一排查整改，确保达标销号，避免出现"呆账""坏账"。承包式管理，将整改任务分解到具体负责人，跟进整改问效督办，对整改不力的责任人肃纪问责。三是坚持"五账管理"。巡察阶段中坚持巡察报告是"报账"，巡察反馈是"交账"，巡察移交是"转账"，巡察督办是"查账"，巡察整改是"销账"的"五账管理"，保证巡察察出问题，改出成效。同时，建立牵头单位组织实施、配合单位积极参与、巡察办跟踪督办的"三位一体"工作机制，力保巡察成果全辐射、集中整治全覆盖、推动落实全到位。

【"村账镇管"全覆盖，多措并举防违纪】 2017年，为加强村集体资金收支监管，从源头上预防和治理违反财经纪律的问题，区纪委采取行政推动、部门配合、上下联动，明确责任、督查指导的工作机制，积极探索"三资"管理新举措，全力推进全区村级集体资金乡镇财政所管理试点工作，全区涉农的6个街道18个行政村顺利实现"村账镇管"全覆盖的目标。一是统筹协调推进。区纪委具体负责督促、协调“村账镇管”项目的推进和开展，督促各街道党工委、办事处及相关业务主管部门落实主体责任和监管责任，细化治理工作措施。二是注重管理规范。村级集体资金实行委托承办制，由村委托，财政所承办。财政所按行政村统一开设集体资金结算专户，集中核算行政村各项收入支出和往来，但资金的所有权、使用权、审批权和收益权等“四权”仍归村级集体所有。三是严格监督问责。全区各级纪检监察组织明确职责定位，强化监督执纪问责，持续加大查处、督办和问责力度，每月发一次督查通报，对工作推进缓慢，问题查处和整改不力的，严肃问责。四是排查防范风险。全面排查农村集体“三资”管理风险点，强化内部监控，落实责任追究，严禁任何人、任何单位借试点改革之机截留、平调、挪用村级集体资金，确保村集体资金和人员的“双安全”。

【提升信访案件查办质量】 2017年，为有效解决发生在群众身边的腐败问题，切实维护和保障群众的合法权益，区纪委在提升信访案件查办质量上持续发力，在畅通案件渠道上下苦功夫，在案件流转上坚持全程留痕管理，不断提升信访案件查办质量。一是聚焦职责定位，实现一个“快”字。对重点问题坚持严查快办，确保力量聚焦，威力不减。在查办案件时坚持“四必查”。即：必须对群众信访反映的所有问题逐一调查，不得漏查；必须对重点问题深入调查，不走过场；必须坚持每个问题一次查清，不留隐患；必须对违纪违法的党员干部一查到底，严肃处理。二是聚焦拓宽案源，克服一个“等”字。坚持多渠道开拓案源，加强信访体系建设。制定领导包案化解措施，倒排任务工期，对群众要求合理，有法有依据的诉求及时推动解决。全年，通过领导包案化解信访积案13件，有效将矛盾化解在基层。同时结合“三治理一挂牌”专项行动，重点关注扶贫领域、村社区“三资”管理、低保等群众反映强烈的问题。加大对群众身边腐败信息的收集，对群众意见较大的“四风”问题专门登记造册，分析研判，紧盯不放。三是聚焦闭环机制，体现一个“效”字。统一接收上级转办、本级自收的信访件，实行分级登记制度，坚持应登必登，有登必查的原则，不放过任何线索。对受理、办理、流转、反馈等环节坚持全程管控，构建无缝衔接的闭环制度。严格按照时间权限，督办信访件，确保信访件办理迅速，回复及时。2017年，区纪委信访件办理效率大幅提升，信访结案率同比增长10个百分点。 （刘 帅）

2017查办案件统计表

表10 单位：件、人

项目 年份	立案数	上年遗留案件数	本年遗留案件数	错误性质							立案人数	处分结果												处分人数	刑事处理人数	结案数	挽回济损失(万元)
												党纪处分					政纪处分						其他				
				违反政治纪律	违反组织纪律	违反廉洁纪律	违反群众纪律	违反工作纪律	违反生活纪律	违反国家法律法规规定		警告	严重警告	撤销党内职务	留党察看	开除党籍	警告	记过	记大过	降级	撤职	开除	免于党纪处分				
2017	42	2	4	1	4	7	0	5	2	27	42	19	6	0	1	11	2	–	–	–	–	1	–	39	8	39	61.98

民革润州支部

【概况】 民革润州支部现有党员29人，其中担任市人大代表1人，市政协委员1人，区政协常委1人，区政协委员4人，区人大代表1人。2017年，民革润州支部紧紧围绕“发扬传统、扎实工作、有所创新、争取突破”的支部工作十六字方针，以人为本、创造性地开展活动，博得党员们的一致共鸣，收到了较好的社会效果，充分发挥了基层组织对社会发展的促进作用。

组织学习中共十九大会议精神。76岁的徐广斌是支部年龄最大的党员，他主动带领支部党员重点围绕《镇江日报》10月23日三版转载的“十九大报告透露的八大改革着力点”进行学习。学习后，党员们都表示十九大的报告很是振奋人心，对以习近平同志为核心的新一届领导班子充满信心，对国家未来的发展充满期待。

促进两岸和平统一是民革的一项重要职能。在润州民革支部的帮助下，台湾老兵左先生实现叶落归根的愿望。左先生是国民党高级将领，几十年来对祖国大陆思念不断。润州支部一直与他保持联系，左先生曾在2011年4月到镇江，圆了他几十年的回乡梦想。2013年5月又到镇江，寻找老宅，虽然房屋已被拆除，但几十年来终于可以回家的体验，使他感慨万千。2017年，他再次到镇江，润州支部原副主委胡慧，支部党员鲁仲俊代表润州支部全程陪同，用爱心热心促进两岸交流，以实际行动搭建促进两岸和平发展的桥梁。

开展调查研究和课题实验，是民主党派人士参政议政的基础。2017年，润州支部主动与市食品药品监督管理局对接，请食药监局出题，顺应参政议政中“党委政府出题，民主党派调研”的新方式、新要求。食品安全是目前群众十分关注的问题，特别是对小微餐饮经营单位的管理。据统计，全市小微餐饮单位近7000家，小餐饮难管，手段硬了容易激化矛盾，软了又达不到效果。因此，两家共同开展《镇江市小型微型食品经营单位状况及管理对策课题实验》课题研究，用一年的时间形成实验报告，为镇江市食品药品监督管理局研究制定《镇江市小型微型食品经营单位登记管理办法》提供依据。支部工作紧紧围绕课题开展，通过征求意见，进社区实地考察存在问题，到上海闵行区考察学习小餐饮管理做法和经验等多种形式，深入分析小餐饮的经营现状及监管面临问题，找出症结，采取有效措施，破解小餐饮监管难题，提出对学校、菜场、小区周边小餐饮实行整改奖励，整改合格小餐饮实行备案，今后纳入城管网格进行统一管理的多项建议，有力促进管理部门圆人民群众“饮食平安梦”的愿望和目标。

发挥自身特长，做好社会服务，是民革党员的自觉行动。支部党员、镇江市恒源磁电有限公司总经理经怀兵，镇江市江天集团汽车技工学校教师鲁仲俊，都是汽车机械行业的专家，他们被江苏省润州中等专业学校聘为校外视导员，他们本着民主监督、社会参与的思想，积极参与学校的工作。经怀兵为润州中专学校开放办学出谋划策，他结合企业用工的情况，利用他创办的企业与学校距离较近的优势，愿意无偿地为学生提供实训操作的场地和材料，也希望能有更多的优秀毕业生到他创办的企业就业。鲁仲俊结合自己的工作，为润州中专学校汽车专业学生今后的培训项目给予大力的支持。

支部人大代表、政协委员参政议政全情投入，取得良好效果。支部党员、区政协委员鲁仲俊执笔的《关于老旧小区物业管理的建议》获2017年润州区重点提案。支部主委、市政协委员曹琳的政协镇江市委员会八届一次会议提案《关于设立“镇江慈善奖”的建议》得到政府重视,以市政府名义设立了首届“镇江慈善奖”,对在公益慈善领域作出重大贡献并具有良好社会影响力的个人、企业、慈善组织以及具有创新性、示范性的公益慈善项目进行表彰,表彰对象87个。9月8日,镇江市“脱贫攻坚·慈善助力”主题活动在市艺术剧院举行,市委书记惠建林颁奖。2017年在民革镇江市委举办的征文比赛和参政议政评比中,润州支部成绩突出,获一等奖两个,二等奖两个,三等奖一个,两人获十佳参政议政先进个人称号。(民革润州支部)

民盟润州支部

【概况】 民盟润州支部现有成员28名,其中1名医生,1名电力工作者,26名教师。2017年,支部坚持“立盟为公、参政为民”的宗旨,充分发挥智力优势,积极参政议政,不断加强自身建设,为润州区的跨越发展做出积极贡献。

组织学习,提高盟员思想政治素质。为增强盟员爱国民主、同盟同志、建言力行、修身立业的党派意识,支部制定周密的学习计划和方案,通过组织盟员学习盟史盟章等主题活动,提高盟员的党派意识和政治素质,增进坚持完善中国共产党领导下的多党合作的共识。组织盟员集体观看中共十九大开幕会,认真聆听习近平同志代表中共十八届中央委员会向大会作的报告。直播结束后,支部盟员交流观看感想,畅谈各自的学习体会和感受,就普遍关注的经济和社会发展问题以及教育问题,进行深入讨论。支部还积极开展“树立和践行社会主义核心价值体系”学教系列活动,积极参加民盟市委会组织的读书活动,盟员孟庆媛在读书活动中荣获一等奖。除参加盟市委组织的各项活动外,支部还组织形式多样的活动,如组织到牛首山考察、参观镇江看守所等内容丰富的活动,增强了支部的凝聚力。

参政议政,反映社情民意。润州支部紧紧围绕区委、区政府制定的“十三五”规划纲要及人民群众关心的热点、难点问题,精选调研课题,认真调查研究,提出具有前瞻性、建设性、可行性的意见和建议。在要求盟员政协委员做好建议、提案的同时,鼓励和引导其他盟员积极投身到参政议政工作当中。2017年支部调研的课题是“互联网+教育的调查与思考——以润州教育为例”,详细阐述了互联网下教育的憧憬与变革。

加强组织建设,吸纳新鲜力量。支部本着“坚持标准,注重活力”的原则,把组织建设和组织发展工作与加强盟的建设结合起来。严格按照组织发展的程序,充分听取共产党组织和群众的意见,2017年年底吸纳了3名政治素质好、作风正派、学有专长、富有生气的同志入盟,盟员的整体素质较高。从支部成立到现在,民盟润州支部先后受到盟省委、盟市委多次表彰,2017年年底民盟润州支部荣获市“优秀组织奖”,凌芙仙、孟庆媛被盟市委评为“优秀盟员”,王平原被盟市委评为“组织工作先进个人”。

组织盟员开展公益活动。支部利用盟员的职业特点,长期开展公益助学助困活动。5月,润州支部联合市妇联、周艺艺术中心与金江社区渔民家庭结对,通过才艺表演,捐赠图书等形式,让城乡孩子手拉手,共享一片蓝天,让有专业特长的盟员教师积极参与到为社区中小学生课外教育服务的活动中来,为社区内的学生提供音乐、美术、科技等方面的讲座,史金梅老师为社区孩子执教了语文课《半截蜡烛》。10月,支部与金泉社区、江苏大学志愿者在润州区机关幼儿园开展“手绘灯笼,喜迎十九大”活动,指导小朋友在灯笼上绘画表心愿,送祝福,喜迎中共十九大召开。

立足岗位争做优秀的人民教师。民盟润州支部成员以教师为主体,这些教师年龄结构涵盖老中青,学科分布均匀,学段全面,有幼儿园、中小学、中专学校。支部将盟员进行梳理,分成专家型教师、骨干型教师、成熟型教师三种类型,要求专家型教师不仅学术上有所专攻,还要将教育理念向家长渗透,每学期进社区讲座一次;骨干型教师在学科领域开展“青蓝结对”,给年青教师上示范课,进行专业引领;成熟型教师制定好自己的专业发展规划,并分解到年度执行,定期交流心得,在盟员中形成赶学比超的正气。支部要求盟员要努力成为传道、授业、解惑者,成为具有教育智慧的学者,成为人格修养的楷模。不仅要注重教书,更要注重育人;不仅要注重言传,更要注重身教。静下心来教书,潜下心来育人,努力做受学生爱戴、让人民满意的人民教师。2017年,李荣斌、王平原、凌芙仙、朱莉被评为润州区优秀教育工作者,王平原、朱莉再次被评为市骨干教师。

(民盟润州支部)

民建润州基层委员会

【概况】 民建润州基层委员会现有会员44人,下设三个支部,会员主要以经济界人士为主。会员中有中级职称20人,高级职称11人,占会员总数的70.4%;女会员19人,占总数的43.2%;会员中担任市政协委员3名,区政协常委1

名，区政协委员10名，区人大代表1名，23名法人代表。2017年，民建润州基层委员会在民建市委会和润州区委统战部的领导关心下，思想建设、组织建设、参政议政、组织活动、社会服务等各项工作稳步推进，创新发展。

思想建设有新提升。以开展各类主题教育活动为抓手，深入推进思想建设。认真组织全体会员听取学习中共十九大报告，并撰写学习心得，基层委员会认识到，学习十九大报告就是要求我们以报告精神统一思想，凝聚人心，指导工作，履职尽责，要以“四个结合”，增强思想政治工作的“四性”。一要与各种学习相结合，增强思想政治工作的自觉性；二要与解决实际问题相结合，增强思想政治工作的实效性；三要与参政议政相结合，增强思想政治工作的主动性；四要与组织发展工作相结合，增强思想政治工作的保障性。

组织建设有新举措。以贯彻市委会自身建设各种会议精神为契机，全面推进组织建设。学习《民建中央关于新形势下进一步加强自身建设的意见》，在提高自身素质的同时，加强队伍建设，组织各支部主委参加各级各类培训学习，同时注重高质量培育发展新会员。针对一支部班子领导组织不力问题，及时进行了改选，重新选举主委、副主委，让有能力、乐奉献、能干事、会服务的同志担任支部领导的重任。

参政议政有新作为。紧密围绕润州经济社会科学发展，开展调查研究，依托各方力量，努力在参政议政中提出水平较高、操作性较强的建议和措施。8月15日下午，中共镇江市委召开双月座谈会，围绕“坚持产业强市，筑牢发展根基”主题听取市各民主党派、工商联和无党派人士的意见和建议，民建市委就加快镇江市制造业转型升级、提升核心竞争力提出的“关于加快我市实体经济发展的建议”，调研材料来自于基层委员会提供。步建坤主委在市政协八届二次全会联组讨论上作交流发言“关于切实防范新生代经营者本领不足的风险”的建议，在双月委员座谈会上专题发言“关于抓紧解决我市质检检验平台几个突出问题的建议”。步建坤的《关于进一步加快推进我市工业绿色转型发展的建议》获市政协优秀集体提案奖。

组织活动有新特色。9月14日下午，民建润州基层委员会联合市直支部与中共江苏省交通技师学院路桥系总支联合举办“同心同行，建功立业，喜迎十九大”主题活动，双方各派了3名成员就共产党领导的合理性、多党合作与政治协商、和谐社会、社会主义核心价值观、镇江文化历史等方面内容进行了剖析发言。组织会员赴盐城、句容调研特色观光农业，到华西、靖江学习新农村建设等。

社会服务有新贡献。凝聚力量，开展扶贫帮困，力所能及服务社会。12月27日上午，润州基层委员会与会员企业——镇江美伦润滑油有限公司一行四十余人走访润州康居老年公寓。大家亲手为老人们送上热水袋、保温杯、棉帽等价值数万元的过冬保暖物品，更送上了民建会员及会员企业对老人们的关爱。

（民建润州基层委员会）

民进润州综合支部

【概况】 2017年，民进润州综合支部紧紧围绕“不忘初心 凝心聚力”主旨，努力在“两聚一高”新实践中有效作为，在思想建设、组织建设、课题调研、社会服务等各项工作中取得新成绩。

以会史教育为核心，强化思想建设。组织建设和会员的思想建设是支部的根基。支部在组织建设上以“三聚”（聚心、聚力、聚智）的有效方式把会员团结起来，发挥热情投入到支部建设中去。积极参加市政协组织的“低碳行·公益心”委员活动和镇江市政协委员“懂政协强素质”主题培训，心灵和思想得到了升华。6月，支部3名主委参加民进镇江市委会组织的赴安徽省安庆市赵朴初故里。5月，支部组织会员参观赵伯先故居。开展以“不忘合作初心，薪火相传画好同心圆”为主题的会史教育活动。2017年新发展了两名新会员，黄冰和张振翔两名会员参加了市委会骨干会员培训班。

以智聚汇集为重点，多形式展风采喜迎中共十九大。及时组织会员学习中共十九大报告和开展系列活动。采取支部集中学习和会员撰写体会心得的形式，会员陈星和陈赟分别结合各自的岗位撰写体会书写了对十九大报告认识。会员叶国勤、张新东参与服务民进镇江市委和镇江民进书画研究会主办的“镇江民进会员书法美术作品展”并用各自的书法篆刻作品，以笔墨寄情，以书画言志，彰显积极向上和追求进步的激情。会员张振翔主动参与市委会举办“不忘合作初心，展现会员风采”主题演讲比赛，声情并茂地讲述了支部建设、会员履职和双岗建功中的优秀事迹，展现了支部民进会员的风采。会员黄冰的作品两盆老鸦柿盆景参加了镇江市第四届家庭盆景展。会员张新东的篆刻作品在镇江市京口区首届篆刻大赛中获一等奖，书法作品《心经书法》资助南京玄奘寺电影《三藏塔》拍摄，书法、篆刻作品被《中泠印社成立三十周年社庆系列展作品集》收录。

以同心思想为引领，社会服务汇聚正能量。自2011年民进润州综合支部会员自发捐款成立“民进爱心志愿者”队伍以来，支部通过创新多种形式社会服务活动，增强组织凝聚力，扩大社会影响和扩大组织影响力，同时在活动中开展调研，发现问题。2017年，支部继续开启爱心模式，结对镇江穆源民族学校，开展贫困学生捐资助学活动。4月，由支部提倡，镇江民进书画研究会在市残疾人托养中心开展公益助教活动，书画家们与托养中心签订了“长期义务书画教学”协议，现场指导托养中心的孩子们进行书法创作。支部书画研究会两名会员积极参与市委会在银山门社区开展“春联万家”活动，捐赠书画作品一幅。支部会员还积极参与市委会与句容白兔学校学生捐书助学活动。支部以“服务就在身边、人人多要参与”的理念，以微公益作为社会服务的着力点，依靠支部会员的积极参与，营造“爱满民进”的氛围。

以课题调研为抓手，参政议政多献策。支部提出“一支部一提案”“一会员一建议”，积极引导和鼓励会员结合自己的工作性质和专业特点，发挥优势，找准参政议政的切入点，进一步提高调查研究的深度和广度，投身到议政建言的社会实践中，切实提升履职成效，形成一批在地方有影响的参政议政品牌。在市、区人大、政协会上，支部4名政协委员共提交提案11件，其中支部提出的“关于加快生态城镇化示范区建设的建议”作为民进市委会八届一次集体提案；陈星提出的“关于当好宁镇扬一体化建设主推手的建议”作为市政协6大类重点提案之一，“关于加大帮扶力度解决因病致贫问题的建议”作为润州区重点提案。积极参与市政协朱云峰副主席督办“做强实体经济要走创新、融合的新路子”重点提案督办和市政协卢道富副主席督办“用项目化的方法，积极有序推进宁镇扬一体化”重点提案督办，通过系列的现场督办活动，提出相关思考意见。5月，综合支部组织会员赴社会主义新农村建设的典范——常熟市蒋巷村参观学习，会员们通过参观蒋巷生态园、民俗馆和农家民宿，与当地农民进行交流，真切感受到蒋巷村立足三农优势资源，依托良好生态环境，借助特色民俗文化，吸引游客观光休闲，促进农业功能拓展，实现农民就业增收的社会主义新农村的成果，启发了会员对旅游和现代农业发展的思考。会员陈星提出的“关于加快西南片区综合整治后转型升级的建议”被润州区政协评为2014～2016年度优秀政协提案，“关于加快推进科技创新一条街建设”获市政协2015年度优秀提案。

（民进润州综合支部）

农工党润州支部

【概况】 2017年，农工党润州支部深入开展坚持和发展中国特色社会主义学习实践活动，不断夯实思想政治基础；紧紧围绕润州城市经济发展开展调查研究，积极建言献策；加强基层组织建设，认真履行参政党职能，开展社会服务，各项工作稳步有序，健康发展。

加强思想学习，凝聚政治共识。以“不忘合作初心，继续携手前进”为专题加强思想教育。认真学习中共十九大和习近平总书记“7·26”重要讲话精神，号召全体党员坚持中国共产党的领导，牢固树立“四个意识”，不断增强“四个自信”，不断提高“五种能力”；组织党员认真倾听“血与火的考验——中国农工民主党的历史道路”主题宣讲，参观“中共一大会址”和“农工党第一次全国干部会议会址”，重温峥嵘岁月，继承和发扬农工党在长期的革命实践中形成的与中国共产党风雨同舟、患难与共的宝贵经验和优良传统；积极参加农工市委会成立六十周年开展的系列纪念活动，进一步增强党员的凝聚力和向心力，增强自觉接受中国共产党领导的政治觉悟。2017年，农工润州支部被农工市委评为先进基层组织，支部主委刘向华被农工党江苏省委表彰为思想建设先进个人。

加强组织建设，增进组织活力。加强领导班子建设，不断提高凝聚力。建立健全各种工作制度、完善议事规则和决策程序、明确职权范围，增强班子成员的责任意识和服务意识，提高自身的组织领导能力。2016年支部换届后，设支部主任1人、副主任2人，新增组织委员1人，支部班子更加健全，活动开展更加便利。重视党员干部队伍培养，积极完善组织结构。高度重视骨干党员的培养，将干部的长期培养和近期使用相统一，至2017年年底，有1位党员担任区人大代表，2名党员担任区政协委员；注重在新主界别发展党员，党员队伍不断年轻化、知识化、多样化；注重对新党员的培训提高，积极组织他们参加各类培训，选拔骨干力量。创新组织活动方式，提升基层组织活力。支部活动年初有计划，年末有总结，每次活动定地点、定主题、定中心发言人，党员参加率高；活动形式多样，有专题座谈、捐资助学慰问、调研视察等，通过支部活动，老中青三代党员的心紧紧联系在一起，增强了支部党员的凝聚力、影响力和向心力。

建言献策，立足本职服务社会。党员积极参政议政，支部党员杨俊，积极参加人大代表调研工作和选民接待工作，被农工党市委评为社会服务先进个人。支部主任刘向华、副主任方秋玲、刘建中积极建言献策。参与扶贫助学活动，长期资助韦岗小学、省镇中2名贫困学子，捐钱捐物，关注他们的思想，鼓励他们认真学习。赵月红、徐科慧、陈克祥、方秋玲老

农工党润州支部党员们在农工民主党第一次干部大会会址合影

（施一成　摄）

师积极主动参加市教育局组织的志愿导学活动。长期以来，支部全体成员在各自的工作岗位上兢兢业业，锐意进取，不断提高自身的业务素质和思想政治素质，成绩喜人，受到单位领导的好评。2017年，杨俊老师获市教育局嘉奖，赵月红老师被评为市德育骨干，方秋玲老师被评为校师德标兵。

（农工党润州支部）

致公党润州总支委员会

【概况】 致公党润州总支现有党员49名，设有润州一支部、润州二支部、润州三支部、镇江高新区支部。总支主委邓燕，委员刘剑、王立、江晓琛。2017年，润州总支对照本党市委《五年工作规划》要求，明确工作重心，打造特色亮点，积极开展工作。

学习研究，提升总支党员的政治意识。总支始终将学习贯穿到日常生活中，让学习成为一种习惯。一是利用电视、网络自媒体等，开展学习中共十九大报告和致公党十五大报告，各支部组织了多种形式的学习活动，结合各自工作岗位谈心得体会。通过学习，带领全体致公党员认清形势、坚定信念、牢记使命、不忘合作初心，继续携手前进。二是组织骨干党员参加市委学习培训班，听取省政协副主席、致公党江苏省委麻建国主委作的“学《党章》，想基层组织工作”的专题辅导报告，使大家受益匪浅。

开展活动，提升总支的组织凝聚力。加强主委班子自身学习，认真贯彻执行致公党市委会决议，贯彻民主集中制原则，坚持重大问题集体讨论决定，讲究科学的工作方法，全年组织开展了4次主委工作会议，讨论布置总支工作。结合总支换届组织了一次全体党员会议，选举产生了新一届总支领导班子。以支部为单位，组织党员开展活动，各支部结合自身特色，组织了支部进诗社、麦友徒步走、走访慰问老党员、庆“六一”关爱留守儿童等一系列活动，组织生活的制度化、形式的多样化，得到广大党员的积极响应，大大增强了党员的组织意识。总支主动加强与致公党市委的沟通和汇报，选拔热心党务工作、有能力的年轻党员作为培养对象，2017年一、二支部增加了吴聘、成超2位委员，充实了支部的领导层力量。发挥党员个人专长为党务工作做贡献，三支部的新党员汤雯吉擅长演讲，代表镇江市委参加“中国梦·侨海情”致公党巡讲，演讲的《致力为公，致福为农》得到一致好评。坚持“好中选优，优中选精”的原则，吸收了刑灿华、李文娟、郭晨3位在本职工作表现突出的同志加入致公党。

调查研究，提高总支的参政议政水平。积极履行参政议政职能，围绕区委、区政府中心工作，重点选择促进润州经济社会发展的热点难点问题提出建议。在2017年市、区人大、政协会上上交集体提案2件、个人提案15件，其中邓燕的“关于建立区政府产业投资引导基金的建议”被列为区政协主席督办重点提案之一。关注全面深化改革形势，集中优势资源和特长，带动各方面力量，围绕司法、民生等难点选准课题开展调研。全年总支申报课题4个，其中一支部李文娟的“建立统一司法鉴定监管机制构想的建议”全票入选省课题，高新区支部王杰的“加强职工健康保障，预防‘过劳死’问题的调研”入选省自助课题。李文娟代表镇江市委参加省委首届汇智论坛作调研成果展示，荣获优秀成果一等奖。积极发挥全体党员的主观能动性，动员全体党员进一步做好信息的上报工作。2017年，总支社情民意信息报送35条，有28条被致公党镇江市委录用，其中王杰有9条信息刊登在“江苏致公”网站上，吴娉《四类金融资产查控难应予重视》被镇江信息采用，王立《“一带一路”战略中需要重视国标在装备制造业中的应用》《对“网络打赏”急需立规矩》被市委统战部采用。积极扩大宣传，全年总支有30篇文章刊登在省、市网站上。党员赵炬肃热爱诗词创作，2017年有十几首诗词在市《多景楼》《润州诗词》《华东石油报》上发表。

主动作为，探索总支社会服务的新模式。探索新渠道、新思路、新形式，引导总支党员积极参与社会服务工作，做出特色。参加“镇江市统一战线精准扶贫暨送温暖”活动并捐款500元，组织策划庆“六一”走进丹徒上会“七彩小屋”关爱留守儿童活动，参加麦田基金——2017镇江站“爱行·为少年而走”徒步行走与爱心捐款活动。党员纷纷自发参加慈善捐款，王立带头给淮阴工学院困难学生捐款1000元、印熙雅给青海格桑花教育救助会捐款2100元、徐睿慈善捐款700元、郭晨慈善捐款200元、邓燕慈善捐款500元、田震鹏牵头给新疆古丽娜一家捐款、赵志刚给空巢孤老拜年送福、参加自闭症孩子行走、长期关心照顾茆金福老人等。润州总支在服务社会的同时还不忘为致公党奉献的老党员们，在春节来临时组织慰问总支80岁以上的老党员，为他们送去组织的关心。

（致公党润州总支委员会）

参加麦田基金捐款活动　　（致公党润州总支　提供）

九三学社润州委员会

【概况】 九三学社润州委员会成立于2014年11月，现有成员46人，下设3个支社，其中女社员20人，退休社员2人，高级职称15人，硕士研究生学历以上12人，政府机关15人，党派机关3人，医药卫生界11人，工程技术界8人，中介及新阶层3人，平均年龄46.1岁；成员中担任区政府副区长的1人，区政协委员的4人，区人大代表的1人；担任市政协委员的3人，其中常委2人；担任九三学社江苏省委委员的1人，社市委委员的4人，其中担任社市委副主委的2人。2017年，九三学社润州委员会认真学习贯彻中共十九大精神，积极开展“观故居、增共识”活动，全面提升成员的政治共识和履职水平，切实履行职能，在各方面都取得较好成绩。

加强理论学习，增加政治共识。委员会把政治学习放在思想建设首位，坚持把思想建设作为组织活动的主要内容。中共十九大召开以后，及时转发市委会的相关通知，发放学习中共十九大辅导材料，要求各支社及时组织学习活动，并结合本职工作谈心得、谈体会，王学剑、尧小慧等成员的学习十九大感想分别被社省委、社市委和区委统战部采用；积极组织成员参加市委、市政协、社省委、社市委和区委统战部组织的学习十九大专题报告会或辅导讲座。认真传达贯彻九三学社全国第十一次代表大会和江苏省委第八次代表大会精神，学习新的九三学社章程，及时把社内的新变化、新情况通报给成员。认真落实中央统战部和九三学社中央有关“观故居增共识”的相关文件精神，积极开展“九三学社传统教育基地行”活动，先后组织近60人次参观吴阶平事迹陈列馆、葛庭燧院士陈列馆、刘文典事迹陈列室、陈桥驿纪念馆和鲁迅纪念馆，进一步激发了社员的爱国爱社情怀，增强成员坚持走中国特色社会主义道路的信心与决心。积极推荐成员参加社省委、社市委和政协组织的各类培训班，先后有25人次参加市政协、区政协、九三学社省委和九三学社市委组织的政协委员培训、新社员和骨干成员培训、宣传骨干和信息员培训，有两人入选区政协理论研究会理事。

关注润州建设，积极建言献策。委员会充分发挥成员智力优势，关注润州经济发展和公众关心的社会热点、难点问题，及时反映基层情况，积极发动成员尤其是担任区政协委员、人大代表的成员，围绕镇江和润州的经济建设、科技发展、社会稳定积极建言献策。在区政协六届一次会议上，担任区政协委员的5名成员在认真参加政协全会的同时，共提出提案6件，其中有1件被列入重点提案；共有8名成员向九三学社市委提交上报社情民意信息60余篇，近20篇被中共市委、省委统战部、社省委、社中央等采用，其中石伟社员上报的信息《军品享受免税政策亟待进一步完善》被全国政协采用并荣获九三学社江苏省委参政议政先进个人；赵俊华荣获九三学社中央2013～2017年度参政议政工作先进个人、九三学社江苏省委

2012～2016年度“参政议政能手”和全市统战系统2016年度信息工作先进个人。积极组织成员参加九三学社中央和九三学社省委的参政议政课题招标和九三论坛的征文工作，共有6名成员提交九三学社中央的《九三论坛》论文一篇，提交社省委《江苏九三论坛》论文5篇其中4篇入选论文集，占全省论文总数的1/16；共有4位成员参与九三学社省委开展的参政议政课题招标活动，投标5篇中标3篇，中标数量占全市的1/2。认真准备材料，积极参加区委统战部组织召开的基层组织情况座谈会和区委常委会民主生活会征求意见会。

加强协调沟通，重视组织建设。委员会注重组织发展工作，特别加强了与区委统战部的沟通与协调，希望能在区后备干部队伍中推荐一些党外人士加入九三学社。社市委领导也特别关注润州委员会的组织发展和后备干部队伍建设工作，施卫东主委和钱伯安副主委专门就此问题赴润州与区委、区委统战部领导进行座谈、研讨，希望能多推荐一些年轻的党外干部加入九三学社。注重组织活动的正常化、规范化，每年都召开年终总结会，在总结本年度工作的同时，就新一年的工作作出部署。2017年，新发展成员2人，其中高级职称1人，润州本土成员1人。钱伯安获九三学社江苏省第七届委员会组织建设模范称号，王学剑、朱萍等6人获社市委2017年度优秀社员称号，尧小慧获社市委2017年度优秀社务工作者。

发挥成员作用，积极服务社会。委员会多年来关心成员的工作与生活，注重成员在单位发挥骨干作用，号召成员发挥才干，积极服务社会。连续多年联合润州区文化馆、中信银行镇江分行、和记大酒店慰问特殊困难群众，2017年再次走进少数民族聚居的杨家门社区，给特困居民送上了大米、食用油和慰问金，给润州山社区特困家庭送去了“爱心年夜饭”。刘军社员连续多年参加镇江日报社组织的给全市特困家庭送“爱心年夜饭”活动，并受到中共市委的肯定和表彰。王学剑律师当选为镇江市律师协会首届监事会为监事长，入选江苏省和润州区处理信访疑难复杂问题专家库成员名单。

（九三学社润州委员会）

润州区工商业联合会

【概况】 2017年，区工商联围绕中心，服务大局，以高度的政治责任心和历史使命感，解放思想，求真务实，顺利完成各项工作任务，荣获中华全国工商业联合会颁发的全国“五好”县级工商联荣誉称号。

落实责任，以过硬的政治素质投入中国特色社会主义新时代。深入学习贯彻中共十八大、十九大及市委、区委全会精神，结合工商联工作实际，紧抓班子和班子成员政治素质建设。一是坚持把党风廉政建设摆在各项工作的首位，进一步健全和完善制度，强化措施，狠抓落实，推动各项业务工作的深入开展。二是召开支部学习会，明确党风廉政建设主体责任，加强对班子成员的监督和约束，增强班子党风廉政建设“两个责任”意识。三是思想建设常抓不懈，强化红色基因，党风廉政建设责任制各项内容得到较好的落实。

学法守法，增强法治思维。通过集体学习和自学等形式，重点学习与民营企业关系紧密的民商法、民诉法和新修订的《中华全国工商业联合会章程》及相关的工商联文件；进一步学习《中华人民共和国公务员法》和相关配套法规，学习有关行政法规及其他法律法规；认真参加网络学法和法律考试。通过加强学习，进一步树立社会主义法治理念，提高法治素质和依法行政能力。

“大走访”活动以真情换实效。加强组织领导，从速推进落实。坚持“领导带队、分工负责、全员参与”的大走访工作安排，制定《润州区工商联大走访活动方案》，将区工商联58名企业家新老执委全部纳入走访对象，走访服务会员企业58家，走访服务挂钩联系社区2家，走访低保困难户、老党员老模范家庭20家。征求梳理会员企业提出的问题16条，均属产业发展涉及的具体问题。其中即知即改的问题13条，占81.3%；集中会办的问题3条，占18.7%，所有问题均得到解决。加强工作效能督查，从实保障落实。调整和完善《区工商联机关“四解四促”挂钩联系制度》，把联系服务会员企业纳入《区工商联年度考核办法》，同步部署、落实、考核。明确每一位领导、每一位同志，至少联系2家基层商会、10家重点会员企业，每周走访企业不少于2个工作日。班子切实发挥示范引领作用，坚持服务为先、走访在前、在第一时间解决问题。通过工作例会和日常督查，抓好大走访工作效能督查，每一位参与走访的同志，都要填写《联系服务企业情况登记表》，都要汇报大走访了解掌握的情况、企业反映的问题、自己联系服务企业的心得。凡是企业提出的问题，能现场解决的，立即予以解决；需要协商解决的，集中会办解决；每一次走访、每一份表格、每一个问题，都要做到“第一时间落实、第一时间反馈”。与此同时，强调走访纪律，严格遵守规定，坚决杜绝扰企扰民现象的发生。加强服务品牌建设，从深抓好落实。深入贯彻习近平总书记在全国政协民建、工商联界别联组会上的重要讲话精神，通过大走访活动，进一步推动构建体现“亲清”原则的新型政商关系，进一步密切与商会组织及会员企业的联系，善于做企业家的倾听者、贴心人。恪守“服务、求实、品质”的工作理念，深化加强工商联服务品牌建设的创新举措，全面推进商会建设，全面优化工商联各项服务职能，努力把区工商联建设成为促进非公经济发展、促进新生代企业家健康成长的生力军。

发挥工商联(商会)的独特作用，参政议政、加强民主协商。引导非公经济人士对润州区政治、经济、文化、社会等方面谏诤言、献良策。非公经济人士中的人大代表、政协委员人人主动撰写议案和提案，较好地发挥了在经济发展、创业创新、民生改善、社会治理等方面的“智库”作用，提高了参政议政能力。积极牵线搭桥、加强商务交流。以会招商，宣传润州区区位优势和良好的投资环境；邀请外地工商联、商会和企业家同行到润州考察访问；引导会员企业转型升级，努力做强做优，工商联骨干成员成为招商引资的宣传员和助推润州发展的实践家，全区民营投资增幅位列全市前列。积极运用平台、加强服务质效。主动对接市工商联，加强与民生银行、市律师服务团、市纳税人维权协会等服务平台的合作，为非公企业提供信息、法律、融资、维权等方面的服务，增强非公企业依法维权、市场竞争、抵御风险和可持续发展的能力。

深化“同心工程”，提升企业软实力。鼓励民营企业家争做“爱国、敬业、诚信、守法、贡献”的社会主义事业建设者，在更高的起点上正确处理企业发展与保护生态环境、维护职工利益的关系。引导民营企业家以实际行动扶危济困，勇担社会责任，以感恩的心，回报社会。全区民营企业(家)积极投身各类公益慈善活动，以金港磁性、广庆电子、宏业科技、金昌机械等为代表的会员企业，踊跃向市、区慈善基金会认捐善款，一大批民营企业(家)慷慨解囊，为全区慈善事业作出了积极贡献。指导基层商会对辖区困难群体开展各种“献爱心、送温暖”活动，与劳动部门共同举办面向困难家庭的定向招工招聘会，促进就业再就业工作。有的民营企业还设立了爱心基金，用于助困、助学、助医、助残、助老等方面，以责任之心，温暖社会弱势群体。

(区工商联)

润州区诗协作品选

改革开放四十周年有感

李克俭

扬鞭跃马踏征尘，一展旌旗四十春。

赤地荒原燃圣火，黄花血路撼天神。

江开浩浩千帆浪，鹤立亭亭满目新。

盛世清言思苦难，初心切莫负田人。

润州区总工会

【概况】 2017年，区总工会深入贯彻中共十八届六中全会和十九大精神，广泛开展群众性经济技术创新和技能竞赛活动，服务转型升级与创新发展；加强维权保障，深化企业工资集体协商，促进职工增收，全区企业工资协商建制率达97.7%；突出依法治会，加强法律宣传与普法教育，引导职工依法理性维权；注重民生改善，推动工会扶贫帮困普覆盖；加强源头保障，建章立制，夯实基层基础，工会工作在服务大局、创新创优中实现了新提升。

【“微创新”工程】 区总工会积极融入全区经济发展大局，引导职工以转型升级和供给侧改革为主线，围绕创新主题，实施“微创新”工程，组织广大职工结合生产实际，依托自身岗位，提小革新、小发明、小创造、小建议等，贡献聪明才智，服务企业发展，共征集职工“微创新”成果（项目）239项（条），其中职工蒋骏提出的微创新“模块化配电板”项目被获评省总工会创新成果奖。全年，各类职工微创新成果共创经济效益约620万元。2017年年底，区总工会对全区优秀创新成果和组织单位进行了表彰。

【职工技能竞赛】 区总工会广泛组织开展岗位练兵、技术比武、师徒传帮带活动，成功举办全区计算机、钳工、物管、应急护理、餐饮等五大职工技能大赛，参赛职工达1232人次，43人获得先进表彰；在各类竞赛中评选了35家区级“五一”劳动奖状和工人先锋号，189名职工技能获得提升；职工技能培训不断拓展，各级工会举办各类技能培训班59期，培训职工4151人次，通过技能竞赛和培训，988名职工晋升技能等级。

【构建和谐劳动关系】 围绕和谐创建目标，区总工会联合区人社局、工商联等部门建立“三级联创”与“巡检”机制，培树了中天物业等15家单位实施达标创建，结合劳动规章共决、职代会星级争创等工作，推动全区和谐创建工作取得成效，全区和谐企业创建率达95%以上，金山街道创成镇江市劳动关系和谐街道。为深化和谐创建，区总工会通过精心调研，多方会商，牵头制定了《润州区劳动关系和谐构建实施意见》，文件由区委、区政府在全区下发，《实施意见》将区总工会近年来“民主一分钟”“三方评估”“职工代表证制度”等创新特色做法纳入其中，作为刚性要求，彰显了工会在和谐构建中的新作为。

【区总工会与工商联联席会议制度】 为推动源头维权，引导职企共谋发展，区总工会与区工商联建立了联席会议制度，旨在进一步维护职工合法权益、推动构建“亲”“清”新型政商关系。同步配套建立四项机制：一是建立分析研判机制，定期召开联席会，分析研判全区劳资和谐现状、供给侧改革对职工就业的影响等议题，研究相应举措；二是建立联合会商机制，会商工会组建、“双爱双评”、企业营商环境等事项，发挥各自职能，促进双向维护；三是建立情况通报机制，对各自重点工作进行通报，加强沟通；四是建立督导评估机制，对部署工作进行督导，评估工作成效，促进改善提高。针对工会组建难现状，双方联

润州区劳模表彰大会 （区电台 提供）

合开展了"百日建会"行动，下发了《关于在全区"两新"组织中开展集中建会行动的通知》，通过上门宣传、约谈企业主等举措，新创计算机等9家"两新组织"顺利建会，新发展会员395人，《江苏工人报》头版头条对此进行了报道。

【评选润州区首届劳动模范】 根据区委文件(镇润发〔2015〕23号)关于每三年评选一次润州区劳动模范的要求，3月底，区总工会牵头成立区劳模推荐评选领导小组，启动首届区劳模评选表彰工作。经层层推荐评选，严格标准，好中选优，并经区委常委会研究，刘彤等30人被评为润州区首届劳动模范。"五一"前夕，区委、区政府对获评的区劳模进行表彰，并通过劳模事迹巡回展、电台专题宣传栏等，广泛宣传劳模先进事迹；区总工会同步提请区委下发了《关于润州区劳动模范享受有关待遇的通知》，明确劳模待遇的同时也规定了劳模应尽义务，进一步激发广大劳模珍惜荣誉、再建新功。

【"菜单式"培训】 2017年，区总工会围绕打造学习型队伍主题，实施"菜单式"培训，取得积极成效：一是适应女职工特点，落实专项培训，聘请专家授课培训，开展拓展训练，引导女职工更加关注心理健康、家庭幸福等；二是结合工会发展新形势，组织全区街道、局(公司)和重点企业工会干部赴省外知名高校学习培训，拓宽视野，提升水平；三是围绕城市型经济发展要求，在区卫生、物管等行业开展专项技能培训，并组织相应技能竞赛，表彰一批先进集体和个人；四是针对工会工作新需求，组织街道工会主席(干事)和社会化工会干部加强"互联网+"业务培训，外引内联，培训与考核相结合，切实打造全能型工会干部队伍。 （黄扣俊）

共青团润州区委员会

【概况】 2017年，在区委、区政府和团市委的正确领导下，润州团区委围绕"两聚一高"润州建设，推动共青团改革发展，着力"补短板"，强调问题导向、找准薄弱环节，集中精力抓重点、创新作为攻难点。

【基层组织建设】 2017年是换届选举年，团区委立足自身，指导各街道、机关团(工)委完成换届选举工作后，在10月底召开了第十次代表大会，为全区今后一个时期的共青团工作指明了方向，并以这次大会为新的起点，为全区经济社会建设贡献自己的青春力量。团区委积极落实团中央关于"智慧团建"的工作要求，完成62个基层团组织的上线工作。团区委持续开展"走村进企入户"大走访活动。对辖区内光华社区、四圩社区、新城花园及镇江飞亚轴承公司共40余户进行入户走访，认真记录他们反映的实际问题和迫切需求，积极为他们出谋划策，并

2017年10月31日，共青团镇江市润州区第十次代表大会 （陈岗 摄）

借此机会摸排调查,打通联系服务群众的最后一公里。团区委将“1+100”“4+1”“8+4”工作机制融入了日常工作,多次开展“机关开放日”活动,要求团干部密切联系群众,以党建带团建,建立基层团工作定期述职制度,对基层团组织的建设进行了常态化的监督和指导。

【青年创业就业】 整合创业载体资源,与江苏科技大学合作开展“亚夫共青”工程,先后举办3次培训班,服务全区创业新青年300余人次。成立“亚夫共青实践基地”“全区志愿者培训学校”等阵地,采取单独举办或组织联办的方式开展志愿服务培训10余场;实施创业“青苗”培养计划,依托金山街道创客驿站、宝塔路街道创客能量站等阵地,组织开展了“创客之声·筑梦润州”青春分享会,打造大学生创业孵化园,全面启动创业导师帮扶计划,针对意向型、初创型、成长型等不同青创主体开展分类引导、精细帮扶。

【青年志愿者服务工作】 团区委与10家青年社会组织“结伙伴”;联合多家青年社会组织,聚力打造“天使计划 梦想课堂”“小芽读书会”等8个社会公益项目,累计争取资金近10万元;联合多家部门、企业开展了“南山有多美”“缘聚工会 今世有缘”“开心之旅 工行献礼”“啡常青春”等青年交友活动,辐射近百名青年;组织街道社区青年志愿者和辖区少年儿童开展“大手拉小手,我为南山添新绿”公益植树活动、开展“不忘初心 牢记使命”党团主题教育等活动,提高团员青年党团意识和爱国情怀;开展“青春志愿行,温暖回家路”“志愿捐髓”“新春嘉年华,关爱外来娃”等活动,累计开展志愿服务10余场,招募参与志愿者300余人次,服务群众达1000余人次。

【青少年违法犯罪】 团区委本级链接“润心心理咨询服务中心”,与区禁毒办联合打造“阳光身心 圆梦中华复兴”禁毒宣传项目,开展活动2场,辐射覆盖数百名青少年;以“为了明天——镇江市重点青少年群体成长护航工程”为统揽,扎实做好五类重点青少年群体管理服务工作,开展法制宣传教育、安全自护教育2次,组织“心语心愿”“模拟法庭”“文明交通少儿绘画”“法制歌曲大赛”4次,参与活动达到500余人次;实施“正向起跑线”行动,依托82名帮办员为闲散青少年创业就业提供系统化指导和个性化服务;通过联合开展“点亮微心愿 国寿传爱心”“四点钟学校”“阳光天使守护行动”“六一圆梦”等活动,引导企业认领并捐助近百名镇江市困境儿童,争取资金5万元;组织开展团干部“1+100——走支部连百心”活动,结对帮扶7名困境儿童;开展共青团与人大代表、政协委员面对面活动2次,进一步畅通青少年反映诉求渠道,将青少年自护教育课程系统化进课堂作为人大代表提案上报,得到区教育局和学校的高度重视。

【学校及少先队工作】 开展传承“红色基因”——“小雷锋弘扬大精神”主题教育活动和“喜迎十九大,我向习爷爷说句心里话”少先队活动课观摩研讨活动。润州中等专业学校团委被评为省十佳中职学校共青团组织;润州区实验小学少先队大队、宝塔路小学二(2)中队被评为“省优秀少先队集体”;宝塔路小学润商少年科学院、中华路小学中华儿童诗社被评为“省优秀红领巾小社团”;镇江实验学校、孔家巷小学被评为镇江市“少先队工作先进集体”;镇江实验学校魅力之城分校被评为“2015~2016年度全市预防青少年违法犯罪工作先进集体”。 (陈 芸)

润州区妇女联合会

【概况】 2017年,区妇联紧紧围绕市妇联工作目标和要求,以着力提高妇女的整体素质为重点,深入学习贯彻中共十九大精神,推进改革方案实施,加大维权力度,强化自身建设,按照常规工作求规范、创新工作求突破的指导思想,用心探索妇女工作的改革和创新。

【开展“巾帼心向党,建功新时代”学习教育活动】 区妇联充分发挥自身优势,立足于用中共十九大精神统一妇女思想、凝聚妇女力量,在各级妇联中开展“巾帼心向党,建功新时代”学习教育活动。一是营造浓厚氛围。基层妇联组织开展了形式多样、内容丰富,妇女群众乐于参与、便于参加的活动。金山街道银山门社区为居民尹桂兰举办“喜迎十九大”剪纸作品展;和平路街道金泉社区走进润州区机关幼儿园,开展“手绘灯笼,喜迎十九大”活动;南山街道黄鹤山社区举办“巾帼心向党,喜迎党的十九大”演讲比赛;二是贯彻发展新理念。进一步拓展“创业创新巾帼行动”的时代内涵,举办“三八架金桥·春风送岗位”女性招聘会3场,现场设立法律、金融等政策咨询台,近1000人到场咨询,免费发放宣传材料2000余份;优化创建“巾帼文明岗”,共有3个岗位获批省级巾帼文明岗,1人获得全国巾帼建功标兵,7个岗位获市级巾帼文明岗。成立润州区女企业家联谊会,联合市场监督管理局、人社、财政、发改等部门,首批吸纳全区25名优秀女企业家会员。组织申报省、市级巾帼创新创业示范基地,创成市级示范基地5家、省级示范基地3家;三是贯彻落实“三个注重”(注重家庭、注重家教、注重家风)。打造“最美家庭”名片,持续深化“最美家庭”建设活动。积极探索开展寻找“最美家庭”“亲子实践”等活动的新路径新亮点,引导广大妇女带动家庭成员建设好家庭、涵养好家教、培育好家风,以更加生动鲜活的形式促进社会主义核心价值观在千家万户生根。

【推进妇联改革】 区妇联按照市妇联改革方案要求,牢牢抓住增“三性”、去“四化”这个关键,科学谋划起草改革方案,经过征求市妇联班子成员、基层妇联、各界妇女代表以及相关部门的意见,向区委分管领导专题汇报等环节,正式印发《润州区妇联改革实施方案的通知》(以下简称《方案》)《方案》聚焦优化机构职能、创新管理模式、组织设置和工作方式等方面,是全方位的自我革新。全区村(社区)妇代会全部完成改建任务,成立村(社区)妇联;建成区内第一个非公企业妇联组织—江苏睿泰数字产业园妇联,并积极谋划城际站场商圈联合妇联组织的建设。创新提出探索“妇联组织+社会组织+志愿者”工作模式,创建女性社会组织服务中心,加强对女性社会组织的联系服务、培育孵化和团结引导,充分调动社会各界力量共同服务于妇女、儿童和家庭。明确发挥“润州女性”微信公众号等网上工作新平台的组合作用,探索建立网络妇联组织,掌握网上舆论工作主动权。

【妇女创新创业】 实施巾帼提素增能、创业创新行动,强劲妇女创新动力,释放妇女创造活力。发挥女性企业家联谊会作用,针对各类妇女群体特别是困境妇女需求,开展“网上行”、家庭服务、农村妇女劳动力转移等培训,增强自我发展能力。以提升职业女性文明素质和岗位技能为重点,深化各行各业“巾帼文明岗”争创活动,增强“巾帼文明岗”的含金量和美誉度。

【组织宣传】 依托妇女儿童之家阵地、各类女性讲堂载体和网络新媒体平台,开展了6场不同类型的女性读书会以及3场母亲节系列活动。建好用好妇女网络评论员、妇女网络宣传员、巾帼网络文明志愿者三支队伍,引领妇女崇尚真善美,弘扬正能量。探索在村(社区)最美家庭、文明家庭、书香家庭、平安家庭中创建“家庭教育中心户”,吸引家庭成员广泛参与,组建家庭教育讲师团,广泛开展家庭公益讲座,传播先进的科学家教育理念,把及时便捷的家教服务送到家长身边。

【妇儿合法权益】 落实维权在源头、在基层、在妇女身边的要求,促进妇联维权工作向纵深发展。巩固律师与妇女儿童之家结对成效,推动村(社区)“妇女儿童之家”建立妇女议事会,常态化开展议事协商活动,从源头强化妇女权益保障。壮大妇联维权代言人、家事调解员队伍,加强与公安、法院等部门的协调合作,共同推进家事审判改革。开展《中华人民共和国反家庭暴力法》实施情况督导,推动法律落地。加大对妇女儿童和家庭需求的调研力度,重点关注困境妇女儿童。积极申报并实施省级妇女儿童公益社工服务项目6个。

【妇儿发展环境】 以“十三五”妇女儿童发展规划实施为统领,以实施妇女儿童民生实事项目为抓手,努力增强妇女儿童获得感和幸福感。着力构建“家庭、政府、社会”三位一体的监护工作格局,为完善家庭监护和国家监护制度奠定基础。进一步放大“社会妈妈”帮困助学、“母亲邮包”、农村贫困妇女“两癌”查治等“妇”字号爱心品牌效应。争取更多妇女儿童实事列入政府购买社会服务目录。依托“妇女儿童之家”,整合多方资源等力量,为妇女儿童提供专业化、精准化服务。

（区妇联）

润州区科学技术协会

【概况】 2017年,区科协认真学习贯彻落实中共十九大、省市科协系统深化改革精神,紧紧围绕全区工作大局,改进工作作风,推动创新工作的开展,以服务“大众创业、万众创新”为主目标,以助推科技创新、服务科技人才为着力点,求真务实、开拓创新,积极发力为建成“强富美高”新润州贡献智慧力量,较好地完成了各项工作目标任务。

【指导基层开展各项创建活动】 继续加强全区街道的科协及社区科普组织建设,做到全覆盖;完善科普设施,提高社区科普服务能力。在2017年度镇江市“社区科普益民计划”中,创成“镇江市科普示范社区”2个,“社区科普志愿者”1个;2017年度镇江市“科普惠农兴村计划”中,“优秀农村专业技术协会”1个,“优秀农村科普示范基地”1个,“优秀农村科普带头人”1名;全国科普日活动优秀组织单位1个,江苏省优秀科普志愿者1名;区科协在全区街道科协组织全覆盖的基础上,在全区高新技术企业中积极宣传、助推企业科协的建立。

【创新驱动】 2017年,区科协在省相关学会和市科协的帮助下,在高新技术企业和创新平台中,建立了2家省级科技服务站。相关企业也与清华大学、东南大学、南京邮电大学、南京工程学院、江苏大学等高校建立了产、学、研合作平台,既为在校大学生提供创新创业发展平台，也为企业的技术研发提供帮助，加快科技成果转化。

【传统科普宣传活动特色亮眼】 5月22日，与市科协联合在七里甸街道万科社区举办镇江市暨润州区2017全国科普宣传周活动启动仪式。启动仪式后，江苏省首席科普专家赵永富博士就食品安全及辐照等方面，从专业的角度为大家解密生活常识中的误区，此次高端报告会有别于往年的传统讲座方式，使居民耳目一新。积极组织开展"全国科技工作者日"，与官塘桥街道联合举办大型广场活动，群众反响热烈，镇江主流媒体均有报道。

【农技协建设】 发挥农技协在农业专业领域的指导作用，发挥科普惠农服务站、农村科普示范基地、科普带头人及科技骨干的示范带动作用，推动林隐茶叶协会等农技协成员单位增产创收，促进了农民创新创业能力的提升。

【众创平台建设】 2017年，镇江协信太古城倾力打造的"启迪众创工社"是润州区众创平台发展的新生力量。区科协积极筹划在"启迪众创工社"中建立科协，希望今后企业科协能为入孵的小微科技企业创新发展提供助力。

（区科协）

润州区文学艺术界联合会

【概况】 2017年，区文联以区委、区政府提出的建设"两聚一高"新润州为动力，带领全区文艺工作者贯彻落实中共十九大精神，认真学习习近平总书记在全国文艺工作座谈会及全国十次文代会、九次作代会上重要讲话。扎根基层，服务群众，做好文艺精品创作、文艺人才培养工作。三集广播剧《韦岗战斗》、歌曲《春风又绿月又圆》荣获镇江市第二届精神文明建设"五个一工程奖"。孙炜、李守农的国画《彩韵滇南》获江苏省第二届江苏美术奖提名奖，区作家协会曾竹花入选镇江市文化单位第二届"五个一批"文艺人才。扎实开展"扎根基层，服务群众"文化惠民活动，组织书法志愿者走进西津渡社区，凤凰家园社区开展迎新春送福送春联系列活动。八一建军节，走进润州消防大队，开展送书画进军营活动。配合区有关部门开展文化宣传活动。与区水利局举办"水韵润州"第三届摄影大赛，"水利情、中国梦"第一届硬笔书法大赛，"水利杯"第一届诗词创作大赛，与区司法局开展"美丽润州，法律相伴"文艺创作活动，丰富了全区文化活动。

【"最美家乡"润州区美术写生创作采风活动】 4月，区文联组织10余名画家走进润州，到大桥公园、五峰茶园、嶂山村实地写生采风，创作国画写生作品近60幅；在"七一"建党纪念日，联合丹徒区文联、丹徒区美协在镇江美术馆举办"最美家乡"国画联展，受到广大美术爱好者广泛好评。

【润州区菊吟京剧协会】 为弘扬京剧国粹，传承优秀传统文化，以润州菊吟京剧社为基本队伍，广泛吸纳京剧人才。12月，成立润州区菊吟京剧协会，于彪当选为协会会长。

【艺术普及工作】 为全面开展艺术普及工作，推进全区书画摄影艺术创作，出精品，出人才，打造润州美术书法摄影活动品牌。10月，区文联、区文体局联合举办润州区第三届美术书法摄影大赛。大赛共收到投稿作品1000多件。

【诗教创先】 2017年11月，润州区被中华诗词学会授予"中华诗教先进单位"，这是继2015年润州区被授予"中华诗词之乡"称号后获得的又一殊荣。近年来，润州区立足于诗教内涵提升，着力打造润州诗教品牌，大力推广中华路小学、西津渡社区和区法院创建"中华诗教先进单位"的做法和经验，建立长效机制，巩固提高创建成果。推荐朱方诗社等11家诗社创建"江苏省诗教先进单位"。2017年2月，区诗协等4家单位被评为"江苏省诗教先进单位"，镇江实验学校教师王凡娣、区诗协常务副会长李克俭被评为"江苏省诗教先进个人"。在3月28日召开的润州区创建"中华诗词之乡"总结表彰大会暨诗教工作部署会议上，区委、区政府表彰了一批创建先进单位和个人；同时，推出了西津诗社等10个示范诗社、梅和清等10名十佳诗人；对在诗词创作中成绩突出的27人和8名诗教研讨会优秀论文作者予以表彰。

（区诗协）

【诗词创作】 2017年，全区共有1583首作品入选《江苏新诗年选》《镇江新咏》《灯火》和《润州诗词》等诗集。其中由市诗协编辑出版的《镇江新咏》诗集收录润州54名作者320首作品；由市委宣传部和文明办组织编写的《灯火》诗集，夏兴政、曾竹花、张晓波、田冰、李克俭、徐长顺、孙忠帝等8名作者11首作品入选。在国家级和省、市诗词刊物发表作品398首，其中在《中华诗词》《诗词月刊》《诗词之友》等国家级刊物发表220首，市《多景诗词》发表178首，为历年来之最。《中国诗赋》第一期集中刊登了润州区88名作者121首诗词作品，并且加了编者按。

【《润州诗词》《风雅润州》诗集付梓】 由润州区委、区政府编印的《润州诗词》选录了100多位作者700余首诗词作品，镇江市政协副主席、润州区委书记王冬生为此书作序。《风雅润州》是润州区诗协继

《润州行吟》和《诗苑雅韵》之后出版的第三本诗集，本书选录了16位作者600余首诗词作品，这16位作者是润州诗坛的主力军，也是润州区诗词创作中的领军人才，他们常年在诗词园地里辛勤耕耘，不乏精品力作。 （李　北）

【何春华《向左向右》作品研讨】
12月7日，市作协和区文联联合主办何春华长篇纪实散文《向左向右》作品研讨会。会上宣读了原中国散文学会会长、现任名誉会长林非发来的贺信，来自北京的青年学者、评论家、《千高原》文学期刊执行主编苏伟和青年作家姚薇娜，著名作家、原市作家协会主席王川等二十多位作家、评论家出席并参与研讨。《向左向右》由中华文化出版社出版，作品以作者的亲身经历为主线，真实客观地记叙了作者在人生道路上的遭际、艰难和不懈追求，展示了作者的心路历程和个体精神成长史。苏伟对作品高度评价，认为作者以感伤的心写下了感伤的文字，其意不仅是在抒写人生，更是贯穿了作者对社会、对历史的深刻思考。王川在研讨会上指出，这部作品饱蘸着作者的苦涩，具有思维的高度，涉及社会和人性，蕴集着深沉的思想。与会作家和评论家们一致认为，这是一部充满正能量的作品，全书内容丰富，情感真挚，朴素无华，能激励其人生向上和深层思索。

【纯子获全球汉语爱情诗大赛奖】
12月8日至10日，区作协副主席、诗人纯子赴四川成都出席由《草堂》诗刊社等主办的2017首届“永不分梨”杯全球汉语爱情诗大奖赛颁奖。纯子原名曾竹花，系中国作家协会会员，有大量诗作发表于《诗刊》《诗选刊》《中国作家》《北京文学》《扬子江诗刊》等纯文学期刊，此次以《让我们在这薄情的世界深深地爱着》(组诗)捧得大赛二等奖，并获得3万元重奖。

【罗戎平出版《地域的文化立场》】
罗戎平第2部文艺评论集《地域的文化立场》由上海文艺出版社出版。该书由著名文艺评论家何镇邦作序。全书结集60篇文艺评论，包括对小说、诗歌、报告文学、戏剧、影视、绘画、书法、雕塑等方面的评述，涵盖了对纯文学和俗文学的方方面面。书中的评论大多针对镇江本地文艺家的文艺作品，具有较为明显的地域特色。

何春华长篇纪实散文《向左向右》研讨会　（谢竞美　摄）

【姚凤英出版散文集《野草萋萋》】
11月，原润州农业银行行长姚凤英第二部散文集《野草萋萋》由团结出版社出版。该散文集分“阅人篇”“赏景篇”“刍议篇”“随感篇”“乡恋篇”五辑，集中收录了作者近年来创作的74篇散文随笔。

【姜国强出版散文集《家乡的船》】
12月，姜国强的首部散文集《家乡的船》由团结出版社出版。该散文集收录了作者52篇散文随笔，从忆事、忆物、忆人、人与自然、神州壮美江山等5个方面，描写和记录了作者在江南小镇的平常生活。 （区文联）

润州区残疾人联合会

【概况】 2017年，润州区残疾人工作在区委、区政府的正确领导下，按照省市残联的工作部署，以开展大走访活动为契机，奋发作为，开拓进取，积极将残疾人事业融入全区经济社会事业发展大局。2017年3月，在省政府残工委召开的第五次全省残疾人事业工作会议上，润州区被授予“江苏省残疾人工作先进县市区”荣誉称号。

【成功申报全国残疾预防试验区创建试点】 润州区作为镇江市唯一残疾预防综合试验区创建试点地区，按照《国家残疾预防行动计划(2016～2020)》的要求，创新残疾预防工作模式，重点做好产前筛查、儿童残疾筛查、残疾评定及残疾随报等工作，为重点干预项目开展和残疾报告制度建立奠定了坚实基础。2017年，共完成高危孕妇产前诊断筛查459例、0～

6 岁儿童残疾诊断筛查 420 例、残疾评定 410 例。8 月 25 日，在全国首个"残疾预防日"到来之际，区残联在润州广场开展"残障风险远离美满家庭"为主题的全国残疾预防日大型宣传活动，重点宣传残疾预防核心知识，增强全社会残疾预防意识。

【润州区残疾人综合服务中心项目建设】 润州区残疾人综合服务中心项目建设，凝聚了社会各界的支持，充分展现润州构建和谐社会、在全面小康路上一个不能少的重要举措。项目地址：七里甸镇光华村万家庄（该地块区残联 2007 年已征用，并办理了土地使用证，土地使用证号：镇国用〔2008〕第 4356 号）。目前，已完成项目规划、可行性研究报告、项目用地等前期手续，并获得发改委《关于镇江市润州区残疾人综合服务中心项目可行性研究报告的批复》的项目批复（镇润发改经信〔2017〕29 号）。

【街道"残疾人之家"全覆盖】 按照省委、省政府"十三五"时期基层基本公共服务功能配置标准要求，实现街道"残疾人之家"全覆盖，依托"残疾人之家"，大力发展残疾人辅助性就业，开展实训化就业技能和素质培训，联系社会组织、专业人士与"残疾人之家"建立紧密联系。（孙 健）

润州区红十字会

【概况】 2017 年，区红十字会在区委、区政府及市红十字会的正确领导和关心下，认真履行《中华人民共和国红十字会法》和《中国红十字章程》的有关职责和规定，强化自身建设，积极推进公益性应急救护培训项目，发挥红十字会组织在政府人道主义方面的助手作用。一是开展宣传活动，提升红十字会影响力。在第 70 个"世界红十字纪念日"，也是新修订的《中华人民共和国红十字会法》（以下简称《红十字会法》）正式施行的日子，积极开展宣传、咨询、义诊及文艺演出活动，向游客和市民群众发放新修订的《红十字会法》小册子等宣传资料。红十字金山公益等 5 支红十字服务团队进行文艺表演，开展《红十字会法》抢答，让市民提升对《红十字会法》的知晓率。在"红十字博爱周"，组织镇江实验学校、镇江实验魅力分校、金山实验学校、官塘中学、润州实小等 5 所学校 2000 名学生参加全国红十字应急救护知识竞赛活动。"9·9 世界急救日"，在江南府邸小区开展"急救与家庭意外伤害"主题的义诊宣传活动；二是巩固"博爱家园"试点工作。以"博爱家园"建设现场推进会为契机，进一步充实和巩固西津渡社区博爱家园工作内涵及成果。2017 年年初，按照"六有"标准，完善西津渡社区红十字工作站各项工作制度和志愿者管理制度，成立红十字工作站领导小组和志愿服务小组。并依托红十字工作站点——"爱心驿站"为游客提供路线引导、景点介绍、紧急救护、免费茶水等便民志愿服务活动。社区党员志愿者轮流值班，全年 365 天无休息日。整合资源，开展助困、助学、助残、助老活动。联合商铺开展"文明助残，博爱筑梦"活动，为智障青少年提供就业技能培训。结合博爱送万家、大走访活动，帮扶社区弱势群体，尤其因患大病、大灾致贫的困难家庭给予精准帮扶；三是开展"爱心一元捐"助学活动。与教育局联合开展"手拉手爱心一元捐"活动，倡议学生个人捐赠一元钱帮助身边有困难学生，共募集爱心捐款 5.19 万元。"六一"儿童节来临之际，在南徐小学开展了"点亮微心愿"助学活动，共发放募捐款 4.6 万元，其中救助困难家庭学生 54 人、患大病学生 8 人，对桃园小学患急性淋巴白血病学生袁子洋送去 5000 元的慰问金；四是有序推进救护培训工作。校园是应急救护培训的重要阵地之一，为提高学生自救互救和防灾避险的能力，提高应急救护普及率，区红十字会联合区卫计委、教育局下发了《镇江市润州区中小学"校园应急救护安全工程"工作方案》的通知，排出时间表对全区中小学教师、学生进行应急救护培训，完成目标任务初级救护员 403 人，普及培训 4852 人；五是积极开展养老照护工作。按照开展红十字养老照护志愿服务的通知要求，结合区红十字会情况，选派了黎明卫生服务中心、金山卫生服务中心 2 名护士参加省红十字会的养老师资培训班。7 月份，在黎明卫生服务中心组建养老照护志愿服务队，开展养老照护知识普及培训，上门为居家养老人开展生活照料、康复保健、精神慰藉等方面志愿服务；六是开展"博爱送万家"活动。按照省、市活动方案要求，本着为贫困群众办实事、办好事，公平、公正的原则，将省、市下拨的物资分发到各个街道，由街道、社区发放到困难户手中，并要求街道对救助对象进行公示。

（区红十字会）

润州区归国华侨联合会

【概况】 2017 年，区侨联认真贯彻落实《中共中央关于加强和改进党的群团工作的意见》和《中共江苏省委关于加强和改进党的群团工作的意见》精神，在市侨联以及区委领导下，切实增强"四个意识"，坚定不移地团结和引领侨界群众听党的话、跟党走，切实服务好、联系好，引导好侨界群众建设"强富美高"新润州。2017 年，区侨联被省侨联评为“双五有”侨联组织，区侨联主席田冰也被评为全省“侨胞挚友”先进个人称号。

顺应时代变化，建设好网上“侨之家”。区侨联利用已经建立的“润州侨之家联谊会”微信平台，不断扩大队伍，已经拥有87位成员。通过微信平台，征集活动筹划，及时传播活动成果，调动群众的业余爱好，提高业余生活质量，同时不断倾听侨界群众的声音，收集侨情民意，回应侨胞诉求，发现和挖掘先进典型，正确引领侨界群众辨别是非，树立正确的社会主义核心价值观，让侨界群众有组织依靠，有发言场所。侨眷汤育华不仅是一位乐器爱好者，还是网路视频的制作高手，她利用业余时间制作“毛毛大姐和你聊”视频采访，第一节就受到大家的欢迎，区侨联因势利导，帮助她出谋划策，设计采访内容，鼓励她坚持做下去，不断挖掘侨界群众故事，目前已有6期。侨眷张和声专长英语，区侨联邀请她在群里为大家教一些日常英语口语，在网络教学期间，她为了丰富教学内容不时地教大家学习英语歌曲，通过英语歌曲的练习来提高大家学习的兴趣，目前侨之家英语学习组已经有44名学员参加。

提高生活质量，组织开展丰富的业余文化活动。为了凝聚侨心，增进感情，激发生活动力。区侨联不断组织开展文化活动，通过活动的有效开展，让侨胞动起来，参与起来，让侨胞有家的感觉，有组织的关心。1月19日，区侨界联合桃园中心小学举办“金鸡报春迎新年　老少联欢扬国粹”联谊活动，归侨同胞和桃园中心小学京剧社团的小学生们一起度过欢乐的“春晚”；4月1日，区侨联组织侨界女性走进高资樱花园赏美景悦心情；4月26日，区侨联联合镇江市老年大学及吾爱瑜伽工作室，在南徐新城人民广场举办“健康镇江　美丽人生”百人瑜伽表演活动；5月10日，母亲节前夕，区侨联为了丰富侨胞以及留学生家长们的业余生活，感受中国悠久的养蚕文化和田园生活，联合江苏科技大学生物技术学院团委和区团委在校区内参观了中国蚕桑文化展览馆，同时走进桑园采摘桑果，载歌载舞，共度美好时光；第27个助残日，区侨联组织文艺团队参加了在润州文化广场举办的“推进残疾预防　健康成就小康”主题活动。她们以饱满的热情和优美的舞姿向残疾人以及为残疾事业辛勤工作的志愿者们表达了衷心祝福和美好的期待；7月9日，区侨联组织侨界女性走进金山湖风景区，临栏览荷，亲近自然；8月15日，区侨联组织了一场主题为“侨奶奶与娃娃暑期快乐书画”活动。活动中侨奶奶和娃娃同桌听课、绘画，镇江墨趣文化传播有限公司专业美术老师循序渐进现场指导；10月15日，区侨联联合万科社区举办了首期侨属旗袍秀培训班。来自社区以及侨属的旗袍爱好者40余人参加了学习。市侨联六届归侨侨眷代表马俊老师倾情奉献，指导为期8节课的学习培训；10月18日，市侨联联合区侨联在七里甸街道新城社区举办镇江侨界“喜迎十九大　欢度重阳节”主题活动。区友好城市常熟市侨联一行前来参加共建活动。

关心关爱侨胞，为其分忧解难。工作中，针对一些困难老归侨，困难家眷，区侨联时刻走到他们身边送去温暖，恳请所在地社区尽力帮助他们，同时走进侨企走访慰问，让他们感到组织的温暖和依靠。1月13日，原省侨联主席史宇在镇江市侨联副主席王永新陪同下，登门看望慰问了二位旅日困难老归侨，给他们送来节日的祝福和亲切的问候。在桃园新村王美珍老人家，史宇对老人个人注重保健以及子女的贴心护理给予赞许；在工业园区富润华庭小区夏桂兰老人家，史宇热心关心其老伴的身体情况，鼓励他们保持良好的心态，积极治疗；1月24日，区侨联组织侨联干部，分五组分别到辖区内19户困难归侨家庭走访慰问。同时为工业园区10户困难归侨送去“京江艺术+”提供的“爱心年夜饭”；4月26日，市侨联副主席王永新到区调研侨企慰问，先后看望了旅日华侨黄阿金老人，走访了泰利丰健康生态园；5月8日，市侨联副主席王永新与致公党主委分别到镇江0511网站以及镇江捷斯达进出口公司与侨商交流；5月24日，区侨联组织侨界“蓝色妖姬”志愿团队的队员们自带粽叶、糯米、红豆等原料走进金山水城旅日华侨88岁孤寡老人黄阿金家中包粽子，迎接端午佳节。同时积极协调多方部门落实办理回国定居手续；6月7日，区侨联在南山北入口举行了草地派对，在草地上载歌载舞，欢迎从海外探亲归来的4位侨眷；10～11月，积极协调多方帮助下岗职工侨眷刘华庆做好权益维护，理清社保问题，争取利益最大化；11月23～24日，参加省侨联在常州组织召开的全省侨联系统维权工作经验交流会。区侨联《真情服务侨胞　用法化解矛盾》的工作介绍列入大会交流材料汇编；12月12～13日，区侨联分别走访慰问了部分老归侨，并将澳洲华侨魏基成夫妇捐赠的棉衣送到他们的家中，把组织的温暖送到他们的心坎上，其中还将棉衣送到正在康复医院住院就医的王春玲老人病床前。

认真做好市侨联换届代表推荐工作。区侨联认真准备，多方听取建议，向区委分管领导汇报推荐人选。9月29日，镇江市第六届归侨侨眷代表大会在粤海楼大酒店召开。区侨联委员田冰、王宏平、李宜靖、杜闽生、陈东山、赵志刚以及侨界群众代表周慧杰、徐敏、马俊、邬世凤作为大会代表参加了会议。会上，李宜静、张小群被评为归侨侨眷先进个人，田冰、杜闽生被评为侨联系统先进个人，区侨联被评为先进集体。

认真学习十九大报告精神。中共十九大胜利召开，确立了习近平同志在党中央的核心地位和新时代党的指导思想。如何在深刻领会精神，把握精髓要义，对指导实践有着重要的意义。区侨联多次组织人员参加市侨联、区委、区委统战部组织的十九大报告的学习，通过学习让侨联干部树立以侨胞为服务中心的思想，一切围绕侨胞想，一切围绕侨胞干。

（区侨联）

关心下一代工作

【概况】 2017年，在区委、区政府的领导和市关工委的指导下，全区各级关工委深入学习贯彻中共十八届五中、六中全会精神、中共十九大精神和习近平总书记关于关心下一代工作的重要指示，根据省市关工委和区委区政府总体工作部署，围绕"立德树人"总目标，坚持服务青少年的正确方向，大力加强青少年思想道德建设，自觉践行社会主义核心价值观。在高质量实现"十三五"规划目标、高水平全面建成小康社会、加快建设"强富美高"新润州的征程中主动作为，切实抓好各项工作，全区关心下一代工作再上新台阶。润州区宝塔路街道黄山社区校外教育辅导站获得"全省校外教育工作优秀辅导站"，金山街道迎江路社区校外辅导站站长关墺被评为"全省校外教育辅导站工作先进个人"。

一、扎实开展"学史励志，崇德向善"主题教育活动，引导青少年自觉践行社会主义核心价值观

1. 开展"爱党爱国、追寻梦想"教育活动，深化青少年社会主义核心价值观。利用纪念抗战80周年、建军90周年，党的十九大召开契机，各基层关工委认真组织社区青少年开展"爱党爱国、追寻梦想"教育活动，引导青少年自觉践行社会主义核心价值观。各基层辅导站积极发动"五老"志愿者进社区、进乡村，为青少年讲党史、讲国史、讲传统、讲信念，宣传正确的人生观、价值观，传递正能量；以"养正微学堂"为平台，结合道德教育，编写"微史记"，制定"微课程"，摄制"微视频"，开办"微党课"，引导帮助广大青少年知晓我们党历经艰难、成长壮大的光辉历史。

2. 开展"学史励志，崇德向善"主题宣讲，增强青少年爱国主义情感。各级关工委认真组织、扎实开展"学史励志，崇德向善"主题宣讲教育活动。区老园丁宣讲团已经连续十几年坚持深入校园，向中小学生宣讲党史国史、革命先烈事迹、家乡镇江发展等内容，教育引导广大青少年进一步增强爱国主义情感。今年区教育关工委根据新的要求选聘10名宣讲团成员，分成5个小组，以"学史励志，崇德向善"为宣讲主题，以中小学生"阳光校园，我们是快乐好伙伴"读书活动为载体，拓展和延伸宣讲效应。通过讲故事引发学生兴趣，采用现代多媒体手段优化宣讲过程，极大地提高了宣讲的感染力和影响力。老园丁宣讲团历时2个月，走进了辖区内每所中小学，宣讲25场，受教育师生达1.6万人次，有效带动和促进了学校的政治思想教育，取得了新经验，收获了新成果。

3. 创新形式开展"七彩的夏日"教育实践活动，引导青少年接受爱国主义教育。区关工委、金山街道关工委协同镇江市网信办等有关单位，利用暑假在宝塔路小学开展"七彩的夏日——网聚正能量，阳光网络伴我成长"夏令营主题活动。在为期3天的夏令营活动中，80名优秀学生和外来务工子女共同学习网络安全知识和《文明上网》倡议书；走进润州区人民法院法制文化宣传教育基地，现场聆听法官讲解青少年法律法规知识，观看青少年庭审案例视频；到茅山新四军纪念馆，观看"苏南抗日斗争基本陈列""风云江南——茅山新四军将帅馆""茅山魂——苏南新四军英烈馆"，重温入队宣誓；参观南京博物院和南京电信大楼的"中国电信未来信息馆"……通过参观学习和互动体验，孩子们增长了知识，拓宽了视野，潜移默化中接受了网络教育、历史教育和社会教育。全区各街道、社区关工委紧扣社会主义核心价值观教育主题，围绕"我们的七彩夏日"积极谋划，精心组织青少年开展丰富多彩的夏令营和暑期社会实践活动，引导孩子们在精彩纷呈的活动中快乐体验，增长见识，收获成长。和平路街道征润州社区关工委先后组织开展了"大手拉小手，我与河长去巡湖""桃园里欢声笑语——农耕文化快乐体验"夏令营等一系列社会实践活动。在"大手拉小手，我与河长去巡湖"活动中，20多名小学生变身"金山湖小卫士"，带着红袖标、手拿宣传单，跟着河长一起，劝阻垂钓人员文明垂钓，发放《致广大垂钓爱好者的一封信》，呼吁大家规范有序垂钓。孩子们在活动中增强了保护美丽金山湖、呵护美丽家乡的环保意识。官塘桥村关工委连续第三年举办青少年暑期趣味运动会，组织中小学生在"同心球""不倒森林""一圈到底""粘粘球""飞碟"等趣味运动比赛中展开角逐、开心游戏，丰富了暑期生活。

二、充分发挥校外教育辅导站育人功能，力促青少年校外教育成效全面提升

1. 大力推进校外教育辅导站建设，力促办站水平提档升级。按

照“加强内涵建设，提高活动质量，提升办站水平，增强育人效果”的要求，全区继续加强校外辅导站建设，着力打造校外教育辅导站升级版，青少年校外教育成效全面提升。区关工委对已建成的示范辅导站加强督查、指导和考核，以评选优秀特色项目为载体，以项目管理方式提升电子阅览室使用价值和活动效果，努力培植富有个性的辅导站，更好地发挥示范引领作用。以万科社区等基础条件较好的校外辅导站为试点，强化中心站建设，联手专业型社会组织主动参与教育管理，为社区青少年思想道德建设提供个性化、专业化的教育实践活动，充分发挥示范引领和辐射带动作用。金山街道迎江路中心社区、官塘桥街道宝平社区、宝塔路街道电力路社区和黄山社区青少年成长港湾等校外辅导站积极寻求校外育人新模式，探索借助社会力量参与校外教育辅导站教育和管理的有效途径，壮大辅导员队伍，增强辅导站的吸引力，办站水平和育人效果得到显著提升。

2. 全面提升校外教育辅导站活动质量，彰显个性特色和活力。全区各校外教育辅导站注重量质齐飞、扬长避短，充分发挥各自的办站经验和资源优势，组织青少年开展形式多样的主题教育实践活动，彰显个性和活力。七里甸街道万科社区校外辅导站发挥电子阅览室的功能作用，通过“未成年人网络课堂”品牌建设，利用“绿色网吧”开展青少年法治、青少年自我保护、青少年“八礼四仪”等系列活动。与万科魅力分校共建，每月开展一次“青少年礼仪”活动，通过模拟场景体验教学、角色扮演、礼仪电子小报制作、礼仪漫画等，帮助孩子们学礼、知礼、懂礼，积极践行社会主义核心价值观。四圩社区辅导站、黄山社区青少年成长港湾等以传统节日和法定节假日为契机，加强中华优秀传统文化的教育。利用春节、元宵、清明、端午、中秋、重阳等节假日，采取各种吸引力、凝聚力强的形式，对辖区青少年进行中华优秀传统文化的传承和教育，引导孩子们自觉弘扬中华民族优秀道德思想，做有自信、懂自尊、能自强、高素质、讲文明、有爱心、知荣辱、守诚信、敢创新的好少年。官塘桥街道关工委在宝平社区校外辅导站开办了第二届“小候鸟”暑期课堂，为辖区内的外来务工人员子女开设英语、阅读、科普、健康等多门活动课程。邀请江苏大学的外国留学生担当志愿者，定期走进“小候鸟”课堂，带着孩子们在快乐的游戏互动中学习英语口语。组织“小候鸟”们到蚕研所参观学习，了解蚕宝宝的生命过程、饲养方法和蚕茧功用等有关桑蚕的农业科普知识。金山街道迎江路中心社区校外辅导站的“义务辅教”活动已经连续开展了15年。十多名老教师“退而不休”，利用双休日、寒暑假等，在社区的“三尺讲台”上默默奉献余热，为辖区和周边困难家庭的中小学生义务辅导英语、数学、语文、物理、化学等功课，每年辅导学生上千人次，深受孩子们和家长的点赞。

三、整合社会教育资源促提升，全面优化特殊群体青少年教育成长环境

1. “五老”志愿者积极参与，社区矫正主动作为。动员“五老”参加社区矫正志愿者队伍。润州区属城郊结合，外来务工子女较多，加上西区老城区经济发展相对滞后，吸毒、斗殴经常发生，所以预防和减少青少年犯罪、创建未成年人“零犯罪”社区任务相对较重。为此，区关工委、政法系统关工委、社区“五老”志愿者积极投入到这项工作。对服刑人员子女、未成年犯罪家庭、非监禁刑未成年人犯罪，街道、社区建有完整的帮教信息台账，实施动态管理。全区共有82位“五老”帮教志愿者，其中心理咨询师20名，协助社区矫正中心对其实施“一对一”“二对一”“一人一策”的帮教工作模式，协助司法所对社区服刑人员开展思想、法治、道德教育工作，协助专业人员对服刑人员开展心理健康教育，实施心理康复，帮助走出心理阴影，树立阳光健康、敢于直面现实的心态。

2. 积极开展扶贫助学活动，爱心传递正能量。各级关工委爱心帮困、捐资助学活动绵延不断，传递着满满的正能量。8月份，区关工委、和平路街道关工委、征润州社区关工委举行爱心助学金发放仪式，给本社区内考上大学的孩子发放奖学金——考取本科的每人1000元，大专的600元，贫困家庭孩子助学金1000元。这个助学传统征润州社区坚持了15年。2017年，有8人拿到了奖学金、10人拿到了助学金，总金额16800元。15年来，社区书记已经换了八任，但捐资助学的“接力棒”一直传递了下来。截至2017年，已有227名大学生和贫困家庭学子先后受到奖励和助学帮扶，捐资助学总金额达到21.44万元。2017年区关工委参与江苏省关心下一代基金会第二轮“三年千人助学计划”资助学生3名，金额3500元。参与江苏省周报社“冰凌花”捐资助学活动，资助贫困学生20名，资助金额11500元。

四、加强关工委基层组织建设，全面夯实关心下一代工作基础

召开基层关工委主任会议，认真贯彻省委、市委关于加强基层关工委组织建设推进会会议精神，认真学习市委组织部和市关工委《关于进一步加强全市关工委基层组织建设的意见》。多次向组织部长汇报关工委工作，特别是关工委基层组织建设工作，组织部长两次来关工委调研。走访基层街道社区，争取街道领导支

持，落实街道社区基层关工委主任人选，稳定工作队伍。区委召开街道党工委书记会议，就关工委基层组织建设工作又专门做了部署。宝塔街道、官塘街道、南山街道关工委主任调整到位。七里甸街道各社区、和平路街道各社区、南山街道各社区的基层关工委主任也基本调整到位。5 月 22 日的区委常委会研究了关工委工作经费问题。会议明确，一是由区委组织部牵头，区关工委组织，准备充分后召开全区关工委组织建设推进会；二是各街道党工委本着“本人自愿”原则，物色本地关工委常务副主任人选，街道关工委常务副主任由退休的副科级及以上同志担任，村（社区）关工委常务副主任由退休的原村（社区）干部担任；三是区关工委工作经费今年仍“一事一议”，2018 年起增加到每年 10 万元，列入财政预算；四是原则同意将街道及村（社区）常务副主任中退休人员的工作津贴分别提高至 800 元和 300 元。

（区关工委）

润州区诗协作品选

沁园春·感恩改革开放四十年

卜积祥

开放风云，年届四十，畅咏圣功。昔南巡讲话，初扬汩汩；三个代表，终入汹汹。发展科学，与时俱进，礼义风仪处处浓。欣来者，尽恢宏志气，不改初衷。

风流又展新容，创时代、铿锵欲振聋。喜腾飞经济，往来友好；巡天火箭，镇海艨艟。带砺长城，穿梭高速，崛起东方第一雄。看泱泱华夏，卧虎藏龙！

法治·人民武装

栏目编校:孙 伟

政法委及综治工作

【概况】 2017年,润州区委政法委深入学习贯彻中共十九大和中央、省、市政法工作会议精神,坚持以习近平新时代中国特色社会主义思想为指导,主动把握新时代我国社会主要矛盾的新变化,切实履行好维护国家政治安全、确保社会大局稳定、促进社会公平正义、保障人民安居乐业的神圣使命,为建设"强富美高"新润州创造了安全稳定的社会环境、公平正义的法治环境和优质高效的服务环境。润州区连续多年被评为平安县(市、区),2017年公众安全感全市第一、政法队伍满意率全市第二,荣获镇江市"社会治安综合治理先进辖市区"、江苏省"平安铁路县(市、区)"称号,区国安办被评为江苏省"示范国家安全办公室"。

守土有责,坚决维护社会大局稳定。坚决捍卫以政权安全、制度安全为核心的国家政治安全,出台国家安全工作意见,国家安全工作与综治工作一同定期考核评比;建立健全三级组织网络,建立工作例会、情报信息上报、工作督查、隐患排查等制度;大力开展国安宣传,提升广大群众自觉维护国家安全的意识,巩固国家安全防线。不断深化信访制度改革和信访法治化建设,全区信访形势总体呈现渠道畅通、秩序规范、平稳可控的局面,特别是中共"十九大"期间,以"零非访、零滋事、零群体性矛盾、零负面影响"的"四零"业绩。扎实开展打击"盗抢骗""春雷""三打击一整治"、禁毒严打整治等专项行动,大力推进合成作战等专业手段建设,破案攻坚能力持续增强,重点区域和治安突出问题整治有力。

主动作为,平安润州建设取得新成效。建立了区、街道、村(社区)三级综治信息交流平台,规范统一各级综治信息平台的运用,配置综治终端221个,完善功能设置,发挥预测预警研判、指挥调度作用,实现区、街道、村的三级互联互通。加快升级建设治安防控体系,持续推进"123技防城"增点扩面工程,新建监控探头200余只,校园监控逐步推进接入区教育云平台,社会面监控系统二期已基本完成。进一步加强了治安防控志愿者、社区矫正志愿者、禁毒志愿者队伍的建设,全面实现群防群治队伍的整体联动。各部门联动促进纠纷化解,因地制宜打造特色"法律诊所",进一步发挥公调对接、诉调对接的积极作用,成立了住建局法律服务站、知识产权纠纷人民调解工作室,筹备建立交调对接工作室。以党政牵头、各相关部门主导、数据支撑、全民参与的工作模式开展了社会矛盾与安全隐患大排查大整治、出租房屋专项整治行动和易肇事肇祸精神病人排查管控,协同社区及相关单位解决影响平安稳定的突出问题,切实消除隐患。

务求实效,法治建设水平实现新提升。全区年初申报的8件法治实事被市依法治市办确定为市级法治惠民实事项目。将"送法进乡村、进社区"和推进"民主法治示范村(社)"建设结合起来,新建成"省级民主法治示范村(社)"3个。优化区、街道两级公共法律服务中心实体化运作,组建润州区"12348"法律服务队。提升司法权威,做到定分止争,以基本解决执行难为抓手,公安及法、检两院联合发布了《关于加强执行监督合力打击拒不执行判决裁定等犯罪行为若干问题的实施意见》,形成工作合力。积极协调区政府法制办建立民生领域案(事)件快速反应、双向咨询双

全区政法暨信访工作会议　　　　（区委政法委　提供）

向交流、重点案件报告三项工作机制，接入行政执法阳光网，强化对行政机关民生领域执法档案巡查力度。

聚焦过硬，政法队伍建设呈现新气象。扎实推进“两学一做”学习教育常态化制度化，广泛开展“政法干警永远忠于党”主题教育活动，牢牢把握政治、业务、责任、纪律、作风“五个过硬”的总要求，深入推进“三大建设”，把政法队伍建设作为一项突出的工作来抓，努力建设一支信念坚定、执法为民、敢于担当、清正廉洁的政法队伍。依托“大走访”，政法系统全体在岗在职人员下基层，听民意，转变工作作风，密切党群干群关系，切实增强了政法队伍忠诚、为民、担当的服务意识，提升了人民群众对政法队伍的满意度。全区涌现出了以全国模范检察官、江苏最美法治人物秦彪，全国优秀人民警察赵平、全国模范人民调解员范金华、江苏省最美警察樊东晓等为代表的一大批先进模范人物。

【全区政法工作会议】 4月28日上午，区委、区政府在区政府1号楼一楼会议厅召开全区政法暨信访工作会议。主要任务是贯彻落实中央和省市政法工作会议精神，总结2016年全区政法工作，表彰全区综治、法治和平安建设先进单位；部署2017年全区政法工作任务。会议由副区长、公安润州分局局长陆金火主持，副区长刘国明布置2017年信访工作，区委常委、政法委书记张庆松作了政法工作报告。

【“政法干警永远忠于党”主题教育活动】 6月29日，润州区委政法委会同区级机关工委在区法院会议室内共同举办了“政法干警永远忠于党”主题演讲活动，演讲突出“政法干警永远忠于党”这一主题，结合喜迎十九大，展示了政法干警忠诚担当、奋发向上的精神面貌，润州区委政法委、机关工委、公安、法院、检察院、司法局、信访局分管领导参加活动。

【全区社会矛盾和安全隐患大排查大整治】 7月22日，区委、区政府第一时间召开全区社会稳定专题工作会议，区委书记王冬生动员部署，层层压实责任，8月26日和9月11日，全区两次召集全区大排查大整治专题推进会，全面、深入、扎实地推进大排查大整治行动，全力做到“三个确保”。

【“锣声敲响30年·平安润州谱新篇”主题活动暨“平安锣”表彰】 2017年5月31日，润州区综治办、金山街道联合迎山门社区共同举办了“锣声敲响30年·平安润州谱新篇”主题活动暨“平安锣”表彰活动。30年来，银山门社区坚持群防群治效果明显，“平安锣”声里，社区由原来的“多发案”地区变成“零发案”社区，多次受到省、市、区各级政府的表彰，还先后3次“敲”进了中央电视台，为平安镇江画上浓墨重彩的一笔。

（区委政法委）

6月29日，润州区委政法委会同区级机关工委在区法院会议室共同举办了“政法干警永远忠于党”主题演讲活动　　　　（区委政法委　提供）

法制政府建设

【概况】 2017年，政府法制工作为建设法治政府履职尽力。筹备成立区政府法律顾问委员会，常务副区长担任主任委员，副主任委员由区法制办主任担任；聘任法律顾问12名，其中来自市、区政府部门5人，江苏大学法学院2人，本市5家律师事务所各1人；区法制办承担日常工作，旨在为行政决策等政府行为提供咨询服务，区政府主要领导、分管领导出席聘任仪式。发挥参谋助手作用，对《镇江市市政基础设施工程项目委托建设和回购合同》(蒋乔片区嶂山村棚户区改造项目)、《镇江韦岗旅游康养产业项目战略合作框架协议》等4份政府合同提出意见，审核文件草案2件、国有土地上房屋征收补偿决定书1份，拟定区政府信息公开答复书2份、参与答复办理11件，对《镇江高新区权力清单交办方案》反馈了意见，对区有关部门、单位签订的2份协议和1份公函提出了修改建议。日常工作中对于涉法问题或者需要有关部门承担的事项，多以出具书面意见形式积极提供帮助或者主动给予大力协助。周密组织、仔细审查，完成全区集中换发江苏省行政执法证件工作任务；陆续为新增人员做好证件申办工作，积极与上游环节沟通，想方设法促成办证进度加快，为依法执法提供保障。共办结并发放行政执法证件328本，其中行政执法证307本、行政执法监督证21本；加强证件管理，有序开展下一年度的证件注册工作。四是做好行政权力库的日常维护。据不完全统计，审核行政权力事项94项，其中新增49项、修改33项、暂停6项、取消6项；另外，作为遗留问题，对119个行政权力事项进行了处理，或予审核入库，或予审核退回。充分运用信息平台等渠道，对区各部门行政权力与省“一张网”的衔接工作作了大量指导和书面意见。组织有关部门参加全市行政执法案卷评查，区市场监管局、区安监局、区城管局、区环保局和公安润州分局均获行政处罚案卷二等奖，区市场监管局、区卫计委、区水利局均获行政许可案卷二等奖。高度重视行政复议工作质量，精心制作复议文书，力图通过文书表述达到定纷止争效果的最大化。参加全市行政复议案件质量评比，按要求报送2016年1月1日至2017年11月1日间办理的行政复议案件卷宗两卷，撰写案件评析材料各1份，其中《高松不服区市场监督管理局投诉举报答复案》高居榜首，获一等奖。年内收到行政复议申请4件，受理2件审结3件(含旧存1件)，全部案结事了。其中，对2件不服食品安全管理重大行政处罚案作出维持决定，申请人均未再提起行政诉讼；另一政府信息公开类案件，经过深入交流沟通，促使被申请人与申请人达成谅解，迅速纠正了涉案行为，案件以申请人撤回复议申请的形式结案，实现实质性化解行政争议目的。妥善处理2起未进入立案受理阶段的复议申请，防止后续矛盾产生。此外，按照新要求，对2008年以来立案受理的行政复议案卷进行了进一步整理和装订。代理以区政府为被申请人的复议案件3件。其中不服国有土地上房屋征收决定公告一案，复议申请被驳回；另2件系认为“拆违”行政不作为案，复议决定驳回申请1件，另1件要求被申请人对申请人之前反映“违建”问题的来信进行书面答复。对其中一件有55位申请人的复议案件，代理人除正常履行答复等义务外，多次以书面、口头方式向有关方陈述了观点和意见。代理以区政府为被告的新收行政诉讼案件7件。其中，区政府作为复议机关为共同被告的诉质量监督行政处罚、行政复议一案，一审判决驳回原告诉讼请求并生效；另一区政府为被告之一的诉行政行为(涉房屋征收)违法一案，原告撤诉，其余未结案。此外，以区政府为被告的上年度均未审结的行政应诉案件6件除1件外，其余均结案，结果分别为：区政府作为复议机关为共同被告的诉信息公开、行政复议两案，一审均判决驳回原告对区政府的起诉并生效；18名原告以区政府为被告之一的房屋拆迁一案，二审维持一审驳回原告起诉裁定；诉区政府行政处理、复议机关复议行为一案，二审维持一审驳回起诉裁定；诉区政府政府信息公开一案，二审维持一审驳回原告诉讼请求的判决。联合区市场监管局、区环保局、区安监局、区卫计委、区城管局、区水利局和公安润州分局，在“12·4”国家宪法宣传日开展以行政执法为主题的宣传活动，通过在润州广场摆放的展板，宣介相关部门执法工作的成效。认真总结全区法治政府建设工作情况，及时向市政府报送《关于2017年度法治政府建设工作情况的报告》，并为迎接上级对区政府法治建设年度工作的现场核查准备好了汇报材料。

【润州区委、区政府举行法律顾问聘任仪式】 11月17日上午，润州区委、区政府举行法律顾问聘任仪式，市政协副主席、区委书记王冬生，区长高国成出席聘任仪式，并分别为2名区委法律顾问、6名法律专家库成员和12名区政府法律顾问颁发聘书，此举标志着法治润州建设又迈出了新的步伐。区委副书记、常务副区长贾敬远主持聘任仪式。区委、区政府高度重视法律顾问工作，分别出台了区委、区政府法律顾问工作规

区委、区政府举行法律顾问聘任仪式 （区电台 提供）

则，经区委常委会议和区政府常务会议研究，确定聘任朱毅等2人为区委法律顾问、孙建民等6人为区委法律专家库成员和王宏等12人为区政府法律顾问。仪式上，江苏汇典律师事务所主任封孝权，江苏大学法学院副教授邹焕聪代表区委区政府法律顾问团成员发言。 （萧 波）

公 安

【概况】 2017，全区公安机关以中共十九大安保维稳工作为主线，以深化社会治安“首善之区”创建为抓手，扎实开展社会治安防控体系升级版建设、打击犯罪专业手段建设、深化全警“大走访”“5+2”攻坚行动等工作，取得了“十九大等重大安保任务圆满完成，主业绩效再创历史新高，年度重点工作全面落实落地，群众安全感满意度全市领先”的良好业绩。

安保维稳工作取得新进步，保持了全区社会政治稳定。以中共十九大、“一带一路”倡议高峰论坛、江苏发展大会等安保任务为主战场，扎实做好情报信息收集研判、治安防控、应急处突等工作，牢牢把握主动权。全力整治涉稳风险隐患，全面部署开展“2017震慑”打击整治“全能神”邪教组织专项行动和“敲门”行动，共打掉“全能神”邪教团伙1个，抓获涉案人员13名，缴获反宣品4000余件。维稳三项指标考核全市领先。强化重点人员和群体稳控，加强对103名非访人员、28名涉军风险人员等重点人员和17个利益诉求群体管控工作，依法查处滋事扰序人员13人次、其中刑事处罚3人。特别是在十九大安保期间，全区公安机关超常运作，连续奋战，对上级交控的64名上访老户，按照“一人一策一专班”的要求严密稳控，想方设法吸附在本地、控制在源头。对29名人员实施预警工程建设，依托情报平台实时联网比对、在线预警处置。按照侦破命案的标准开展失联失控人员查控工作，确保“零非访”目标的顺利实现。坚持抓早抓小、主动应对，稳妥处置集访市政府事件164起5100余人次，并积极落实好“三同步”工作机制，全区未发生重大涉稳事件和互联网负面舆情事件。深入开展“清信访积案，促和谐稳定”专项行动，6起涉法信访积案已化解2起。主动开展全区中小学教师队伍不稳定因素专项调查。韦岗铁矿破产案债权人会议平稳举行。江苏联合水泥有限公司破产清算顺利结束。圆满完成镇江市有史以来规模最大的张学友演唱会等大型活动安保及一批高等级警卫任务。

破案打击工作取得了新进步，狠煞了犯罪分子嚣张气焰。扎实开展打击“盗抢骗”“三打击一整治”、禁毒严打整治等专项行动，大力推进合成作战等专业手段建设，打击犯罪的效能不断增强，打处绩效再创历史新高。主要绩效争档进位，共有5项主要打处绩效和打处重点工作排名全市前三。其中公诉人员完成率、侵财犯罪破案绝对数、命案破案率等3项考核名列全市第一。经济犯罪公诉、污染环境犯罪公诉、公诉人员总数等3个项目均已提前完成全年任务。破案攻坚能力持续增强，2017年，共破获刑事案件698起、侵财案件588起，破案率24.93%、22.14%，同比分别上升2.39%、2.65%，“八类”案件破案率96.4%，其中侦破现行命案2起、破案率100%。成功破获省厅挂牌阿西克波系列攀爬入室盗窃案。抓获潜逃19年的逃犯孙某某，得到中央、省、市媒体及各界群众广泛关注。抓获在河北保定杀人抢劫的犯罪嫌疑人陈某。仅用18小时成功侦破发生在惠龙E通门口的“8·1”故意杀人案。禁毒工作稳步推进，抓获涉毒犯罪嫌疑人数同比去年增加5%，在和平路街道桃一社区全面开展国家级社区戒毒（康复）示范点创建，涉毒人员动态管控绩效全市第二。经侦工作有力有效，侦破“非吸”、假发票等经济案件11起、抓获犯罪嫌疑人27名，挽回损失1200万余元。治安打处大幅提升，黄赌娼、食药环公诉数均超前三年平均数，其中黄赌娼公诉24人，提前完成全年任务，牵头侦破的“1·18”生产销售假冒伪劣产品案得到副市长陈金观批示肯定。网安大队职能作用充分发挥，配侦案件25起，抓获犯罪嫌疑人17人、其中网逃3名。

治安防控工作取得了新进步,全区社会大局平稳可控。立足实战,有效整合利用现有资源,逐步建立起以科技信息化为支撑、大巡防为基础的全时空、全覆盖、立体化社会治安防控体系。大力推进社会治安防控体系"升级版"建设,建成分局大数据指挥服务平台,自主研发蓝信"快采、快用、快播"系统,使民警能够利用一部手机实现对"人、事、物、案件"等实现全要素信息即时采集,信息数据快速调用,警务工作质态快速播放演示等。社会面监控系统二期和老小区三期建设项目基本完成,新建公安高清探头320只,全区视频监控完好率、在线率均达99%以上,列全市第一。万达综合警务站、"天翼"对讲系统、"车无忧"安防系统建设工作稳步推进。不断完善屯警街面、布防社区的大巡防格局,结合润州实际,建立落实了易发案小区、易发案时段、校园周边"三必巡",每日发案、沿街商户、重点单位"三必访",群众自防漏洞、单位防范漏洞、消防安全隐患"三必补"等制度,完善了监巡对接、现场盘查、便衣侦控等7项巡防工作机制,进一步压实责任,提升防范质效。今年以来,全区接报刑事警情2005起、同比下降9.6%,现行抓获各类违法犯罪嫌疑人73人、其中刑拘34人,破获盗窃电动车、摩托车案件57起,巡防综合绩效全市第二。2017年省综治办组织第三方测评中,润州的群众满意度列全市第一,群众安全感、夜间见警率全市第二。深化重点区域和治安突出问题整治,会同相关属地街道和区有关部门,在万达广场、康湾"违建村"、登云路等治安重点地区,深入开展综合整治。其中已完成对康湾"违建村"的完成门牌标识确定、集中登记清理等工作,共清查登记出租房屋285户,流动人员451人,发现整改各类隐患92处。在登云路整治中,共采集人员信息89人次,其中湖北籍人员67人次,重点关注对象30人,通过整治涉娼警情同比下降75.8%,站街招嫖现象得到有效遏制。商业综合体警务"4.0"管理机制被省厅推广。

基层基础工作取得了新进步,增强了公安事业发展后劲。以省委大排查大整治、市委"十个攻坚行动"及省厅"五项基础管控集中攻坚"为抓手,持之以恒抓好打基础、管长远、利全局的工作,为公安工作持续发展不断注入新的动力。强化出租房屋和流动人口整治,2017年2月,分局就自行开展了"双实"管理攻坚战,采录实有房屋18659户、实有人口34677人,其中流动人口16203人;采集单位4673个,从业人员22609人。9月初,采取党政牵头、公安主导、数据支撑、全民参与的方法路径予以深化。在70个社区增设了"出租房屋和流动人口登记"的专位和标牌,按照"1+1+5"(即1名社区民警、1名网格长、5名志愿者)的模式建立了近200支网格队伍,做到工作人员佩带标识,数据采录等"五个统一",依托水电气、有线电视等社会数据,将2万余条疑似出租户、群租房信息发至各派出所进行核查比对,仅9月中旬以来,已累计入户调查8893户,新登记流动人口4274人,变更、注销8882人,调查登记4人以上群租房1411户;发现各类安全隐患178处,已监督整改到位159处。强化重点行业管控,全区3家寄递企业、47个网点、331名从业人员,且已全部登记造册,实现"一店一档",并签订《寄递业治安管理责任书》。将3家寄递企业列为区级治安保卫重点单位,并通过落实企业主体责任,进一步规范寄递业经营行为。强化打击整治,按照公安取证、邮政处罚的形式,处罚寄递网点35家,绩效全市第一。6月下旬,在全市率先按照《中华人民共和国反恐怖法》对一家企业进行顶格处罚。强化虚拟社会管理,紧紧抓住网站、网民、网吧和WI-FI上网渠道等基础要素,不断加强网民实体化、户籍化管理。推动全区26家网吧和9家服务器租赁公司落实接入登记、入网备案、注册认证等网络实名措施。与区网信等部门协作配合,强化对全区网购平台的监管,采取数据交换、购买服务等手段,加强对网购信息数据的整合力度,并深入开展比对碰撞研判,切实提高互联网危险物品信息管控能力水平。期间,成功侦破涉及账户、登录密码、支付密码等公民信息110余万条"周某侵犯公民信息案"。

服务发展工作取得了新进步,凸显了公安行政管理效能。以打造"强富美高"新润州为目标,以全面深化公安改革为切入点,按照民生优先、服务在先的要求,进一步推动理念思路、体制机制和方法手段的创新,不断提升管理服务水平。创新经济社会服务管理机制,精心组织"暖企惠民"大走访活动,领导挂钩联系企业等制度措施有效落实,特别是在2017年6月初开展为期一个月的"深化走访、排查问题、化解风险、服务群众"集中攻坚活动期间,实现了对全区100家重点企业、70个村(居)、52家学校的走访"全覆盖",排摸化解风险隐患148处,并逐一实行销号式整改,相关做法及成效得到厅督导组肯定。全面提升窗口服务质量,积极开展"智慧窗口""爱民窗口""规范窗口"建设,顺利完成全国版出入境管理信息系统切换,简化港澳团队旅游签注申请流程,将由原来需要10个工作日的申请时间压减到3个工作日。积极回应群众对公共安全的新期盼,强化了重点企业管控,在全区82家反恐重点单位严格落实了每日巡查制度,社会关注度高的校园安保工作有力有效,全区52家中小学建立落实了信息预警、安全预防、应急处置、沟通监督“四项机制”,护学岗运行规范常态，视频监控系统、紧急报警系统等技防建设全部到位，平安校园建成率 100%，15 所学校、幼儿园建成省级平安校园。强化消防安全监管,电气火灾专项整治等行动扎实推进,火灾四项指数保持平稳，消防监管综合绩效考核位列全市，消防安全网格化管理经验全市推广,五里社区微型消防站多次成功接受公安部消防局和省消防总队检查,并获得好评。期间,会同区城管、市场监管等部门,在韦岗地区取缔无证经营液化气充气站 6 家、查扣流动加油车 2 辆,及时消除了重大隐患,对全区 13 栋高层公共建筑、97 栋高层住宅建筑逐一“过堂”,整改落实火灾隐患 174 处；检查社会单位 1416 家次,发现整改隐患 2119 处,临时查封 11 家,责令“三停”8 家,拘留 1 人,完成 2 个重大火灾隐患的整改销案工作。

教育管理工作取得了新进步，展现了润州公安队伍的良好形象。以习总书记提出的“五个过硬”和“四句话、十六字”总要求为目标,抓基础、抓规范、抓作风、抓特色，进一步弘扬积极向上的主流旋律,队伍向心力、凝聚力、战斗力不断提升。以学习教育坚定理想信念,扎实推进“两学一做”学习教育制度化常态化，及时部署开展“迎接十九大、永远忠于党、忠诚保平安”主题教育实践活动及“讲政治、守规矩、严纪律、优警风”集中学习教育活动,“三会一课”“每周学习日”等制度落实更加规范常态,“红色警营”党建项目得到市领导充分肯定。以从严管理强化纪律作风，全面加强从严治党、从严治警各项工作,狠抓市局巡查督导反馈意见整改落实工作，对通报反馈的 6 个方面问题,逐一明确牵头领导、责任部门和完成时限,确保整改效果。深入开展“警·思”教育活动、执法突出问题“四项清理”排查整改。在全区公安机关自行开展纪律作风教育整顿,督导整改班子建设、执法服务、纪律作风、内务管理等方面的突出问题。以练兵竞赛提升全警能力，严格按照省公安厅练兵要求，组织开展全区公安机关“强素质树标兵、促创新保平安”练兵竞赛活动,强化体能、提升战力、优化战法,努力为十九大安保提供强有力的素质支撑。现已组织了警械具、体能、射击等训练 20 批次,参训民警 800 余人次,有力提升全局警务实战化水平。以从优待警激发生机活力，分局警营文化设施基本建成，公安文联等兴趣协会相继成立，系列文体活动有效开展,风清气正、团结向上的警营氛围更加浓厚。与江苏江成律师事务所密切协作、警律共建,在 9 个派出所实体化运作“法律服务工作站”。与市第一人民医院主动对接,开辟了民警、职工、辅警医疗救治保健“绿色通道”,确保他们在警务活动中因公负伤、突发疾病后能得到及时便捷救治。制定下发了《十九大安保战时表彰办法》，按照一事一奖、即时奖励的原则，先后表彰了包括“8·24”有功人员、双月好警等在内等一批在专项工作中表现突出的集体和个人，其中 1 个集体荣立集体三等功,8 名民警荣立个人三等功,63 名民警荣获个人嘉奖,22 名民警被通报表扬,36 名警务辅助人员被通报表扬，分局主要领导、分管领导开展上门送奖 34 次。今年以来,官塘、韦岗、竹林路派出所获评镇江市青年文明号,分局团委荣获镇江市五四红旗团委,民警樊东晓被授予“全省优秀人民警察”荣誉称号并获“江苏省最美警察”提名奖荣记个人二等功一次,民警徐波、王磊、乔路获评镇江双月好警察，民警马尉获评镇江市预防青少年违法犯罪工作先进个人，民警王成昌获评镇江市优秀共青团员。 （赵庆世）

检　察

【概况】 2017 年，区检察院被市委组织部授予 2015~2016 年度市级党员示范岗,被区委、区政府评为 2016 年度特别贡献单位,连续 6 年被区人大评为机关效能建设优秀单位,院党总支开展的“六廉文化”建设被评为区级机关“十佳党建文化品牌”,未成年人刑事检察专题工作被江苏省政法系统关心下一代工作委员会评为“法治教育系列活动二等奖”。4 名干警被省检察院授予检察业务标兵或立功嘉奖，多名干警在上级院的各项竞赛中获奖。

全力服务经济社会发展大局,在依法履职中体现责任担当。主动融入区委重点工作。2017 年，润州检察院立足司法办案，向区委、区政府提交的《2016 年镇江市润州区惩治和预防职务犯罪综合报告》,获得区委、区政府主要领导的重要批示。制定了《润州区人民检察院服务保障全区“263”行动实施意见》,排查风险源点和打击重点，努力为全区生态环境环境保护工作提供司法保障。继续建设“清风驿站”,初步实现各家清风驿站的纵向资源共享，全区共有 3 家单位于 2017 年获评全市预防职务犯罪工作先进集体。严格履行社会综合治理责任。坚决维护国家政治安全，依法起诉了张某某等人涉嫌组织、利用邪教组织破坏法律实施罪案件。努力维护司法秩序,参与会签了《区法院、区检察院、公安润州分局关于办理拒不执行判决、裁定犯罪的备忘录》,明确了对执行义务人涉嫌拒执罪的立案、侦查、审理程序。以深化“破坏环境资源犯罪专项立案监督活动”和“危害食品药品安全犯罪专项立案监督活动”

为抓手，为区环保、市场监督管理等行政执法机关提供执法咨询6次，引导行政执法机关向公安机关移送刑事犯罪线索2件2人。努力维护社会和谐稳定。2017年，全院共处理来信来访 153件，其中来信72件，来访81件，妥善处理集体访8件。严格首办责任制管理，受理涉法、涉诉信访案件29件，办理阻碍辩护人依法行使诉讼权利的控告案件4件，办理其他实体性案件27件。认真做好司法救助工作，办理司法救助案件2件，发放救助金30000元，2017年区检察院还就该项工作召开了新闻发布会，国家、省、市级媒体对特色做法分别给予了报道。

真诚回应人民群众美好期待，在司法办案中彰显公平正义。依法严厉打击刑事犯罪。2017年共受理审查逮捕案件81件108人，受理审查起诉案件260件421人。严厉打击故意杀人、抢劫等严重影响人民群众安全感的暴力犯罪活动，全年共办理八类严重犯罪案件34件41人。严厉打击盗窃、诈骗等侵财型犯罪活动，切实保护人民群众财产安全，全年共办理该类案件92件114人。坚决维护市场经济秩序，依法办理信用卡诈骗、虚开增值税发票、非法吸收公众存款等案件14件18人，其中涉众型非法集资类案件7件7人，办理的刘某某非法吸收公众存款案，涉案金额近10亿元，涉及受害群众6000余人，该案被评为全市检察机关十大保障民生典型案件。依法查办和预防职务犯罪。2017年，共查处贪污贿赂案件7件9人，办案量为全市基层院第三，其中副处级干部2人，正科级干部2人，百万元以上案件5件7人，所办案件均为大案，要案率同比上升200%。立案查处渎职犯罪案件3件4人。依法履行诉讼监督职能。认真开展刑事诉讼监督工作，全年向侦查机关提出口头纠正意见3次，对侦查机关指定居所监视居住监督5件，对侦查机关适用强制措施存在问题依法发出书面纠正通知书1份，纠正漏捕1件4人，不起诉6件9人，建议侦查机关撤回案件11件11人，提起抗诉1件。加强刑罚执行工作监督，受理羁押必要性审查案件19人，收监执行审查5人，对15名剥夺政治权利罪犯进行专项检查，发出检察建议1份，职务犯罪案件财产刑执行情况核查33件，待执行财产刑913万元。加强民事行政诉讼监督，共办理监督案件25件，经审查后发出检察建议2份，1件涉案标的达1500万元的虚假诉讼案件经区检察院发出再审检察建议，于2017年8月获法院改判。

坚决贯彻体制改革总体部署，在锐意创新中永葆忠诚尽职。全面深化司法责任制改革，切实提升公正司法水平。有序推进检察人员分类管理改革，坚持公开公平公正原则，遴选出第二批员额检察官3人，已全部配置到办案业务岗位。员额检察官均已按职权清单规定进行办案，入额院领导带头办案，2017年以来院领导办理案件54件，占全院办案数的12%。积极构建与新的检察权运行机制相匹配的内部监督制约体系，实现常态化案件流程监管，全年内部评查案件498件，发现并纠正程序性问题200余处。积极配合国家监察体制改革。认真做好检察机关反贪污贿赂、反渎职侵权、职务犯罪预防等部门的机构、编制、人员、装备、案件线索、档案资料等情况的梳理和移交准备工作，确保了转隶工作顺利推进。多次与区纪委协调磋商，提早谋划改革后的各项业务衔接机制，努力为圆满完成监察体制改革试点工作做出应有的贡献。统筹推进检察工作机制创新。探索制定了《刑事案件“诉前会议”实施办法》，打击犯罪的同时，依法保障刑事诉讼当事人及其他诉讼参与人合法权益，保护程序公正，该举措在全市起到了示范作用，已经被镇江市检察院党组研究确定为全市基层院建设特色品牌工作。

努力锻造检察队伍职业素养，在廉洁敬业中激发进取作为。保持正确政治方向，坚持党对检察工作绝对领导。以深化“两学一做”学习教育常态化建设为重点，认真执行区委党员积分管理试点工作和星级党支部创建的要求，大力加强干警思想政治建设。在2017年全区“政法干警永远忠于党”主题征文和演讲竞赛中，6名参赛干警均分获征文和演讲的一、二、三等奖。润院报送的《为供给侧结构性改革提供精准司法保障》课题，获镇江市第二批法治实践优秀案例提名奖。严格落实“两个责任”，紧扣从严治检的根本要求。年初，院党组召开专题党组会，研究纪检监察工作，把党组的主体责任放在首要位置，科学制定风险防范“两个清单”，突出执法执纪“三个档案”的合理运用。针对司法责任制改革后的检察官独立处断权的提高，针对不同岗位职责要求的变化，仔细梳理排查廉政风险点，加强对党风廉政建设责任制落实情况的检查考核，把考核结果体现在每名干警年终绩效考核中。大力加强业务建设，突出培养检察干警职业素能。分层次分类别开展岗位练兵和业务竞赛，坚持战训结合、以赛促训，大力培养干警实战能力。全年组织干警参加司法办案专题研讨4次，干警在省级以上期刊发表调研论文近30篇。组织参加上级检察机关组织的公诉对抗、刑事申诉、案管、“小课堂精品课程”“十大典型民生案例”演示等检察业务竞赛中，均获奖项。

自觉接受社会各界监督评议，在阳光运行中展示理性文明。主动接受人大及其常委会监督，切实尊崇宪法权威。区检察院坚持重要工作、重大司法活动及时向人大报告制度，在开展员额检察官遴选、检察开发日、新闻发布会、辖区敏感案件庭审等重要工作中，主动邀请人大代表莅临视察、监督、评议。全面接受民主监督和社会监督，确保检察工作公开透明。2017年，就国家司法体制改革、律师权益维护、控告申诉等涉及检察机关职能调整、社会形象的重要工作向政协领导和委员们做了翔实的通报。做实检务公开工作，努力打造阳光检察。全面运行案件信息公开系统，依法发布案件程序性信息1225条，公开法律文书287份。在为民服务中心电子屏公开所有在办案件程序性信息，设置专门电脑提供法律法规链接，设置电子触摸屏供群众全面了解检察工作职能。注重依托新媒体传递法治正能量，开通官方微博2个、微信公众号1个，及时发布检察工作动态和重要案件信息120余条。全面加强实体、网上、掌上三大检察为民服务中心建设，开通远程视频接访系统和推进建设社区检察工作电子平台，为群众反映诉求提供全方位渠道。 （蒋文明）

法　院

【概况】 2017年，润州法院在区委领导和区人大、上级法院的监督指导下，在区政府及各部门的支持下，深入学习宣传贯彻中共十九大精神，紧紧围绕“努力让人民群众在每一个司法案件中感受到公平正义”目标，认真落实区人大九届一次会议决议，忠诚履职服务大局，深化改革突出重点，从严治院提升素质，各项工作取得新进展。共受理各类案件10949件，审执结9190件，结收案比103.1%，同比分别增长16.4%、32.5%、13.8%，收结案增幅、结案率位居全市基层法院首位。

刑事审判。依法惩罚刑事犯罪，增强群众安全感。共受理刑事案件289件，审结273件，判处罪犯405人。依法打击信息网络犯罪，审结利用微信抢红包功能开设赌场、“微商”非法经营、销售假药等犯罪6件13人。妥善处理涉众型犯罪，审结涉六千余名投资人、涉案金额近10亿元的“华诚酒业”非法吸收公众存款案。严厉打击传销引发的非法拘禁犯罪，对18名被告人全部判处有期徒刑。积极参与禁毒活动，审结贩卖毒品、容留他人吸毒、非法持有毒品案件17件，注重因吸毒诱发的盗抢骗等犯罪的处罚，特别对累犯、毒品再犯依法予以重判。从严惩处受贿、行贿、渎职犯罪9件11人，强化反腐败高压态势。从宽从速处理被告人认罪的危险驾驶、轻伤害、交通肇事等轻微刑事案件，判处60人非监禁刑。加强未成年人犯罪审判工作，被评为全市预防青少年违法犯罪工作先进集体。

商事审判。充分发挥破产审判在“去产能、调结构”方面的作用，专门成立破产合议庭，审理破产案件6件。因案施策，有的放矢，对镇江黄山水泥厂等工艺设备落后、长期停工停产的企业，淘汰落后产能，盘活闲置土地和房产；对“深国投”“国际工业品城”等资不抵债但有优质资产的企业，明确破产债权，防止债务累积，为企业再生创造条件；对“一鸣家电”“金联资产”等僵尸企业，加快破产清算，促使企业依法有序退出市场。加强金融风险预防，始终将金融案件作为审判执行工作重点，召开商业银行座谈会，围绕制约金融审判工作的送达、司法评估、司法拍卖、抵押权实现等问题进行交流，征求对司法服务金融工作的意见，打造金融审判“绿色通道”，及时化解金融不良债权。共受理各类金融案件525件，标的额32亿余元。

民事审判。积极化解社会矛盾，保障改善民生。共受理各类民事案件5930件，审结5327件，同比分别上升7.8%和30.3%，调撤率56.1%。加大产权司法保护力度，妥善审理返还原物、返还财产、股权转让、民间借贷纠纷713件，标的额4.56亿元，增强人民群众财产财富安全感。依法审理房屋买卖、租赁、迁让、拆迁安置补偿争议430件，对因房价上涨卖方单方毁约的案件，以履行合同为原则，以赔偿损失为补充，维护守约方合法权益，引导当事人树立正确的市场风险意识。高度重视民生案件审判，审结“三费”案件、劳动争议、损害赔偿等纠纷670件，帮助当事人实现权益4000余万元，提升人民群众司法满意度和获得感。深化家事审判方式和工作机制改革试点工作，建立财产申报、离婚案件冷静期、离婚证明书、反家暴“绿色通道”等制度，发放人身保护令8份，最大限度保护当事人合法权益。建立家事纠纷调处团队库，家事案件调撤率达61.9%。

行政审判。充分发挥行政审判的功能作用，妥善处理行政争议，切实化解矛盾。根据不同类型案件的特点，有针对性地采取相应措施，改进工伤行政确认案件审判方式，以工作建议函的方法促使行政机关及时变更原具体行政行为，更加有效保护劳动者合法权益。加强行政审判互动联络机制，紧密联系行政执法和司法审判实践，开展了一系列“送法进机关”活动。应邀赴镇江市城管局、镇江市工商局等行政机关举办普法讲座，结合相关案例，着重强调了行政执法过程中需要注意的问题，对行政机关依法行政、规范行政行为起到了重要推动作用。

司法公开。深化审判流程公开、裁判文书公开、执行信息公开“三大平台”建设，全年共上网裁判文书3700份，网上庭审直播950件，同比分别增长25.8%、630%。不断细化立案、审判、执行、信访等各个环节的便民措施，拓宽12368诉讼服务热线、网上自助立案、微信公众号等信息化便民渠道，共答复问询615人次，自助立案820件，减轻了当事人诉累。在南山风景区和西津渡景区挂牌设立旅游巡回审判点，就地化解旅游矛盾，方便游客依法维权。加大司法救助力度，缓减免交诉讼费6.79万元，发放司法救助资金37万余元，保证困难群众打得起官司。按照“谁执法谁普法”的要求，深化“七五”普法活动，为各族群众、机关干部、中小学生等开展庭审观摩、模拟法庭、法制讲座70余次。

执行工作。全力破解执行难题，兑现胜诉权益。共受理执行案件4319件，执结3395件，实际到位标的16.60亿元。积极争取关心支持，区委区政府联合下发《关于支持人民法院基本解决执行难工作的实施意见》，与公安、税务、国土等部门的联动机制日益完善。严厉打击规避执行和抗拒执行行为，开展常态化集中执行活动43次，拘传、拘留183人，搜查14次，依法移送公安机关刑事立案5件5人，判处1件1人。强化失信惩戒，将2370人纳入失信被执行人名单，并通过媒体、网络、微信公众号、公告栏等方式向全社会公布，促使近200名失信被执行人自动履行债务。充分发挥司法网拍公开、公正、高效的功能，共司法网拍202件，成交金额1.9亿余元，溢价率22%，同比分别增长65%、132.4%、11.3%。深化执行规范化建设，集中清理执行积案，超长期未结执行案件同比下降52.9%。被评为2017年度全省法院执行工作先进集体。

【审判方式改革】 落实“让审理者裁判、由裁判者负责”要求，除审判委员会讨论决定的案件外，院庭长对其未直接参加审理案件的裁判文书不再进行审核签发。实行人员分类管理，以员额法官为中心，组建28个分工合理、衔接有序的审判团队，审执结案件4982件，平均结案178件，同比上升93.47%。严格落实院庭长实质性办案要求，量化院庭长年度办案指标，院庭长办结案件3639件，占结案总数的40%，同比分别上升144.72%和17%。建立专业法官会议，研究确定审判重大事项，统一案件裁判标准和尺度，共召开58次，讨论案件123件。完善简案确认分案机制，制定《案件繁简分流工作方案》，明确10类速裁快审案件。配强速裁快审快执团队，将速裁法官整合到诉讼服务中心，同步推进执行指挥中心实体化运行，改进审判执行分案程序，集中力量办理简易、速裁、批量案件，17%的速裁法官办理全院42.8%的案件。实行示范诉讼方式，选择部分典型案件先行审判，提炼裁判规则，明确行为导向，带动房屋拆迁安置、物业纠纷等群体性案件批量高效解决。推行类化案件集中审理，被告人认罪的危险驾驶、盗窃等犯罪案件审判效率大大提高。

【审判队伍建设】 自觉接受区人大及其常委会、区政协的监督，认真办理代表委员建议和提案15件，邀请15批200余名代表委员旁听评议典型案例，监督集中执行活动，参加新闻发布会、专家论证会等，听取意见和建议。召开新闻发布会4次，推送司法信息520条，增强社会对法院工作的认同度。加强法院党建工作，严明纪律严守规矩。将学习宣传贯彻中共十九大精神作为首要政治任务，紧扣中央“十个深刻领会”和省委“突出五个聚焦”要求，在法院自媒体开辟专栏，举办宣讲报告会、新党章知识竞答、重温入党誓词等活动。进一步优化中层干部队伍结构，以能力和业绩为导向，严格按照组织程序，完成中层正职轮岗竞岗。及时开展青年人才引进工作，招录、选调9名法官助理、10名聘用制书记员，队伍年龄结构断层的问题得到初步缓解。落实从严治院责任，持续强化司法作风。认真贯彻执行新时代党风廉政建设总要求，准确把握运用好监督执纪“四种形态”，办理投诉举报16件次，对发现的苗头性、倾向性问题，综合运用谈话提醒、批评教育等方式快治、严刹。压实“两个责任”，抓住重点部门、重点岗位、重点环节，邀请区纪委派驻纪检组组长全程列席审判委员会6次，调整充实15名廉政监察员，将监督触角延伸到审判执行工作一线。集中开展纪律作风问题专项查纠活动，共开展审务督察36次，杜绝“冷横硬推”“吃拿卡要”“庸懒散奢”等司法不正之风。 (姚宝国)

司法行政工作

【概况】 2017年，润州区司法局在区委、区政府的领导下，在市司法局的指导关心下，坚持以“打造人民满意的服务型司法行政机关”为目标，深入推进“四个全覆盖”转型增效，全面完成司法行政各项工作任务。宝塔路司法所所长范金华被最高人民法院、司法部授予“全国模范人民调解员”荣誉称号、区司法局被省司法厅评为“四个全覆盖”体系建设先进集体、七里甸人民调解员王根定被评为“镇江市最美司法行政人”、润州区司法局社区矫正科被评为全市司法行政系统先进集体、区法律援助中心主任刘东升和宝塔路司法所所长范金华获得润州区劳动模范荣誉称号。

公共法律服务水平进一步完善。法律援助工作“保质增效”。开通法律援助“绿色通道”，对低保、特困职工、重度残疾人等困难弱势群体以及农民工讨薪申请法律援助的，无需当事人提供经济困难证明材料，法律援助中心直接受理并指派办理，累计为群众挽回损失近500万元；实施全区法律援助“名优工程”，精心挑选了全区12名知名律师，根据其自身专业特长办理法律援助案件，目前该工程已办理案件7件；开展法律援助办案质量标准化建设，标准办案流程，优化办案质量，有效提升群众满意度。与区总工会、残联和民政局磋商，建立了援助对象信息数据库，申请流程只进“一扇门”，实现法律援助信息一步查询。2017年，区法律援助中心已办理法律援助案件301件，其中刑事案件37起，民事案件264件。公证工作稳步提升。2017年润州公证处已办证755件，其中国内民事406件，国内经济349件。坚持公证主动服务、围绕中心、服务大局的工作理念，积极参与党委政府重大事件处置、为城乡房屋征收做好法治宣传和公证服务，主动与属地对接，成功为拆迁回迁群众办理公证16件；对行动不便的残疾人、孤寡老人和符合上门服务条件的困难群众，全年实施调查取证60次，上门服务8次；对低保人员、无固定生活来源的重度残疾人等办理公证，以及申办救济金、低保、给付赡养费和抚养费等公证事项的减免公证费用，全年累计减免近万元；全面完成了2017年500套(户)廉租房公证任务，减免公证费用两万余元。法律服务工作扎实推进。建设完善“12348”网络平台，优化区、街道两级公共法律服务中心实体化运作，定期发布法律风险防范提示。组建润州“12348”法律服务队，落实“暖企惠民”，走访了75个家庭，深入了20余家企业，通过了解实际法律服务需求，定制法律服务，较好地发挥了法治护航民生、经济作用。全区实现“一村居一法律顾问”全覆盖，组建各村(社区)律师“法润民生”微信群，为居民答疑解惑，实现法律服务“定时+及时”。与区工商联联合成立了润州区小微企业法律公益服务社，为小微企业提供“贴身式”法律服务。依托区组织部、区委党校“周末讲堂”，以“加快公共法律服务体系建设，促进公平正义助力和谐发展”为题进行了授课，进一步增强了领导干部的法治思维、法律素养，有效提升司法行政工作的知晓率、支持度。鼓励律师积极参与信访接待和化解群体性矛盾，运用法治宣传、法律服务等方式参与东方伟业、958广场和华都名城物业纠纷等群体性矛盾纠纷化解工作，为958广场商户提供法律服务10余批次。

法治宣传教育质效进一步提升。健全落实“三大机制”。健全落实“谁执法谁普法”责任制，注重发挥普法办牵头抓总作用，与全区46家普法成员单位签订了《润州区谁执法谁普法责任状》，完成普法联动事项58件；在全市率先召开了普法联络员会议，调动普法联络员工作积极性，发挥普法联络员的纽带作用，形成全区联动、部门分工负责、齐抓共管的普法工作大格局。健全落实“以案释法”制度，重点围绕社会关注度高、与群众利益密切相关领域的典型事例，累计组织2场“法治讲堂”面向社会开展案例宣传。健全落实“媒体公益普法”机制，一方面推动各类传统媒体参与法治宣传，在润州电台开设“法治快讯”等普法节目；另一方面充分运用润州普法网、手机报、微博、微信等新媒体引导公众进行解读、转发、评论，有效提高普法宣传的参与性、实用性、趣味性。2017年，针对网络安全法、民法总则、劳动法、刑法、宪法等热点内容，发送手机报21期，润州普法网文章阅读量超过100次/篇。认真落实“两项制度”。组织宣传、学习国家两办印发的《党政主要负责人履行法治建设第一责任职责规定》，贯彻落实“关于党委、政府主要负责人深入推进法治宣传教育的职责”的主要精神，将法治宣传教育纳入到政府目标管理绩效考核；联合多部门印发了《关于加强国家工作人员学法用法工作的意见》，积极实施人大、非人大任命领导干部任职前法律知识考试制度，国家工作人员学法培训率达100%，确保领导干部和公职人员学法制度化、系统化、常态化。扎

区司法局开展“进军营”法律咨询活动 (司法局 提供)

实抓好"三个重点"。主要围绕领导干部、青少年和企业经营管理人员三类重点人群,灵活运用"法律六进""美好生活·德法相伴"等主题活动以及重点节假日为宣传载体,有针对性地开展普法工作。携手公安润州分局、区检察院、区法院、各街道组建"法治巡回宣讲团",成功举办"送法进校园"活动;完善和落实法制副校长制度,全区18所中小学均配备法制副校长,为学生进行法治辅导18次。2017年,全区开展包括法律咨询、法治讲座、法治书画作品创作、文艺演出等形式的普法宣传活动40余场。深入开展基层民主法治建设。积极开展民主法治示范村(社区)和"省级法治文化建设示范点"创建,建立动态管理机制,定期督查、指导创建工作。2017年新建"省级民主法治示范村(社区)"3个,创建率达44%;广泛开展法治文化活动,征集优秀法治文化各类作品20件;全区所有村(社区)均完成了村规民约、社区公约梳理修订工作。全年培育发展2个法治宣传专业型社会组织,通过签订服务购买协议,充分发挥社会组织的专业优势,服务于普法工作。

特殊人群管控水准进一步加强。认真抓好社区矫正监管工作。常态化对手机定位和"双八"制度执行情况进行专项督查,全年下发通报13期,明确指出各所存在问题及原因,严肃相关纪律,督促迅速整改;坚持社区矫正工作联席会制度,公检法司等部门就服刑人员的收监执行、加强平台数据研判等重大事项进行集中讨论和商议,深化工作举措;注重在节假日及敏感时段通过固定电话回拨等手段强化定位管控,杜绝不假外出、人机分离,顺利完成了十九大期间社区矫正安全稳定工作;提出社区矫正工作人员"七条禁令"、微信微博行为"九条戒律",在制度上规范工作人员言行;区局、各司法所运用科技手段,增设生物识别仪等科技工具以强化动态监管,4名高危人员佩戴了电子腕带;顺利通过区人大代表专题视察调研,区社区矫正工作获得了代表们的充分肯定。全区在册社区服刑人员103名,手机定位率100%,无一例因失职导致重新犯罪的。2017年,社区矫正"三公开一监督"获省司法厅副厅长张武林批示。认真做好刑释解教人员的衔接、安置工作。全区636名刑释人员帮教有序,衔接率100%、安置率100%、评估率100%,有力维护了社会稳定。坚持刑释解戒人员出监出所必接必送制度,全年接送重点帮教对象16人,接送率100%。开通了远程亲情视频会见系统,为探视不便的服刑人员直系亲属提供视频会见服务,全年申请了14起视频会见,已经成功实施了2起。同时,全区55名强制隔离戒毒人员后续照管工作稳步展开,为解除强制隔离戒毒人员提供为期1年的帮扶、服务,降低回归复吸率。加大特殊人群管服中心建设。建设了200余平方米的社区矫正教育基地与中途之家,基地融合了教育、学习、心理矫治等多项功能,满足社区矫正工作各项需要。对区社矫中心提档升级,新增了入矫宣告室、训诫室和心理疏导室,进一步完善了中心的各类设施与功能。

矛盾纠纷化解调处进一步完备。立足服务,部门联动促进纠纷化解。因地制宜打造如西津渡"旅游调解法律诊所"、万达商圈"商事调解法律诊所"等特色"法律诊所"5家,精准高效为广大群众提供服务,2017年,"法律诊所"工作者已接待法律咨询100余件,组织开展了7场法治宣传活动;注重打造矛盾纠纷多元化解机制,进一步发挥公调对接、诉调对接的积极作用,建立了交调对接工作室。在区住建局成立了法律服务站,联合区科技局成立了知识产权纠纷人民调解工作室。新建500户以上居民小区调解工作室9个,精心选出部分社区律师、社区民警等共同担任调解员,成功化解了多起物业纠纷,落实解决基层群众纠纷的新思路,切实把矛盾化解在"家门口"。2017年全区已调处各类矛盾纠纷3400起,调解成功3400起,成功率100%。强化矛盾纠纷化解基础保障。进一步规范全区各级调解委员建设,积极推进各街道建立、规范调解个案补贴制度,区级、街道调解个案补贴全面实施,宝塔路街道印发的《镇江市润州区宝塔路街道社会矛盾纠纷调解个案补贴办法》是全省首个街道补贴方案;推动润州区人民调解协会规范化运作,开展全区调解员等级评定工作。同时对照标准狠抓人民调解网络平台系统建设,目前全区共录入调委会组织69家,专职人民调解员70人,网格化排查组织104个,纠纷信息员86人。

基层基础建设进一步加强。继续强化局、所、站建设。扎实推进区司法局实战化和局、所、站一体化建设,区、街道公共法律服务中心,村(社区)司法行政服务站实现全覆盖。进一步完善司法所场所及功能配置,全区基层司法所场所功能到位。把好司法所所长任免及政法专编使用。目前全区街道司法所所长均为政法专编,司法所政法专编使用率达92%,处全市前列。持续促进社会组织发展。强化政社互动,充分利用社会组织新资源,努力形成司法行政主导,社会组织参与的良好格局。2017年成功组建了28家司法行政领域社会组织,并与4家社会组织正式签订了服务购买协议,充分发挥社会组织在司法行政工作中的有益补充作用。全力加强司法行政队伍建设。加强思想政治教育,深入宣传贯彻"十九大"精神,局领导班子成员和各

2017 年全区司法行政重点任务完成情况表

表 11

序号	任务目标	完成情况
1	建立健全公共法律服务中心规范有序、高效便民的运行机制，完善公证、法律援助服务事项，发挥资源集聚优势，不断满足居民公共法律服务需求	三级公共法律服务体系实现全覆盖，公共法律服务中心运行规范、高效，公证、法援等服务资源实现有效整合，不断满足公民的服务需求
2	打造网上司法局，建成司法行政二级数据库，完善 12348 网络服务平台，研发并运行“镇江司法”手机 APP、微信公众号	强化信息化建设，建立实战化勤务机制，建立“12348”指挥协调中心，开通润州手机报，努力为群众提供网上网下、线上线下相融合的全天候服务
3	全面实施“七五”普法规划，增强重点对象普法实效性，落实市委常委会关于将法治宣传教育纳入各地各部门年度目标管理要求和“谁执法谁普法”责任机制	强化重点对象普法，开展普法宣传活动 40 余场；将法治宣传教育纳入到政府目标管理绩效考核；召开普法联络员会议，与 46 家普法成员单位签订了《润州区谁执法谁普法责任状》
4	深化“法润镇江——法企共建”专项活动，完善法企对接机制，有效发挥律师、公证、基层法律服务等在风险预防中的积极作用	开展“法企同行”专项活动，深入走访 20 余家企业，提供“贴身式”法律服务。与区工商联联合成立了润州区小微企业法律服务团。润州普法网定期发布法律风险防范提示
5	依托市级公共法律服务中心，加大法务产品研发力度，探索打造法治人才市场，创建公职律师事务所	区、街道公共法律服务中心提供八大类 33 项服务内容，并在此基础上不断拓展公共法律服务产品
6	加强社区服刑人员、刑满释放人员教育管理和强戒人员后续照管，提升教育改造和帮扶质效，有效预防和减少重新犯罪	增设生物识别仪等科技工具以强化动态监管，全区在册社区服刑人员 103 名，手机定位率 100%，未出现一例因失职导致重新犯罪的；636 名刑释人员帮教有序，有力维护了社会稳定。55 名强制隔离戒毒人员后续照管工作稳步展开
7	关注困难弱势群体，建立法律援助对象动态数据库，完善质量监管和绩效评价机制，确保“应援尽援、应援优援”	开通法律援助“绿色通道”，建立了援助对象信息数据库，已办理法律援助案件 197 件，累计为群众挽回损失近 500 万元
8	加快实施“365”工程深化年行动计划，推动六部门《关于进一步加强基层司法所建设的意见》落地见效，有效提升基层人财物保障能力和实战能力，力争政法专编人员落实率提高 10 个百分点	进一步完善司法所场所及功能配置，全区基层司法所场所功能到位。把好司法所所长任免及政法专编使用。全区街道司法所所长均为政法专编，司法所政法专编使用率达 92%，处全市前列
9	强化法律服务质量监管和行风建设，推进政务公开和服务公开，建立“两代表一委员”和行风监督员定期互动制度，自觉接受社会监督，进一步提升法律服务行业公信力和群众满意度	认真落实行风监督员制度，定期邀请行风监督员督查；区社区矫正工作顺利通过了区人大代表专题视察调研，获得了代表们的充分肯定；强化了服务质量监管，全年零投诉

科室均结合自身工作撰写了“十九大”精神学习体会；继续抓好“两学一做”学习教育，加强党性、党风、党纪和廉政建设的宣传教育力度，加强廉政制度宣讲，加强机关廉政文化建设。抓好党风廉政建设责任制落实，认真落实《党内监督条例》，严格监督“一把手”和班子成员，确保廉洁自律；严格落实责任清单，通过责任分解，层层落实党风廉政建设职责，形成合力。

【润州区司法局联合六部门完成基层司法所体制改革】 2017年，润州司法局联合六部门对基层司法所实行区司法局和街道双重管理，以区局为主的管理体制，完成了基层司法所体制改革。

【深入开展“美好生活 法律相伴”活动】 润州区司法局携手公安润州公局、区检察院、区法院、各街道组建“法治巡回宣讲团”，成功举办了“送法进校园”“进社区”“进军营”等活动6场；通过法律咨询、法治讨论、家风故事会等形式送法进家庭2.8万个；建设完善法治书屋8个，全区59个村(社)均完成了村规民约、社区公约的梳理工作。通过系列活动的开展，得到了群众的好评，同时增强了居民的法律意识，促进了社会的和谐稳定。 (解 燕)

人民武装

【概况】 2017年，区人武部在军分区党委和区委区政府的领导下，紧紧围绕改革主线，紧盯国防动员建设这个中心，扭住作风建设这个关键，扎实推进“两学一做”常态化制度化学习教育和中共十九大精神学习贯彻，组织民兵整组和抗洪演练等军事行动，完成编制体制调整改革、兵员征集和基层战备规范化建设任务，被省军区表彰为军事训练先进单位，单位全面建设取得了新的发展。

聚焦铸魂核心，紧贴改革使命。紧跟习主席思想步伐，坚决服从改革大局，着力打牢部党委机关、基层民兵组织建设政治思想根基。组织开展“维护核心、听从指挥”主题教育，扎实推进“两学一做”常态化制度化，庆祝建军90周年活动。采取请进来讲、走出去学，组织全区党政机关、学校开展以国际形势、军队建设为主要内容的国防教育。开展三次十九大精神宣讲活动，开办两期基层民兵十九大精神研讨集训，通过多种形式的学习研讨，各级坚决听党指挥、绝对忠诚可靠的思想根基进一步铸牢。持续落实省军区关于“双百双建”要求，捐款8万元帮扶灌云县潮河村修建村道420米，部领导年资助该村三名贫困学生学费6000元。广泛参与文明城市、双拥模范城创建，军政军民团结持续巩固。

聚焦职能使命，促进能力提升。坚持党委对练兵备战的统一领导，定期议战议训。狠抓战备制度落实，组织各级对接完善战备方案，落实领导不离城，值班参谋不离院，值班员不离室、兵器室双人值班制度，采取以岗带训方式，定期组织全区专武干部战备业务训练考核，着力提升干部职工专武干部战备业务技能，完成全区基层战备规范化建设任务，接受军分区对南山街道战备规范化建设考核验收。狠抓练兵备战，紧贴实战化要求，组织12批360余人次的民兵干部和应急队伍专业骨干集训，参加市抗洪抢险军地联合演练，有效提高应急应战能力。狠抓后备力量建设，着眼民兵建设转型，组织全区国防动员潜力数据调查，按照“优化布局、调整结构、建强基层”要求扎实开展民兵组织整顿。

聚焦作风要求，扭住党的建设。坚决执行中央八项规定和各级关于作风纪律建设各项要求，全面彻底肃清郭伯雄徐才厚流毒影响，认真抓好《中国共产党廉洁自律准则》《中国共产党纪律处分条例》学习贯彻。坚持身子往下扑，双脚往下踩，紧盯廉洁征兵重点，组织机关和基层武装部学习本系统作风违纪通报，做到警钟长鸣；建立廉洁征兵“零报告”制度，聘请29名“廉洁征兵监督员”，明确“十个不准”纪律底线，广泛开展廉洁征兵问卷调查，全区未发生廉洁征兵违纪问题。紧抓自身建设，严格落实“十六字”方针，始终做到按集体意志办事；按照“三对照三查纠”要求，扎实组织党委专题民主生活会，深入查找问题，梳理清单，限期整改；严格落实“两个主体”责任，从严从紧强化作风建设。

聚焦强基固本，坚守安全底线。认真贯彻军委国防动员部“十个从严”要求，扎实开展“条令条例学习月”和“百日安全竞赛活动”。紧盯人车枪弹密网等方面重点，坚持日检查、周巡查、月清查，坚持责任到人、限时整改，做到制度刚性落地。狠抓安全隐患排查整改关键，定期组织重要部位安全隐患排查，全年共排查安全隐患89个，均在规定的时限内整改到位。完成营院综合整治，减少了各类安全隐患。紧跟改革进程，开展谈心交心，掌握人员思想，做好一人一事思想工作；抓实训练安全，突出抗洪演练、野外勤务、装备动用等时机，坚持安全分析、风险评估、一事多案，全年共出勤360人次，均安全无事故，实现了改革之年“一点小事都不出”目标。

【润州区举行2017年度军队院校招生政策宣讲】 6月19日，润州区举行2017年度军队院校招生政策宣讲，为辖区内46名意向报考军校的高中生详细解读了2017年度军招相关政策、报考流程和注意事项。区委常委、区人武部政委周文雄，区人武部部长朱小兵出席并讲话。宣讲活动中，周文雄结合往年军招情况向报考人员及家长介绍了报考军校的经验，鼓励大家要坚定树立参军入伍的理想信念和决心信心，深刻认识成为军人的荣誉和使命，并祝愿在场的有志青年能够最终顺利通过军招，实现强军报国的理想抱负。此外，区人武部工作人员还现场针对报考人员及家长在军招体能测试、心理检测、面试、填报志愿等方面提出的疑惑逐个进行解答。

【镇江军分区领导调研润州区人武工作】 6月26日，市委常委、镇江军分区司令员曹寅，军分区政委李迎久一行赴润州区人武部调研基层人武工作。区委副书记、区长高国成，区委常委、区人武部政委周文雄，副区长陆金火陪同视察。曹寅一行先后查看了区人武部应急值班室、装备器材室、防火防汛物资储备、民兵装备设施等，了解相关工作开展情况。座谈会上，周文雄做了区人武部今年全面建设情况汇报，高国成介绍了润州区委、区政府关于国防动员及军民融合发展的相关情况。李迎久对于润州区人武部在征兵动员、防汛抗旱等工作取得的成绩表示肯定，希望区人武部继续加强自身建设、特色发展，保卫地方安全稳定的同时促进地方经济社会发展。曹寅强调，近年来润州区委、区政府对基层人武工作大力支持，润州区人武部建设取得了一定的成绩，该区人武部正积极适应调整改革，加强学习研究，加快适应，努力做好新体制下的基层人武工作。 （王　磊）

润州区诗协作品选

贺新郎·心声

宁臣泉

习近平时代，我神州，欢歌笑语，兆民和蔼。境外人人皆说道，中国花花世界。人友善，起居安泰。黑发姑娘真妩媚，俊男儿，见你多亲爱。情与貌，似天派。

而今中国新姿态。站人前，挺胸昂首，助人慷慨。中美文明先进国，开展和平竞赛。可肯定，吾赢君败。根治贫穷愚昧后，富而行，天下无公害。推导者，近平辈。

经济发展与计划管理

【概况】 2017年，面对错综复杂的发展环境和繁重艰巨的改革任务，全区上下紧紧围绕市委、市政府关于产业强市，大力发展实体经济的核心目标，深刻认识和科学把握高新区管理体制调整后的区域发展新常态，突出城市经济转型发展，坚定信心，凝心聚力，扎实工作，全区经济社会发展总体平稳。

全区完成九届人大常委会调整后的国民经济和社会发展计划情况如下：完成地区生产总值208.35亿元，增长7%；固定资产投资164.84亿元，增长1.5%；一般公共预算收入15.1亿元；社会消费品零售总额119.83亿元，增长10.5%；完成到位外资4800万美元；完成城镇常住居民人均可支配收入45120元，增长8.9%；完成农村常住居民人均可支配收入25455元，增长8.2%；研发经费支出5200万元。

经济发展总体平稳。一是服务业集聚区稳中求进。西津渡文化产业园作为市级示范园区，着力提升文化博览、休闲和旅游配套功能，实现年游客接待量400万人次，入驻商户113家。城际商圈、青年广场商圈等重点“三集”园区，按照“一园区一主导产业一平台”的思路，坚持政府引导，市场化运作，发挥行业协会的协调优势和商管公司专业招商优势，精准招商。万达金街入驻305家商户，入驻率达98%，基本实现满铺经营，以城际商圈为依托的新的商贸中心正在形成。二是工业经济支撑乏力。高新区管理体制调整后，全区剩余规模以上工业企业12家，原2个省重点投资项目、5个市重点技改项目均已划至镇江高新区，工业经济总量大幅下降，无新增长点，二产投资比重也出现明显下降。工业经济占全区经济比重已锐减至10%以下，支撑作用正在消失。三是旅游品牌不断提升。紧抓镇江市创建“国家全域旅游示范区”的机遇，通过旅游安全生产大检查、重点景区旅游指标直报、“旅游厕所革命”、第二届“长江金山灯会”等重点工作的开展，推动区域旅游特色发展。组织长江生态湿地公园、大型水景秀《白蛇传》申报国家AAA级旅游景区，不断提升旅游形象，打响润州旅游品牌。

项目建设进展顺利。2017年，实施区级重点产业项目22个，总投资381.53亿元，年度投资计划64.3亿元，全年，实际完成投资64.7亿元。12个续建项目均完成年度建设任务。西津渡旅游风情小镇提前完成当年投资计划，镇屏山西地块土地已上市摘牌，环云台山功能提升项目中的书香府邸、桔子酒店顺利开业。魔幻海洋世界项目极地馆正在封顶，海洋馆地上二层施工，游客中心正在装饰装修。4个新建项目中，智慧旅游大数据平台已完工。6个前期项目中，李家山地块旧城改造项目已签约，正在办理开工前各项报建手续。“烟墩湾棚户区”改造、“北湾城中村”改造、官塘医养产业融合、运河七彩城、312温泉小镇（温泉创意旅游综合体）在洽谈推进中。

全方位优化企业服务。一是以暖企惠民大走访为契机，全面了解企业诉求，以问题为导向，积极帮助企业争取国家政策支持。全年，帮助祥云药业、江苏汇智、金山包装、镇江新创计算机等企业申报专项资金335万元。适时召开街道、楼宇产权单位座谈会，梳理存量楼宇资产，分析原因，出谋划策，在土地资源紧缺的情况下，积极为产业和项目寻求发展空间。二是在项目审批、证照办理上，按照“放管服”的要求，实行一站式服务，优化办事流程。三是和市级投资平台签订战略合作协议，在招商引资、项目推进上实现联动。

生态文明建设力度加大。一是全面开展低碳九大行动。有序推进长江乳业牛奶循环经济项目、江苏船山牙轮钻机变频改造项目等节能低碳项目；明确江苏华兴通讯、恒达包装2家企业淘汰落后生产线和改造任务；推进“金屋顶”计划，跟踪服务镇江金山物流0.025兆瓦分布式光伏电站项目、华东电力设备研发制造厂房光伏项目等。二是积极部署“263”专项行动。制定12条工作制度，建立沟通联系机制，设立“263润州在行动”专栏，高效落实专项行动的各项工作。联合水泥已停产，仅剩的1家化工生产企业已关停，征润州水源地整治、运粮河水环境综合治理、御桥港支河河道清淤清杂等重点项目也已初显成效。全面建立“河长制”，不断加强挥发性有机物、扬尘、生活垃圾等综合治理能力。生态保护、环境经济政策调控、环境执法监管水平得到显著提升。

社会民生和谐发展。一是民生实事着力推进。制定落实富民增收五大行动计划，推动城乡居民收入与经济发展同步增长。全年，开展专项招聘会8场，提供岗位3660个，落实企业稳岗补贴政策162家169万元，走访就业困难人员和零就业家庭246户，开展职业技能培训1887人次，创业培训339人次。各类社会保险继续提标扩面，结合征地项目，新增被征地农民1810人，全区养老保险征缴19553万元。养老服务体系建设不断加快。全年，新建老年助餐点12个和日间照料中心1个。二是社会事业均衡发展。教育现代化建设加快推进，镇江实验学校远洋分校主体已全部封顶，长山学校、金山湖小学、孔家巷小学等项目进展顺利，按计划稳步实施。医疗卫生体制改革进一步深化，分级诊疗制度不断完善。黎明社区卫生服务中心康复科获批首批省特色科室，“3+X”家庭健康责任团队与全区85%以上居民签订了无偿签约服务包，重点人群签约率达60%。三是社会治理不断创新。城市管理更加精细，为全区7个街道共33个网格配备“网格长”，形成“条块结合、以块为主、协调配合、高效运转”的城市管理新格局。安全生产管理手段不断创新，通过推进“互联网+安全生产”平台建设，实现了隐患治理、监督检查等业务工作的流程化、网络化、移动化和智能化管理。（区发改经信委）

国有资产管理

【概况】 经区政府授权，履行出资人职责，行使国有资产监督管理职能，负责企业年度经营目标任务的下达、经营业绩的考核、产权管理、运营监管；按照行政事业单位资产管理办法及行政事业单位国有资产处置办法，加强全区行政事业单位国有资产管理，规范资产处置行为；按照预算管理要求，强化资产收益管理；加强固定资产管理信息系统的管理和维护，准确完善资产数据，对资产实施动态管理和有效监管；准确报告全区经管资产、自然资源国有资产和行政事业单位资产报表。

（区财政局）

国土资源管理

【概况】 2017年，国土润州分局以保护国土资源、保障科学发展、维护群众权益为根本任务，以节约集约为首要战略，服务支撑“两聚一高”战略部署，以“七项突破”为工作主线，统筹土地资源的保护和开发，全面提升国土资源管理服务水平。

资源保护更加有力。国土润州分局严格落实耕地保护责任，明确各街道耕地保护目标，把耕地保护工作落在实处。积极创建“土地执法模范区”，专门出台创建实施意见，明确各级政府“一把手”作为耕地保护及违法用地整改的第一责任人，区政府常务会议专题研究部署了创建工作。以“创模”工作为抓手，切实加强卫片查处整改力度，违法用地占用耕地和新增建设用地占用耕地的比例为4.21%。坚持“保护耕地就是保障我们的生命线”的重责，依法开展土地执法，强力推进存量违法用地整改工作，润州区整改到位面积77.07公顷，整改率48.7%，高新区整改到位面积19.32公顷，整改率为56.4%，全部完成了2017年度整改面积40%以上的目标。全区上下形成了依法依规管地、用地的氛围，润州区也获得了2016年度“土地执法先进单位”的荣誉称号。

节约集约持续提升。润州区坚持“保护资源与保障发展并重，把节约集约放在首位”的用地方针，采取“布局集中、产业集聚、用地集约”的发展战略，服务经济、服务发展，努力为市、区建设用地项目做好保障服务，确保各项非农业建设项目用地顺利进行。2017年，共完成农转用报批108.76公顷，实施完成征地补偿项目12个，总面积105.3公顷，完成权籍调查141.51公顷，完成各类测绘160余宗，润州区也因连续两年节约集约利用考核成绩优秀获省国土资源厅表扬。

惠民服务重大突破。一是扎实开展地质灾害防治工作，成功创建地质灾害防治高标准“十有县”。全面排查地质灾害隐患点42处。全年，共发生地质灾害灾情1起、险情4起，发放防灾工作卡91份，开展了两轮地质灾害培训工作，并在全省首创开展“十有社

区委书记高国成视察地质灾害隐患点（国土分局 提供）

区”创建工作。二是认真贯彻落实省政府93号令，严格规范征地程序，以“四个到位”保障被征地农民合法权益。三是努力维护信访群众的合法权益，切实解决群众合理关切，做好群众依法逐级走访权益保障卡发放工作，真诚地为信访群众释疑解惑、排忧解难。三级视频接访系统建成并投入使用，局领导班子成员参与接待化解疑难，共接待群众来访3批9人次，全年，共受理信访事项76件，结案率100%。四是“暖企惠民大走访”活动扎实开展，先后多次前往富润华庭社区和官塘桥村走访困难群众，服务发展、服务基层、服务群众的能力和水平得到提升。

“互联网+”应用不断深化。一是积极推进“互联网+国土资源”应用建设。以现有的“i国土”综合动态智能监管平台为基础，综合运用大数据分析、深度学习等技术手段，对各类与国土业务有关的数据进行比对、抽取、重造、挖掘、分析，建立统一的国土资源数据资源体系，研发集信息采集与动态监测监管、信息比对核查、信息综合决策分析功能于一体的“互联网+国土”大数据监管决策平台，不断拓展“i国土”平台建设内容。二是三级视频接访系统成效显著。自该系统投入使用以来，国土润州分局的接访工作全程已实现同步录音录像，既保障了信访人的权利，又对信访接访工作人员的行为进行了有效的监督。

依法行政扎实推进。一是全面建成执法监察共同责任机制。与涉农街道成立联合执法领导小组，在社区聘请土地协管员，发挥前哨作用。2017年，正式与辖区涉农派出所建立联合执法机制，形成执法合力，及时查处偷盗采，严厉打击违法犯罪行为。二是制定了《依法行政业务手册》，明确了各职能业务行为的政策依据、提交材料、办理程序、办理时间及收费项目依据和收费标准。三是全方位开展法治宣教月活动。组织全区党政领导干部学习贯彻市委、市政府关于加强土地管理的系列文件精神，借助镇江文广集团主流媒体的影响力，通过走进直播室、政风行风热线和新媒体宣传等形式，充分展现国土系统学依法履职尽责的风采。同时拓展“法律六进”活动内涵，邀请法律工作者参与接访工作，开展座谈交流，强化“法治国土”建设。

党风廉政建设成效显著。一是坚持落实党风廉政建设责任制，加大监督力度。由局领导班子成员与分管部门、国土所负责人签订了《党风廉政建设责任书》，通过责任分工与层层签订，在全局上下形成了廉政责任制网络。严格责任追究，确保责任制的落实。二是坚持党建先行，扎实推进“两学一做”和五星级支部创建。根据具体工作方案，抓好学习教育制度化、常态化。以双型党支部建设为核心，打牢基层基础。实行“三个管理模式”，完善“八项制度”，以“四个强化”精心打造“围绕中心抓党建、高效服务当先锋”党建品牌，成功创建五星级法治型、服务型先进党支部。三是坚持加强思想教育，加大党员干部廉洁自律的自觉性。坚持正面教育与警示教育相结合，不断强化干部职工遵纪守法意识。开展了“每日一题”廉政学习活动，丰富了廉政教育学习活动；四是坚持各项规章制度的落实，铲除腐败滋生的土壤。印制了《廉洁从政制度汇编》，分为党风廉政建设、综合管理、业务指导和上级党纪政纪等4篇共64个文件政策。研究制定了《镇江市国土资源局润州分局“三重一大”事项决策制度》。在“四全”服务系统中还专门开通了分局监察室的节点监控权限，对工作流程时效情况进行督查，确保各项服务工作按要求完成办理。

（国土润州分局）

安全生产监督管理

【概况】 2017年，全区安全生产工作以中共十八大、十九大精神为指引，深入贯彻落实《中共中央国务院关于推进安全生产领域改革发展的意见》等重要文件精神，以“压实责任、强化监管、夯实基础”为抓手，全力构筑安全生产监管网和保障网，在全区各级共同努力下，未发生安全生产事故，全区安全生产形势持续稳定。

坚持“三个到位”，做到责任落实“有抓手”。一是党委政府领导责任到位。区委、区政府高度重视安全生产工作，区委常委会议、区政府常务会议多次专题研究安全生产相关议题，把安全生产工作纳入经济社会发展、社会综合治理、精神文明建设等重点工作考核。区政府召开全区安全生产工作会议，全面部署安全生产工作，与17家安全生产考核单位签订了安全生产责任书。各街道与社区、社区与企业、部门与下属单位也层层签订了安全生产责任书，把安全生产纳入日常工作部署，把安全生产的目标任务和责任落实到每一个责任单位和责任人，全力促进安全生产政策和措施的落实。区安委办积极发挥组织协调功能，共召开5次安全生产综合及专项工作部署研究推进会，组织开展了“安全生产大检查”等4项专项行动。二是部门监管职责到位。按照《中共中央国务院关于推进安全生产领域改革发展的意见》和中办、国办《关于推行地方各级政府工作部门权力清单制度的指导意见》精神，坚持安全监管边界清晰、高效透明的原则，区安委办多次召集负有安全监管职能的部门集体讨论研究职能部门的权力清单和责任清单，初步拟定了《润州区政府有关部门和单位安全生产工作职责规定》，切实做到“部门权力进清单、清单之外无权力”。按照“管行业必须管安全、管业务必须管安全、管生产经营必须管安全”的要求，建立完善安全生产“党政同责、一岗双责”制度，进一步明确各街道、各有关部门的监管范围和对象，实行分级分类监管。三是落实企业主体责任到位。根据上级通知和“南通现场推进会”部署要求，印发了《润州区2017年深化企业安全生产主体责任落实工作实施方案》，本着“政府指导、部门推进、行业监管、企业落实”的工作原则，按照三年行动方案要求，以中小企业和高危行业企业落实主体责任为重点，以排查风险隐患、落实整改措施为抓手，以严防事故发生为目的，在全区继续深化“落实企业主体责任年”活动。通过安全培训、日常的监管执法、重要时间节点的安全检查、重点行业领域专项整治以及百日执法行动等方式途径，切实增强企业负责人的安全责任意识和抓好安全生产、落实主体责任的自觉性，以强大的执法威慑来推动倒逼企业主体责任的落实。全区12家生产型企业已经完成了自查、建档，基本上做到了“一企一档”“一行业一台账”“一街道一册”。

构建“四个常态”，做到安全监管“有实效”。一是安全生产大检查成常态。全区各级领导干部认真落实“党政同责、一岗双责、齐抓共管”的工作制度，在春节、区人大和区政协会议、五一、中秋、国庆、十九大等重要时间节点，坚持带队开展安全生产大检查。特别是自7月份区委、区政府部署安全生产大检查专项行动以来，全区各街道、区安委会各成员单位按照区委办、区政府办《关于在全区开展安全生产大检查的通知》要求，成立了大排查大整治工作领导小组，制定了工作方案。各级领导亲自带队深入企业开展安全生产大检查，明确了隐患整改责任主体和整改要求，有力推动了大检查活动的开展。各街道、各成员单位对照检查内容，在组织企业开展自查自纠的同时，邀请安全专家深入企业、人员密集场所查找安全隐患。大检查期间，区、街道领导共带队检查74次，全区检查各类安全生产场所307家次，排查隐患392条，全部整改完毕。十九大期间，对全区23家重点安全生产场所实施了街道领导驻点监管、对2家重点企业实施了安监局班子成员挂钩联系制度。区安监局坚持值班人员24小时在位值班值守，确保一有情况，立即处置。二是专项治理成常态。结合上级要求，开展了工贸行业粉尘涉爆企业安全生产专项治理，排查企业7家；有限空间作业专项治理，排查企业11家；开展了安全生产培训专项执法检查，检查企业12家；在推进四大行业职业病危害专项治理的基础上，开展了全区职业卫生专项检查，已完成职业病危害因素申报企业149家，对7家企业进行了职业病危害现状普查，要求企业对照《职业病防治法》认真开展自查自纠，修改完善“作业场所职业病危害申报与备案管理系统”，做到零申报；开展了危化品三年专项整治工作及危化品企业“智能二道门”建设，积极开展全区成品油专项治理，对私设油库的企业和个人联合公安、消防进行了专项执法检查；5月份，安排专家对2家危化企业进行了巡查，对辖区内的加油站、危化品经营单位进行了抽查；7月份，开展了工业煤气企业专项治理；8～9月份，开展了企业自用燃气设施专项整治和民用燃气安全检查；11月份，开展了涉危化品企业摸底普查和网上申报工作。三是隐患排查成常态。牢固树立“隐患就是事故”的理念，紧紧抓住安全隐患整改这个“牛鼻子”，不断探索安全生产隐患排查治理新举措。积极推进互联网+安全生产平台建设，通过第三方编制隐患清单、企业照单自查自纠、专家指导抽查、部门立案督查等方式，建立以“排查、整改、复查、立案、销号”为主要环节的闭合式隐患排查治理体系。2017年，全区投入24.6万元购买安全生产技术服务，聘请相关领域专家，对企业工艺、设备、电气、仪表、管理等方面存在的薄弱环节和突出问题“把脉问诊”。行业监管部门每月采取抽查、检查等形式督促企业将自查自纠和专家会诊过程中发现的重大安全事故隐患细化分解，列出时间表、路线图、责任书，解决一个、销号一个、巩固一个。2017年，全区共排查各类一般事故隐患1892条，整改1887条，隐患整改率达99.7%。有效维护了全区安全生产形势的持续稳定。四是严格执法成常态。根据2017年安全生产执法监管计划和全区安全生产执法年活动方案，深入开展安全生产执法年活动和百日执法行动，着重就安全生产中安全生产责任制、应急救援预案、安全投入、教育培训、隐患排查治理、作业现场管理等方面开展针对性执法。按照“什么问题突出就整治什么”的原则，持续开展专项执法，保持高压执法态势，严格行政处罚，加大企业违法成本。2017年，对全区211家次企业进行了执法检查，下达限期整改指令书39份，现场处置措施决定书2份，整改复查意见书35份，现场检查记录132份，对19家单位进行了事前处罚，其中工矿商贸类3家，危化类5家（含市安监局危化处联合执法3起），烟花爆竹类2家，职业健康类1家，建筑类8家，罚款金额5.67万元。

突出“四个强化”，做到基础夯实“有保障”。一是强化基层安监机构建设。为准确把握全区街道安全生产工作现状，增强工作的针对性和实效性，区安监局对全区7家街道的安监办建设情况采取听取汇报、实地调查、查阅资料、座谈问卷、征求意见、研究总结等方式，着重围绕基层安全监管机构和队伍的现状、办公条件、经费保障、安全监管工作中存在的困难以及需要上级帮助解决的主要问题、加强基层安全监管队伍能力建设和机构建设的经验做法等方面进行了调研。根据调研结果对各街道安监办建设情况提出了指导性意见，完善了安全生产监督管理体系，保证了每个街道至少有1名专职、1名兼职安全员。为刚成立的南山街道安监办申请了机构建设省级专项经费。二是强化了宣教培训。紧紧围绕“全面落实企业安全生产主体责任”这个主题，通过开展“职业病防治法”宣传周、“安全生产月”“民用燃气使用安全宣传”、《安全生产法》宣传周等活动，深入企业社区，广泛开展安全生产法律法规宣传。认真开展安全法规知识培训，全年，共组织300多人次参加上级或本级组织的危化、职业健康、行政执法、工矿商贸等各类安全生产培训班，有力提高了安全生产监管人员和从业人员的能力素质。开通了“润州安全”微信公众号，定期推送安全生产热点知识，教育引导企业树立安全发展理念，坚守安全生产红线，落实安全生产责任。三是强化了科技兴安。2017年，全面推进“互联网+”安全生产平台建设，与镇江电信签订了平台建设协议，召开了推进会，印发了《镇江市润州区互联网＋安全生产平台使用管理规定（试行）》，区划调整前，已经完成了35家企业的安全生产平台建设，现在正根据新的情况，摸清家底，重新制定方案。根据省安监局《关于完善全省安全生产专用信息网络的通知》和市安监局《关于推进全市安监专网建设的通知》要求，在市局的关心帮助下，完成了视频会议、视频执法系统建设；四是强化了应急救援。修订完善了《润州区生产安全事故综合应急预案》，强化行政管理职能，建立政企之间、部门之间、区域之间应急救援信息共享、资源共用、力量互补、布局优化、联防联控的机制。依托区应急办开展了应急资源普查，掌握应急救援队伍、应急专家队伍、应急救援装备物资储备、应急管理机构建设等情况，对应急物资储备实行动态管理。根据季节特点，积极开展燃爆、消防、有限空间施救等应急演练，进一步提高政府、企业开展应急救援指挥的能力，固化救援体制、熟悉救援程序、提高救援效率。　（区安监局）

交 通 管 理

【概况】　2017年，区交通运输局紧紧围绕年度各项目标任务，坚定发展信心，抢抓发展机遇，加快发展步伐，凝心聚力，奋力作为，努力进取。夯实基础，稳步推进，项目建设取得新突破。把握关键，齐头并进，行业服务取得好基础。点面结合，多措并举，交通党建取得大发展。

区交通运输局内设科室3个，分别是：办公室、财务科、建设管理科。下属基层单位1个，润州区运输管理所。

镇江市润州区境内公路总里程为238.517公里（不含城市主干道）。公路密度达179.77公里／百平方公里。其中，高速公路10.023公里，一级公路76.467公里，二级公路19.546公里，三级公路6.541公里，四级公路125.93公里。公路客运站场3个、长江汽渡1个、港区1个（码头泊位31个）；铁路站2个，其中京沪高铁润州区境内全长9.41公里。

【官塘新城建设】　区交通运输局认真谋划，积极行动，与投资主体、属地街道、拆迁事务所等部门通力协作，上门入户调查摸底，依托实际拟定拆迁工作实施细则，就被拆迁群众关注的房屋确权问题多次召开专题会议进行研究，并征得项目跟踪评审组的同意认可，形成一套操作规范的确权模式，确保在政策允许范围内最大化保障被拆迁群众利益，为官塘新城项目的快速推进奠定坚实的政策基础。全年，牵头完成官塘新城芮家、宗巷、郁家、回龙等项目拆迁249户约11.6万平方米，安置被拆迁群众房屋1133套约13.8万平方米；基本完成“居住房全部拆迁结束，非居房争取拆迁扫尾”的年度目标任务。

【农村公路管养】 一是积极协调，理顺关系，明确职责，与镇江市公路处市区公路管理站签订委托管养协议，将官谷线、和高线、西韦线和龙门港连接线等四条县道及宁镇公路这一条乡道纳入委托管养范围，切实解决了上述县、乡道长年失管问题；二是实行农村公路日常巡查机制，对管辖范围内的农村公路进行巡查，指导街道、村(社区)强化辖区内农村公路管养，发现问题，及时解决，为群众提供良好的出行环境；三是针对7月份高新区成立，全区区划调整的现状，主动和高新区相关职能部门对接，并提请市交通运输局、市公路处进行协调，明确职责，避免调出地域农村公路脱管失养。2017年，共投入170余万元，完成了润州路桥梁护栏维修、下水道清理及交通标志标识出新，戴严线绿化带及道路边沟整修、路面修复，朱方路绿化带修剪及和高线乔家门段路面整修等农路管养工程。

【“五项行动”整治】 区交通运输局结合全区交通干线现状，抓实环境综合整治工作，重点做好以下几个方面的工作：一是投入40余万元对沪宁城际铁路既有线光华社区段1.3公里的铁路沿线进行清表、植绿，协调铁路部门，把既有线沿线老旧滚栏进行更换；二是协调七里甸街道对沪宁高铁光华高架下违建进行拆除，消除安全隐患；三是对京沪高铁南山段沿线高架桥下的垃圾进行清理。在高铁桥下醒目位置张贴禁倒垃圾的警示牌，并安排人员对铁路沿线进行巡查，落实长效监管机制；四是投入40余万元对新312国道润州段两侧面积约2.5万平方米的沿线房屋进行粉刷出新，让沿线风貌焕然一新。

【行业管理】 区交通运输局坚持“监管与服务并重”理念，以“服务型管理、人性化管理、规范化管理”为基础，不断提高交通管理和交通服务的能力，维护运输市场秩序。全年，共办理业户审验2123户，车辆审验2450辆，办理新增车辆开户186户，道路运输证317辆，组织质量信誉考核16户，业务培训32户，整理营运车辆技术管理档案3912件，运政管理信息系统登录率达100%。

【法治建设】 一是积极参加上级业务主管部门组织的行政执法培训和相关考试，提升自身业务本领，增强法治意识，提高依法行政、文明执法的自觉性，提升交通队伍整体形象；二是认真做好治超治限源头监管，每月定期巡查辖区内运输企业。并联合润州交巡警大队和韦岗街办组织开展超限超载联合整治行动，组织运政人员在润州广场开展法制宣传活动。全年，对辖区内10多家货运企业开展巡查40余次。

【安全生产】 认真贯彻《安全生产法》和上级关于加强安全生产工作的文件精神，继续把安全工作摆在重要位置。以“安全生产月”等重大活动为载体，开展形式多样的法律法规宣传教育活动，使安全意识深入人心。一年来，未发生重大、特大责任安全事故，安全生产形势持续稳定。

【党风廉政建设】 扎实抓好两学一做学习教育制度化常态化工作，在学习教育工作中认真落实“三会一课”和组织生活制度。坚持每季度召开一次全体党员会议，每月召开一次支委会，安排领导干部每季度讲一次党课，按时召开民主生活会和组织生活会，充分利用党员干部组织生活会这个平台，交流工作、查找问题，开展批评和自我批评。制定学习计划，坚持每周例会学习制度，第一时间组织学习中共十九大报告，学习习近平同志系列重要讲话精神和《中国共产党党内监督条例》《关于新形势下党内政治生活的若干准则》《党章》等规章制度，切实提高全局党员干部的政策素养和党性觉悟。切实落实党风廉政建设责任制，与局属各部门负责人签订党风廉政目标责任书，细化责任分工，明确党组主体责任和纪检监督责任及班子成员“一岗双责”要求，夯实党风廉政建设组织保障体系。严格执行中央“八项规定”和省、市、区委有关规定要求，坚守防线、守住底线、不越红线、不碰高压线，坚持做到廉洁自律，干净干事，筑牢拒腐防变堤线。 （赵金华）

人事劳动管理

【概况】 2017年，区人社局围绕中心工作，深化改革创新，积极履职尽责，强化工作落实，民生数据全线推进。全区城乡基本社会保险覆盖率达98%以上，城镇常住居民人均可支配收入增幅8.9%，位列辖市区第一；城镇登记失业率1.59%，城镇失业人员再就业6971人，完成率199.2%，位列全市第一；新增转移农村劳动力300人，完成率200%，位列辖市区第一；新增留学回国16人，每万人劳动力中高技能人才数达到832人，各项数据均位列全市第一。

实施积极政策，就业创业成效显著。就业是民生之本，创业是民富之源。一是积极稳妥落实就业政策。有效组织“暖企惠民”系列招聘会10场，提供岗位4460个；深入基层为174家用人单位发放稳岗补贴182万元，惠及职工6779人。二是优化就业援助工作机制。制定“一人一策”帮扶计划，帮助就业困难人员再就业1199人；针对退伍军人、残疾人开展保安、茶艺师等技能培训2826人次。三是深入实施创业引领工程。建成省级人力资源和社会保障服务站1个，市级标准化示范平台13个，创成省级创业型街道1个，创业型社区(村)11个，省级大学生优秀创业项目3个。

健全社保体系，保障能力持续增强。充分发挥好社会保险"稳定器"的作用，创新推进多层次的社会养老保险体系建设。一是完善社会保障制度。全面完成全区机关事业单位人员核定和参保登记工作，登记在职人员3135人，登记退休人员1902人。二是扩大社保覆盖面积。实施全民参保计划，新增被征地农民1868人，扩面3022人，拉动基金1204万元，完成养老基金征缴2.78亿元，完成进度全市领先。三是提升社保服务质效。整合窗口硬件资源，创新服务形式，增添"人脸识别""指纹识别"等数据运用，推动人社服务向"互联网+"迈进。

坚持高端引领，汇才引智效应彰显。一是聚焦"高精尖缺"人才引进，全年共引进本科以上毕业生1350人，硕士以上140人，新兴产业紧缺型人才730人，高技能人才210人。二是积极对接人才政策，协助企业申报外专引智项目8个，发放项目资助和配套奖励金47.5万元，奖励补贴"就业见习"大学生156名，创成省级博士后创新实践基地1家。三是实施技能人才振兴工程，2人获批"金山英才"高技能人才资助，2人获批省"双创计划"博士后人才资助。精心组织开展"在镇高校企业行"和"在润企业高校行"双向行活动，引才渠道更加通畅。

夯实稳定之基，劳动关系平稳和谐。一是深化和谐劳动关系建设。依托巡回仲裁庭，开展仲裁开放月活动，公开"办案场所、庭审现场"，受理劳动人事争议案113件，挽回劳动者经济利益356万元。二是推动调解仲裁机制创新。以"海燕工作室"为载体，积极与区司法局合作，增设省司法调解劳动争议调处端口，"快审快结"劳动纠纷100多起。三是坚持"柔性执法"工作理念。实现单项维护向双向维护、庭审仲裁向巡回调解、化解矛盾由院内向基层的"三个转变"，由此"柔性执法"23起，协调处理案件51起，帮助追发劳动者工资待遇59.71万元，为促进全区劳动关系稳定健康发展奠定坚实基础。

深化人事改革，人事体系不断优化。一是加强公务员队伍管理。完善公务员考核评价体系，实现平时考核工作"全覆盖"；组织完成6家新批单位参公登记，完成43名在编人员职务职级并行兑现工作。二是规范事业单位人事管理。落实全区事业单位三项基本制度，落实事业单位招聘结果备案和信息备查制度，做到全程留痕，堵塞漏洞，实现招录零矛盾。2017年，公开招录事业单位60人。三是完善机关事业单位改革。稳步推进区管企业负责人薪酬制度改革，制定下发《润州区深化区管企业负责人薪酬制度改革实施方案》。

拓展品牌内涵，党建水平稳步提升。紧紧围绕"真抓实干、马上就办"党建品牌，坚持党建文化引领。一是筑牢基础保障。坚持党委中心组集中学习和"三会一课"制度；坚持互帮互助送温暖，构建关爱激励机制；坚持《积分管理办法》和《考核实施细则》，做到"学有实效、做有实绩"，以"两学一做"谱写"两聚一高"新篇章。二是强化"书记项目"。进一步细化"清风人社""窗口服务""快审快结""五进五送""春风行动""流动监察"等项目举措，优化办事流程14项，创新推出便民措施18条。三是树立"红色形象"。积极开展"红色党建+"活动，以会议室、图书馆、活动室墙面和红色长廊、红色窗口为阵地，形成了"人社红色形象体系"；以"人社大讲堂"为教育基地，搭建"党建+教育"实境课堂。党员对党组织的忠诚度越发提高。

(区人社局)

物价管理

【概况】 2017年，区物价局深入贯彻落实中共十九大精神，将"两学一做"常态化、制度化工作与本局"积聚正能量、打造新物价"主题活动紧密结合起来，充分履行价格管理职能，大力加强市场监督检查，着力规范市场价格秩序，努力做好为民价格服务，有效化解社会价格矛盾，全力维护价格水平稳定。

2017年，区物价局还克服人手紧、任务重的困难，积极参与连淮扬镇铁路润州段的助征工作，服务市、区重点工程建设，率先全部完成33户助征任务。

【行政审批制度改革，建立健全收费监管制度】 2017年3月份起，区物价局通过收费单位管理QQ群形式展开对全区各收费单位收费情况年度报告和收费统计工作业务指导。通过统计上报数据分析，全区行政事业性、政府定价的经营服务性收费单位总数为84家，全区行政事业性收费项目涉及22个部门(系统)39个大项、政府定价的经营服务性收费涉及13个部门(系统)21个大项，2016年度润州区收费(含经营服务性)总收费金额32147.71万元，较上年减少收费988.76万元；支出总金额30959.63万元，较上年减少支出1732.26万元。

同时明确要求各单位必须参照《镇江市润州区行政事业性收费目录清单》《镇江市润州区政府定价经营服务性收费目录清单》

等目录清单自查自纠,2016 年度调整的收费项目为:教育系统的学校社会实践活动费、中小学代伙费收费标准。取消的收费项目为:国土部门的征地管理费、人力资源部门的人事关系及档案费、住建部门村镇房屋所有权证、财政部门收费票据工本费、收费票据购领使用记录簿工本费和江苏省非税收入一般缴款书工本费。降低并转经营性收费项目为:水利部门河道堤防工程占用补偿费。暂停征收项目为:国土部门的采矿登记费、工商部门的企业注册登记费、个体工商户注册登记费。免征项目为:对小微企业收取的土地登记费、农业部门收取的森林植物检疫费。2016 年,取消收费项目及降低收费标准涉及金额 700 多万元。

【行政事业性收费事中事后监管】 一是针对 2016 年调整的中小学伙食费、校服费、社会实践活动费标准,做好了各中小学伙食费、校服费和社会实践活动费的监管工作,要求各中小学校上报这三项费用的收费标准,重点核查。加强了各中小学校食堂伙食费收费管理:要求润州区装备中心每周定期公布中小学伙食菜谱,确保全区伙食标准不低于“一大荤、一小荤、一素、一汤”加主食的标准提供午餐;必须加强各校食堂业务培训,提高午餐制作水平;必须加强菜肴质量管理,确保食品安全合格,并会同市物价局对全区部分中小学校、幼儿园进行了教育收费情况巡访。由于润州学校食堂管理模式先进和我们的监管到位,引起了物价系统同行的关注,8 月 17 日,区物价局接待了南京江宁区物价局,参观交流了学生食堂伙食管理和收费监管经验。加强了校服收费标准的监管:9 月 11 日,由于校服生产企业的重新招投标,校服式样、款式的变化,区物价局及时会同区教育局对全区 18 所中小学校校服收费标准进行了重新核对备案。同时要求教育装备中心加强校服收费的日常监管,及时引导劝阻了少数学校擅自征订“班服”的行为。开展了各中小学春秋两学期收费公示工作:全区 18 家中小学、信息中专收费公示率 100%,提高了收费的透明度。二是会同市物价局多次开展公办幼儿园保教费、伙食费以及前期教育成本调查和监审,理清前期教育收费运行成本和实际困难,做好前期教育收费调查前的各项工作。三是贯彻落实了省、市基层医疗服务收费和药品价格政策。上半年重点开展了基层卫生机构基本情况调查、基层医改模拟测算、家庭签约医生服务收费核查上报工作,下半年会同区卫计委、人社局、财政局联合下发了家庭医生签约包收费管理办法。四是按照国家、省、市文件精神清理规范一批行政事业性收费和经营服务性收费。4 月 1 日起,润州区取消 4 项行政事业性收费:非刑事案件财物鉴定费、环境监测服务费、预防性体检费、党校口的培训费;停征 4 项行政事业性收费:地质成果资料费、卫生检测费、委托性卫生防疫服务费、(民政)登记费,一定程度上减轻了企业和群众负担。五是参与了省物价局对镇江市前期教育收费、中小学收费、医疗养老收费现状以及收费管理过程中遇到的困难和瓶颈进行了调研和探讨,为收费政策决策提供了依据。六是更新了《润州区行政事业性收费目录》和《润州区政府定价经营服务性收费目录》两个清单。

【平价商店提档升级,开展平价惠民 365 宣传月活动】 一是加强了全区 13 家平价商店的考核工作。局主要领导高度重视,多次带队亲自参与平价商店的考核活动,通过明察、暗访、听取店周边消费者反映以及现场查看,结合平价商店的农副产品产销对接情况、经营平价农副产品品种数量、平价农副产品销售价格执行情况、价格监测数据报送情况,实事求是逐项考核。通过全年考核和日常监管,全区 13 家平价商店获得年度考核一等奖 2 家、二等奖 4 家、三等奖 7 家。二是广泛宣传发动,率先启动开展平价惠民 365 宣传月活动。5 月 26 日,区物价局会同市物价局,在永辉超市东方伟业广场率先启动“平价商店 365 宣传月”活动,全面宣传了平价商店的惠民政策、平价商店在润州区的建设、推广情况以及平价商店稳定菜价、平抑物价的作用,对现场参与活动的市民开展了价格知识问答、价格政策咨询和价格案件受理服务。三是继续深化平价商店的规范管理,通过月度考核和日常监管,要求全区 13 家平价商店必须做到:保证平价商店显示屏的开启,显示屏价格与标价签价格对比一定要吻合一致;店容店貌要整洁干净,标价签悬挂放置要货签对位,平价品种标价签(红色边框)和非平价品种(绿色边框)要明确区分、不交叉使用,平价品种要集中摆放;供应量要充足,商品供应保证不能断货。四是积极开展平价商店优惠券试点工作。为切实保障困难群体生活,按照民生保障“保基本、兜底线”的总体要求,市物价局大力筹集资金,制订工作方案,区物价局积极配合,主动协调争取区、街道两级民政部门以及各社区的支持和协作,向润州区低保户范畴内的 927 户残疾人家庭发放每户 200 元的“平价商店中秋、国庆(春节)优惠券”,并结合大走访活动实地走访困难群众 3 户,以实际行动保障特困群体基本生活。

【物业、停车收费管理】 一是全力贯彻落实《镇江市区物业服务收费管理实施办法的通知》《镇江市区住宅小区汽车停放费和车位租金标准的通知》《关于明确市区普通住宅装饰装修管理服务费标准的通知》三个文件精神，对润州区润康城、美的城等8个住宅小区的前期物业公共服务费进行了备案；对江南府邸、中冶玉翠园等9个小区汽车停放费进行了告知式备案；二是认真开展物业政策价格咨询服务，全年，共接受业主电话咨询83件，处理市政府“12345”工单咨询30件，疏导了开发企业、物业公司、业主之间的收费矛盾，避免了三者之间的矛盾升级，为社会和谐环境的营造起到了一定的作用；三是继续规范前期物业服务收费行为，提高前期物业服务收费透明度、服务质量透明度，全力维护业主和物业企业合法权益，促进了全区物业服务企业健康发展。根据镇价服〔2016〕125号文件《关于规范市区普通住宅前期物服务收费公示的通知》精神，区物价局对全区34家物业服务企业、61个前期普通商品住宅物业服务前期物业服务收费的公示工作进行了走访、指导、督促，做到了全区前期物业收费公示全覆盖。

【完善价格监测体系】 区物价局将王家巷农贸市场作为零售价格常年监测点，主要担负农贸市场粮食、食用油、副食品等7大类49个品种的零售价格监测。将镇江凯天工艺品有限公司作为企业付费常年监测点，主要担负每月上报企业付费具体项目、标准的监测数据。全年，共监测上报数据144批次，采集的所有数据及时、准确、质量高，其中，农贸市场监测132次、企业付费监测12次，上报监测分析材料12篇。协助市物价局监测中心开展好长江流域江鲜价格指数编制工作，将毕士荣江鲜馆数据监测采集点，对江虾、江蟹等7个品种进行时令监测。协助市物价局监审分局做好五峰茶场、润州茶场、润州长山茶场茶叶生产成本和销售价格监测工作以及全市二手房价格监测工作。

【市场价格检查，维护市场价格稳定】 全年各大节日期间，区物价局认真履行职责，充分发挥物价监督检查的职能和作用，重点检查粮、油、肉、禽、蛋、平价店蔬菜等与群众生活、节日消费密切相关的重要商品和服务价格，防止市场价格出现异常波动。检查中，区物价局对经营者进行价格政策提醒，要求平价店积极发挥平价商店的引导和示范作用，努力保持价格的相对稳定，切实让利于民。同时加强市场价格巡查，重点巡查经营者是否有不执行政府定价及指导价、捏造散布涨价信息、囤积居奇、哄抬价格等价格违法行为，发现苗头性问题及时进行监管。

【节日期间政策提醒会】 国庆中秋双节期间，组织辖区内10家大型商场超市参加市物价局组织的政策提醒会，同时通过电话方式对辖区内的检查单位进行了提醒和消费警示。对华润苏果、润州大润发、万达广场等商场和其停车场进行了抽查，对润州大润发超市进行了重点检查，检查中尚未发现使用欺骗性或误导性的语言、文字、图片等标价，实施价格欺诈的行为，做到节日期间零投诉、零举报。

【商品房销售明码标价专项检查】 根据省、市物价局的统一部署，5月份，区物价局对辖区范围内2家房地产企业的商品房销售明码标价情况进行了全面检查，从检查情况看，所有在售商品房楼盘都能做到明码标价。发现的问题主要有：明码标价的规范化、标准化不够，公式的标价信息不齐全。对检查出有问题的单位责令其立即进行整改。

【教育收费专项检查】 根据省物价局《关于2017教育收费专项检查实施方案的通知》（苏价检〔2017〕38号）要求，区物价局对全区中小学收费情况进行了检查。重点检查19家小学、幼儿园。从检查情况来看，全区各中小学对收费政策，收费标准的执行情况基本上是好的，对省、市公布的收费项目和收费标准都执行得比较好，没有超标准收费的情况。各幼儿园都能按核定的标准收取保教费、伙食费，执行情况比较好。

【涉企收费专项检查】 根据《关于镇江市2017年涉企收费专项检查实施方案的通知》（镇价检发〔2017〕2号）要求，区物价局对区民政局、区安监局进行了抽查，抽查情况总体良好。10月份，根据省物价局、发改委要求，区物价局参与配合了市物价局组织的统一的涉企收费专项检查，配合市物价局专项检查小组对区环保局、市场监督管理局、水利局、公证处进行了专项检查，从检查结果来看，总体情况良好。

【价格举报工作】 价格举报工作是价格监督检查工作的重要组成部分，是价格工作的窗口。2017年，共受理各类案件共89件，其中咨询件67件、投诉件12件、信访件4件、举报件6件，退还金额1788.5元。通过受理举报投诉，切实维护了人民群众的切身利益。

【拓展价格认证领域，提高认证业务水平】 一是认真完成涉纪财物价格认定工作。受区监察局委托，对一辆进口高级自行车进行了价格认定，金额为0.29万元。二是做好征收拆迁评估工作。2017年，区物价局完成区政府委托的三茅宫片区旧城改造项目和团结河整治2个项目的资金概算，涉及705户，建筑面积26.66万平方米，概算金额31.2亿元；市、区两级征收办委托的连镇铁路（润州段）、西荷花塘二期、何家湾地块棚户区改造项目征收资金概算3个，涉及1588户，建筑面积6.47万平方米，概算金额23.26亿元；和平街道渔业村段岸坡坍塌治理项目和嶂山村拆迁2个项目评估，涉及56户，建筑面积1.26万平方米；积极参与243省道、站前广场嶂山拆迁、西门口砂石码头整治和中华路拆迁等项目的评估扫尾工作。三是服务全区危房、空斗墙房屋解危工程。2017年，区物价局接受宝塔路街道、和平路街道的委托，承担了2个地块的危房改造资金评估工作，共涉及92户，已全部调查结束；四是巩固司法鉴定、价格认证和车改评估工作。2017年，区物价局客观公正、高效高质地完成了区法院委托的司法鉴定1件，鉴定金额112.68万元；完成社会委托价格认证4件，总金额4862.87万元；完成区机关事务处、和平路街道委托的车改评估工作，共评估公车12辆，总金额56.76万元。

【“两学一做”活动】 一是高点定位，发挥领导干部的“带动力”。支部书记围绕“两学一做”主题讲授党课，通过党课进一步统一党员同志的思想和行动，为继续推进活动提供有力的组织保障。二是全员参与，发挥党员干部的“互动力”。组织全体党员干部及时收看收听、专题学习十九大工作报告。采取个人自学、集中培训、专题辅导、集体研讨等形式学习《中国共产党章程》《中国共产党廉洁自律准则》《中国共产党纪律处分条例》等党纪党规;学习习近平总书记系列重要讲话精神等。通过学习，使党员干部掌握基本的党章党纪党规知识。三是加强宣传，发挥信息舆论“影响力”。多措并举进行宣传，充分利用12371党建网、文明网和宣传展板等平台大力宣传学习教育相关文件精神，增强学习教育的感染力和吸引力。

【支部党建工作】 明确学习重点、开展“书香机关”系列活动、让诗词文化走进机关，不断推进学习型党组织建设；组织党员开展承诺践诺、走进结对共建社区——西津渡社区开展志愿服务，不断推进服务型党组织建设；以“积聚正能量、打造新物价”主题活动为统揽，深化机关党建品牌创建工作、加强党支部规范化建设、组织党员队伍送价格政策进社区、进企业、进商场，推进创新型党组织建设；主要领导亲自抓，认真落实党建工作责任制、切实加强党风廉政建设，不断推进勤廉型党组织建设。

【惠民大走访活动】 2017年，区委、区政府下发了《关于在城市社区开展“入户大走访”活动的实施方案》，区物价局主要领导高度重视此项活动，以“群众满意”为目标，以群众立场、群众心声、群众利益为出发点，主动与和平街道牌湾社区对接，亲自带领全部干部职工深入社区贫困家庭中开展走访，共走访30余户居民家庭，认真听取他们的意见建议，了解群众所思、所忧、所盼。

（区物价局）

市场监督管理

【概况】 2017年，区市场监管局在区委、区政府及上级部门的正确领导下，围绕服务发展主线，坚持改革引领，推动职能转型，优化服务举措，严格监管手段，加强民生保障，为润州区经济社会发展作出了积极贡献。2017年，被中共镇江市委、镇江市政府评为“2013～2016年全市社会治安综合治理先进集体”；被镇江市工商局评为“2017年度目标管理考核先进单位”“2017年度项目化执法工程先进单位”；被区委授予“忠诚团结创新担当好班子”荣誉称号，被区委、区政府评为“二〇一七年度特别贡献单位”。

攻坚克难抓改革，经济提质增量成效明显。稳步实施企业“五证合一”、个体“二证整合”改革，分别完成办件6401件、6429件；积极试点名称自主申报制度改革，已完成前期准备工作；有序推进企业简易注销改革，已有42户企业完成简易注销；稳步实施商标品牌战略，成功发展知名商标9个、著名商标10个；扎实推进“六大任务百项工作”，成功组织2家企业获批江苏名牌、3家获批镇江名牌、3家获评江苏省诚信计量示范单位；支持企业发展，解决融资难题，动产抵押登记金额2.17亿元。2017年，区市场监管局行政服务许可服务科的商事制度改革工作被省工商局“嘉奖”，区市场监管局被省人社厅、省工商局表彰为“全省工商和市场监管工作先进集体”。2017年，全区新增各类市场主体（含分支机构)5418户，较去年同期增长15.40%。

突出重点抓监管，经济社会发展和谐稳定。一是严格食品安全监管。局领导带头行动，成立专项小组，开展各类食品安全专项整治30余项，检查食品生产经营户1864家，餐饮单位1320家，立案50起，移送案件5起；配合上级完成流通环节食品抽检任务185批次，接受群众投诉举报组织临时抽检15批次，局本级组织食品抽检1200批次，发现不合格食品及餐具24批次，合格率98%，快检5376批次；圆满完成各类重大活动餐饮安全保障任务16次，保障就餐人数7000余人，实现全年无食品安全事故的任务目标。二是严格药械安全监管。开展药品流通领域、医疗器械使用、化妆

润州“注册 E 线通”合作项目启动　　（区电台　提供）

品经营及使用等各类专项整治工作 12 项，开展药品抽检工作 12 次，抽样 160 批次，查处药品类案件 5 件，医疗器械类案件 2 件，化妆品类案件 1 件，药械安全形势持续稳定。三是严格特设安全监管。开展各类监督检查 150 家次，检查设备 486 台，发现安全隐患 85 条，下达监察指令书 85 份，处理检验机构移交隐患 800 余项，处理投诉举报 120 起，移交办案机构案件 10 件，以日常检查为主线，以专项行动为抓手，严管严控严防特设安全隐患，有效保障群众生命安全。四是严格公平竞争监管。开展红盾质量维权专项行动和定量包装专项检查，检查企业 10 家，抽查 108 个批次；开展工业生产许可证获证企业和 3C 认证获证企业巡查工作；严厉打击各类以次充好、销售不合格产品及商标侵权等违法行为，组织流通领域 30 类产品 255 个批次抽检，立案 25 件。

锲而不舍抓创新，职能转型效能显著提升。积极探索实践“智慧化”监管服务模式，全市首家利用无线网络将“农贸市场信息化远程信用监管平台”与“农贸市场抽检检测室和商品溯源系统”对接，对食品进行全链条、可追溯的信息化监管，实现食品安全监管智慧化；开发智慧电梯安全监管服务平台，增强监管部门对电梯的动态监管、预警预知，已于 2017 年年底开始试运行，全区近半数电梯已纳入平台，实现电梯安全监管智慧化；扎实推进“明厨亮灶”工程，通过电子信息化手段将餐饮监管平台前移，对餐饮单位后厨进行实时动态监控，已在 54 家中小学及幼儿园食堂、11 家政府定点大型餐饮单位、10 家养老机构完成建设，覆盖率达到 85% 以上，实现餐饮安全监管智慧化；牵头建立润州区网络市场监管部门联席会议制度，设置全市首家县（区）级市场监管局网络交易监管科，依托一中心一平台，对辖区互联网交易实施动态监管，查办网络违法经营案件 27 件，江苏省首家对某网络订餐平台未履行主体审查义务违法行为进行查处，某食品违法广告案件获评全省“2017 网络市场监管专项行动十大典型案例”，网络监管各项工作指标在全市 7 个县（区）级中均名列前茅，实现网络交易监管智慧化；与中国银行等 6 家银行合作全程电子化项目，将工商注册登记业务窗口前移至银行各营业网点，通过电子身份认证和电子签名等手段，全面实行企业、个体工商户设立登记全程电子化，实现“不见面”审批，已有 16 户企业、67 户个体工商户通过“注册 E 线通”平台完成全程电子化登记，实现工商注册登记智慧化。

强化保障抓惠民，群众民生福祉持续增进。一是以职能为支点，深化群众安全感。着力净化消费环境，拓宽消费维权渠道，新建“五进”消费者维权工作站 4 家，创建“瑞祥全球购”“我的社区 365”电子商务领域放心消费平台，围绕“网络诚信　消费无忧”“3·15”主题，组织宣传活动 22 场，发放资料 6000 余份。扎实做好日常消费维权工作，受理投诉举报 2241 件，诉转案 39 件，办结率 100%，为消费者挽回经济损失 90 余万元，满意率达 95%。锁定特殊领域消费安全，对教育、美容、养老服务等行业互联网交易实施监管，结合大走访活动全面排查辖区类金融企业，局稽查部门积极配合公安机关严厉打击传销行为，全面清除各类重点消费安全隐患，有效按压其抬头之势，为群众营造良好的消费环境。二是以项目为杠杆，提升群众幸福感。积极推进民生项目建设，创建西津渡景区餐饮安全示范区，完善食品安全工作站，“以点带面”精心打造一批先进管理示范店，共有 23 家餐饮经营户参与创建，创建工作已于 2017 年 12 月 22 日成功通过上级部门验收，创成情况在镇江市 2017 年《政府工作报告》中予以通报。监管科积极推进“智慧市场”建设，通过使用可溯源电子秤、依托农贸市场信息化远程信用监管平台、建设农药残留检测室、免费提供四统一公平秤等手段，打造“智慧市场”模式，保障安全放心的食品进入群众的“菜篮子”。食品科有序推进示范店建设，成功创建放心肉菜示范超市 2 家，规范化农贸市场 2 家，农村食品安全示范店 1 家。三是以活动为砝码，增进群众获得感。扎实开展惠民活动，深入贯彻落实省委、市委、区委关于“大走访”活动的指示，全局81名党员参与，各部门齐头并进，围绕“四个一”，高效保质完成走访任务。实际走访企业2377户、家庭2419户，原任务数为企业650户、家庭2219户，提供有效企业样本1943户，家庭样本2419户，收集群众、企业问题及诉求286条，建设性意见51条，大走访经验总结《落实“四个一” 当好“店小二”》被镇江信息专刊、润州信息专刊录用。

固本强基抓建设，队伍综合素质有力加强。一是严格落实学习教育制度。精心组织“两学一做”学习教育，结合“三会一课”活动，每月组织主题性理论学习，全年共开展学习辅导15次，组织党员领导干部讲党课5次，5人被润州先锋微信公众号选评推送，帮学、带学、促学效果明显。定期组织各类业务、法律法规培训、考试，干部队伍业务素质有力提升。二是夯实法制保障。加大对基层分局办案的服务指导力度，组织51个案件的案卷评查，打破原交叉核审顺序采用循环核审模式，严格按照省局案件评查标准进行评查，提高办案质量。严格执法把关，抓好法制核审，组织案审会审议案件44件，进一步提升全局法制建设水平。三是强化作风建设。坚持分工负责，制定下发《润州区市场监督管理局党风廉政建设“两个责任”目标任务分解》，签订《党风廉政建设责任书》，落实“一岗双责”，完善党风廉政建设责任分解、监督检查、倒查追究机制；严格民主集中制落实，出台《“三重一大”事项民主决策实施细则》《党委议事规则》；发挥作风引领效应，分解“红色先锋·五大看齐”行动，开展“勤廉实干·向我看齐”先锋行动。四是精塑部门形象。打造助企暖企“红色店小二”书记项目，深化“亲清”政商关系，被润州区委评为“优秀书记项目”。传播市场监管声音，扩大部门影响力，全年，宣传报道被区级以上媒体录用160余篇，其中，被省级媒体录用40余篇，国家级媒体录用1篇，并被“润州发布”评为“供稿先进单位”。

（区市场监督管理局）

统 计 管 理

【概况】 2017年，区统计局认真贯彻上级统计工作精神，以提高“数据质量”为中心，以“改革创新”为动力，以“信息化建设”为支撑，认真做好常规统计和调查任务，推进“五城共建”，继续打造“阳光统计”品牌，落实“三百行动”，开拓了全区统计工作的新局面，圆满地完成了全年各项统计工作任务。

深化“阳光统计”品牌，落实“三百行动”。2017年，区统计局从阳光氛围、阳光数据、阳光基层三个方面深化改革，结合市统计局“三百行动”，积极筑牢基础，扩大宣传影响，努力营造一个科学合理的数据报送环境，加强对基层队伍的建设与人文关怀，彰显了润州区统计工作的新亮点，该行动得到了省、市、区级各部门的肯定。

完成国民经济各行业经济数据、调查监测数据的报送与发布。紧紧围绕重点指标，兼顾全局，抓好落实，按照上级要求，及时准确报送2016年年报与2017年的各专业数据，及时向区、基层反馈各项指标的完成进度，为区政府的各项工作决策提供全面的参考，为全区上下提供优质的统计服务。一是完成国民经济各行业统计年、定报工作：认真落实完成国民经济各行业统计工作，保质高效地完成了综合、固定资产投资、核算、工业、批零住餐、能源、建筑业、房地产、重点服务业、农业、粮食产量、人口、科技、文化产业、体育产业、劳动、行政区划等专业的年、定报工作；二是开展各类专项调查与监测，及时发布统计资料：开展城乡一体化住户调查、月度劳动力调查、人口变动情况抽样调查、老年人医疗服务现状调研、劳动用工、企业创新调查、采购经理和景气抽样调查、科技项目情况季度监测、“一区十四园”科技统计、“三集”园区调查等各项调查监测，为市、区级政府提供了真实可信的监测数据。

积极协调润州区与高新区统计工作调整事宜。为落实市委办、市政府办《关于调整完善镇江高新技术产业开发区管理体制的实施方案》（镇办发〔2017〕48号）文件精神，根据市统计局《关于调整高新区、润州区统计工作的实施方案》（镇统发〔2017〕31号），区统计局进行了大量的核实、测算、分析等工作，同时与市统计局、发改、商务等相关部门、基层街道保持密切业务沟通，对下发的测算两区2016年年末和2017年1、2季度的主要数据（征求意见稿）进行了认真细致的核实与比对，其中：地区生产总值、固定资产投资、社会消费品零售总额、常住人口等大部分分割指标都比较科学、准确地反映了两区的实际情况。划分方案得到了区委、区政府领导的认可。

圆满完成第三次农业普查后续工作。农业普查是全面了解“三农”基本情况、准确把握“三农”发展变化的一项重大国情国力调查，区统计局根据国家、省、市的统筹安排，精心组织，继续深入推进，圆满完成三农普数据采集、审核上报等后续工作。一是根据省、市要求，做好第三次全国农业普查“农户普查表、规模农业经营户普查表、农业经营单位普查表、行政村普查表、乡镇普查表”纸质报表数据的审核和PDA数据采集、审核、上报工作；二是做好第三次全国农业普查网络数据处理平台的数据审核、查询、修订、逐级验收、上报工作和上级退回数据核实修订记录表、日志的编写、上报工作。

全面开展“四上”企业培育工作。落实市、区领导批示精神，会同发改、商务、住建、国地税等部门，全面开展“四上”企业培育推进工作。一是建立了“准四上企业名录库”“重点培育企业名录库”“需维护四上企业名录库”三个库，以之为基础，区政府下发了《关于进一步加快四上企业培育的实施意见》，明确了培育计划，提出具体工作要求，督促基层积极实施“四上”企业培育；二是召开专门会议布置基本单位名录库维护。根据国家统计局基本单位统计制度的要求，维护更新由过去的季报改为月报。为适应调查频率的变化，区统计局召开专门会议布置基本单位名录库维护工作，积极做好基础工作。

积极做好住户调查样本轮换工作。根据省、市统一安排，积极做好本期样本轮换工作，一是做好调查人员的选调及培训工作，二是做好前期的住户调查摸底工作，三是做好样本户的选定工作，四是做好记账户的培训工作。这项工作正在有序推进，住户试记账工作正有序开展。

推进法治与双基建设，积极开展大走访。结合全区“大走访”的要求，积极开展“暖企惠民”大走访，深入各街道、园区、企业进行督查、指导，扎实推进“双基”规范化建设、统计法治建设。一是做好2017年统计监审。全区统计法制工作以开展统计监审为重点，不断加大统计普法和执法力度，强力推进统计基础建设，进一步提高了统计数据质量。先后印发了《润州区2017年统计法治工作要点》《2017年度润州区统计监审工作计划》，上半年就完成了全年的监审任务。二是积极开展“暖企惠民”大走访。区统计局从3月份开始积极开展“暖企惠民”大走访活动。走访慰问了回龙村、长江村、三茅二社区的结对帮扶困难户，送上慰问品，倾听困难户的诉求，了解他们的生活状况，将困难户的各类问题收集整理上报。

加强统计宣传，提升统计影响力。一是在当今信息化时代和大数据时代，区统计局不断适应新形势的发展需求，更新宣传方式。加强与区级宣传部门的密切合作：与润州人民广播电台签订了统计宣传合作协议，《润州统计之声》栏目每周4次定期宣传统计相关内容，解读统计指标、宣传统计法律知识，扩大统计影响，实现了对全区29万受众的全方位、立体式宣传，收到各方面的好评；二是提升信息品质，扩大统计影响。积极向市统计局、区委办、区政府办、《中国润州》网站、区电台投稿，及时更新区统计局统计内外网站，共完成统计分析18篇，信息38篇，工作动态45篇，分别被区、市、省级采用97、63、22篇，宣传效果显著。

强化统计队伍人才建设。配合《统计法实施条例》学习宣传，通过强化学习，注重实践培训的方式，努力培养和打造一支政治强、业务精、作风硬的统计队伍，重点加强基层统计人员的配备、基础设施的建设，积极开展业务培训，培训重点向基层统计员倾斜，推荐基层统计员参加省、市统计局组织的业务培训，全年，累计培训达27次，全面提升了统计干部队伍的自身素质。一是强化学习培训，提高干部队伍素质。组织区、街道统计人员参加市统计局组织的上海交大、武汉中南财经政法大学的统计干部综合素能培训班。制定了全年学习计划，明确学习内容、方式和时间，坚持不懈地抓全局职工的政治学习和业务学习培训。二是注重实践锻炼，增强实际工作能力。积极开展了专业技能培训，全体干部职工按照岗位工作要求，不断学习，努力增强业务能力。区统计局许颖等3名同志的调研分析文章参加了市级评选，经评审组审阅评分等环节，分别获得2个二等奖，1个三等奖，受到市级通报表扬。三是强化统计运用，与南京财经大学建立战略合作伙伴关系，在区统计局设立产学研和在校学生实习基地。推动南京财经大学优势学科统计专业的科研能力向地方进行转换，进一步深化在校统计专业学生实际技术才能的培养、实现理论与实践的有机结合。

（区统计局）

农 业

【概况】 2017年，润州区农委在区委、区政府的正确领导下，在市农委的有力指导下，认真贯彻落实中央、省委一号文件精神，聚焦“强富美高”新农村建设，加快农业转型升级，推进农村改革发展，促进农民持续增收，推动全区现代农业建设迈上新台阶。全年完成农业大项目投资0.45亿元，实现农林牧渔增加值0.74亿元，粮食单产平均亩产达520公斤，完成社会资本投农2.06亿元，高效农业保险占比达67.8%，全市第一。全年农村常住居民人均可支配收入达25398元，同比增幅8.0%。

【农业生产提质增效】 2017年，润州区农业生产提质增效。一是大力推广优质农业种养品种，良种覆盖率逐年提升，全区优质果品比例达到86%，无性系良种茶比例达到71%；引进金童玉女小黄瓜、手指南瓜，拇指西瓜、娃娃甜瓜等蔬菜新品种五十多个，推广嫁接等新技术3项。二是全年粮食单产520公斤/亩，超过市考核指标6%；落实农业支持保护补贴1.3928万元；完成蔬菜播种面积3200亩次；培训农民807人次。三是农业招商和项目建设能力得到提升，组织参加各类农展会5期，签约项目3个。四是一三产业融合初显成效，积极发展农业电商，全年农业电商网上交易额达到8.3亿元；充分利用城区区位优势，发展农事体验园和医养结合农业。五是创新示范新模式，蔬菜研究所“阳光菜园”众筹项目推出一年多来，开启了市民体验参与式农业的新模式。

【生态环境持续改善】 2017年，润州区一是推进绿化造林，全年共完成成片造林12公顷，四旁绿化5.13万株，森林覆盖率达32.24%；加强森林病虫害的清理，共治理受害林面积37公顷，比上年缩小6.0%，清理病死树株数1303株，比上年下降4.9%，治理率100%。二是做好测土配方项目实施，组织了全区测土配方施肥技术讲座，在3个街道的3个土壤采集点进行配方放施肥示范；做好农药、肥料减量工程，积极争取省级有机肥项目，形成3个示范点。三是全面完成畜禽禁养工作。四是做好外来有害生物防治，完成加拿大一枝黄花防除面积11.3公顷，美国白蛾、杨舟蛾等有害生物的监测工作进一步加强。五是推进秸秆综合利用，加大了以秸秆机械化还田为主的秸秆综合利用推广力度，基本实现秸秆全量还田，秸秆综合利用率达到95%以上。

【农村改革进一步深化】 2017年，润州区一是全面完成农村土地经营权确权登记颁证，截至6月底，全区农村土地承包经营权证书到户率97%，在全市率先通过区级综合验收，并经过省级验收。二是区级农村产权交易中心正式挂牌运行，6月30日，润州区农村产权交易中心在镇江市公共资源交易中心正式挂牌运行，截至年末，共发布项目25个，成交项目18个，成交总额1446.6万元。三是农村集体资产清产核资工作基本完成，全区6个涉农街道，18个村（涉农社区）全面展开农村集体“三资”清查工作，全部完成了资产清查和外业测绘，结果确认和数据录入工作基本完成。四是加快农村股份制改革，各街道均拿出具体推进方案，推进村（社区）实施，重点推进光华社区和金泉社区。

【行政执法力度持续加大】 2017年，润州区一是加强农资市场整顿，加强农药、疫苗、兽药、饲料等农资市场检查，深入开展春季打假专项行动和各类专项整治行动，全年共出动执法人员180余人次，检查农资经营网点45家次，依法保障农业生产安全，维护农民群众合法权益。二是加强森林资源保护管理，严厉打击各类破坏森林及野生动物资源的违法犯罪行为，开展了严厉打击非法占用林地等涉林违法犯罪专项行动，共出动执法人员46人次、车辆16台次对连淮扬镇铁路润州段建设使用林地项目和各街道(园区)山体林地以及江滩湿地等野生动物资源丰富的地区进行排查，查处林业行政案件1件。三是坚持长江春季禁渔，加强巡江检查力度，严厉打击非法捕鱼，全年查处违法捕捞案件3起，警渔联合执法查处电力捕捞案2起，先后撤除网簖15张计200余米，清除地笼网50条。四是加强质量安全监管，依托乡镇检测站加大对本辖区范围内的蔬菜产前、产中的质量安全督查检查的力度，积极配合省市农产品抽检，蔬菜产地检验合格率达100%；加强养殖场户日常监督检查和“瘦肉精”抽检，每月抽检覆盖面达10%以上；加强屠管执法，加大稽查力度，全年共组织行政执法人员80多人次，开展巡查52次。五是加强普法宣传教育，组织参加“3·15”消费者维权日活动，开展了春季“放心农资下乡进村”宣传周活动，现场接受群众咨询230多人次，发放识别假伪劣农资品宣传资料、书籍360多份，免费发放种子200多袋。

【安全生产工作不断加强】 2017年，润州区一是做好森林防火工作，加强森林防火能力建设，新增和更新宣传牌200余块，投入30万元，成立了润州区森林消防专业队，配备专用灭火器材，形成了专业队、半专业队和一线护林员组成的三级森林消防网络。二是抓好渔业安全生产，加强对渔民的渔业安全生产及科技培训，多次对辖区内的渔船进行查纠，实现全年度无渔业安全生产责任事故。三是保障畜牧生产稳定发展，开展重大动物疫病免疫工作，突出平时防疫与突击防疫相结合；加强屠宰场检验检疫，强化产地检疫电子出证制度；加强对病畜的无害化处理。四是落实农机安全生产，集中抓好农机审验，开展农机“送检下乡”活动，发放安全生产信息，全年开展农机安全监理执法4次，排查隐患8个，隐患整改率达100%，全年未发生农机责任事故。

【事中事后监管能力显著提升】 2017年，润州区一是全面梳理权力清单，做好“双随机一公开”相关准备工作，高度重视“12345”热线群众反映的问题答复，重塑行政许可、日常监管等管理流程。二是严格规范执法，加强执法大队规范化建设，维护农业法规权威，强化群众维护生态、注重农产品安全的观念。三是加强农业项目和资金监管，制订了润州区农业项目管理制度，加强项目管理和指导，举办项目申报实施培训班，确保项目实施规范，资金使用合规。四是全面落实支农惠农政策，做好各类扶持对象的统计、核对、公示等环节的工作，确保各项支农惠农政策落实到基层、补贴资金发放到农户。全年共发放农业支持保护补贴1.3928万元，兑付农机化发展资金5.5万元，完成农业保险投保总金额5.36万元，发放渔民生活补助资金105.375万元（其中长江禁渔期渔民生活补助资金46.375万元、捕捞渔船燃油补助专项资金59万元）。

（毛　霏）

水　利

【概况】 2017年，区水利局在区委、区政府的正确领导下，在上级水利部门的大力指导下，认真贯彻习近平总书记新时期治水思想，以“两学一做”学习教育为引领，以着力服务城市经济，着力补齐水利短板，着力提升工作绩效为重点，大力弘扬“润州水利、全心全意”的服务理念和价值追求，以不辱使命的追求、善谋新篇的担当和更进一步的干劲，围绕中心、凝聚力量、攻坚克难、主动作为，努力为“强富美高”新润州建设夯实发展之基。

以人为本，防汛防旱工作扎实有效。2017年，润州区气候变化异常，全年降雨量高于常年，时间分布不均特点明显，在区委、区政府强有力的领导下，区水利局始终把保障人民群众生命财产安全作为第一要务，快速反应、科学部署，全力保障了群众的人身安全和基本生活。3月中旬，组织人员就防汛准备工作进行全面检查，对全区中小型水库、涵闸及其他水利工程逐一进行“拉网式”排查，研究提出了15条整改意见，并要求各责任单位抓紧落实整改，及时消除各种隐患。主动出击，争取上级支持，借助外力彻底解决了和平路街道长江村谏壁组苏南运河坍塌区域的重大险情。加强对水库控制运用的管理，做好水利工程预排预泄工作；同时，加大运粮河生态补水的力度，完善了应急调水、正常调水、防汛调水以及生态调水的工作机制。全面落实防汛责任制和水利工程安全管理责任制，强化水利工程巡查管理和安全责任的落实，严格执行汛期值班制度，做到认识到位、人员到位、职责到位、措施到位，防御不留死角、不留隐患，有条不紊地做好各项防范工作。

创新思路，“河长制”工作全面

润州区河长制工作专题培训班　　（区电台　提供）

展开。按照上级部门的相关要求，润州区把全面推行“河长制”作为生态文明建设的重要抓手，结合实际情况全面推进展开。一是全面出台两级方案。由区水利局牵头制订的《润州区全面推行河长制实施方案》经区委、区政府研究同意后，于4月底颁布实施，各街道（园区）结合自身实际细化落实，于5月中旬相继拟定了本级河长制工作方案。二是三级河长全部到位。由区委书记、区长担任总河长，区委常委及副区长担任省级骨干河道及“一湖九河”所涉河道河长，全区共设区级河长11名。街道党工委书记任属地总河长，副书记、副主任担任相关河道街道级河长，各村（社区）书记任辖区内河道河长，全区共设街道级河长35名，村（社区）级河长46名。三是两级河长办正式成立。区河长办设在区水利局，承担全区“河长制”工作日常事务。区政府分管区长兼任河长办主任，区水利局主要领导兼任副主任。各街道（园区）按要求设立了本级河长办，相关人员已到岗到位。四是河长巡河有序展开。大部分河长安排了首轮巡河。五是样板打造效果明显。金山湖以打击非法捕捞、规范有序垂钓作为切入点，取得了阶段性成效。六是基础工作稳步推进。在全市率先出台《四项制度》《河长手册》编制已基本结束，一河一策方案编制、河长公示牌制作已完成招标。

创新实践，“水岸共治”十大行动成效初显。按照区政府召开的“碧水绕润州—水岸共治”十大行动专题部署会的要求，区水利局认真总结上一年“水岸共治”的进展情况，研究部署2017年的重点工作，结合“263”专项行动，继续深入推进十大行动，细化工作目标、明确时间节点、落实责任主体；交产集团投资3000万元实施四明河综合整治及水系沟通，官塘新城开挖凤栖湖与四明河连通；结合周家河整治，投资4000万元开挖河道600米，并实施1.2万平方米景观绿化；城投集团投资2000万元对头道河—二道河组织清淤，投资1000万元启动太平河建设，完成百花河、二道河整治；给排水管理处投资300万元，结合航运路建设对运粮河东段实施截污纳管；3月，区水利局还结合“世界水日”“中国水周”，以“推进生态文明，打造水韵润州”为主题，连续三年开展“我的家乡我的河”主题征文、“水韵润州”摄影大赛、“水利情中国梦”硬笔书法比赛等系列活动，进一步浓厚了节水、爱水、惜水、护水的社会氛围。

聚力攻坚，重点水利工程稳步推进。完成运粮河水利血防综合整治工程通水验收。市水利局于3月22日，在区水利局主持召开了该工程通水验收会议，同意运粮河水利血防综合整治工程通过通水验收，12月底完成全部竣工验收。西团结河下段水环境综合整治工程前期工作完成勘测设计招标，进行可研、初设的上报等施工前的各项准备工作。农村水利建设扎实有效。依据《润州区“十三五”农村河道轮浚规划》，对照2017年度农村河道疏浚任务，紧紧围绕县乡河道疏浚、村庄河塘整治等重点，全面落实各项目标任务；创新推广农村灌排服务模式。通过润州区安澜水务公司的市场化运作，基本实现全区农村灌排服务全覆盖。上半年，继续加强农村灌排服务的推广及管理，使区域内灌排体系功能得到充分发挥，有效地提高了区域农村抗灾保生产能力。开展全区高效节水工作。根据江苏省《关于加快推进高效节水灌溉发展的实施意见》，组织编制全区“十三五”高效节水灌溉总体实施方案，进一步加快推进区高效节水灌溉发展，确保如期完成新增高效节水灌溉面积目标任务。全面推动全区小型水利工程管理体制改革。成立了全区小型水利工程管理体制改革工作领导小组，完成了调查摸底、整理筛选、分类汇总，对全区小型水利工程进行登记造册，明确产权，张榜公示，建档发证，建章立制、落实管理阶段，签订管护合同，落实管理资金，全面开展小型水利工程管护工作，强化督查，定期通报，严格考核。

【机关作风建设】 2017年，区水利局牢固树立服务企业、服务基层、服务群众的理念，切实转变作风，把服务向基层延伸，把工作向一线扎根。以创建“双型”党支部为契机,创新形式举办《水利大讲堂》，深入开展各类读书活动,不断提升机关工作人员的政治和业务素养。特别是“走村进企入户”大走访活动开展以来，局党组认真谋划,精心组织,带着感情、带着责任抓好落实。走访过程中,切实做到听民声,了解社情民意;查不足,听取意见建议;解民忧,解决实际问题。在主要领导的亲自协调下,争取上级支持,解决了和平路街道长江村赖元墩组苏南运河西岸坍塌隐患，为金泉社区残疾人陈丽娟解决了添置吸氧机的微心愿,整理上报各类意见、建议20余条。

区水利局启动“世界水日”“中国水周”宣传活动　（区电台　提供）

【水法规宣传】 2017年，区水利局水政工作坚持依法治水的基本方针,着力打造“润州水利、全心全意”的服务品牌,积极加大水利法制宣传教育,强化水行政职能。在3月22日“世界水日”、3月22日至28日“中国水周”期间,开展了形式多样的水法宣传活动。在西津渡鉴园广场举行大型纪念活动，邀请区内书法家为社区居民书写水利作品，印发宣传资料3000多份，发放节水拎袋2000只。同时组织开展“水韵润州”摄影大赛和诗词创作大赛，收到来自全国各地的参赛作品上千件，取得了良好的宣传教育效果。为加强水行政执法队伍建设，提高水政队伍的执法水平，规范水行政权力运行的合法化，举办法律法规培训班2期，邀请省市专家到区授课，进一步提高了水利工作者的专业水平。

（区水利局）

润州区诗协作品选

五月润州行

赵炬肃

采风五月润州景，夹岸繁花靓满悬。

小桥流水坐垂钓，树下笑声留路边。

绿水青山留胜迹，春来客赏硕桃鲜。

茶绿品鲜街市美，疑闯仙境梦中天。

润州区发展改革和经济信息化委员会

《润州区产业发展战略规划》专家评审会

省发改委服务业处副处长吴滨带队到润州区开展省级服务业综合改革试点工作专题调研

2017年，润州区发改经信委深刻认识和把握高新区管理体制调整后的区域发展新常态，积极探索经济发展的新途径、新模式，编制了《润州区产业发展战略规划》，明晰区产业发展的定位、布局和发展思路。组织申报并入选全省首批“十三五”省级服务业综合改革试点区，在探索服务业发展路径上率先垂范，奋勇争先。

委领导现场推进项目

委领导到东亚碳素进行企业走访

润州区史志档案办公室

6·9国际档案日开展宣教活动

慰问结对户

2017年，润州区史志档案办在区委、区政府的领导和上级部门的指导下，认真学习贯彻中共十九大精神，以习近平总书记系列重要讲话精神为指导，打牢基础，整合资源，开拓进取，不断创新，史志档案工作取得了新的成绩。

工作人员到基层指导档案工作

工作人员接收整理档案

为党管档　为国守史　为民服务

举办镇江历史文化名人展览

荣誉证书

CONGRATULATION

润州区史志办公室：

在 2016 年度全市史志信息报送工作中表现突出，被评为先进集体，特发此证，以资鼓励。

镇江市史志办公室

2017 年 1 月 20 日

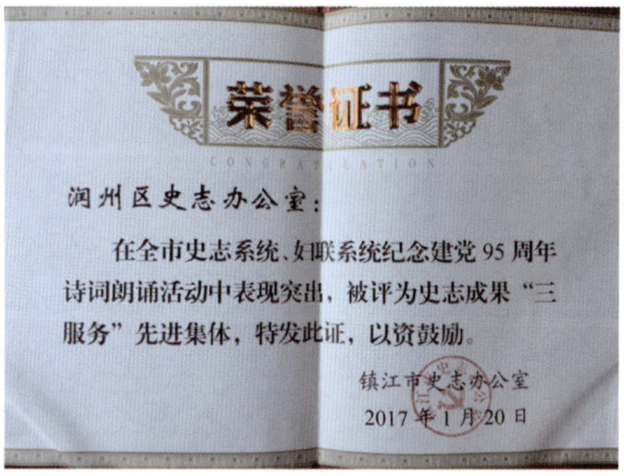

荣誉证书

CONGRATULATION

润州区史志办公室：

在全市史志系统、妇联系统纪念建党 95 周年诗词朗诵活动中表现突出，被评为史志成果“三服务”先进集体，特发此证，以资鼓励。

镇江市史志办公室

2017 年 1 月 20 日

“七一”组织党员参观学习

镇江市润州

镇江市润州区第九届人民代表大会第一次会议召开，院党组书记、代检察长王飞出席会议并作检察工作报告

镇江市委常委、市委秘书长郭建莅临润州区人民检察院调研指导工作

2017年，区检察院在区委和市检察院的领导下，在区人大及其常委会的监督下，在区政府的关心支持和区政协的民主监督下，深入学习贯彻习近平新时代中国特色社会主义思想，围绕全区发展大局，切实履行检察职能，维护社会安全稳定，促进社会公平正义，保障人民群众安居乐业。一年来，检察院先后被市委组织部授予2015~2016年度市级党员示范岗，被区委、区政府评为2016年度特别贡献单位，连续6年被区人大评为机关效能建设优秀单位，院党总支开展的“六廉文化”建设被评为区级机关“十佳党建文化品牌”，未成年人刑事检察专题工作被江苏省政法系统关心下一代工作委员会评为“法治教育系列活动二等奖”。4名干警被省检察院授予检察业务标兵或立功嘉奖，多名干警在上级院的各项竞赛中获奖。

镇江市人民检察院党组成员、副检察长侯建伟一行到检察院和中交二航三公司共同创建的清风 · 航三驿站，在我院党组书记、检察长王飞和该公司纪委书记刁湘俊陪同下，现场考察清风驿站国企预防品牌创建工作

院党组书记、检察长王飞亲自为全院干警主讲重温《共产党宣言》主题党课，引导全院检察干警坚定共产主义信仰，不忘初心砥砺前行

人民检察院

院党组书记、检察长王飞就镇江韦岗铁矿有限责任公司法定代表人翟志高职务侵占罪案件出庭支持公诉

润州区人民检察院邀请 10 余名镇江市人大代表，观摩由该院依法提起公诉的巫建全非法吸收公众存款案的庭审

为进一步提升检察干警专业化、职业化水平，检察院举办了“小课堂”活动

开展“送法进市场”活动，组织检察官走进辖区农贸市场，通过发放检察漫画读本、现场咨询等方式，向市民宣读法律维权知识

润州区人民检察院召开“司法救助扶危济困、化解矛盾服务大局”专题新闻发布会，通报近年来该院司法救助工作开展情况，并对近期办理的 2 起司法救助案件现场向申请人发放 30000 元救助金

在润州区“政法干警永远忠于党”征文暨演讲比赛中喜获丰收，包揽征文和演讲一等奖，多人获二、三等奖和优秀奖

镇江市公安

市委副书记、政法委书记倪斌赴润州区调研指导大排查大整治工作

2017年，润州公安分局在区委、区政府和市公安局的坚强领导下，以党的十九大安保维稳工作为主线，以深化创建镇江社会治安“首善之区”为抓手，扎实开展了社会治安防控体系“升级版”建设、打击犯罪专业手段建设、“5+2”攻坚行动等一系列工作，取得了重大安保任务圆满完成，主业绩效再创历史新高，年度重点工作全面落地落实，公众安全感、满意度全市领先的良好业绩。在2017年省综治办组织的2次第三方测评中，润州区的公众安全感、夜间见警率均在全市数一数二。2017年，分局被市委市政府授予全市社会治安综合治理先进集体，七里甸派出所荣立集体二等功、机关保卫大队荣立集体三等功，宝塔路派出所、蒋乔派出所被授予全市“争创人民满意政法单位”先进集体，官塘派出所、韦岗派出所、竹林路派出所获评镇江市青年文明号，分局团委荣获镇江市五四红旗团委，涌现出浴血追凶英雄民警贺设平荣立一等功，民警樊东晓被授予“全省优秀人民警察”荣誉称号并荣获“江苏最美警察”提名奖，姜亚东被授予全市党的十九大安保维稳工作先进个人、荣立个人二等功，李锦虎被授予全市社会治安综合治理先进个人、荣立个人二等功，高国顺被省厅授予党的十九大安保维稳工作先进个人、荣立个人二等功，张剑锋、缪志昌等9 名民警荣立个人三等功，民警马尉获评镇江市预防青少年违法犯罪工作先进个人。

润州区副区长、润州公安分局局长陆金火率队开展暖企惠民“新春百企行”走访活动

局润州分局

润州公安分局召开党风廉政建设动员部署会

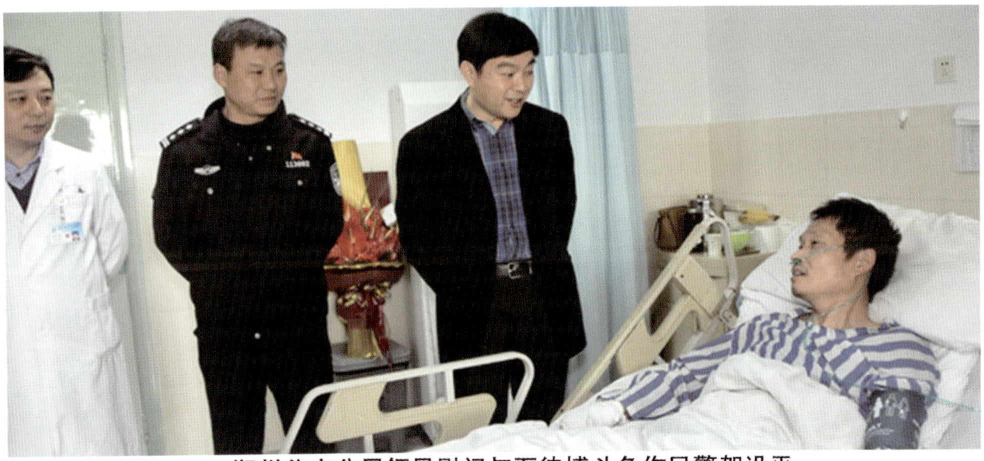

润州公安分局领导慰问与歹徒搏斗负伤民警贺设平

润州公安分局与江苏江成律师事务所举行“法律服务工作站”启动仪式

润州区

全区财政工作会议

2018 年部门预算编制工作部署会

组织区级机关财务干部业务培训

2017年，面对改革发展稳定的艰巨繁重任务，在区委、区政府的坚强领导下，全区财政部门坚持稳中求进工作总基调，立足职能发挥，保持战略定力，积极调整应对复杂深刻的改革变化，全区当年预算执行情况较好，财政运行总体平稳。

区委副书记贾敬远参加区财政班子成员民主生活会

组织机关干部观看中共十九大开幕式

财　政　局

党支部换届选举

“旗帜鲜明讲政治”集中大讨论

党员“微党课”

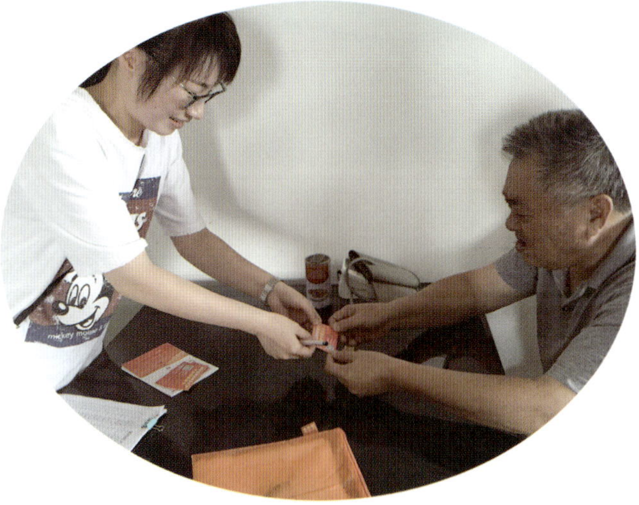

“走村进企入户”大走访

重阳节看望百岁老人

润州区人力资

劳动监察进行年检指导

开展“五进五送”活动

2017年，区人社局围绕中心工作，深化改革创新，积极履职尽责，强化工作落实，民生数据全线推进。2017年，全区城乡基本社会保险覆盖率达98%以上，城镇常住居民人均可支配收入增幅8.9%，位列辖市区第一；城镇登记失业率1.59%，城镇失业人员再就业6971人，完成率199.2%，位列全市第一；新增转移农村劳动力300人，完成率200%，位列辖市区第一；新增留学回国16人，每万人劳动力中高技能人才数达到832人，各项数据均位列全市前列。

开展职业技能培训、鉴定活动

春风行动招聘会

和社会保障局

华州区劳务对接

华州区润州区合办大型招聘会

扬州大学招聘

应届大学毕业生招聘

最低工资标准和高温费宣传

劳动法社会保险法宣传

镇江市国土资

召开 2017 年度总结表彰大会

2017年，在市局党委和区委区政府的正确领导下，润州分局以保护国土资源、保障科学发展、维护群众权益为根本任务，以节约集约为首要战略，服务支撑“两聚一高”战略部署，以“七项突破”为工作主线，统筹土地资源的保护和开发，全面提升国土资源管理服务水平。

润州区区委书记高国成督察地质灾害隐患点

国家土地督察南京局局长冯瑞来国土润州分局考察“i 国土 ”综合动态智能监管平台

源局润州分局

召开作风效能建设推进会

召开述责述廉述职述法大会

海安县国土资源局来国土润州分局交流节约集约利用管理方面工作

召开土地专管员、联合执法员座谈会

走访慰问结对帮扶家庭

润州区七里甸

街道党工委书记 邵建海

街道党工委副书记、办事处主任 戴克祥

江苏省委常委，组织部部长郭文奇、镇江市委书记惠建林调研万科社区

七里甸街道位于润州区南山路，是镇江市新行政中心和润州区政府所在地，润扬长江公路大桥、城际铁路、扬溧高速、312国道等在境内均有接口，坐拥南徐新城“首善资源”，区位优势独特。总面积14.76平方公里，辖12个村（社区），总人口51915人。

2017年，街道紧紧围绕“推动‘五城共建’、建设‘强富美高新润州’”的总体部署，认真学习贯彻中共十九大以及区委八届三次全会精神，真抓实干、克难奋进，推动经济社会各项事业稳步攀升。

镇江市委书记惠建林前往万科社区宣讲党的十九大精神

全省新的社会阶层人士统战工作现场会观摩万科社区

街道办事处

润州区委书记高国成慰问光华社区困难党员

街道机关党总支组织党员参观新四军四县抗敌总会纪念馆

街道党工委组织全体党员观看中共十九大开幕式

镇江新创计算机系统集成有限公司与南京财经大学建立产学研基地

四圩社区“家捷帮”志愿服务队收到锦旗

组织党员干部参加“大走访”活动

二道巷社区组织居民开展“剪刀作画笔，喜迎十九大”活动

五里社区荣获全国“无邪教示范社区”荣誉

润州区官塘桥

街道党工委书记 刘春光

街道党工委副书记、办事处主任 张轶

官塘桥街道位于镇江市南郊，是2011年7月20日由原蒋乔镇拆镇设街后成立的新街道，同时也是官塘新城开发建设的主阵地，街道办事处驻官驸路6号。该街道东毗邻镇江丁卯经济开发区，南相接丹徒新区，西北紧依南徐新城区，辖区有338省道、京沪高速铁路和沪宁城际铁路等交通干线。街道行政区域面积22.2平方公里。2017年获批金山英才计划1个（徐阳春教授），实现了全区农业类人才项目零突破，认定国家级高新技术企业1个，完成固定资产投资27.35亿元、社会消费品零售总额6亿元、公共财政预算收入7079万元、发明专利30件。

市农副产品批发市场环境卫生整治现场

组织机关党员观看十九大报告录像

入户走访困难群众，解决群众实际困难

开展集中走访日活动

街道办事处

开展防范非法集资宣传活动

官塘双创产业园入驻企业之一 · 江苏中安天下安全宣传有限公司

农民运动会村民展风采

承办江苏省老年人体育节镇江市润州区分会场开幕式

开展冬季养生宣传活动

开展系列演出活动

融创银城盛唐府项目施工现场

润州区宝塔路

街道党工委书记 韩绪超

街道党工委副书记、办事处主任 田 伟

市委书记惠建林到电力路片区服务中心调研

宝塔路街道地处镇江市润州主城区，东至古运河及丁卯桥路，南至天桥路、南山路、北府路，西至檀山路、黄山北路，北至中山西路及京口闸，总面积7.63平方公里。街道下辖11个社区居委会，其中电力路片区服务中心含电力路、广东山庄、同德里三个社区工作站，街道年末总人口71118人，总户数24294户，是全区城市经济核心区、项目建设的主阵地，是集商贸服务、餐饮娱乐、文化旅游于一体的镇江商业新中心所在地。2017年，宝塔路街道以迎接宣传贯彻中共十九大为主线，对标苏南加油干，精准务实惠民生，各项事业取得了新进展，发展动力不断增强、转型升级步伐加快、项目建设有力推进、民生事业加快发展、党的建设不断加强。

润州区委书记高国成到街道上党课

润州区区长徐心田到街道调研全面工作

街道办事处

街道党政领导、部门负责人观看中共十九大开幕式

集中整治后的万达金街

连淮扬镇铁路（润州段）征收动员会

“书记项目”打造红色形象体系优质示范点——全市首创商圈模式

中海、恒大项目开工建设

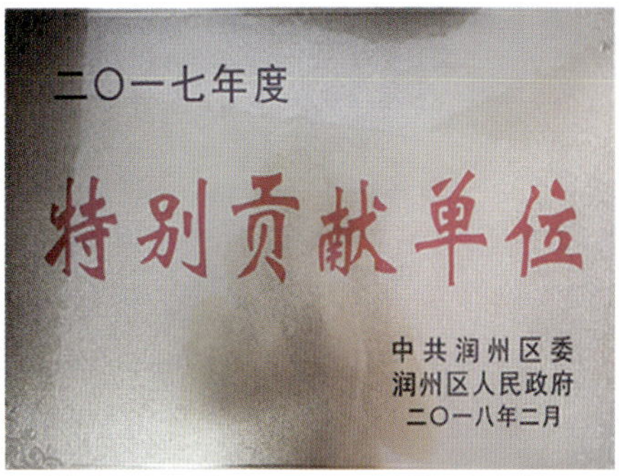

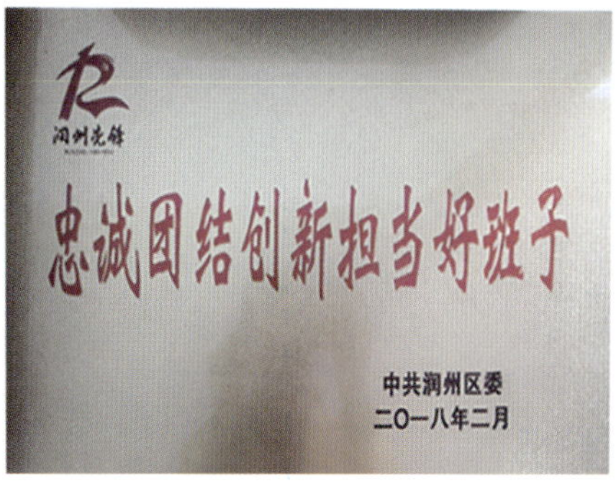

美丽新和平
润州区和平

街道党工委书记 王重阳

街道党工委副书记、办事处主任 陆振兴

和平路街道环抱金山，滨水而居。街道现辖3个行政村（其中两个渔业村）、3个涉农社区和8个城市社区，陆域20平方公里，水域220平方公里，长江岸线93.56公里，常住人口6.8万人，是融市民、农民、渔民为一体的城乡结合型街道。

2017年，和平路街道围绕迎接十九大、学习贯彻落实十九大这个大局，协调推进“四个全面”战略布局，在区委、区政府的坚强领导下，在区各部门的关心指导下，以建设魅力和平、滨水新城为目标，以服务项目、保障民生为抓手，开拓创新，真抓实干，努力开创经济和社会事业新局面。

省、市、区领导视察码头整治工作

镇江市委书记惠建林考察红色体系党建工作

润州区委书记王冬生考察新金江社区

水新城区

街道办事处

红色形象体系现场推进会

市领导走访长江村居民

走访辖区企业，解决实际困难

听民声纳民意解民忧

渔民撒渔网

大江风云项目

丰富居民活动

润　州　区　金　山

街道党工委书记　周　藜

街道党工委副书记、办事处主任　汤小东

党建工作部署会

金山街道位于市区西部，辖区范围东起黄山北路，南沿中山西路，西接中山北路，北临长江。街道辖区总面积5.16平方公里，下辖10个社区，总人口近6万人。境内街巷古老，文化底蕴深厚，坐拥千年“文脉”西津渡古街、中外友好使者赛珍珠故居以及AAAA级风景旅游景区镇江博物馆等人文景观，是全市文物遗存最集中、人文资源最丰富、文化氛围最浓厚的街区。2017年，金山街道坚持以习总书记系列讲话和“四个全面”战略部署为指导，以建设“产业发达、富有活力、和谐宜居、开放文明的现代化主城区”为着力点，紧紧围绕主题主线，战略定位准确，发展思路明晰，工作举措有力，使全街道上下呈现出经济快速发展、人民安居乐业、社会和谐稳定的良好局面。

举行平安锣敲响30周年庆祝活动

街　道　办　事　处

走访困难党员

为社区 90 岁老党员过生日

贤孝双馨十周年庆典活动

党员互助关爱基金启动仪式

爱心一公里服务车为居民提供出行服务

社区手艺老人剪纸喜迎十九大

党员移动课堂文艺汇演

润州区韦岗

街道党政领导走访企业

韦岗街道地处镇江西郊，距离市中心约20公里，东北面与丹徒区高资街道相邻，西南面与句容边城镇交接。街道属丘陵山区地形，地势平缓、地质较硬、地耐力较强，土质以黏土为主，气候湿润温和，四季分明，雨量适中，属暖温带向北亚热带过渡的季风气候。街道交通便捷，243省道、新改线的312国道、110县道（石韦路）穿境而过，距京沪高铁站、沪宁高速入口仅15分钟车程，境内通22路、42路、小衣庄专线三条公交线路，交通条件极为便利。

2017年，在区委、区政府的坚强领导下，街道党工委、办事处深入贯彻落实中共十八大和十八届五中、六中全会精神，从严从实开展“两学一做”学习教育，严格按照上级的部署，自加压力，迎难而上，狠抓落实，街道经济社会、民生事业、党的建设等方面协调发展，收获不俗，为地区生态环境综合整治、产业转型发展做出积极贡献。

街道党政领导下矿井考察

村委会人员收看中共十九大开幕式

笑脸秀风采喜迎十九大

街道办事处

街道党员干部走访群众

纪念碑下红色朗诵

晨读 · 微课堂交流会

联合水泥就业帮扶暨茅山老区再就业援助专场招聘会

韦岗战斗连环画交接

捐资助学

燕子窝山歌

润州区南山街道

街道党工委书记朱震到檀山社区宣讲十九大精神

街道办事处主任黄华良到鹤林社区宣讲十九大精神

区委副书记贾敬远到南山街道调研

南山街道，管辖范围东至沪宁铁路线，转谷阳路、官塘桥路、环山路，南与丹徒区接壤，西到九华山路，北接南徐大道、转至南山路、林隐路，总面积约16.28平方公里。下辖五凤口社区、鹤林社区、檀山社区、回龙社区、黄鹤山社区和回龙山水库管理所，36个居民小组，户籍人口7042人，常住人口8398人。党工委下辖13个党支部，428名党员。2017年，街道上下围绕中心工作，齐心协力，锐意进取，认真落实区委、区政府的各项工作部署，以新南山人的姿态融入新天地，推进生态新南山、出彩新南山特色发展，为“强富美高”新润州建设，贡献南山力量。

区委常委蒋勇到南山调研大走访

区委常委、宣传部部长陈家军考察文明城市复审迎检工作

融入新天地 出彩新南山

共青团润州区南山街道工作委员会第一次团员代表大会

庆“五四”户外拓展活动

“不忘初心跟党走 砥砺前行再奋斗”十九大知识竞赛活动

“慈善一日捐”活动

寻找最美南山——“无痕山野”进镇江活动

五凤口社区文化墙

润 州 区

镇江市市委书记惠建林与小朋友欢庆“六一”

副市长孙晓南调研教育规划布局情况

2017年是润州教育“十三五”规划实施的重要之年，区教育局以创建省教育现代化县级示范区为契机，全力推进教育改革与发展，各项教育事业取得了新进展。教育民生工程推进有力，教育重点项目实施有序，教育特色工作成效显著，各类教育发展统筹协调，党风廉政建设切实加强，为润州区的健康快速全面发展作出积极贡献。

省平安校园建设示范区考核验收汇报会

省基础教育装备示范区现场考察汇报会

教　育　局

承办省社区教育品牌项目建设推进会

全市首家中德合作办学机构——镇江中德职业教育中心成立

新教师课堂教学擂台赛

承办中华艺术环球武术大会

全民终身学习活动周开幕

悄悄话：老师，我喜欢你

润州区教育局

新进编教师岗前培训

学习民间工艺拓印画

中华情思端午节专场演出

舞蹈《中华情》

群舞《麦田童话》

润州区民政局

“四佰爱之行”活动

夏季“三送”活动，为环卫工人送清凉

“花糕传真情，温暖老人心”活动

2017年，区民政局深入贯彻中共十八届六中全会和省、市、区党代会精神，认真落实区委区政府和上级民政部门工作部署，牢固树立“民政为民、民政爱民”工作理念，以“现代民政示范区”建设为主抓手，深入调研，完善制度，健全机制，加强作风建设，努力改善民生,加快推进各项民政工作创新发展,民生兜底保障更加结实、社会福利和养老服务更加务实、多元社会治理基础进一步夯实、双拥优抚政策进一步落实,为实现“两聚一高”新目标作出贡献。

开展“登高祈福庆重阳”活动

慰问困难群众

益路同行——社会组织增能计划

送书到军营

润州区住房和城乡建设局

检查工地安全生产、文明施工

牌湾街 291 号物业提升前

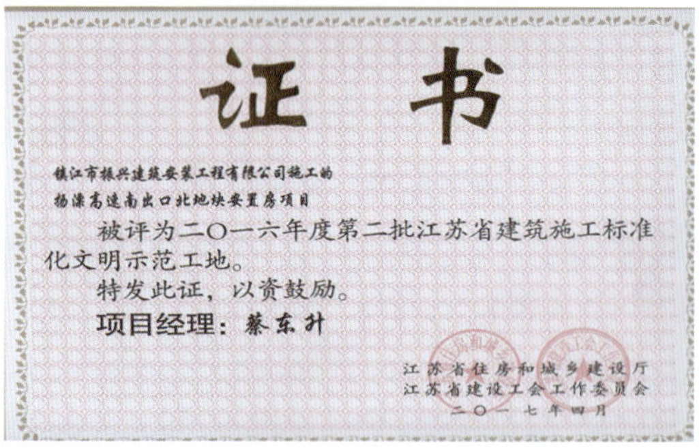

证书

镇江市振兴建筑安装工程有限公司施工的
扬溧高速南出口北地块安置房项目
被评为二〇一六年度第二批江苏省建筑施工标准化文明示范工地。
特发此证，以资鼓励。
项目经理：蔡东升

江苏省住房和城乡建设厅
江苏省建设工会工作委员会
二〇一七年四月

牌湾街 291 号物业提升后

富润华庭五期安置房竣工

扬溧高速南出入口北侧地块安置房竣工

2017年，润州区住建局牵头落实完成市、区下达的城建任务，国信停车场、两个安置小区、庆丰圩路和街头绿地项目先后建成，结合海绵城市建设，完成运粮河花园等6个小区物业提升任务。

新建街头绿地

重点工程——国信停车场

重点工程——庆丰圩路通车

润州区城市管理局

区领导慰问环卫工人

作风效能建设大会

集中整治林隐路马路市场

2017年，润州区城管局在区委、区政府的正确领导下，主动适应城市工作新形势、改革发展新要求、市民群众新期待，加快行业发展，提升精细管理，强化执法攻坚，为建设“强富美高”新润州作出积极贡献。

城管进社区服务零距离

设立党员示范岗亭

拆除大型广告牌现场

润州区交通运输局

2017年，区交通运输局在上级机关的领导和部署下，真抓实干，开拓进取，高质量完成年度目标任务。以项目建设为核心，全力巩固交通建设成效，逐步深化行业服务内容，充分加强队伍建设力度，以发展为重心，以党建为基石，团结一致，昂首奋进。在中共十九大精神的指引下，在新时代中国特色社会主义的召唤下，坚持“新时代·新发展”，新时代交通基础建设开辟新方向，新时代交通运输服务探索新形式，新时代交通党建工作呈现新面貌。

领导考察五项行动整治现场

党支部换届选举

重温入党誓词

宣传交通沿线环境整治

惠民暖企走进企业帮企业解决问题

工作组向拆迁户宣讲政策

润州区环境保护局

召开全区环境保护工作大会

2017年，区环境保护局认真贯彻落实中央和省、市有关环保工作的决策部署，以“263”专项行动为统领，围绕大气、水、土壤污染防治来强化推进各项工作，全面完成年度各项目标任务。

深入企业现场研究解决环境问题整治

现场处置群众举报的环境信访问题

开展“依法行政”主题宣传活动

开展世界环境日主题宣传活动

润州区物价局

2017年，润州区物价局在区委、区政府的正确领导和市物价局的精心指导下，深入贯彻落实中共十九大精神，将“两学一做”常态化、制度化工作与本局“积聚正能量、打造新物价”主题活动紧密结合起来，充分履行价格管理职能，大力加强市场监督检查，着力规范市场价格秩序，努力做好为民价格服务，有效化解社会价格矛盾，全力维护价格水平稳定。

陪同市局领导走访慰问困难家庭

陪同江宁区物价局参观中小学伙食管理

开展惠民走访发放平价商店优惠券

宣传《江苏省价格争议调解处理办法》

对碧桂园房屋销售中心进行市场检查

全体党员在雨花台重温入党誓词

镇江市润州区市场监督管理局
镇江市润州区食品药品监督管理局

润州区委书记高国成到区市场监管局调研商事制度改革

2017年，区市场监管局在区委、区政府及上级部门的正确领导下，围绕服务发展主线，坚持改革引领，推动职能转型，优化服务举措，严格监管手段，加强民生保障，为润州区经济社会发展作出了积极贡献。被中共镇江市委、镇江市政府评为“2013~2016年全市社会治安综合治理先进集体”；被镇江市工商局评为“2017年度目标管理考核先进单位”“2017年度项目化执法工程先进单位”；深化机关效能革命，扎实推进“三聚三提五创”活动，被中共润州区委授予“忠诚团结创新担当好班子”荣誉称号，被中共润州区委、润州区政府评选为“二〇一七年度特别贡献单位”。

市政协副主席王冬生考察区市场监管局红色体系试点建设

召开市场监督管理暨党风廉政建设会议

召开文明城市迎检动员部署会，全力做好迎检准备工作

组织开展“3·15”广场宣传活动，着力打造安全放心的消费环境

润州区卫生与计

江苏省省委书记娄勤俭调研黎明社区卫生服务中心

2017年，润州区卫生与计划生育工作全面贯彻落实全市卫生与健康大会精神，不断深化基层卫生综合改革，大力加强服务能力建设，着力提升群众健康水平，取得明显成效。黎明、七里两家社区卫生服务中心创成全国优质服务示范社区卫生服务中心；黎明社区卫生服务中心再次荣获全国200强示范社区卫生服务中心称号；创成全省首批特色科室1个、市级特色科室2个。区卫计委全年共接待全国各地来润州区参观考察共94批次1362人次，其中有国务院医改办主任、国家卫计委副主任王贺胜，国家卫计委副主任王国强，江苏省副省长蓝绍敏等。各级领导对润州区分级诊疗、家庭医生服务模式创新、特色科室建设等方面工作给予了充分肯定。

区卫计委党委书记、主任蒋阿喜到凤鸣新村居民家中走访，与居民面对面交流，了解居民对卫生计生方面的需求

卫计委党委委员、副主任袁其中在联系点上党课

划生育委员会

推进“两学一做”学习教育常态化制度化专题讲座

黎明社区卫生服务中心组织观看十九大习近平总书记讲话

宝塔路社区卫生服务中心党员干部走访相关企业

工业园区社区卫生服务中心党员在金山水城社区开展科学抗癌宣传

润州区疾控中心党员在樟山村开展结核病宣传

润州区房地产开发总公司

润房 · 润康城实景图

润房 · 润康城实景图

润房 · 润康城鸟瞰图

公司成立于1984年9月，现拥有注册资本5251万元，是一家具备城市综合开发二级资质的房地产开发企业。公司办公地址位于市朱方路98号四楼。2017年年末，在职职工74人，其中，具备各类专业技术职称人员58人，全年累计上缴各类税金3500万元。

镇江市规则局润州分局

局长　周光宏

2017年镇江市规则局润州分局在润州区委、区政府、市规划局党委的正确领导下，紧紧围绕“让规划引领”“让群众满意”的总体目标,依法行政，全面落实区委、区政府提出的“全力优化生态环境，聚力推进创新驱动，大力提升民富民享”三件大事。

前往金桥装饰城提供规划服务

前往碧桂园提供规划服务

前往七里甸街道关于“两遗”项目提供现场服务

镇江市国家税务局第二税务分局

镇江市国家税务局第二税务分局(以下简称国税二分局)，现有干部26人，党员17人，内设局长室、办公室、综合业务科及5个税源管理科。征管改革后，分局由全职能的征管分局转变为主要负责纳税评估和税款追征的专业化管理分局。分局被表彰为“2017年度全市国税系统先进单位”和“润州区政府服务发展先进单位”。

支部书记讲党课

“暖企惠民”大走访

参加造血干细胞采集活动

参观丹阳总前委旧址

镇江地方税务局第三税务分局

全面运用执法记录仪

“七一”党员宣誓活动

分类服务群受到纳税人好评

2017年，镇江地方税务局第三税务分局坚持“持之以恒、顺势而为”的工作理念，以“收好税、服好务、带好队”为主线，全面加强党的建设，全面提高征管效能，全面推进创新争优，推动地税事业高质量发展。先后被表彰为“镇江市预防职务犯罪工作先进单位”、镇江市四星“双型”先进党支部、“润州区服务发展先进单位”和“全市地税系统先进单位”。

社会妈妈结对帮扶贫困儿童

走进企业宣传手机办税

镇江市润州区城市建设投资公司

富润华庭五区一期安置房项目

着力推进富润华庭五区安置房项目，总投资约2.3亿元，该项目占地面积1.67公顷，总建筑面积4.1万平方米，2017年年底6幢安置房已全部竣工，计划2018年交付安置。

庆丰圩路建设项目

完成建设富润华庭片区配套道路庆丰圩路建设，总投资约1700万元，该道路长426米，宽20米，已全部竣工并交付使用，极大改善富润华庭片区居民出行条件。

润诚农贷公司

2017年，在国家经济转型发展下行压力的大形势下，公司下属小额贷款公司本着服务“三农”、稳健可控、市场运作的原则，全年公司累计发放贷款34笔0.6亿元，实现利息总收入1300万元。

五洲山城中村改造项目

完成五洲山片区城中村改造剩余14.47公顷土地上市交易工作，2017年9月14日已完成该地块上市交易，成交价格46000亿元。

完成富润华庭四期项目剩余0.5公顷土地上市工作，成交价格900万元。

工业·服务业

栏目编校：田　崇

工　　业

【概况】 2017年，面对错综复杂的经济形势，区划调整后薄弱的工业现状，润州区主动适应经济新常态，提振信心，攻坚克难，全区工业经济总体保持平稳发展态势。全年，完成工业增加值7.03亿元，同比增长4.0%；完成工业投资7.36亿元，同比增长1.1%；完成工业技改投资5.60亿元，同比增长8.2%；完成规上工业销售收入27.34亿元，同比增长3.8%，规上工业利税4.55亿元，同比增长33.2%；完成工业应税销售31亿元，工业固定资产投资（设备）增值税抵扣590万元。

【亮点工作】 1. 多项并举扶持企业健康发展。一是引导企业走“专特优精”发展道路，镇江市润州金山包装厂的“IBC集装桶”、正茂集团的“高强度高韧性系泊链”获2017年镇江市“单打冠军”称号；二是着力公共服务平台服务小微企业，全年，服务中小企业266家814次，镇江润物商务办公有限公司获2017年度镇江市企业公共服务示范平台认定；三是注重企业人才引进与培育，镇江船舶电器有限责任公司的李睿、镇江恒顺生物工程有限公司的李东获成功申报2017年镇江市“金山英才”镇江制造2025领军人才计划（目前两家企业已划至高新区）。

企业生产车间　　（区发改经信委　提供）

2. 积极帮助企业申报各类专项资金。一是企业技术改造类专项资金，其中以船山集团和镇江市润州金山包装厂为代表的企业共获相关补贴93万元；二是品牌奖励专项资金，其中以镇江金莲食品有限公司为代表的4家企业共获相关补贴110万元；三是新能源汽车补贴专项资金，全区16家企业76辆新能源汽车申报2016年新能源汽车省市补贴共计610.3万元。

3.力推生态文明绿色发展。一是强化节能管理措施，组织江苏船山矿业和中国电信股份有限公司镇江分公司参加江苏省电力市场电力用户第一批入市，定期联系跟踪企业进度，确保东亚碳素2017年能耗“双控”目标完成；二是实施节能低碳项目，帮助洋光水泥成功申报市级西南片区去产能项目专项资金60万元、省级化解过剩产能专项资金150万元；三是推进“金屋顶”计划，镇江茶砚山庄一号楼屋顶分布式光伏发电项目完成并接入电网；四是落实低碳城市建设，积极配合开展“263”专项行动，全面推进削减煤炭消费总量和减少落后化工产能，推进江苏联合水泥自行解散清算项目。2017年，全区煤炭消费约0.07万吨，同比下降99.4%，超额完成市下达任务；五是全面开展低碳九大行动，力推绿色工厂申报工作，镇江华印电路板(目前已划给高新区）获批第一批市级绿色工厂，编制完成《关于成立区低碳城市建设工作领导小组》、生态云等相关实施文件并积极开展低碳系列宣传活动，加大宣传力度，传播低碳意识。

（区发改经信委）

服务业

【概况】 2017年，全区实现社会消费品零售总额119.8亿元，同比增长10.5%；服务业增加值占比达80.1%；服务业投资157.07亿元。

【产业情况】 现代商贸业。润州区通过创新招商手段和运营管理模式，全力打造城际商圈和青年广场商圈特色发展，集聚人气，增强消费活力。城际商圈坚持追求特色化、专业化的招商，名特优新商家汇聚，形成了集商务服务、商贸流通、电子商务、商务住宅、餐饮酒店、文化娱乐等于一体的服务业综合集聚区。万达金街、常发夜街、潮流健身等有效融合“名牌化”“特色化”“优质化”“新颖化”的业态打造。全年，完成应税营业收入约110亿元，盘活闲置资源2万余平方米，商圈人流量突破1.32亿人次。青年广场商圈以第六空间、月星·九润为代表，创新家居广场经营模式，将商业楼宇的产权与市场经营权相剥离，实现了市场化运作，成为全市主要家居建材品牌集聚地。

旅游业。深入挖掘旅游资源人文内涵，探索丰富“旅游+”发展模式，扩大旅游产业影响力，形成新的经济增长点。全区围绕文化旅游产业项目建设，打造全域旅游发展新高地。建设镇江智慧旅游大数据平台项目，提高“智慧旅游”水平，优化游客服务体验；建设西津渡旅游风情小镇项目，升级改造景区景观，完善配套基础设施，形成宜居宜业宜游的文创旅游度假小镇；建设海洋魔幻世界项目，打造国内首个第五代海洋公园，填补润州区主题公园空白。

软件信息业。随着“互联网+”和大数据发展不断深入，软件信息与互联网产业蓬勃发展，润州区大力培育软件业企业，全力推进产业项目建设，助推产业智慧发展。镇江农批智慧云平台项目上线运行，平台利用大数据分析技术，织就一张信息共享分析网络，解决了传统农批管理体系不完善、交易效率低下、盈利模式单一等痛点问题。2017年，交易额达105亿元。软件业企业发展不断有新突破，广源网络科技有限公司2017年加入中国互联网信息中心，获得信息安全体系管理认证证书，全年效益达千万；冬云云计算股份有限公司2017年服务用户数达到10万人，申请《冬云数据中心安全防御系统》等15项计算机软件著作权，获得中国云产业联盟“最安全云平台奖”。

【主要工作】 1.明确城市经济发展方向，强化科技创新项目招引。瞄准现代服务业，开展形式多样的招商活动，取得显著成效。润州区专门成立了工作小组赴香港洽谈何家湾地块项目，正在办理镇江公司注册登记手续；举办了以“创新驱动，绿色发展”为主题的城市经济发展论坛活动。邀请高校领导、企业家代表等100余人参会，宣传推介润州。润州区政府和启迪众创工社重点打造的创新创业示范基地成功揭牌；启迪协信镇江低碳智创园项目参加了市集中签约。

2.立足重点企业培育，做好跟踪服务工作。区划调整后，全区重点服务业企业减少至42家，限上贸易企业减少至60家。为此，润州区积极做好与高新区的对接工作，紧紧抓住辖区内重点企业，做到跟踪服务工作。同时不断整合资源，进行全面梳理，深度挖潜、积极培育新增长点，争取新增规上企业入库，2017年，完成新增服务业列统企业16家。

3.科学谋划发展方向，全面摸排家底存量。新条件下如何保持润州经济持续稳定健康发展，区发改经信委邀请启迪控股创新研究院的专家组为润州区编制产业战略规划。深入基层一线、联系相关部门及市级平台，实地走访企业、项目及城市重点区域，开展全方面的调研工作，明确润州区未来服务业产业发展方向。同时，全面摸清家底，调研存量楼宇情况。整理统计出全区有各类存量楼宇40幢，总面积约32.64万平方米。与相关闲置楼宇的产权单位和商管公司进行深入了解和探讨，充分听取各类投资主体的意见和建议，全面分析闲置原因，拟出台《润州区关于促进楼宇经济发展的实施办法》，为产业和经济发展寻求新空间。

4.围绕全域旅游示范区创建，强化旅游特色发展。围绕镇江市创建“国家全域旅游示范区”这个重要抓手，开展润州区旅游特色发展工作。推荐林隐茶博园、润州非遗文化展示馆、赛珍珠纪念馆等景区参与“发现身边的美——镇江‘小众’景区(点)评选活动”。打好基础，完善旅游指标统计工作，加强西津渡等重点景区的旅游指标直报。继续深化拓展“旅游厕所革命”，完成实施伯先公园、绿地广场等7所旅游厕所建设改造工作。提升润州区旅游品牌知名度，组织长江生态湿地公园、大型水景秀《白蛇传》、润州道院等申报国家AAA级景区；一泉宾馆、碧榆园、雅狮度假酒店等改造升级为江苏省精品度假酒店。

（区发改经信委）

工贸总公司

【概况】 2017年，区工贸总公司在区委、区政府的正确领导下，全面贯彻落实中共十八届五中、六中、七中全会和十九大会议精神，努力践行“党要管党、从严治党”的方针，以服务大局、建设队伍为核心，坚持统筹谋划，加快企业改革改制，强化守土有责意识，较好地完成了全年的工作，促进了全系统各项工作的全面提升。

【“两学一做”学习教育常态化、制度化】 按照区委统一部署，区工贸总公司党委始终把坚定理想信念摆在首位，以“七一”党课、专题讨论、党员“统一活动日”和“暖企大走访”等活动为抓手，坚持以“学”为先、打牢基础，深化以“做”为本、抓好关键，把“学”和“做”作为党员教育的基本内容形成常态，不断推动“两学一做”学习教育常态化、制度化。

【党风廉政建设“两个责任”】 区工贸总公司党委始终将全面从严治党、依规治党要求贯穿于落实党风廉政建设党委主体责任的全过程中。认真抓好党风廉政建设责任制的分解落实，将目标责任分解落实到基层，党委书记分别与班子成员、各党支部书记签订《党风廉政建设目标责任书》，对履行党风廉政建设主体责任全程记实，不断强化领导干部“一岗双责”意识。自觉执行个人重大事项如实报告制度，形成规范的书面材料，使党风廉政建设责任制得到了有效的落实。大力开展党风廉政教育和廉政文化建设，深化党务公开，促进党风廉政建设常态化。

【“书记项目”】 随着经济体制改革的不断深入，区属企业陷入破产改制状态。针对这部分破产改制企业党组织软弱涣散、党员管理弱化的现状，党委集体研究制定“加强破产改制企业党组织管理”作为党委的“书记项目”。对已与企业解除劳动关系的党员，将其组织关系转到新的就业单位或居住地党组织，对转移到居住地的党员，企业党组织积极与居住地党组织做好衔接工作，实行党组织关系属地化管理。通过调优组织设置、强化思想教育等一系列举措，充分激发企业党组织和党员在维护稳定、促进发展中的战斗堡垒和先锋模范作用。

【企业改制工作】 企业的改制改革工作是区工贸总公司的工作重点，在区委、区政府的领导和区法院的指导下，严格按照法律，规范操作，积极稳妥地推进镇江市黄山水泥厂的破产工作，已完成了资产变现和交割工作，并于2017年7月21日召开了债权人大会，通过资产清算方案，至2017年年底已完成大部分清算和职工安置、社保清缴等工作，仅剩少量遗留问题正在妥善处理。轻工业供销公司破产改制工作，按照《破产法》的规定，坚持“公平、公开、公正”的原则，已进入网上公开拍卖、变现程序。按照区委、区政府安排，负责对镇江锁厂职工安置资金实施有效的保全和监管，对每一笔资金使用情况进行审核，保证了该厂安置工作的平稳有序。

【企业债务风险】 在区政府的领导下，牵头完成了润州区所属企业农行不良债务（本金1.5亿元，本息3亿元）的回购工作，有效化解了债务风险（其中总公司本金1亿元），减轻了负担，为区工贸总公司的后续发展和稳定打下了坚实的基础。

【房屋征收工作】 按照区委、区政府的安排，在2017年分别承担了民主街西侧改造58户和小街“有机更新”80户征收拆迁任务。面对不断出现的新形势、新情况，与街道、征收事务所、评估事务所等单位沟通、协调，向法律顾问请教，在做好本职工作的基础上，积极宣讲政策、答疑解惑，与被征收户沟通，起到了桥梁的作用，较好地完成了区委、区政府交办的征收任务。（区工贸总公司）

供销合作总社

【概况】 2017年，区供销合作总社认真学习并贯彻中共十九大会议精神，在区委、区政府和市供销总社的正确领导下，对照中央和省关于推进供销合作社综合改革的各项会议和文件的要求，按照年初制定的各项工作计划，一手抓经济，一手抓党建，努力推动各项工作顺利开展，取得新的成果。

【综合改革工作】 区供销合作总社综合改革工作受到区委、区政府高度重视，2017年12月29日，区委、区政府正式下发《关于深化供销合作社综合改革的实施意见》，综合改革进度跻身全市供销社前列。积极探索创新联合社治理机制方面改革，制定了《润州区供销合作社创新联合社治理机制专项试点实施方案》，8月，经省供销总社批复，成为该项工作全省供销社系统唯一试点单位。具体从五个方面逐步推进改革试点，即：完善供销社“三会”组织管理体制；改革宏观运行机制；深化改革内设机构；建立人才市场化聘用平台；建立“润州供销人才智囊库”。专项试点工作被区委、区政府列为2018年全区改革重点工作任务。

【项目建设】 2017年4月，金莲食品提取生物肽项目申报2017年金山英才计划，7月2日通过市级项目答辩。工商部门“金帆奖”通过市级审核，并由省工商局上报国家工商总局。金莲品牌获驰名商标认证。2017年，金莲食品有限公司荣获“江苏省十大诚信标兵企业”“江苏省消费者满意产品”“全国百佳农产品品牌”称号。9月，润州供销邻里中心发光字及供销社LOGO安装完成，富润超市开始营业，纽耶幼儿园装修全面完成，迎来第一批入学儿童。11月7日，七里供销社与淮安好人家食品有限公司合作成立镇江每鲜加精品生活超市计划，在七里供销社班子会议及党委扩大会议上通过。11月29日，金莲食品农业产业化(省级)项目通过市农委验收。12月，七里农超生鲜生活馆开始试营业。

金莲食品获全国百佳食品品牌称号 （区电台 提供）

【为农服务】 2017年，蒋乔供销社投入资金，对原闲置的两间门面房，按照标准化“农资惠”平台建设的要求进行改造，对现有为农服务社进行了维修出新，更换了服务合约、相关制度，补齐出新了标识标牌。5月，申办蒋乔供销社东山蔬菜专业合作社1个。10月，2017海峡两岸(江苏)名优农产品展销会暨江苏省经济薄弱地区扶贫成果和特色农产品展示展销会在镇江举办，组织参展单位数量在全市供销社系统中居首。

【党建工作】 组织“两学一做”学习教育活动21次，其中主题教育4次，领导授课5次，专家讲座1次，电化教育9次。实施“1+1+1”党建带社建模式“书记项目”。开展红色形象体系建设，推广党支部组织生活基本制度“工作法”，“润州先锋”微信公众号得到广大党员和干部关注和使用。组织广大党员干部学习新版两个《条例》《廉政准则》8条“禁止”、52项“不准”以及廉政知识和法规等内容，观看反腐倡廉以及先进人物电教片30多集。建立作风建设督查机制及“三公经费”使用抽查制度。定期、不定期地深入到职工群众中做好矛盾纠纷的排查调处工作，信访案件办结率达100%。

（区供销社）

城乡建设·环境保护

栏目编校:田 崇

城乡建设综述

【概况】 2017年,区住房和城乡建设局紧紧围绕区委、区政府“强富美高”新润州建设目标,认真履行工作职责,为全区基层群众和城乡建设提供服务。

城市建设。以“建设生态宜居城市”为目标,根据镇江市“六大任务百项工作”计划下达的任务,牵头推进市区城建、民生改善、生态环境等重点项目建设,连镇铁路建设房屋征收工作启动,庆丰圩路、电力路等一批交通干线支线通车,城市交通功能得到新的提升,海绵城市建设正式实施,长江湿地公园建成开放,城市环境得到改善,城市品位得到提升。实施棚户区、城中村、危旧房和城区街巷积水区改造,推进了城市基础设施建设,改善了旧城区面貌,方便了群众生活。

住房管理。加快安置房建设,富润华庭五期、茶砚山庄、紫园等安置房小区相继竣工。结合海绵城市建设,实施住宅小区亮点工程,推进了小区物业管理。加强住房保障工作的“动态管理”,实施“实物配租”,有效解决了城市中低收入家庭的住房困难。(牟建中)

城市建设

【概况】 2017年,围绕建设宜居生态城市目标,落实镇江市2017年“六大任务百项工作”计划下达的任务,全区城建项目全年实际完成投资13.99亿元,国信停车场、龚家湾棚改、庆丰圩路建设和街头绿地项目完成全年任务,西团结河整治项目中,清淤、截污、绿化和护坡工程已经完成;富润华庭、紫园等安置房项目相继竣工。山巷路东西两侧棚户区改造、和平路西片区旧城改造等项目相继启动,继续实施城区街巷、积水区改造,九华山路过街涵洞清淤工程、桃园新村23、79、88幢排水改造、宝盖路108号台阶整治等积水区、街巷改造项目的完成,推进了城市基础设施建设,城市环境得到改善。海绵城市建设开始展开,在城建项目建设中普遍嵌入了海绵城市建设的元素,长江生态湿地公园建成开放,对镇江沿江湿地进行原生态保护,西津渡景区建设扩容、南山竹林景区景观提升工程竣工、赛珍珠文化公园建成开放,使城市更加绿色环保,增加了旅游景点。

【电力路道路提升与海绵化改造工程竣工】 电力路南起中山东路,北至大西路,全长1.4公里。该工程是2017年城建重点工程。道路设计为城市次干道,投资总额8200万元,由镇江市城建产业集团承建。工程从6月1日起进场,12月底竣工。改造后的道路宽幅不变,仍为40米,道路中间侧分带改为中分带,取消非机动车道上的停车位,机动车道由原来的14米拓宽至20米,由原来的4车道增至6车道,与中山西路交叉口将改为五个出口道,路面由水泥路改为沥青路面。人行道宽幅适度调整,由7米变为4米。

此次道路改造,融入了海绵建设理念,在保留道路两侧梧桐树的同时,设置了人行道雨水花园,人行道将采用透水铺装,首次在全市同类道路上采用具有透水性强,细腻、防滑特性的聚氨酯材料,以保护和改善城市生态环境。道路上还精心布置了信息、卫生、交通等道路附属设施,让各种细节体现道路设计规划的人性化与审美特点。

【枣林路中段通车】 枣林路北起南徐大道，南至丹徒新城马鞍山路，全线约4.5公里，是南徐片区一条重要的城市次干道。枣林路南段(南徐大道—白龙山路段)和北段(五州山路—金润大道段)已建成，白龙山路段至五州山路段未建。枣林路中段2016年11月动工，2017年9月30日竣工通车。枣林路的贯通，完善了南徐中心区路网，提高了交通顺畅性。

【庆丰圩路建成】 庆丰圩路为2017年市"六大任务百项工作"中实施主体为润州区政府的重点工程项目，也是市海绵城市建设的项目。该路东起富润路，西至福馨路，长426米，宽20米，双向四车道，总投资1530万元，其中海绵化投资150万元，由润州区城市建设投资公司建设。2016年10月动工，2017年8月竣工。该路的通车，进一步改善了富润华庭周边路网，改善了周边居民出行条件。

【润州山路南段(中山西路至崇实女中段)建成通车】 该路是太古山片区路网建设的重要路段，为2017年市"六大任务百项工作"确定的重点工程项目。润州山路南起中山西路，北至宝盖路，全长约895米，规划红线宽30米，局部展宽35至36米，双向四车道，该项目由市城建产业集团委托市干道办实施。此次建成通车的是中山西路至崇实女中段，2017年5月底开工，2017年12月竣工，方便了太古山片区及前往崇实女中、赛珍珠文化公园的交通。

【润州区完成2017年街头绿地建设任务】 该项目位于美的城西面与御桥港河之间的空地，东至御桥港，南至朱方路，西至美的城(一期)，北至七里河。绿地面积约3200平方米，配套景观建筑约1600平方米，总投资约1000万元，用于海绵化投资约100万元。为2017年市"六大任务百项工作"确定由润州区政府实施的重点工程项目，也是市海绵城市建设项目。2017年10月动工，12月竣工，由润州区新农村发展实业有限公司施工建设。

【文苑竹林景区景观提升工程竣工】 文苑竹林景区主要指原竹林寺景区，位于南山风景名胜区中。竹林寺本名夹山禅院，东晋法安禅师始建。因寺庙处于幽深的竹林之中，远远望去，只见竹林不见寺，故名。20世纪80年代初进行了局部修缮，但近年来竹林寺疏于管理，山房破旧，杂草丛生。2016年1月，镇江南山风景名胜区管理处提出了竹林寺遗址的维修与保护方案，2016年10月正式动工，2017年6月竣工，由市文旅集团组织实施。这次提升工程，本着尊重历史、保护历史文化遗址的原则，修旧如旧进行保护性开发，最大限度保留了从六朝开始到现在的一些文化历史遗迹和人文内涵。提升工程主要包括修缮现有山门、五观堂、净业居等三座木结构房屋，建造及保护遗址景观，并对周边道路、给排水系统、绿化景观及其他附属设施进行完善。

修复后的竹林景区由入口景观区、山门景观区、遗址景观区、清风轩景观区及山林景观区五个部分组成。竹林禅寺依山而建，山门口新建了一座御碑亭，亭中存放康熙皇帝御笔亲题的寺名石匾"赐竹林禅寺"，基座为云龙图案。山门往上，天王殿、大雄宝殿、大法堂、大藏阁、碧岩楼、挹江亭、塔林等均已修缮。在景区的交通系统组织上，整个景区东、西、南侧有浆砌块石挡土墙围合，景区北侧设有主出入口，景区东侧设有次出入口，通过登山道连接文苑景区，景区西侧也设有次出入口，通过登山道连接招隐景区。山上景点之间，东西南北向均有主园路相通。

在修缮工程施工过程中，发现了几十座保存完好的基底石墩及一座疑似原寺院高僧的墓地。康熙皇帝题写的御碑、雍正皇帝颁布的碑文、莲池、双树泉等多处古代遗存重见天日。据清《夹山竹林志书》记载，竹林寺有十几处泉水。此次修缮工程对现存的林公泉进行了清理。在林公泉东侧的梧桐旁，还发现了新的泉眼——双树泉。在大藏阁遗址东侧还发现了莲池，莲池的泉眼也有汩汩向上的泉水。

【赛珍珠文化公园建成开放】 赛珍珠文化公园位于太古山片区核心地块，北侧为登云山路，东侧为润州山路。公园总用地面积约为1.66公顷，由市城建产业集团投资建设，总投资约2.4亿元。2016年9月动工，2017年9月竣工对外开放。

赛珍珠文化公园共有四组重要建筑，包括赛珍珠故居、赛珍珠纪念馆、珍珠书屋及办公楼。

赛珍珠故居是江苏省文物保护单位，经过修缮，扩建了博爱广场。

赛珍珠纪念馆内部装饰则采用了西津渡和江南建筑的风格，整个展馆按照赛珍珠的生平布展，分为故乡镇江、文学殿堂、中国情结、慈善博爱、珍珠永辉5个部分。

赛珍珠文化公园内，10余组艺术景观融雕塑、绘画、书法、造型艺术于一体，点缀其间，使公园锦上添花。入口处是一座赛珍珠的坐像雕塑。设计者独具匠心地以赛珍珠20世纪10年代的形象作为坐像的造型依据。"大地之书"雕塑极具视觉冲击。《大地》是赛珍珠获得诺贝尔文学奖的代表之作，这座汉白玉石雕以书为造型，展开的书页上镌刻设计者书写的篆书"大地"二字和英文书名、赛珍珠英文名，背面石座上镶有诺贝尔文学奖获奖证书的铭文铜牌。全家福雕塑有五个人物，分别为赛珍珠、父亲赛兆祥、母亲凯丽、妹妹格蕾丝和赛珍珠的保姆王妈。思乡碑碑文采用中英文对照，以石刻与浮雕的形式，展示了赛珍珠《Where is my home?》(我的家在哪儿?)四首诗，抒发了她对镇江这片土地的眷恋之情。

公园建设中尽最大可能保留了原始风貌，不仅保留了故居周围的所有老树，而且在树边砌起了青砖围档进行保护。其中有不少都是民国年间种植的，又补植了银杏、合欢、香樟等树种。建成后的赛珍珠文化公园与一旁的崇实女中风格一致、相互融合，形成了一种和谐之美。为市民提供一个文化交流、休闲观赏的场所。优美的自然环境，独具镇江特色的民国风建筑，精致的文化小品，被很多市民称为“中心城区的精致盆景”。

【南徐新城商务办公B区1号楼获国家优质工程奖】 南徐新城商务办公B区1号楼位于南徐新城中心区域。该楼总高度126.4米，地下1层，地上28层，建筑面积51004平方米，由镇江建工集团承建。为2016～2017年度国家优质工程奖。也是镇江市本土建筑企业获得的第二个国家优质工程奖。

【城区防汛工作】 2017年4月，区住建局组织对全区的低洼积水区进行摸底排查，将发现的防汛隐患问题向市城防指汇报，为相关部门进行整修和改造提供依据。制定全区城区防汛应急预案，调整了全区城区防汛领导小组成员，督促各街道制定了防洪防台应急预案。根据市城防指下达的通知，区住建局指导督促相关街道做好七里河、二道河、太平圩河、312国道两侧泄洪道清淤工作，确保汛期安全。汛期，加强值班巡逻，重点是积水区和危房的监控，确保安全度过汛期。

（牟建中）

住房管理

【概况】 2017年，润州区落实市政府“六大任务百项工作”计划，加快了房屋征收拆迁安置和安置房建设，长江花园、紫园、金山水城四期五期安置房陆续建成，扬溧高速南出入口（兴润家园）和富润华庭五期安置房建设相继竣工，有效缓解了逾期安置的压力。住宅小区物业管理全覆盖工作继续深入，推进了长效管理。6个住宅小区实施了物业提升改造，使小区更加清洁、安全、宜居。加强住房保障工作，继续实施廉租住房的“动态管理”和“实物配租”，有效解决了城市中低收入家庭的住房困难。

区住房制度改革办公室（区房改办）贯彻落实房改政策，做好全区房改补贴审核工作，严格按照“单位申请、配偶单位核实、核定补贴标准、市住建局房改处查档、审核签章”的程序，对符合政策要求的申请及时办结，全年，共审批一次性购房补贴164份，补贴面积8555.4平方米，补贴金额509万元。

【重点工程房屋征收拆迁】 区住建局和区政府房屋征收办公室牵头协调重点工程房屋征收拆迁工作，区房屋征收和拆迁安置中心具体实施推进。一是房屋征收拆迁方面。全年，共推进连镇铁路项目（润州段）、罐头厂棚户区改造、太古山旧城改造1号地块（一、二期）等新老房屋征收项目12个，全年共签约3213户、面积约21.55万平方米。二是安置工作方面。积极与投资主体协调，通过集中、零星、调剂等安置方式，对和平路西片区旧城改造等21个项目进行了安置，共安置1491户、1565套，面积约15.38万平方米。三是做好安置房产权登记前期工作，配合相关投资主体做好征收拆迁户办理安置房不动产证前期工作，累计出具安置房结算手续1124户、1852套。

【富润华庭五期安置房小区竣工】 该小区位于金桥大道以南、富润路以西、清风圩路以东、富润华庭四期以北，为原润州工业园区项目安置房小区，是2017年市政府“六大任务百项工作”责任单位为润州区政府的项目，也是市海绵城市建设项目。该项目建筑面积4.2万平方米，为6幢高层、278套安置房，总投资1.8亿元，其中用于海绵化投资约1000万元。由润州区城市建设投资公司承建。2015年10月动工，2017年12月竣工。

【扬溧高速南出入口安置房（兴润家园）竣工】 该项目位于扬溧高速南出入口的正北面，北临京沪高铁，南至丹徒大道，西临润兴路。该项目是2017年市政府“六大任务百项工作”责任单位为润州区政府的项目，也是市海绵城市建设项目，总建筑面积6.5万平方米，安置房315套，总投资2.5亿元，其中用于海绵化投资300万元。由润州区土地开发公司承建。2015年8月动工，2017年12月竣工。

【紫园安置房小区建成交付】 该小区位于黄山西路28号，东至九华山路，南至黄山西路，西临110千伏黄山变电站，北至沪宁城际铁路，占地面积2.33万平方米，总建筑面积8.16万平方米（含地下建筑面积1.09万平方米）。共计3幢584套房屋，并配有商业和公共设施。2013年8月动工，原计划2016年8月竣工交付，由于配套设施问题于2017年4月中旬正式竣工交付。该项目由市交通产业集团下属的红星紫勋置业有限公司投资建设，建成后主要用于房屋征收拆迁安置。

2017年4月15日～21日，润州区征收和拆迁安置中心与市交通产业集团组织实施了“紫园”小区安置工作，共计安置247户、252套。共安置了三个项目被征收拆迁户：李家大山片区城中村改造项目、城际铁路北侧A地块和李家大山片区旧城改造一、二期房屋征收项目。

【危旧房解危工作】 2017年，市解危办下达润州区危房解危计划总面积0.69万平方米，到年底，已发布解危搬迁公告5份，其中解危任务完成较好的投资主体及地点有：市城建集团：琴园巷217号、大夫桥13号、地藏庵11-13号、东麒麟巷57号；市交产集团：林隐路10号及其附属房、南门外大街96号；市国控集团：竹林路10号、吕家湾光学仪器厂宿舍；市文旅集团：江南新村3幢，金山新村10、11、12、14、16、17幢。全年，合计完成解危180余处、342户、面积约1.46万平方米，超额完成全年任务。

【住房保障工作】 区住建局、区住房保障和产权登记中心，按照提标扩面等政策，对廉租住房保障工作实施动态管理模式，经过“三审二公示”和市住房保障中心终审后，润州区2017年在保户数1697户。其中，动态新增293户（低保47户、低收入222户、中低收入24户），取消了157户保障资格。全年，累计发放租金补贴633.51万元。4月26日，组织全区250户保障户，参加2016年度的全市保障性住房实物配租大会，有173户保障户拿到了保障房，做到了应保尽保。保障房的户型和地点：1人户对应户型为一室无厅主要在御带河小区，2人夫妻户对应户型为一室一厅主要在凤凰家园，3人以上户对应户型为三室一厅主要在金山水城，2人非夫妻户和3人户对应户型为二室一厅主要在凤凰家园。

【住宅小区物业管理工作】 区住建局、区物业管理中心加强对辖区市场化住宅小区物业管理监管。一是巩固“五个有”建设成果。制订了《润州区物业管理工作联席会议制度》，对辖区市场化物业小区环境卫生进行常态化管理，结合文明城市迎检测评要求，完成市场化管理小区道路基础设施排查摸底和全国文明城市物业复审迎检整改，组织辖区物业企业参加行业技能竞赛、市优住宅小区创建等活动，解决大城管考核物业小区整改问题1037件。二是完成物业小区专项提升工作。结合海绵城市建设，配合完成三茅宫三区、运粮河花园等6个小区物业提升任务。三是协调处理物业管理矛盾纠纷。先后协调处理君临南山、金桥花园、中浩国际等小区物业矛盾20余起，处理回复各类物业投诉1126件，维护了小区正常秩序。

【国信停车场项目竣工】 该项目位于国信南广场，是2017年镇江市“六大任务百项工作”计划下达给润州区政府负责实施的重点项目，同时，也是市海绵城市建设项目。总投资70万元，合计建设停车位50个。2016年12月动工，2017年4月竣工，由国信宜和开发公司负责实施建设。停车场设置了车辆感应器、语音提示系统、出入口摄像系统、道闸、控制主机（电脑端）等，方便了车辆出入，确保停车安全。

【润州区6个老小区物业提升改造竣工】 根据市海绵城市建设指挥部2017年计划，全区有6个住宅小区进行了物业专项提升小区工作：三茅宫三区大院、三茅宫一区17-38幢、三茅宫一区嘉新小区、三茅宫一区14-16号、运粮河花园、牌湾街291号。合计改造建筑面积26.42万平方米，共有57幢楼、2277户、7970人受益。提升改造内容：翻建物业管理用房、改造停车位、绿化移植补种、改造值班室、更换落水管、楼道内墙出新、外墙出新、新增监控系统、安装智能道闸、新增小区平面指示图等。同时，还进行了雨水花园、透水铺装等海绵化施工。

通过实施物业提升改造，重点解决小区停车难、环境差、矛盾多等突出问题，进一步完善小区物业市场化管理的各项基础条件，改善小区居民居住环境，实现业主物业的保值增值，提高居民的满意度。（牟建中）

建筑业管理

【概况】 2017年，区住建局、区建设工程管理处（区建管处）积极转变职能，热情为区建筑安装施工企业服务，加强建筑工程安全生产管理，推进文明工地创建，促进了区属建筑业的发展。

【区属建筑施工企业的发展】 区住建局、区建设工程管理处主动服务施工企业，加强政策引导，帮助企业解决实际困难，推动企业发展。一是服务区属施工企业。在“暖企惠民大走访”活动中，局领导带队多次到区属施工企业调研，召开座谈会探讨推进发展问题，鼓励区属施工企业扬长避短、勇于竞争。全区有22家施工企业通过资质核查，13家企业通过信用手册年检和信用平台的登记录入。二是帮助企业做好建筑工地文明施工和安全生产管理，协助和督促解决“大城管”中发现的扬尘污染防治、环境治理问题，督促和推进文明工地创建和安全生产管理。三是做好建筑税征收工作。

帮助企业适应建筑税“营改增”（即由征收营业税改变为征收增值税），区建管处加强了宣传工作，积极协助企业纳税，平稳完成了过渡。

2017年，全区区属施工企业完成建筑业总产值6.6亿元，施工面积36万平方米，竣工面积16万平方米，完成建筑税9616.41万元。

【建筑业安全生产管理】 2017年，区住建局、区建管处坚持“安全第一、预防为主、综合治理”的方针，加强了区属建筑安装企业的安全生产管理。一是制订了“2017年安全生产工作要点”，年初与9家区属总承包施工企业签订了安全生产目标责任书，明确安全生产责任主体和监管人员的职责、任务和要求。全年，组织召开区属施工企业代表参加的安全生产工作会议5次，对全区建筑业安全生产管理进行部署、检查督查和考核；二是加强安全生产检查的频次力度，先后开展了国家法定节日前、节后复工、季度、汛期和高温季节安全生产大检查，以及安全专项检查如脚手架、消防等专项整改检查，全年，共开展大检查18次，日常巡查80余次，查出隐患70余条，隐患整改率95%以上；三是组织开展全国第十六次安全生产月活动。以“全面落实企业安全生产主体责任”为主题，认真开展《中华人民共和国安全生产法》宣传贯彻活动，同时，开展送安全知识进工地等活动，在全区掀起“学法、知法、守法、用法”的热潮。全区安全生产总体形势较为平稳，全年未发生等级安全事故。全年，区属工地未发生等级以上安全生产事故，维护了安全生产工作平稳局面。

【区属施工企业文明工地创建和环境整治】 2017年，区住建局、区建管处开展文明工地创建和建筑工地扬尘污染防治工作。配合全市大城管考核和国家文明城市复审迎检工作，重点从征收拆迁、建筑工地的场容场貌、卫生管理、噪音控制、粉尘治理等方面入手，做到全天候督查，发现情况及时处理，重点加强工地场容场貌、噪音控制、粉尘治理管理，全年，共协调处理各类施工问题30处，全部整改到位，其中通过市建管处协调各类问题12处。查巡工地80余次，下发宣传标语150多张，出新围墙1500米，修复围墙300多米。确保在迎检测评中不失分。2017年，区属施工企业获得市级、省级文明工地各1个。

（牟建中）

区属房地产开发

【润州区房地产开发总公司】 润州区房地产开发总公司成立于1984年9月，现拥有注册资本5251万元，是一家具备城市综合开发二级资质的房地产开发企业。公司办公地址位于市朱方路98号四楼。截至2017年年末，有在职职工74人，其中，具备各类专业技术职称人员58人。公司下辖润州区建筑装潢配套工程公司和润州房地产物业公司两个专业化子公司。

2017年，区房地产开发总公司坚持以中共十八届三中、四中、五中、六中全会和十九大精神为指导，认真贯彻落实区委、区政府各项决策部署，突出项目建设重点，狠抓当前，谋划长远，各项工作取得了明显成效。

全力推进“润康城”项目建设和销售，重点工作指标超额完成。一是项目建设进展迅速，所有配套项目全部提前完工通过验收；二是顺利完成安置房交户和商品房的交户，所有手续第一时间齐全到位；三是销售工作成效喜人，自2015年5月16日开盘销售以来，到2017年度楼盘已经销售近9层，一年回笼资金高达2.5亿元；四是积极为润州财税作贡献，全年累计上缴各类税金3500万元；五是居安思危，积极谋划后续发展项目。2017年，区房地产开发总公司深度进行市场调研，积极参与市场竞争，谋划未来发展，先后对接国土、规划等相关部门，对位于南山风景区南麓，紧邻回龙水库和规划中的官塘沙山公园的下黄山村地块用地性质和用地范围进行确认，并多次组织实地查看，分析论证，委托两家设计单位进行概念性规划方案设计，为参与该地块土地整理和上市摘牌做准备。

苦练管理内功，综合试策提升内在发展质量。一是正风肃纪，强化劳动纪律，对违反规定的，不讲人情，不搞变通，坚决按制度执行；二是聚焦“四风”，“严”字当头，真正把群众路线要求落到实处；三是梳理问诊基层企业发展状况，及时提出有效的解决措施。

强化发展保障，一着不让推进党的建设。充分发挥党员的先锋模范作用，做到领导带头，以上率下，全力推进企业发展。准确把握三严三实的深刻内涵和要求，使之真正成为党员干部的思想自觉和行为习惯。要求党员干部始终保持清正操守和敬畏之心，做到依法不出格，廉洁不越轨。

（陈爱红）

【润州区土地房屋开发总公司】 润州区土地房屋开发总公司成立于1988年4月，是具备城市综合二级资质的房地产开发企业。2017年年末，共有在职职工178人，其中技术人员53人，占职工总数的29.7%。2017年，总公司实现房屋开工面4万平方米，竣工9.7万平方米，营业收入3.95亿元，上缴税收2021.83万元。

【南山里项目用地挂牌交易】 该项目位于官塘一号 A 地块，是公司 2016 年 1 月出资 3.27 亿元受让原镇江锦和源置业有限公司的项目。2017 年,公司为筹集资金,加快棚改项目建设，经区政府常务会议和区委常委会同意，将该地块挂牌上市交易。

【龚家湾棚户区改造项目】 该项目位于蒋乔街道嶂山村，总占地面积 63.8 公顷,可建设面积 56.67 公顷。年内,完成该地块上 2.6 万平方米的建筑物拆迁工作，项目招商意向框架协议已签订，土地上市手续正在办理。

【张家湾棚户区改造项目】 该项目位于南山风景区，以打造怡养型特色小镇为建设主题。总占地面积 82.73 公顷，可建设用地 53.33 公顷。年内,已与融创集团签订合作开发框架协议。

【何家湾棚户区改造项目】 该项目位于老黄山南路，总占地面积 7.73 公顷,总建筑面积约 21 万平方米。年内,已完成项目土地征拆的各项前期手续，与嘉辉集团已达成初步合作意向。

【蚕桑路西延工程建设】 该项目位于美的城地块项目内,全长 720 米,路宽 24 米,预计总投资 1400 万元。已完成地上建筑物搬迁,完善地质勘查、图纸审查和招标工作。

【沟西路建设项目】 该项目北起金润大道，南至鸿润家园用地界线,全长 396 米,路宽 45 米,预计总投资 1173 万元。年内,已完成地质勘查、图纸审查和招标工作。其延伸工程北起鸿润家园用地界,东至茅以升路,全长 940 米,宽 45 米。预计总投资 3663 万元,已完成地质勘查，施工图纸正在设计阶段。

【华东列电厂异地重建项目陆续交付】 该项目位于润州工业园区(镇江高新区),总建筑面积4.95 万平方米,总投资 12 亿元。新建联合厂房、科研楼等陆续交付使用。

【镇江实验学校远洋分校项目主体完工】 该项目总占地面积 6.67 公顷,年内 10 幢多层楼学设施主体全面封顶，建筑面积 3.83 万平方米，标准化运动场地正在施工。

【兴润家园安置小区全面竣工】 该项目位于扬溧高速南出入口北侧,建设面积 4.77 万平方米,年内已全面竣工,各项配套完善,回迁安置拆迁户 265 户。

(润州土地房屋开发总公司)

城乡卫生管理

【概况】 2017 年，区城管局在区委、区政府的正确领导下,主动适应城市工作新形势、改革发展新要求、市民群众新期待,加快行业发展,提升精细管理,强化执法攻坚,为建设“强富美高”新润州作出积极贡献。

【市容环境面貌】 一是提升了环卫管理水平。完成新一轮道路及街巷保洁市场化招标工作，实行区、街道多层面对市场化保洁公司考核，做好属地与保洁公司的协调配合；环卫基础设施不断完善,对中华路、林隐路、三茅宫 3 座垃圾中转站分别进行改造出新,翻改建社会公厕 7 座,以及停车场建设，共计投入资金 200 余万元；继续将村庄环境长效管理工作纳入城市长效管理体系,形成城乡市容环境一体化的建设、管理、考评和奖惩机制。二是开展了各类专项整治。城市环境综合整治完美收官,因地制宜、打造亮点、彰显特色,圆满完成 31 个整治项目。违法建设整治成效明显,全年，共拆除违法建设 487 处，7.16 万平方米，督促各街道加强源头防控、重点防控。加强渣土扬尘整治,全年,在加强工地源头控制和运输执法管理中直接或撬动投入经费共 120 余万元,新建、出新工地围墙 3000 米,检查建设工程运输车辆 2916 辆,查处违规车辆 26 辆。推进户外广告整治,拆除违章及许可到期户外广告牌块 21 块,2330 平方米。将黄山西路、润兴路打造成为“双美双优”示范路,以点带面,推动更高水平文明城市建设。三是优化了考核评价体系。强化“大城管”考评,共派遣日常考评案件 22675 件（市级案件 16060 件;区级案件 6615 件),重点案件 772 件，平均整改率达 90%以上,有效发挥城管数字平台指挥、考核、协调、督促作用。

【重点难点工作】 一是“网格化”管理全覆盖。全区部分行政区划调整后,7 个街道主次干道、街巷小区共划分为 33 个网格，配备“总网格长”7 名,“网格长”34 名,“副网格长”69 名，网格员由行政执法人员、协管员、防违巡查人员、保洁人员等组成。不断完善“网格化”管理考评办法和考评细则，推动解决了一批热点难点问题。二是扎实推进生活垃圾分类。认真制定生活垃圾分类实施方案,明确责任,落实任务,完成 60 个小区、14 个村组、3 个片区的垃圾分类设施投放，共投资138.53 万元,新增分类垃圾桶1321 只,改造、出新分类垃圾箱房70 座,新增垃圾分类示范亭 51座。三是保障重点任务。根据国家文明城市复审迎检工作的统一部署，持续开展卫生死角清理、店面外溢整治、店招破损修复、街巷美化、氛围营造等一系列专项行动，为全市顺利通过复审作出积极贡献。同时,高质高效地完成国际低碳（镇江）大会、海峡两岸(江苏)名优农产品展销会等 60 余次保障任务。

【城管队伍形象建设】 一是党风廉政建设进一步落实。制定党风廉政建设主体责任清单,明确工作内容、考核细则和责任追究,对全系统党风廉政建设责任制落实情况进行专项检查。推进“两学一做”学习教育常态化制度化,实施基层党建“书记项目”,组织全体干部职工观看中共十九大开幕,开展“旗帜鲜明讲政治”主题党课等,全面从严治党不断深化。组织观看《唤醒迷失的初心》等警示教育片,开展廉政谈话,增强廉洁从政意识。二是依法行政水平进一步提高。集中开展以宪法为核心、以城市管理法律法规为重点的法律知识培训,组织全体在职党员参加江苏省百万党员学宪法学党章考法活动,提升党员的法治意识。组织执法人员参加法律知识培训、业务培训等,巩固“强基础、转作风、树形象”专项行动成果。三是为民服务效能进一步增强。承接区政府交办建议提案共 27 件,其中,人大建议 9 件(主办 5 件,协办 2 件,分办 2 件),政协提案 18 件(主办 15 件,分办 2 件,协办 1 件),在规定期限内,27 件建议提案全部办结,答复满意度达到了 100%。12345 政府服务热线共受理各类投诉电话 5205 条,办结率为 100%。

（区城管局）

【润州区环卫所】 2017 年，区环卫所围绕环卫管理工作总体思路,加强领导,强化举措,着力提升环卫业务水平,不断改善城市环境卫生的质量。立足本职,提高日常工作效率。突出重点,规范管理,加强日常清运保洁力度,狠抓各项工作的落实,并努力完成领导交办的其他各项任务。2017 年,共清运垃圾 98886 吨，清理化粪池粪便 6586 吨。

加强管理,严格执行各项规章制度。日常保洁方面:垃圾清运工作实行定时、定点、定人,生活垃圾清运做到日产日清、车走地净,无滞留垃圾,切实落实“车走地净”制度。监管考核方面:对各保洁公司生产一线作业现场管理。加大路面保洁质量考核,敦促公司加强路面保洁和积尘冲洗力度，规范作业,控制路面扬尘。加强完善落实考核、考勤、管理等条例制度,不断提升作业质量。

加大设施投入,不断完善基础设施。环卫设备进行升级改造。对部分中转站改造出新,增设除臭设备。进一步推进公厕提标改造。公厕和中转站管理人员按照有关标准，每天对各类卫生设施进行冲刷、擦洗、消毒,公厕内部卫生始终保持“四无四净”标准,中转站垃圾做到不积不存、清运及时,卫生达到“三无三净”标准。购置作业工具,在大大降低环卫工人劳动强度的同时,也提高了保洁工作效率。

强化宣传教育,群众投诉解决到位。把从宣传教育入手,广泛开展一些贴近群众、贴近生活、内容丰富的群众性宣传活动,切实增强群众的环境意识和文明意识,提高群众的文明素质,形成人人关心环境卫生、人人爱护环境卫生的良好局面。对群众的来信、来电、来访做到有求必应,有难必帮,来信必回,来电必答,热情接待来访群众。凡是职责范围内的,确保在第一时间内给予解决,不是职责范围内则给予耐心解释,让群众满意而归。

多措并举，确保生产作业安全。落实安全生产责任制,强化安全生产管理措施,积极开展各类安全培训，坚持以日常和专项相结合、常规和重点相结合形式,加强安全生产检查和隐患治理,重点开展好机驾人员安全教育培训,杜绝疲劳驾驶、病车上路、违章驾驶等行为,严防交通安全事故的发生。

（区环卫所）

城管执法

【概况】 2017 年,行政执法润州分局(以下简称润州分局)深入贯彻落实区委八届一次党代会精神,以“两聚一高”为战略任务,以“生态领先特色发展” 为战略路径，以文明城市复审迎检工作为抓手，扎实推进市容秩序综合治理,城市品质不断提升。

【加强队伍建设,规范执法行为】 一是抓思想促和谐。领导班子成员严格落实分工负责、集体协商制度,小事各负其责,大事集体讨论决定，成为工作上紧密配合的同事,生活上相互关心的挚友,营造出团结求实、和谐奋进的工作氛围。二是抓纪律强责任。加强制度建设,制定完善人员考勤、车辆管理、手机定位等一系列工作制度,明确责任和奖惩机制,充分调动干部职工的工作积极性和主动性。三是抓作风树正气。本着“做事先做人”的理念,单位内部倡导作风正派、处事公道的做人原则,抵制赌博、酒后上岗等不良习气。在日常工作中强调阳光执法、温情执法,并设置举报电话接受群众监督，防止执法人员利用职务之便吃、拿、卡、要,促进整体形象的提升。落实执法人员 24 小时手机开机待命制度，实行节假日全员值班制度，做到全天候待命,保证随叫随到。

【加大整治力度,落实长效管理】 2017 年,共出动执法人员 2200 余人次，推进实施各类占道经营整治行动 160 余次，查纠占道经营行为 2600 余起；清理乱堆放、乱钉挂、乱贴画、占道戗牌 220 余起;组织开展晚间集中执法整治,查纠炭烧烤、餐饮小吃及排档占道经营 230 余起，查纠车载经营流动摊点70余起、夜间占道洗车21起；规范人行道上非机动车停放340起。一是开展主次干道、商业圈集中整治行动。重点对中山西路、朱方路、黄山北路、运河路等路段和万达、大润发商业圈周边进行了集中整治。整治前，辖区中队对经营户逐一进行宣传教育，发放城管法律政策宣传资料600余份，并向当事人下达了《责令改正通知书》，责令其立即改正。整治过程中，执法人员向商家、店面宣传了文明城市评测和门前三包的相关要求，帮助他们规范经营、文明经商，不仅使上述路段和区域的占道经营、店面外溢现象得到了控制，卫生环境秩序得到了改善，营造了沿线商家和执法部门齐抓共管的浓厚氛围。二是开展农贸市场周边整治行动。为进一步改善农贸市场周边环境，提升城市功能品质，提高群众满意度，润州分局在调查摸底广泛宣传的前提下，对朱方路冷冻批发市场、滨江菜市场、王家巷菜场周边开展了整治，取缔市场外溢占道经营摊点，疏导菜农入室经营，在整治后实行了早、中、晚时间段专人值守管理全覆盖，做好长效管理。通过整治，规范了农贸市场周边环境秩序，营造良好的市容环境。三是开展校园周边整治行动。组织开展了以“净化校园周边环境秩序”为内容的整治行动，联合街道、社区对辖区内22所大中小学校及幼儿园周边市容环境进行了有效治理。5、6月份结合自身职责做好中、高考点周边的市容环境整治工作，前期重点清除与高考相关的各类街头广告，并集中力量对考点周边的商户、工地进行宣传告知，引导其规范经营，文明施工，避免产生噪音。考试期间，润州分局在考点周边安排人员值守，重点查处考点周边的流动摊贩占道经营、店面外溢、非机动车乱停乱放、张贴散发传单等违法违章行为，并对周边商户进行监督，禁止宣传促销、店外加工作业产生噪音污染，为广大师生营造良好教学环境。四是开展占道经营烧烤排档夜间整治行动。根据全市空气环境质量保障工作推进会要求，针对辖区内夜间烧烤排挡占道经营的现象，积极动员、迅速行动，自5月开始，每周开展两次夜间执法行动，共查处黄山东路、庄泉路、朱方路、太平大道、运河路等主次干道沿线占道经营烧烤排档50余处，暂扣烧烤炉、煤气钢瓶、占道戗牌、雨棚等违章物品100余件，辖区露天烧烤违章得到进一步遏制。

【深化为民服务，营造良好氛围】 在黄山西路万达广场设置了城管党员示范岗亭，一方面现场办公，通明法律进程，有效管控周边流动摊点、乱停乱放等违章行为；另一方面，向市民宣传城市管理的法律法规，并为过往群众提供问路、征询等服务。在开展各项执法工作的同时，充分发挥新闻媒体的舆论宣传作用，利用媒体全面及时地反映城管政策法规、执法动态，让市民了解参与城市管理工作。

（行政执法局润州分局）

环境保护

【概况】 2017年，区环保局在区委、区政府的领导下，以“263”专项行动为统领，围绕大气、水、土壤污染防治来强化推进各项工作，年度各项环保目标任务顺利完成。全年，市区空气总监测天数为365天，环境良好天数为205天，空气质量平均优良天数比例为56.1%，较2016年PM2.5下降15.7%。全区入江支流国控运粮河新河桥断面水质为Ⅲ类，达标率100%，全区集中式饮用水质达标率100%。

【“两减六治三提升”专项行动】 “两减六治三提升”专项行动以来，区委、区政府高度重视，高效落实专项行动各项工作，区委常委会、区政府常务会议专题研究“263”专项行动方案，“263”专项行动办公室专门制定“263”专项行动计划并组织推动落实，专项行动成效明显。一是“两减”任务基本完成。江苏联合水泥有限公司停产转型削减煤炭消费量11.57吨，使润州区提前三年完成市级下达的削减煤炭消费总量的任务目标。完成3家企业“金屋顶”计划的备案建设。严禁审批化工类企业，排出“减化”“四个一批清单”，关停1家化工生产企业，全区已无“减化”任务。二是“六治”工作成效明显。全面完成征润州水源地保护区整治并开展长效巡查；建立运河桥国控断面考核运行机制。投资127.8万元，完成55个小区、15个村组垃圾分类设施投放。投入110万元，完成御桥港支河河道清淤清杂、燕子窝小流域治理；全面完成西团结河中段清淤和四明河生活污水排口调查。会同区农委推动完成42家规模养殖场关停。完成11家规上企业VOCs(挥发性有机物)治理。全年，妥善处理群众举报投诉900余件，发现环境隐患13起，12起整改到位、1起移送司法机关。三是“三提升”工作稳步推进。原润州区范围内的6个生态保护重点项目全部进入施工阶段，区划调整后，现位于润州区的2个重点项目已完成。发放2016年度生态红线补偿资金393万元。配备2套移动执法设备，立案处罚环境违法主体3家。四是宣传工作有声有色。在中央、省、市、区各级各类媒介中宣传报道润州区“263”工作成效60余(篇)次；编印工作简报16期；五是曝光问题整改到位。及时完成省级曝光的3家企业、1个垃圾点位和市级曝光的5个点位的环境隐患的整改，区级明察暗访发现环境隐患17起共19个点位已完成整改。

【生态建设重点项目】 2017年，市委、市政府下达生态环境类重点项目任务6项，项目计划总投资1518万元。上半年，6项重点项目全部开工建设，项目完成情况均达到年初制定的序时进度。7月份起，因高新区区划调整，嶂山河整治、凤凰山宕口整治提升工程、西团结河中段环境综合整治、五摆渡养殖场土地绿化整治4个项目划至高新区，剩余的2个项目（御桥港支河河道整治和燕子窝小流域治理），分别完成投资额38万元和90万元，累计完成投资额128万元，比计划投资额超出40万元，两个项目已完成年度任务。

【中央环境督察组交办问题整改"回头看"】 2017年，区环保局紧紧盯住重点突出环境问题不松懈，全力以赴推动交办问题整改，组织开展"回头看"，防止交办环境问题回潮。水源地砂石码头和养殖场整治难度较大，区成立专项整治工作领导小组，主要领导指挥推进，各有关部门密切协同配合，确保11个砂石码头和2家养殖场按要求整治到位。润州区在整改中央环保督察组交办问题中，落实整改坚决，整改行动迅速，行动成效显著，得到中央环保督察回访组、省市相关领导和部门的高度肯定。中央电视台《焦点访谈》栏目、江苏卫视东方新时空"263在行动"专栏、《新华日报》、镇江电视台、《镇江日报》《京江晚报》先后对润州区专项行动整治工作进行了专题报道。

【国控断面达标考核工作】 为强化推动全区水环境断面达标工作，区环保局牵头编制了《润州区2017年度严格水环境监管水污染防治工作计划》，会同区发改经信委、区农委、区住建局、区水利局等各有关单位协调开展工业污染防治、农村污染防治和生活污水处理等行动。针对国控运粮河新河桥考核断面水质不稳定的问题，认真查找原因，弄清症结，在开展全区断面污水防治的基础上，积极协调市水利局进行生态补水，有效提升了国控断面水质达标率。

【环境监管】 区环保局组织开展饮用水水源地、砖瓦行业、港口码头及混凝土企业等一系列专项执法检查行动，2017年，共出动执法人员1210多人次、检查企业187家，下达责令改正违法行为决定书7份、行政处罚事先告知书7份，处罚金额6万元，处罚金额较2016年同期增长50%。积极参与异地、交叉执法，参与京津冀及周边地区大气污染防治强化督查，督查无锡企业36家、苏州昆山企业38家、淮安企业15家，上报问题35个，交叉检查成效名列前茅。开展宁、镇、苏、锡、常5市太湖安全度夏交叉执法检查，对在润州区区域内检查中暴露出的问题，立即进行整改。重视环境信访工作，局领导向群众公开手机号码，接听群众举报电话，接待群众来访，带队赴举报现场解决群众诉求，截至11月底，共接到交办信访件780件，比上一年同期增加118件，增幅为17.82%。

【环境保护宣传力度】 坚持"发声音，亮观点"，每月按时在天涯论坛、西祠胡同、百度镇江吧、金山网和梦溪论坛等不同层面的网络论坛上发表一些宣传环保民生、环境保护等方面的工作成就和工作亮点新闻，不断加强网民对环保工作的认识。以"6·5"世界环境日、法制宣传日等为契机，组织开展了形式多样的环保宣传活动，通过开展环保主题宣传、低碳环保时装秀、环保跳蚤市场、环保主题文艺演出、环保法制倡议推广等形式多样的宣传活动，扎实有效地推进了普法宣传工作。严格按照程序和流程开展2017年度环境信用评级工作，参评企业共有80家，其中绿色企业54家，蓝色企业25家，红色企业1家，占比分别为68%、31%和1%，通过环境信用评级结果的运用，企业自觉遵守环保法律法规的意识明显增强。 （区环保局）

商业经济

栏目编校：薄开鹏

综述

【概况】 2017年，区商务部门在区委、区政府的正确领导下，在市商务局的指导帮助下，认真贯彻全市开放发展大会精神，积极深化效能革命，坚持以加快发展为主线，招商引贸为重点，精准服务为手段，在投资环境不景气的情况下，紧紧围绕年初确定的年度主要商务经济指标任务，强化涉企服务，强化招商引资，确保开放型经济平稳回升。2017年，全区完成社会消费品零售总额119.83亿元，同比增长10.5%，增幅全市排名靠前。全年全区完成进出口总额3.42亿美元，同比增加12.4%，其中，出口完成2.95亿美元，同比增加12.2%。进口总额0.48亿美元，同比增长13.3%。2017年，全区服务外包执行额1.8亿美元，同比增加38%。当年服务外包系统新增认证企业2家。

利用外资及港资

【概况】 高新区体制调整后，全区农业、工业都不太具备发展条件。因此，商务局注重引进和嫁接外资房地产开发企业。全年，全区新批项目5个，完成协议外资及港资6952万美元，完成实到外资4800万美元左右。其中，镇江嘉辉房地产开发有限公司，注册资本

2017年润州区新批外资及港台企业一览表

表12　　　　单位：万美元

序号	企业名称	项目内容	外方单位	总投资	注册资本	协议外资	注册时间	所属单位
1	镇江嘉辉房地产开发有限公司	房地产开发，基础设施建设	香港嘉辉贸易有限公司	3858.0	3858.0	3858.0	2017.04	宝塔
2	奥宜管理咨询（镇江）有限公司	企业管理咨询	Immani GmbH	11.0	11.0	2.8	2017.04	宝塔
3	镇江雅思养生美容顾问有限公司	健康养生知识咨询服务、培训	香港梁瑞冰	14.7	14.7	14.7	2017.04	金山
4	欧中信商务咨询（江苏）有限公司	创业咨询，市场营销策划	Austria Real GmbH、Immani GmbH	153.0	153.0	76.5	2017.04	宝塔
5	镇江润辉置业有限公司	房地产开发	美的建业（香港）有限公司	6000.0	3000.0	3000.0	2017.05	区属

3858万美元，预计到位1500万美元左右；镇江润辉置业有限公司，注册资本3000万美元，已到位1500万美元。

对外招商

【概况】 2017年上半年，润州区组织小分队赴中国香港地区、丹麦、挪威等地开展境外招商，期间拜会了丹麦丹佛斯集团董事局主席雍根·克劳森先生、挪威民族服装Norskebunader公司董事长朱永清先生等18名高层次客商，考察了6家当地著名企业，正式签约2个项目，推进1个项目，对接洽谈2个项目。境内主攻上海、北京、苏州、杭州、广东等发达地区，组织十余次上门拜访活动。拜访中国航天集团洽谈低碳产业合作基金，拜访启迪控股集团洽谈低碳小镇建设、政企联办教学，拜访上海盈创科技有限公司洽谈3D建筑打印项目等。

2017年全年接待到访客商200余人次，康耀房地产、阳光集团、美的控投集团、杭州新天地等客商纷纷来镇考察，寻找项目合作。9月27日，润州区举办以“创新驱动 绿色发展”为主题的城市经济发展论坛活动，邀请高校领导、企业家代表等100余人参会，宣传推介润州，润州区政府和启迪众创工社重点打造的创新创业示范基地成功揭牌；启迪协信镇江低碳智创园项目参加市集中签约；获取中新（镇江）智能科创小镇、启迪清洁能源、机器人技术研发等一些重要项目信息。10月31日，由区领导带队赴北京招商，拜访启迪控股集团，参加镇江“情系央（国）企 筑梦镇江城”合作恳谈会，签约韦岗旅游康养产业项目。

为加快润州区城市经济发展，加大与市级投资平台对接力度，提高招商引资的实效性，更好地服务项目建设，区政府建立了润州区与

12月23日，万科中心店和5个社区店同时对外营业，方便了居民生活 （商务局 提供）

市级投资平台联动招商机制，整合力量、联动招商。研究项目产业定位，交流招商工作、确定招商活动安排，从各地资源禀赋角度出发，合理规划产业布局，协调解决问题，加快项目的推进步伐。

商贸流通

【概况】 推广“互联网＋便利店”的社区商业模式，即倍全模式，被列入市政府10件民生实事，由中心店、社区店和宅店构成，采取线上、线下模式，通过直采、联采方式降低成本，为居民提供安全、价廉质优的产品，解决南徐片区居民买难卖难问题。12月23日，万科中心店和5个社区店同时对外营业，方便了居民生活。

全市重点民生亮点工程——王家巷菜场升级改造完成，是镇江市首家全封闭带空调的菜市场。

肉菜流通追溯体系建设工作进展顺利。肉菜追溯数据中心库已建成，门户网站上线运行，第一批试点单位30家全部完成。西津古渡社区作为省级电子商务示范社区创建试点获省商务厅肯定。

对外贸易

【概况】 高新区体制调整后，全区外贸企业共90家，区商务局积极做好与市局和高新区的工作对接，做好企业划分和指标调整。对辖区外经贸企业进行全面梳理，深度挖潜、积极培育新增长点，外贸进出口同比实现正增长。

以为企业办实事为抓手，积极向企业宣传扶持政策，用好镇商贷、镇贸贷、中信保等资金和保险扶持政策。积极组织企业申报国家、省、市级商务发展资金，全年争取商务发展专项资金982.31万元并全部通过财政拨付到企业。组织企业参加“广交会”“大阪展”“昆交会”“软交会”等境内外展会，鼓励企业“走出去”。组织企业人员参加外贸业务培训会、市级资金平台培训会等多种形式的培训活动。

润州区现有服务外包企业36

家,2017 年全区服务外包发展较好,增速稳定,全年服务外包执行额为 1.8 亿美元,同比增加 38%,顺利完成预期指标。服务外包系统新增认证企业 2 家。

2017 年润州区进出口前 15 强企业名单

表 13

序号	企业名称	性质	主要出口产品
1	江苏泛华进出口有限公司	民企	纺服、食品、五金、化工
2	江苏汇天国际贸易有限责任公司	民企	泳池设备、纺服、鞋帽
3	镇江东亚碳素焦化有限公司	民企	碳素制品
4	镇江环球光学有限责任公司	民企	光学镜片
5	镇江市汉华进出口有限公司	民企	五金交电、机械设备、卫生洁具、电子产品、日用百货、纺织品、服装
6	镇江市星洲进出口贸易有限公司	民企	化工产品(危险品除外)、金属材料、机电产品、碳素原料、沥青的销售
7	镇江嘉信国际贸易有限公司	民企	饲料原料及添加剂、食品添加剂、五金、轻纺产品、电气设备
8	镇江市汉丰国际贸易有限公司	民企	纺织服装、日用品、五金工具、化工产品(危险品除外)、建筑材料
9	正茂集团有限责任公司	民企	光学镜片
10	镇江同立橡胶有限公司	民企	橡胶制品
11	镇江蓝景进出口贸易有限公司	民企	服装、日用百货、办公用品、纺织品、化工产品(危险品除外)
12	镇江源龙铝业有限责任公司	民企	铝及铝合金、复合材料
13	镇江尚沃电子有限公司	民企	电子元器件、汽车照明灯、发光二极管、半导体照明器材
14	江苏建华国际贸易有限公司	民企	电子技术 / 半导体 / 集成电路
15	镇江捷斯达进出口有限公司	民企	五金工具、机械设备、建筑材料、化工产品(危险品除外)、日用百货、化妆品、眼镜、工艺品、服装及辅料、汽车配件

对外经济技术合作

【概况】 2017 年全区对外投资发展稳定,对外承包工程企业镇江国际经济技术合作有限公司和镇江建工建设集团在法国、英国、德国、比利时、澳大利亚等国有在建项目,对外劳务派遣企业五洲劳务稳定向日本输出劳工。区商务部门组织企业参加“走出去”外经企业政策培训会和“一带一路”倡议沙龙等活动,积极帮助企业争取商务发展专项资金。并全面开展排查外派劳务规范市场秩序,有效遏制了各类损害国家利益和劳务人员合法权益的事件发生。 (郑泽宇)

【中船西门子新品发布会】 3 月 25 日,中船动力暨镇江中船现代发电设备有限公司按西门子许可证制造的 CMS 系列发电机新品正式对外发布。在当日该公司举行的新品发布会上,中国船舶工业集团党组成员、副总经理陈琪,西门子全球技术总监 Jens Schwien,镇江市政协副主席、润州区委书记王冬生,中船动力党委

9月27日，2017年国际低碳(镇江)大会润州分会场围绕“创新驱动 绿色发展”主题，举办“镇江市润州区城市经济发展论坛”(**商务局 提供**)

书记、董事长李琤，中船动力总经理邵煜出席新品发布会及发电机动车发电仪式。王冬生代表润州区委、区人大、区政府、区政协，向中船现代CMS系列发电机新品上市表示祝贺。中船动力坐落在镇江国家级高新区，是润州船舶与海工配套产业的龙头企业，多年来一直在技术创新、产品研发中深耕不辍，为润州区经济社会发展做出巨大贡献。中船动力子公司中船现代与西门子公司强强联手，再发新品，产品前景广阔。

【举办润州区城市经济发展论坛】 9月27日，2017国际低碳（镇江）大会润州分会场围绕“创新驱动 绿色发展”主题，举办“镇江市润州区城市经济发展论坛”。来自南京理工大学、扬州大学等高校的专家学者，与40多位国内领军企业、知名创投和金融机构的负责人共同为润州区城市经济发展出谋划策。市政协副主席、润州区委书记王冬生，清华启迪协信镇江公司总经理顾璞出席活动并致辞。润州区委副书记、区长高国成和启迪众创工社总经理李小忠共同为润州区创新创业示范基地揭牌，区委副书记、常务副区长贾敬远主持。区四套班子领导出席论坛。启迪协信镇江低碳智创园项目参加了市集中签约。

【赴丹麦挪威招商引资】 5月中旬，市政协副主席、润州区委书记王冬生率润州区经贸招商团赴丹麦和挪威开展经贸招商活动。通过拜访重点客商、投资项目洽谈等多种形式，进一步加强润州与北欧的经贸交流合作，达到政府牵头、企业互动、合作共赢的目的。副区长胡如明参加招商活动。出访期间，招商团上门拜访了丹麦丹佛斯集团、挪威Norskebunader公司、挪威Cypod Technology AS等6家企业。在丹佛斯总部，润州区政府与丹佛斯动力系统签订镇江项目合作书，增资1000万美元，对镇江基地项目进行升级改造，同时在镇江建设工作装置事业部全球第二个研发中心。经贸招商团还洽谈推进了挪威民族服装、信息加密技术开发以及外资产业基金等项目。

润州区委副书记、区长高国成和启迪众创工社总经理李小忠共同为润州区创新创业示范基地揭牌。 (**商务局 提供**)

财政·税务·审计·金融

栏目编校:田 崇

财 政

【概况】 2017年，全区各级财政部门抓实抓细财政总体部署，跟紧跟牢改革创新步伐，积极稳妥、砥砺奋进，以“稳”字当头，坚决守住收支底线，坚定推动财政管理水平提升。

加强预算收支管理。以财政一体化信息平台为载体，深化全口径预算管理，切实规范预算编制、执行、公开等各环节。进一步完善部门预算编审标准体系，强化综合预算观念，保证预算编制合理规范、准确完整，切实提高预算编制质量，进一步严肃预算执行，严格收支管理，除必要调整，杜绝预算随意调整变更，扎实做好预决算公开工作；进一步明确公开要求，细化公开内容，健全完善规范透明的预算体系。针对税源变化，统筹协调各地各部门，千方百计组织收入，想方设法挖掘增收潜力。2017年，全区实现一般公共预算收入14.8亿元，完成年度预算调整任务14.6亿元的101.37%。全区完成一般公共预算支出12.16亿元(不含上年结转和市专项补助2.26亿元)，完成年度调整预算的97.27%，同比下降4.75%。按现行财政体制结算，剔除市级专项补助和上年结转支出后，2017年，全区当年可用财力为11.2亿元，与预算支出相轧抵后，通过预算外资金调剂解决，当年实现收支平衡。

2018年部门预算编制工作部署会 (财政局 提供)

提升政策引导效果。持续优化财政资金投入结构，进一步发挥好政策引导作用，有效推动产业转型、企业减负、人才引进、科技创新等政策落地，确保了各类资金投入，有力推动地区经济健康发展；进一步统筹好教育、医疗、卫生、社保等民生资金，深入细致做好社会托底工作。2017年，区本级民生支出9.4亿元，较上年增长7.1%，增加0.62亿元，占比预算支出77.3%。财政政策更加有利于全区经济社会建设、有利于社会和谐安定、有利于公共财政长远发展。 (区财政局)

国税

【概况】 镇江市国家税务局第二税务分局(以下简称国税二分局),现有干部26人,党员17人,内设局长室、办公室、综合业务科及5个税源管理科。征管改革后,国税二分局由全职能的征管分局转变为主要负责纳税评估和税款追征的专业化管理分局。2017年,国税二分局被表彰为“2017年度全市国税系统先进单位”和“润州区政府服务发展先进单位”。

聚焦风险应对主业,稳中求进提质增效。认真按照风险应对工作模板和《纳税评估法律指引》开展评估,严格按相关规定开展集体审议,2017年,共评估97户,风险应对总成效2282.21万元,其中:增值税55.96万元,企业所得税541.32万元,加收滞纳金18.02万元,调减留抵348.43万元,弥补亏损1318.49万元。

严格依法依规治税,全力追征各类欠税。针对全区欠税分布情况,制定详细欠税追征工作计划,加大欠税追征工作的力度。2017年,共清理489户次,追征欠税4784万元,其中压缩本年新欠4160万元,追缴往年陈欠624万元。启动“欠税企业领购发票特批”流程20次,解决企业因资金问题形成欠税无法领购发票;参与破产企业债权人会议2次。

加强税源监控分析,倾力服务发展大局。积极参加市国税局组织的大走访活动,加强区内大企业的税源动态监控,时刻掌握税源动态变化情况;进一步加强对收入情况的分析,为政府提供全面准确的收入信息,供政府决策参考。

以人为本齐抓共管,加强分局队伍建设。一是抓教育培训,提升软实力。组织干部认真学习十九大文件精神和习总书记系列重要讲话精神,并结合国税总局局长王军在全国税务系统基层工作会议上的讲话进行专题研讨,进一步凝聚思想共识,增强政治意识、大局意识、核心意识、看齐意识。组织国税二分局员工分批有序参加镇江市国税局税务干部更新知识培训班,鼓励干部参加省局“两测”考试,分局结合实际,开展针对性培训,达到了开阔视野、拓展思维的培训目标。二是抓廉政建设,塑廉洁氛围。根据《2017年镇江市国税局落实党风廉政建设责任制考核细则》,分局召开党风廉政工作会议,明确2017年党风廉政工作重点,积极开展税检共建,做好职务犯罪预防工作。组织全体党员参观镇江市党员干部纪律教育馆,观看典型案例警示教育片《贪欲之鉴》,不断强化税务干部纪律规矩意识。认真开展季度考廉日活动,严格按内控机制要求开展纳税评估,扎实逐户过堂,开展集体审议,确保权力阳光化运行。三是抓“三会一课”,创四星支部。国税二分局深化“法治型 服务型”双型党支部建设,积极争创四星级党支部,强化党支部的战斗堡垒作用。扎实开展“三会一课”活动,支部书记讲党课,党员干部学《党章》、学党纪,各党小组分组学习领会十九大报告精神。2017年,经过培养考察,组织吸纳了1名年轻干部成为预备党员,为支部注入新鲜活力。积极开展党员“先锋亮绩 积分管理”制度,在政治思想、工作作风、遵纪守法、联系群众、弘扬正气等方面提出明确要求,实行基础积分考核;在依岗履职、为民办事、服务企业、奉献社会等方面树立先锋标准,实施贡献积分考核,营造广大党员见贤思齐、互促互进的良好氛围。以党建信息平台建设为抓手,积极推进“两学一做”常态化。分局各党小组按上级部署,每月至少组织一次学习讨论,做到时间和内容的双落实,并同时在党建信息平台上及时反映学习的内容和图片资料,确保“两学一做”取得扎实效果。组织全体党员参观丹阳总前委旧址纪念馆,进一步加深税务干部的责任意识、大局意识;四是抓文体活动,增强队伍活力。积极号召国税二分局同志参加市国税局组织的各类活动,组织开展工会小组活动,组织干部参加学习十九大书法比赛和绿道健步行活动,放松身心的同时,也增强了分局干部的凝聚力。同时,发动分局同志关注使用“一起镇江”“智慧镇江”“共产党员”“江苏先锋”及“镇江先锋”等微信公众号,丰富学习教育的载体。

内外联动精准发力,树立国税良好社会形象。积极响应市委深化“效能革命”行动,深化作风效能建设,根据市国税局安排部署,深入开展“暖企惠民”大走访,深化营改增大辅导工作,组织相关人员对60余户建筑业和生活服务业的企业进行走访调研,了解税制转换实情,倾听企业诉求,帮助排忧解难,确保企业税负只减不增。组织国税二分局党员分批完成丹阳市司徒镇吴塘村65户农户和七里社区38户城市居民的走访任务,详细记录收集意见建议,密切关注网络舆情和群众反映。组织干部参加烈士纪念日公祭活动,参观“砥砺奋进的江苏”主题图片展,组织干部参加献血活动,参加“慈善一日捐”和对家有困难同事捐助爱心的活动,担负社会责任,激发党员干部干事创业的持久活力。按照市文明办的统一部署,国税二分局有序开展2015～2017年文明单位预申报工作。在全国文明城市复审迎检工作中,国税二分局干部积极参加文明执勤,投身文明城市创建,发挥国税部门应尽的工作职责。 (国税二分局)

地　税

【概况】 2017年，镇江地方税务局第三税务分局（以下简称地税三分局）坚持“持之以恒、顺势而为”的工作理念，以“收好税、服好务、带好队”为主线，全面加强党的建设，全面提高征管效能，全面推进创新争优，推动地税事业高质量发展。先后被表彰为“镇江市预防职务犯罪工作先进单位”、镇江市四星“双型”先进党支部、“润州区服务发展先进单位”和“全市地税系统先进单位”。

提高税收贡献度，彰显部门良好形象。一是组织收入实现新质量。全面完成各项收入任务，实现收入高质量，挤干收入水分。全年，完成各项收入总额40亿元。完成税收收入15.3亿元，其中公共预算收入11.3亿元。完成各项基金费收入25亿元，其中社保费23.5亿元，征缴率98%以上，为民生改善提供了充足财力保障。二是进一步优化税种管理。加强对高收入、高净值自然人的税源控管，个人所得税全员全额申报率超过99%。企业所得税实现100%汇算清缴率。推进应用“以地控税”系统，完善土地信息和房产税源登记信息，核实土地1048宗，增加税款100余万元。做好城镇土地使用税税额调整工作，联合街道加强宣传辅导，全年，增加土地使用税380万元。做好土地增值税项目基础信息管理和税收管理，组织房地产尾盘项目清理，清理入库税款700余万元。三是强化税源基础管理。推行“一条龙”管理，畅通征管查各环节之间的信息传递反馈，理顺后续监管的责任链，确保事前事中事后管理不留盲点，推动部门协作。核实税源动态信息反馈52条，预测产生税款2.3亿元，查补入库税款1060万元。开展欠税清缴集中整治工作，千元以下欠税完成全面清理，欠税总户数下降62%，控制新欠，新欠发生率控制在0.43%。清缴社保费1700余万元。加强对破产企业的税收管理，组织对9户破产企业清算前的审核认定工作，申报债权5000余万元。积极配合高新区、润州区区划调整划分，及时调整征管范围和金库级次，确保收入准确入库。

提高纳税人满意度，营造和谐税收环境。一是注重沟通协作，加强对政府的服务。联合区财政、街道办、护协税等部门对润州所有街道进行走访，宣传税收政策，了解辖区财税情况以及需地税部门配合解决的问题。向高新区、润州区政府部门做好税收工作专项汇报，提出相关工作建议，地税三分局工作得到区政府领导的高度肯定和支持。积极参与配合区地方性工作，提升部门整体形象和社会满意度；二是密切征纳关系，精确对企业的服务。成立“春风暖企服务团”，上门提供税收政策辅导服务，帮助实体经济享受税收优惠。突出对“走出去”企业、高新技术企业、上市公司、困难企业的专项精准服务：帮助“走出去”企业了解主要投资国税收政策，开拓海外市场；服务高新技术企业完成资格申报；为拟上市公司进行全面涉税风险排查；帮助困难企业向政府反映相关情况；三是改进服务方式，在创新上求突破。积极开展“互联网＋税务”项目创新，“纳税人分类服务群”创新项目在全局推广并在省地税局宣传，大大降低了征纳成本，提高了工作效率，提升纳税服务水平，受到纳税人的好评。

提高队伍活力度，打造风清气正生态。一是积极推进绩效管理。本着以“个人绩效保集体，分局绩效保市局”的理念，制定下发地税三分局绩效考核指标，细化考核依据和考核标准，保障任务分解到岗位，落实到个人，形成“人人有事干、事事有人担”的全覆盖责任体系，绩效管理工作有了新的起色。全局同志“以老带新、以新促老”，焕发出有责任、有担当、有情怀，和谐共处，团结向上的新活力；二是加强党风廉政建设。加强干部反腐倡廉教育，勤政廉洁教育，党纪政纪教育，进一步增强干部自我约束能力、执法风险意识和遵纪守法观念。成立党员之家、共享书屋、道德讲堂，通过这些形象生动和互动性强的组织生活形式，让分局干部乐于参加、容易接受。开展“三心研讨”“迎七一重温入党誓词”“我为分局建设出谋划策”“迎接十九大、做合格党员”“等系列活动，以“三会一课”形式组织宪法、党章、十九大等专题学习，开展谈话谈心，组织“微型党课”，党组织的凝聚力和战斗力大幅度提升。

（地税三分局）

审　计

【概况】 2017年，全区审计工作围绕区委、区政府经济工作中心，在全面贯彻审计全覆盖的基础上，进一步突出对重点领域、重点部门、重点资金的专项审计监督，继续加强对同级财政等财政性资金的管理、使用和效益的监督，加强经济责任和民生项目审计工作力度，充分发挥审计在经济发展中的“免疫系统”功能和“经济卫士”作用。

2017年，完成计划项目12个，完成政府交办事项16个，协助纪委巡察、查案3起。查处违纪违规金额1.56亿元，追回损失浪费金额5600余万元，纠正管理不规范金额3400万元。针对审计发现的问题，向上级审计机关和区政府提交各类审计工作报告和信息20余篇，向被审计单位提出合理化建议30余条,较好地发挥了审计监督作用。完成固定资产投资竣工决算审计项目89个,送审金额为10.27亿元,核减金额1.29亿元。2017年,在全市优秀项目评比中获第一名,荣获"三连冠"。继续保持2015～2017年度镇江市预防职务犯罪工作先进单位、全区先进单位、全区社会治安综合治理工作先进部门等荣誉称号。

【审计全覆盖】 2017年,区审计局全面贯彻落实审计署全国审计工作会议和镇江市审计局专题会议关于"审计全覆盖"的精神。建立健全与审计全覆盖相适应的工作机制。对公共资金、国有资产、国有资源、领导干部经济责任履行情况实行审计全覆盖,并建立相应的数据库。10月份,区审计局初步形成了《润州区审计全覆盖实施管理办法》。《管理办法》共5章17条,主要从审计全覆盖办法制定的依据、审计全覆盖的概念和组织领导机制;审计全覆盖的管理权限及具体范围;具体对象按公共资金、国有资产、国有资源和党政主要领导干部和国有企业事业单位领导人经济责任情况四个部分;审计全覆盖计划管理要求;对审计机关实施审计全覆盖的工作要求等方面进行系统地阐述。2018年1月,在全市综合考核中,该文件得到市审计局专家的一致好评,认为管理办法定位准确、思路清晰、重点把握恰当,值得在全市范围内率先推广。

【固定资产投资审计】 2017年,区审计局加强了对工程项目的管理。一是扩大审计覆盖面。根据区政府《关于切实加强政府投资项目审计监督的意见》中建立"全覆盖、全过程、全方位"审计监督体系的原则要求,区审计局加大审计力量投入,扩大了政府性投资建设项目的审计覆盖面。二是着力推进重点项目。区审计局集中力量,重点推进东篱春晓安置房、何家湾地块等重大工程项目,重点把握预算、招投标、签证、决算、支付款项等关键节点,实行全过程动态跟踪管理,规范了政府建设项目行为,提高了政府资金使用效益。

【卫生系统财务收支审计】 2017年5月～12月,区审计局根据区政府的指令,对区卫计委全系统2014～2017年财政财务收支进行了审计。本次审计以"落实政策,核实收支,揭露问题,规范管理,促进改革"为目标,精心组织,全面了解卫生系统财务收支的真实状况。截至2017年年末,宝塔路等7家社区卫生服务中心职工在职人数602人,累计服务25.31万人。 (曹 莹)

金　　融

【概况】 一年来,在区委、区政府的正确领导下,区金融办全体同志以推进"两学一做"常态化为抓手,认真学习中共十九大精神,紧紧围绕全区工作大局,尽心尽责,探索前行,较好完成了全年各项工作任务。

加强学习,扎实推进"两学一做"学习教育常态化制度化。区金融办把学习贯彻党的重大方针政策和习近平系列讲话精神作为理论学习的重要任务,深刻把握和领会其科学体系、丰富内涵和精神实质,力求在推进工作、指导实践上取得新成效。按照区委要求,区金融办完善学习制度,将集中学习和自学相结合,将理论学习和提高自身素养相结合,进一步提升部门党员的理论水平和政治觉悟。根据部门全年学习计划,围绕加强作风建设、推进"暖企惠民",《党支部组织生活基本制度工作法》、区委八届三次全会精神等展开学习。10月中旬,中共十九大召开,部门及时组织学习,领会精神实质。十九大召开后,将十九大精神学习作为当前和今后一个时期重要的政治任务,在学懂、弄通、做实上下功夫,努力在学细学深学透上下功夫。还组织党员干部学习了习总书记关于加强党风廉政建设和反腐斗争的一系列重要论述和相关重要讲话,加强部门党员干部的纪律意识和法治观念,牢固树立"四个意识",不断增强"四个自信",时刻做到警钟长鸣。部门相关重大事项,坚持民主集中制原则,在班子成员间进行充分的讨论。同时,在工作实践中,坚持做到遵纪守法,依法办事。结合"两学一做"学习教育的常态化制度化,区金融办先后与七里甸街道四摆渡社区、官塘桥街道平山村联系,开展"惠民大走访",区金融办全体人员走进社区,走进困难群众家中,了解群众生活,倾听百姓心声,帮助他们排忧解难。

加大力度,切实做好打击和处置非法集资工作。一是强力宣传,不断提高群众金融风险意识。打击非法集资,提高群众金融意识是关键,区金融办把金融知识宣传作为一项重要内容,结合"3·15"消费者权益保护活动,联合市场监管、公安、农业、商务等部门在万达广场共同举行了大型广场宣传;根据农民非法集资风险意识薄弱的特点,联合官塘桥街道、市经侦支队等单位和部门,在官塘新城农民安置点,专门就农村社会经常出现的集资形式等内容对群众进行了面对面宣传,受到了广大农民群众的欢迎。此外,区金融办还发放打非宣传资料到各街道社区,便于基层单位社区结合日常工作更好地宣传认识非法集资,促进了打非工作深入民心。二是合力打击,着力打击非法集资苗头行为。区金融办联合公安经侦大队、市场监管等部门,强化信息共享,合力推进打非。三部门根据日常了解和群众举报,联合对无锡秦岭投资镇江分公司等多家单位开展了上门督查,针对发现的问题开展了教育指导和督促改进;充分发挥公安经侦大队的打击震慑作用,对镇江市建全百货商贸有限公司、镇江民资通投资咨询服务有限公司等五家公司进行了立案查处,强力打击了非法集资活动。

防范风险,稳步推进小贷公司监管工作。坚持“从严监管、适度创新、服务发展”的工作思路,以服务“三农”、小微为宗旨,以规范经营为基础,以创新驱动为手段,全力化解不良,全力推进转型,促进小贷公司做优做强。利用监管系统强化日常监管,做好非现场监管分析与研判,每季度开展一次小贷公司运行状况分析,并以书面形式向市金融办报送非现场监管报告。定期开展现场检查,对贷款真实性进行专项检查。实时掌握小贷公司经营管理与风险状况,及时跟踪、预警和化解风险,对重大风险隐患做到早发现、早处置。严格材料审核,对小贷公司的各项申请材料,认真核实其真实性、齐全性和完整性,发现问题及时退回或给予纠正。严格监管评级,完善监管评级工作机制,对明润小贷申请AA评级和亿丰科贷申请A评级,依据审计报告,结合现场评估工作,实事求是,把好现场打分关。鼓励并支持小贷公司扩大业务范围,增加业务品种,提高中间业务收入比重,用好用足有利小贷公司发展的各项扶持政策,引导小贷公司从传统的粗放式管理向精细化管理转型。充分利用省金农公司系统信息平台作用,支持符合条件的小贷公司接入人民银行征信系统,降低信贷交易成本,提高公司运行质量。

主动服务,积极助推企业上市。由于和高新区管理体制的调整,全区仅剩建科集团、中谊抗震等2家新三板挂牌企业。一年来,区金融办努力为两家企业转板提供相关服务。3月,邀请相关券商走进建科集团,帮助和推进转板。4月,邀请市金融办、市财政局等相关部门专业人员对中谊抗震进行走访调研,了解企业情况,协调转板过程中遇到的问题。平时,保持与这2家企业的沟通联络,了解企业需求,积极为他们提供相关服务,组织企业负责人参加相关培训。

主动对接,密切与金融机构合作。2017年上半年,区金融办多次走进企业,帮助企业协调融资问题,先后走访了镇江船厂,配合该企业做好与中国进出口银行的融资问题;走进华印电路板有限公司,了解企业贷款情况,并与相关部门协调,在企业正常生产经营情况下,确保授信额度不减。走访安达机械、美迪雅洗化用品公司等相关企业,积极开展融资协调。同时,协助镇江农商行开展新设网点选址;下半年,进一步加强与相关金融机构的沟通和合作。区长高国成、区委副书记贾敬远带队,先后走访了润州辖区内邮政储蓄银行、兴业银行、长江村镇银行、江苏银行、农发行等相关银行镇江分行,了解银行发展情况,帮助解决相关问题。区领导的关心重视,进一步增进了政银间的理解,为进一步合作创造了良好氛围。同时,区委副书记贾敬远又率领金融办等相关部分到扬州金融集聚区、常州小微金融服务中心以及无锡滨湖区、浙江建德市、杭州下城区等考察学习,学习各地金融集聚和机构运作的先进经验和做法。这一系列的交流学习,为全区金融工作的开展奠定了良好基础。(区金融办)

教 育

栏目编校：何春华

综 述

【概况】 2017 年是润州教育“十三五”规划实施的重要之年，区教育局以创建省教育现代化县级示范区为抓手，全力推进教育改革与发展，各项教育事业取得了新进展。

教育民生工程推进有力。一是创成省基础教育装备示范区，获全省评估考核第一名。二是创成省平安校园建设示范区，获全省第一名，创建经验在全省交流。三是建成融合教育指导中心，全区特殊教育学生入园率和入学率均达 100%。四是教育扶困机制健全有效，2017 年春季共发放家庭经济困难学生资助资金 48.39 万元，减免保教费及职业中学学费 177 万余元，为贫困学生减免午餐费达 5 万余元。

教育重点项目实施有序。一是教育现代化工程推进有力，镇江实验学校远洋分校主体全部封顶，3#–11# 楼粉刷结束；长山学校土地划拨和前期手续办理完成，桩基工程及土建招标已完成；金山湖小学土地手续完成，桩基施工、土建招标均完成；孔家巷小学已完成迁建方案设计和规划手续办理；丰盛山庄幼儿园室内装饰已基本完工，户外场地排水系统施工已近尾声。二是教育重点改革推进有效，2017 年，镇江市被省教育厅定为教育综合改革的试点市，领衔并承担全省 6 项改革的任务，润州区承担 3 项改革任务。全区各中小学分别制定了符合学生成长的个性化评价方案、学业质量达标标准。职业教育混合所有制投入与运行机制探索，成立市首家中德合作办学机构——镇江中德职业教育中心，第一届学员已按照国际标准全部通过德方专家的相关考核认证并获得国际认证的德国行业协会证书，100% 学员均被北汽、西西维等多家企业招收。教育督导评估制度改革实施，在全国中小学校责任督学挂牌督导创新区评估考核，润州区“率先建立学校视导员制度、实行全覆盖及全天候挂牌督导、创新实施挂牌督导工作内容、实行教育评议会督导”四大特色亮点走在全国前面，获国家督导委评估组专家高度评价。

教育特色工作成效显著。一是省教育现代化监测综合得分名列全省第一，教育满意度位居全省前三。二是政府教育工作市级考核综合得分名列全市前茅。三是教育教学质量继续全市领先，中考均分名列全大市第一，实现中考“十一”连贯；市体育中考均分获辖市区第一名，其中镇江实验学校获全市第一名。小学生综合素质测评名列全市第一。职业学校对口单招高考，本科达线率位居大市前列。2017 年省教育教学成果奖评选，润州区获奖占比均列全大市第一。

各类教育发展统筹协调。一是学前教育着力内涵式发展。继续强化公、民办园规范管理，出台《润州区普惠性民办幼儿园认定管理办法（试行）》，进一步提升民办园水平。举办“提升幼儿园园长推进课程游戏化领导力”系列研讨活动 4 期。3 所幼儿园通过省优质幼儿园现场评估验收，4 所幼儿园通过省优质园复审评估验收，实验幼儿园第一分园通过市优质园验收，3 所幼儿园被评为市养正学堂先进校。2 所幼儿园分别成功申报市首批课程建设项目园及第三批指南实验园，12 所幼儿园申报区级指南实验园。润扬幼儿园被评为市学前教育类唯一一所“省科学教育综合示范学校”，机关幼儿园《童心童乐》园本化课程研究成果被评为市学前教育类唯一一个“省教育教学成果一等奖”。中山西路幼儿园《“棋”趣启智——儿童棋课程》研究成果在大市推广。二是义务教育着力优质化发展。德育改革继续深化,积极推进“校馆衔接”建设,和镇江博物馆等场所建立共建关系,理清区内校外教育资源、规范校外实践活动和主题活动。心理健康教师培训扎实推进,全区共有二级国家心理咨询师4人、三级14人。1所学校通过省绿色学校创建评估,6所学校被评为镇江市学校养正学堂,1个项目被评为省少先队工作优秀创新项目,1名教师获茅以升家乡教育奖。校园体艺扎实推进,拥有国家级“校园足球”特色学校9个,省市级体育传统学校9个,国家级青少年体育俱乐部5个。全区学生体质健康平均合格率95%以上,优秀率10%以上,小学在市级学生体质调研中获均分第二名。在市第15届运动会上,南徐、孔家巷小学获排球赛两金两铜、区代表队获象棋赛一金二银三铜的好成绩。在“市长杯”校园足球联赛中,官塘桥小学获小学男子甲组第一、区实验小学获小学男子甲组第二。先后举办区中小学音乐教师专业技能展评、区第二届少儿才艺大赛声乐类比赛等活动,参演的4个节目均获市小学生文艺会演一等奖。三是职业教育着力创新型发展。成立镇江市首家中德合作办学机构——镇江中德职业教育中心。润州中专被教育部评为国防特色学校,机电技术应用专业群顺利通过省级验收并被确定为省职业学校现代化专业群,电子技术应用专业实训基地被确定为省职业学校现代化实训基地。在市高中生体质抽测中均分获职高组第二名,在全国职业院校信息化教学大赛中获一等奖第一名。四是社区教育着力特色化发展。先后成功承办“省品牌项目建设推进培训活动”“全国教育关工委工作创新案例交流会”,金山街道被申报为全省唯一一个教育部关工委首批“社区教育联系点”单位。区社区培训学院被评为“扶老上网工程”省级示范单位,蒋乔街道被评为“省老年教育示范点”,七里甸街道社区教育中心被评为“省级优秀成人继续教育院校(培训机构)”,官塘桥街道远洋社区被评为“市科普示范社区”。南山街道社区教育中心创成“省级标准化社区教育中心”“市教育现代化先进街道”及“市教育现代化先进社区教育中心”。全年共申报品牌项目26个,批准17个,累计开设培训活动课程375次,成功举办大型观摩表演活动8次,总参与培训活动人数超过3万人次。“炫彩社区”大学堂品牌项目先后被评为江苏省及全国2017年终身学习品牌项目。区老年大学招生2000余人,开设班级31个、社团5个,涵盖各类课程20多门;歌舞节目《夜深沉》获省社区文艺成果展一等奖并被推荐参加全国展演。和平路街道社区教育中心获全国第二届“传统文化进社区”微视频大赛优秀奖、市“广场健身舞”优秀奖,蒋乔街道1人获全国征文大赛一等奖。16人次在“省首届社区书法大赛”中获奖。全区近30万居民社区教育活动参与率超过60%,其中城市居民参与社区教育活动率达65%,农村居民参与率达56%以上,老年人参与率达37%以上,开展各类实用技术、创业创新等培训超过2000人。

党风廉政建设切实加强。一是抓实“强责”工程。印发《2017年润州区教育系统党风廉政建设实施意见》《2017年润州区教育局领导班子成员及机关各科室负责人党风廉政建设责任制目标分解方案》等文件,强化落实责任的思想、制度和追责意识。积极开展“暖企惠民”大走访活动,走访480户农户、88户特困户、205户城市居民户和近千名学生家庭。征集走访手记100多篇,6篇在《镇江日报》上予以选登。二是落实主体责任。局领导班子坚持“一岗双责”,年初,层层签订党风廉政建设责任书,以上率下,传导压力。年中,下发责任清单进行提醒。每半年,对照清单履责情况开展自查,下发《2017年教育局党委委员谈话安排表》,要求每位党委委员全年与其分管部门负责人、联系点学校校长与书记,至少开展一次廉政谈话、提醒教育活动。同时分成6个检查组,对24个支部开展“廉洁自律”“教育收费”“教辅材料征订”“师德师风教育”等专项检查。三是提升干部素质。定期开展各类培训活动,局主要领导坚持为全体机关在职党员上党课,邀请区检察院相关领导作“加强党风廉政建设,预防职务犯罪”的专题辅导等,共开展达450余人次的专项培训9次。同时,局纪检干部登录省纪委“清风APP”,及时学习各类最新政策、规定和要求,答好“每日一题”。四是完善长效机制。进一步梳理、完善财务报账审签、工程项目与政府教育装备采购招投标、建设工程项目审计等系列管理制度。强化监督问责机制,紧盯重点问题和关键的人,“较真”问责。 (王云苏)

幼儿教育

【概况】 2017年,润州区幼教工作紧扣镇江市《关于加快推进学前教育优质均衡发展的实施意见》《3~6岁儿童学习发展指南》等文件,不断巩固“省学前教育改革发展示范区”创建成果,紧紧围绕打造“灵动、开放、幸福”润州学前教育的目标,深化体制改革,提高保教质量,学前教育发展水平得到快速提升。

攻坚克难,确保创建有成效。丰盛山庄幼儿园顺利通过市教育现代化先进幼儿园创建评估。南山景园幼儿园、朴园伟才幼儿园、吉的堡幼儿园顺利通过省优质园评估验收。南徐新城幼儿园、金山水城幼儿园、韦岗幼儿园、润扬幼儿园顺利通过江苏省优质园复审评估验收。实验幼儿园第一分园顺利通过镇江市优质园评估验收。润扬幼儿园被省教育厅、省科协授予“江苏省科学教育综合示范学校”,全镇江大市学前教育唯一。

出台文件,推动优质均衡发展。出台《润州区普惠性民办幼儿园认定管理办法(试行)》(镇润政办〔2017〕53号),形成区政府常务会议纪要,明确了普惠性民办园的认定管理要求与经费拨付标准。制定更高标准的激励措施,进一步提升民办幼儿园办学水平,推动全区学前教育优质均衡发展。

实践《指南》,加强课程游戏化建设。以《指南》实施为抓手,以实验园为先导,全区参与,坚持“幼儿园课程的整体设计,整体规划”,以整体思路完善幼儿园课程实施方案。举办“提升幼儿园园长推进课程游戏化领导力”系列研讨活动4期。金山水城幼儿园成功申报市《指南》实验园、中山西路幼儿园成功申报市首批课程建设项目园。凤凰家园幼儿园、实验幼儿园成功通过省课程游戏化项目园省级视导。市委书记惠建林与凤凰家园幼儿园的孩子共庆“六一”。十二所幼儿园被评为区级《指南》实验园。中山西路幼儿园《“棋”趣启智——儿童棋课程》园本课程研究成果向大市推广。机关幼儿园《童心童乐》园本化课程研究成果被省教育厅评为2017年“江苏省教育教学成果一等奖”,全镇江大市学前教育唯一。

规范管理,求真务实促提高。依据《关于进一步规范幼儿园办园行为的实施意见》,开展全区规范幼儿园办园行为集中督查整治;依据《民办幼儿园年度考核方案》,有效加强对民办园的管理;出台《2017年润州区幼儿园招生工作实施意见》,规范全区幼儿园招生工作;做好幼儿园登记注册证的年检、换证工作;建立健全幼儿学籍信息管理系统,与省、市信息管理系统实现有效对接,加强对全区幼儿园基本信息管理系统的建设、监管和结果运用。

(周　鸿)

2017年润州区幼儿园基本情况

表14

项　目	数　量
一、幼儿园所数(所)	32(其中含一所早教中心、一所残疾儿童幼儿园)
其中:教育部门办	13
乡镇办	0
企业办	2
集体办	1
民办	16
二、幼儿园班数(个)	233
其中:教育部门办	102
乡镇办	0
企业办	11
集体办	2
民办	118
三、在园幼儿数(人)	6988
其中:教育部门办	3261
乡镇办	0
企业办	351
集体办	10
民办	3366
四、教师数(人)	534
其中:教育部门办	253
乡镇办	0
企业办	23
集体办	4
民办	254

(周　鸿)

中小学教育

【概况】 2017年年末，润州区有中等专业学校1所；有义务教育阶段中小学17所，其中小学13所，九年一贯制学校3所，初中1所。有445个班级，其中小学班级347个，初中班级98个。在校小学生12615人、初中生4346人，在校生总数17461人，其中，外来务工人员随迁子女总数6018人，外来务工人员随迁子女占本地生源总数的55%、占学生总数的35.48%。

义务教育优质均衡发展。高标准普及九年义务教育，实现教育机会均等，助学体系完善，适龄健康儿童按时入学率、残疾儿童少年义务教育入学率、外来务工人员随迁子女入学率、小学及初中巩固率均达100%。义务教育布局合理，学校规模适宜，智慧校园建设稳步推进，教职员工配齐配足，校长及教师按要求交流，教师培训体系健全、积极实施片区合作，发挥片区骨干教师传帮带的作用，实现教师业务能力的均衡发展，促进了区域教育优质均衡发展。

义务教育综合办学水平全面提升，素质教育全面推进。坚持以立德树人为目标，推进润州区德育体制改革，成立润州区德育研究中心，建成十个区级德育项目研究实践基地。积极探索融合教育实践，建成区融合教育指导中心，开创融合教育新途径。构建绿色质量评价体系，对全区中小学教育教学质量实行绿色评价，全区中小学学生综合素养评价优良率均达95%以上，学业合格率达95%以上，体质健康测试合格率97.15%，优秀率16.55%。在省义务教育学生学业质量监测中，中小学学科学业质量水平高于全省、苏南平均水平；在全市小学生学业质量综合监测与评价中，处全市领先水平，中考均分列全市第一。

全区88.2 %的中小学创成省级绿色学校；33.3%的中小学创成江苏省健康促进金奖学校；94.1%的中小学创成镇江市教育现代化先进学校；100%的学校创成镇江市社团建设先进学校。（杨惠俊）

2017年润州区中小学基本情况

表15

序号	学校全称	占地面积（平方米）	建筑面积（平方米）	班级数（个）	在校学生（人）	在职教师（人）	校长	联系电话	特色
1	省润州中等专业学校	70702	24836	43	1546	104	杜闽生	85334567	智力拥军
2	镇江实验学校	82912	39621	121	5575	300	夏建平	85628359	全人教育
3	镇江实验学校魅力之城分校	32349	14952	36	1540	109	谢雪岭	88698179	绿色教育
4	镇江市金山实验学校	26451	11289	30	1097	87	祝　锋	80875001	生本教育
5	镇江市官塘中学	17450	6259	9	357	37	田　静	84517467	自觉教育
6	镇江市宝塔路小学	11421	6687	25	788	66	许　强	85282687	难忘教育
7	镇江市中华路小学	9163	8192	21	685	74	罗雪梅	85277709	诗意教育
8	镇江市孔家巷小学	19400	5894	19	613	50	施玉霞	84423753	国学经典
9	镇江市李家大山小学	8500	5764	7	235	25	田　玉	85487008	润泽·自然教育
10	镇江市润州区实验小学	35600	24931	36	1292	79	靳钟琦	85596299	志愿者服务
11	镇江市穆源民族学校	16951	11869	17	485	53	周建苏	85573900	民族教育
12	镇江市桃园小学	10187	4445	19	635	56	苗　俊	80861729	品质教育

续表 15

序号	学校全称	占地面积（平方米）	建筑面积（平方米）	班级数（个）	在校学生（人）	在职教师（人）	校长	联系电话	特色
13	镇江市金山小学	15778	9357	15	513	48	徐春英	85514999	智趣教育
14	镇江市南徐小学	32000	16022	35	1333	78	孙文生	81988201	物候探秘
15	镇江市朱方路小学	14900	11476	20	747	44	卢海程	80875118	行走课程体验教育
16	镇江市蒋乔小学	11698	3548	10	296	27	王　勤	85721071	科技教育
17	镇江市韦岗小学	16027	2590	6	77	15	方道清	85821560	乡村学校少年宫
18	镇江市官塘桥小学	16700	3850	19	793	46	笪　炜	80862556	“南山文化”浸润下的生态教育
	合计	448189	211582	488	18607	1298			

（杨惠俊）

职业教育

【概况】 2017 年，江苏省润州中等专业学校顺利通过了江苏省“机电一体化现代化专业群”和“电子技术应用现代化实训基地”的验收，被评为全国青少年校园足球特色学校、江苏省中职学校十佳共青团组织、江苏省足球特色学校。在省对口单招高考中均分大市第一，本科达线 28 人，本科达线率达 30%，公办专科达线率 100%，其中电子专业方欣宇同学摘得大市状元。按国家和省规定设置课程，学校严格实施中等职业教育“2.5+0.5”学制，54%专业建有仿真实训室。有 31 位老师在市级以上技能大赛、文明风采大赛、课堂教学大赛、信息化大赛、创业大赛、主题班会设计等比赛中获奖。唐莹、杜闽生、王萍芳教学团队获全国职业学校信息化大赛一等奖第一名。2017 年 11 月，中德中心首批 22 名学员通过一年的培训，全部通过 ABB 考试认证，并且被用人单位提前录用，实现高位就业目标。 （丁明云）

社会教育

【概况】 2017 年，润州区社会教育成果显著，区社区培训学院被评为“江苏学习在线——夕阳红.扶老上网省级示范单位”；南山街道社区教育中心创成“省级标准化社区教育中心”和“镇江市教育现代化先进社区教育中心”，南山街道创成“镇江市教育现代化先进街道”；七里甸街道社区教育中心被评为“省级优秀成人继续教育院校（培训机构）”；“万科学习苑”圆满完成江苏省开放大学的中期评估任务。

积极创新社区教育，品牌项目成效突出，“润州‘炫彩社区’大学堂”品牌项目被中国成人教育协会评为全国“终身学习品牌项目”，被江苏省成人教育协会评为省级“社区教育品牌项目”，列入“江苏省社区教育优秀品牌项目案例”。各类活动成果丰硕，荣获全国第二届“传统文化进社区”微视频大赛优秀奖；在全国“2017 年社区教育实验项目系列大赛活动”中荣获“书香中国全民‘i–阅读’”征文大赛一等奖；“江苏省首届社区书法大赛”共 22 人次获奖；镇江市首届社区教育艺术节 30 人获奖，社区培训学院荣获“优秀组织奖”。

区老年大学秉承发展优势，2017 年招生 1000 余人，31 个班级，5 个社团，课程包括乐器、舞蹈、戏曲、声乐、书法等 20 多门。老年大学积极参与社区服务、慰问演出、参展参赛、助民活动。歌舞类节目“夜深沉”在全国“美蕴秋歌——社区教育文艺成果展演”活动中荣获十佳提名奖，并作为江苏省首届“美蕴秋歌——社区教育文艺成果展演”优秀节目参加省“全民终身学习活动周”展演；两个节目参加镇江市“2018 中老年春晚”活动。区老年大学刘松老师获得“江苏省优秀文化老人”称号。 （丁卫东）

师资队伍

【概况】 2017 年，润州区在岗特级教师 2 名，省“333”培养对象 2 名，市“169 学术技术带头人”2 名、科技骨干 17 名；市学科带头人24名，市骨干教师90名，市教坛新秀15名。

实施“学历提升工程”，提高教师整体素质。公办幼儿教师专科率达100%，小学教师本、专科学历分别达到85%和100%，初中教师研究生和本科学历分别达到12%和98.6%。中等职业学校“双师型”教师达75.76%，研究生学历达20.8%。

实施“名师培养工程”，构筑人才高地。评选出6名“润州区第三批名校(园)长”、20名“润州区省特级教师后备人才”。组织镇江市骨干教师、名师工作室主持人评选，润州区共有90名教师评为市级骨干教师，魅力之城分校特级教师钱欣被评为镇江市第三批中小学名教师工作室主持人。建立名师培养激励机制。一是补助书报费。每年培养对象补助200元书报费，鼓励教师多读书、读好书。二是设立拔尖人才津贴。三是开展表彰激励。在市“十佳教师”、区“劳动模范”、区“优秀教育工作者”评选中，同等条件下，向一线骨干教师、名师培养后备人才倾斜。

实施“全员培训工程”，促进专业成长。继续教育有效落实。每位中小学教师在继续教育周期内积极参加区级及以上教师培训基地的集中培训和人事部门组织的公共科目培训，并达到每年90学时目标。坚持“请进来”和“送出去”相结合，“请进来”依托教育培训中心定期举办名师讲堂、校长论坛。“送出去”依托南师大、北师大、华师大等高校，暑期举办校长、书记、骨干教师、农村学校教师专题培训。选拔10名优秀骨干教师到美国、英国、澳大利亚国家进行专业培训。青蓝工程扎实推进。开展新入职教师入职培训活动。重点开展新教师一个月的“岗前培训”和一年的“在岗实训”系列培训。制定了《润州区中小学新教师在岗实训手册》，严格落实“拜师结对”制度和青年教师个性化成长方案。（徐　进）

重点学校、幼儿园介绍

【镇江市朱方路小学简介】 镇江市朱方路小学始建于1950年，初址为七里村郭家祠堂。1970年与七里村龙脉桥办学点合并，取名镇江市七里小学，后又有四摆渡小学、光星小学、戴家门小学并入。2008年，在润州区委、区政府的关心下进行了改扩建，同时将学校更名为镇江市朱方路小学。2017年，学校有20个教学班，754名学生，54名教职员工。学校各类教育教学设施设备达到了江苏省教育技术装备Ⅰ类标准，高标准建设了跆拳道馆、体育馆、5人制笼式足球场、田径场等场馆。年内在润州区创建江苏省基础教育装备示范区过程中，学校新建设了创客教室、科教创意模型教室、交通安全体验馆、壁挂式科技馆等特色场馆，新添置了走廊开放图书阅读点、可升降儿童篮球架、综合素质训练器等特色装备。

（朱方路小学）

【金山水城幼儿园简介】 金山水城幼儿园坐落在北湖滨水规划拆迁安置小区——金山水城B区内。前身是镇江市一泉路幼儿园，于2014年8月整体搬迁至此，是隶属于润州区教育局的省优质公办幼儿园。

幼儿园办园条件优越，功能室齐全。有140平方米的儿童体育馆，户外场地进行科学设置和布局，是一所安全环保、童趣盎然、精致高雅、体育特色鲜明的小区配套幼儿园。幼儿园的建成，使位于城郊结合部的孩子也享受到高品质的学前教育，区学前教育的优质均衡在该园得以充分体现。

2017年，幼儿园共有11个班，415名幼儿，48名教职工。其中在编教师13人，党员教师4人，市级骨干教师和镇江市“乡村科技人才”2人，幼教一级二级职称各7人。（金山水城幼儿园）

科学技术

【概况】 2017年,润州区科技工作深入贯彻落实全市经济发展大会精神,贯彻落实省科技创新“40条政策”和市“聚力创新”6条政策,加快创新型城市建设,在区委、区政府的正确领导下,在省、市科技管理部门的指导支持下,不断强化科技创新驱动战略实施力度,加快高新技术产业培育,提高企业技术创新能力,促进科技成果转化,区域科技综合实力得到增强,工作取得了一定成效,科技类各项指标全面达标。上半年,全区R&D占GDP比重达2.4%,高新技术产业产值占规模工业总产值比重达54%,万人发明专利拥有量达17件,均达目标任务。6月,因润州区和高新区的区域调整,工业型企业多数划归高新区范围,润州以城市经济发展的模式全新亮相。下半年各项指标已作调整,截至年底均已达标。其中万人发明专利拥有量达5.3件,专利申请达794件,授权达881件。2017年国家级高新技术企业申报三批次,累计申报达13家,年底已认定6家,其中新认定2家,重新认定4家。高新技术产品申报两批次,累计申报达17个,认定13个。

2017年度,润州区共有市级科技创新重点项目8个,总投资8.74亿元,计划完成1.62亿元。区科技局紧盯科技创新重点项目的进展,按月分解、时时跟踪。截至6月末,全区8个重点项目有序推进,计划半年投资7242万元,实际完成投资7242万元,形象进度全部达上半年序时。下半年,由于区划调整,这8个重点项目均划归高新区,区科技部门积极寻找新的产业定位,探索新的发展模式,加速发展城市经济。

【科技招商】 2017年,为主动适应当前招商引资新形式,区科技部门制定并落实润州区科技招商工作意见,以重点活动、专题对接、小分队拜访三种模式开展境内外招商,抢抓机遇、发力精准、务求实效。上半年着力推进的在手项目:一是浙江大学镇江微纳及电子信息技术研发中心项目,借助浙江大学成果转化优势带动区域产业创新发展;二是镇江市能源环境研究院建设项目,充分利用武汉大学高端人才团队资源,推动区低碳环保、清洁能源等绿色产业发展;三是丹麦丹佛斯中国研发中心建设项目,解读用活国家、省、市关于支持外资企业设立研发机构的相关新政策,精准发力,创建润州区新的研发机构;四是镇江医学检验实验室项目,围绕第三方检验检测机构重点环节,推动润州区科技服务业招商取得新突破。由于区划调整,下半年重点推进启迪协信众创工社,加速形成润州区创新创业互融、孵化投资联动的新局面;积极对接启迪清洁能源项目、海尔智慧教育、芒果人才在线教育等,加速发展润州区城市低碳产业经济,拓展发展领域,提升发展质态,坚持以创新驱动为引擎,重点打造特色低碳小镇。

【优化创新发展环境】 2017年,润州区着力推进产学研协同,以“提升区域自主创新能力、推动科技资源集聚”为导向,结合高校院所供给侧结构改革,不断拓展政产学研链条、不断延伸校企校地合作,着力推进了政产学研协同创新体系建设。积极开展政产学研及宁镇扬产学研专题对接活动,赴西安、北京、南京等地招院引所、招才引智,单独或带领企业走访西安交大、扬州大学等10余所高校,开展产学研对接活动8场次,多家企业与院校签订了项目合作协议。提高创新服务能力,开展"科技大讲堂"系列讲座,围绕高企税收、研发费用加计扣除、知识产权等专题,组织全区各街道园区、科技型企业、创新载体负责人等1500多人次参加培训30余场。发挥科技金融效用,通过"苏科贷""镇科通"等科技金融产品,引导银行为10家科技企业提供科技贷款10笔,共计2670万元,缓解了中小微科技企业融资难题。人才计划全力落实,区科技局坚持把高层次创新创业人才引进、培育作为"科学发展、特色发展"的重中之重,通过着力加强科技人才引育、夯实科技载体平台建设、强化科技服务体系完善等措施。年内洽谈对接的"基于人工智能的学术内容服务""智能自动化房车系统"等项目入选金山英才计划。

【知识产权保护】 2017年度,围绕"4·26"世界知识产权日,润州区利用广播、电视、报纸、网络,开展多种形式的宣传工作;组织全区多家企业,积极参加省、市组织开展的知识产权工程师、专利代理人、知识产权业务等培训班;积极配合市知识产权局开展专利维权,对润州辖区商贸流通企业进行联合执法检查,共查处专利侵权和违法行为60件,进一步营造尊重、保护知识产权、诚实守信经营的良好环境。 (印 浩 刘书逸)

卫生与计划生育

【概况】 2017年,润州区卫生与计划生育工作在区委、区政府的正确领导下,在市卫计委的关心指导和帮助下,全面贯彻落实全市卫生与健康大会精神,不断深化基层卫生综合改革,大力加强服务能力建设,着力提升群众健康水平,取得了明显成效。黎明、七里2家社区卫生服务中心创成全国优质服务示范社区卫生服务中心;黎明社区卫生服务中心再次荣获全国200强示范社区卫生服务中心称号;创成全省首批特色科室1个、市级特色科室2个。区卫计委全年共接待全国各地来润州区参观考察共94批次1362人次,其中有国务院医改办主任、国家卫计委副主任王贺胜,国家卫计委副主任王国强,江苏省副省长蓝绍敏等。各级领导对润州区分级诊疗、家庭医生服务模式创新、特色科室建设等方面工作给予了充分肯定。

一是推进康复联合病房建设。全区设有床位的社区卫生服务中心均开设了康复联合病房,共开设联合病房178张。黎明中心将市九久养老康复中心100多名老人全部纳入中心健康管理,实行了全程医疗护理服务。患者在"联合病房"日均个人支付医疗费用仅为三级医院的三分之一,切实减轻了患者家庭的经济负担。

二是扎实做好家庭医生签约服务。完善家庭医生签约服务政策支持和保障措施,拟定32个"个性化签约服务包"供群众自主选择,全区签订有偿签约服务8759人。"3+X"家庭健康责任团队与全区84.7%居民签订无偿签约服务包,重点人群签约率达60%。黎明社区卫生服务中心荣获"2017年度江苏省家庭医生签约服务十大创新举措"第一名。

三是提升中医药健康管理水平。扎实开展基层医疗卫生机构中医药综合服务区、中医药特色社区卫生服务中心建设,全区建成市级中医药综合服务区6家、省级中医药综合服务区5家、江苏省中医药特色社区卫生服务中心2家,中医药健康管理服务率达45%。

四是加强健康信息业务系统建设。全面整合区域卫生信息平台,提升系统服务功能。完善了影像、检验、病理等远程会诊系统建设,实现信息共享,提高诊断水平。全区所有社区卫生服务中心均安装了体检系统、门诊电子病历系统,实现了基本公卫和基本医疗信息有机整合。大力开发社区卫生新媒体应用服务,可穿戴智能健康设备已经在慢性病患者管理中成功使用。

五是强化妇幼健康服务工作。加强妇幼健康服务联合体、基层妇幼健康规范化门诊建设,全面落实妇幼重大公共卫生服务项目,开展茅山老区妇幼健康精准扶贫工作,做好妇幼健康优质服务示范工程创建工作,完成残疾预防综合试验区7岁以上残疾筛查和0~6岁儿童残疾筛查任务,爱婴医院复核工作通过市级验收。

【人口计生工作】 一是提升计划生育技术服务水平。继续开展国家免费孕前优生健康检查项目。做强、做优免费孕前优生健康检查服务工作,全区共检查2046人。加强对全区优生工作的技术指导和质量控制,开展定期质控和督导,室间质评合格率达100%。二是落实独生子女家庭一次性奖励政策。积极做好企业退休职工和城镇非从业人员一次性奖励登记审核工作,共审核通过125名本区城镇非从业人员一次性奖励和66名外区自由职业者一次性奖励。三是全面落实奖扶、特扶政策。按规定将年满60周岁独生子女伤残、死亡扶助金标准由原来的400元、500元分别提高到600元和700元,共有2684人符合奖扶政策,新增72人;560人符合特扶政策,新增24人,累计发放奖扶资金193.92万元,特扶资金354.45万元。四是实现流动人口服务均等化。积极提升流动人口享有基本公共计生服务的可及率,流动人口健康档案建档率达到80%,辖区内居住满2个月的 0~6 岁流动儿童预防接种率达到 95%，流动人口传染病报告率和报告及时率均达 100%，计划生育技术指导咨询服务覆盖率达到 95%，计划生育免费技术服务率达到 90%。五是切实关爱失独家庭。2017 年新成立“暖心”沙龙关爱失独家庭社会组织，全区关爱失独家庭社团组织已达 6 个。成立关爱失独家庭责任医生团队，共为 376 个失独家庭 427 人建立健康档案。为特扶对象提供家庭医生签约服务、住院护工服务补贴等医疗服务保障，提高他们的生活质量和幸福指数。

【疾控应急工作】 一是积极做好血防工作。根据全市统一部署，卫计委圆满完成了春季查灭螺任务，累计查螺 2400 万平方米，药物灭螺 525 万平方米，解剖钉螺 3477 只。经考核，钉螺死亡率为 96.52%，密度下降率 96.51%。全面落实防急感措施，全区未发生急性血吸虫病感染病人。二是大力开展“健康镇江”建设。深入开展健康素养促进行动，在全区各街道、社区开展了健康教育知识讲座 112 场次、展板巡展 504 块、现场咨询活动 134 次。组织参加了全市爱国卫生知识技能竞赛，获个人演讲第一名、团体第二名的优异成绩。广泛开展全民健身活动，共开展“户外一天”春季全民健身活动 12 次，群众性健步走、长跑、健身操 9 次。三是突出抓好重大传染病防控工作。积极做好艾滋病、结核病等重大传染病防控工作。全年共筛查艾滋病病毒抗体 60771 例，初筛阳性 125 例，确证阳性 68 例。扎实做好 VCT 门诊检测工作。全区共开展艾滋病自愿咨询检测 1764 人次，初筛阳性数 15 人，确证阳性数 9 人。对全区现管的 124 名艾滋病病人(感染者)，建立了完整的管理档案，开展了免费治疗、随访，CD4 细胞检测和结核筛查。四是加强严重精神障碍患者管理。2017 年全区严重精神障碍在册患者总数 1240 人，在管患者 1126 人，在册患者管理率 90.8%，规范管理率 88%，服药率 85%，规范服药率 74.7%，各项指标均达到考核要求。卫计委联合区综治、公安、民政、财政等部门制定《润州区落实严重精神障碍患者监护人以奖代补政策和办理监护人责任险暂行办法(试行)》，全区 7 个街道根据《暂行办法》规定与 62 名严重精神障碍患者家属签订了“以奖代补”协议，累计发放奖补金 6.2 万元。全面落实在管患者“三清”要求，顺利完成了“十九大”期间重点人群维稳工作。五是不断提升卫生应急工作水平。和平路街道、七里甸街道卫生应急规范化建设通过市级验收。大力实施应急救护培训，医护人员培训率达 100%，开展各类哨点监测和外环境采样，根据传染病季节特点进行风险评估，启动朱方路冷冻批发市场活禽交易休市等强制应急措施。与区总工会联合举办了全区首届卫生应急技能竞赛，并选派人员参加全市卫生应急竞赛获得团体二等奖的好成绩。

【卫生监督工作】 2017 年，区卫计委围绕创建文明城市目标，按计划、分阶段，以环境卫生、证照齐全、制度完善、设施齐备、消毒规范为整治标准，加大对城区沐浴场所、美容美发场所、住宿场所和休闲娱乐等场所的卫生整治力度，出动执法人员 260 人次，共计检查单位 157 家，下达整改意见书 20 余份，对整改不积极、不配合的创建单位，坚决依法处理，确保文明城市创建不失分。

【润州区人民医院】 润州区人民医院(七里甸社区卫生服务中心)于 1992 年成立，地址位于朱方路 245 号，2017 年有职工 246 人，卫生技术人员 218 人，其中正高级职称 2 人，副高级职称 16 人，中级职称 57 人，有床位 300 张。投入使用的门急诊病房综合楼，建筑面积 2 万平方米，设施先进，环境优美。设有预防保健科、全科(包含内科、外科、儿科)、中医科(含推拿针灸)、康复医学科、医学影像科、医学检验科、妇产科、口腔科、中西医结合科、临终关怀科、眼科、耳鼻咽喉科、麻醉科、肾病专科(含血液透析中心)等，中心同时具有社区卫生服务的“六位一体”功能和二级医院的综合服务能力，是康复集团优质护理示范点。拥有进口血透机 30 台，进口全自动生化分析仪 2 台、尿沉渣分析仪 1 台、进口三维彩超 3 台、进口奥林帕斯电子胃镜 2 台、进口麻醉机 2 台、24 小时动态心电图 1 台、全自动数字化 X 光机(DR)1 台、进口 16 排 CT 一台等先进医疗设备。医院于 1998 年开始向社会公开承诺，实行全天候无节假日医院，实行文明规范化服务，医院先后获“市级、区级文明单位”“市文明行业示范点”“物价计量信得过单位”“江苏省示范城市社区卫生服务中心”“全科医师省级示范培训基地”“全国示范社区卫生服务中心”等荣誉称号。2017 年，润州区人民医院累计完成医疗总收入 6219 万元，完成门急诊总人次 24.1 万人次。(何丽慧)

2017年润州区各社区卫生服务中心情况

表16

单　位	中心面积(平方米)	辖区户数(户)	医护人员数(人)	地址	联系电话
宝塔社区卫生服务中心	4100	17628	43	鸿鹤桥路1号	85573006
和平社区卫生服务中心	1500	14982	31	中山北路19号金山大厦二楼	85272885
金山社区卫生服务中心	600	16254	54	魏同兴巷　47号	80861667
七里社区卫生服务中心	20000	16137	258	朱方路245号	85619446
工业园区社区卫生服务中心	4500	10371	30	富润路	87055255
官塘桥社区卫生服务中心	3389	4845	34	官驸路2号	84513399
黎明社区卫生服务中心	4200	15112	56	红星桃花源23幢	84422599
蒋乔社区卫生服务中心	4000	10733	35	檀山路10号	80852906

（何丽慧）

广播电视

【概况】 2017年，润州区广播电视台在区委、区政府的正确领导下，在区委宣传部、市文广新局的精心指导及全台干部职工的共同努力下，以中共十九大精神为指导，严把舆论导向，倾力服务大局，提升节目质量，加强支部建设，致力创新创优，全台各项工作迈上新台阶。在围绕中心、服务大局中找准坐标定位，积极践行“走转改”，创新表达、创新形式。全面展示润州立足苏南站位，提升发展热度，区域经济转型发展、创新驱动、项目推进以及民生事业发展等全区重点工作推进情况及特色做法。截至年末，在省级以上媒体刊发稿件400篇，其中《人民日报》36篇，《光明日报》6篇，新华社通稿7篇，《中国日报》4篇；《新华日报》29篇，其中头版头条2篇，整版1个。在市级媒体刊登稿件700多篇，《镇江日报》刊发头版头条28篇，其中，《润州：大走访走出深度访出温度》《润州一揽子意见深化科技体制改革》《当好“店小二”线上送服务，润州稳步推进“不见面审批”》等一批重点稿件获得较好的反响。

【发挥全媒体平台宣传】 2017年，区广播电视台在做好自身宣传的同时，充分发挥镇江日报《润州天地》专版、手机报等全媒体平台宣传阵地作用。全年刊发《润州天地》50期、35万字计800余篇的新闻稿件，发送手机报147期，第一时间报道展示全区经济、社会和民生等各方面发展情况。为配合市区“走村进企入户大走访”行动、“263”专项行动等重点工作，在《润州天地》、手机报分别开设《“263”润州在行动》《调结构，转方式，来自企业一线的报道》《润州“走村进企入户”大走访》等专题、专栏，对全区暖企惠民大走访行动、推动生态环境质量持续好转等工作进行宣传报道。为迎接党的十九大胜利召开，润州手机报《1003新闻传真》相继开设“喜迎十九大”“十九大时间”等专题专栏，全方位展示润州区各行各业五年来砥砺前行的生动实践，展现广大干部群众团结奋进的崭新面貌，以优异成绩喜迎党的十九大胜利召开。

【规范管理安全播出】 2017年，区广播电视台进一步强化责任意识，加强节目播出管理中的监听制度建设，对每一期节目安排专人进行监听，确保将问题消灭在播出前。对因播出出现的问题，按各自责任顺序问责，从源头上解决了节目制作中不规范现象的产生。针对新时期的宣传要求，牢固树立“安全播出无小事”的工作理念。坚持例检不放松，及时发现故障、排除故障。加强现有技术力量的培训，同时通过“请进来”的办法与经验丰富的老技术人员进行对接，在实践中积累经验锻炼实战能力。实现了一年来“不间断、既经济、又安全”的目标。实行节目轮作制，锻炼提升主持人能力。出台《点击润州看四方》节目规范化操作流程，优先确保本台重点节目《点击润州看四方》的节目质量，并提高听评要求，从制度上保证了节目质量，树立了润州台良好的节目形象。

【健全完善内部体系】 2017年，区广播电视台结合工作实际，狠抓管理不放松，进一步健全和完善了内部管理体系，加强各部门的协调与沟通，使全台工作基本实现了规范化、优质化、高效化管理。加强全台“一盘棋”意识，团结协作，各部室之间坚持“分工不分家”，充分地发挥了全台的整体效应。严格执行公文处理，规范化、程序化。对形成的文书档案进行分类、归档，为下一步实现档案管理打下了良好的基础。做好了全台机关事业单位养老保险制度改革人员核定工作，资产清查工作，支部改选工作及党员党费的测算等工作。完成了2名预备党员的转正，积极参加区总工会组织的各项活动。 （汤丽娟）

文　化

【概况】 2017年，区文体局在区委、区政府的正确领导、市文广新局的悉心指导和区各有关部门的关心支持下，全区文化工作围绕省、市文化工作会议和区委、区政府《关于推动全区文化建设迈上新台阶的实施意见》以及《润州区“十三五”文化工作发展规划》，切实增强文化引领风尚、教育人民、服务社会、推动发展的作用，加快构建现代公共文化服务体系，促进文化事业和产业协调发展，各项工作取得明显成效。

2017年，辖区建成3个（五凤口社区陈家湾广场、宝平社区秀山美苑广场、和平路街道体育公园）生态文化广场。深入推进国家基层综合性文化服务中心建设试点工作，顺利完成20个省级基层综合文化服务中心提升任务，其中3个（天河星城、新城花园、金山社区）被评为市级管理服务规范单位，1个（金山街道西津渡社区）被评为市“十佳”，3个（ 檀山社区、五里社区、运河社区）被评为市“优秀”。加大星级文化站建设，有3个（金山、和平、宝塔）街道被评为五星文化站，2个（七里、官塘）街道被评为四星文化站。万人享有公共文化设施面积比上年新增213.9平方米。大力开展“送电影、送戏、送书、送展览”活动，累计送电影156场、送戏下乡30场、送展览8次，送图书1000余册。

文化馆总分馆制实现区域全覆盖，政府主导下的公共图书馆服务体系扎实推进，区政府投入近百万元用于区图书馆提档升级，高质量迎接文化部第六次县级以上公共图书馆评估定级工作，润州区图书馆与6个街道图书馆、5个农家书屋和润州中专、润州区实验小学实现通借通还，购买24小时自助图书馆设备放在润州广场，2台歌德电子书借阅机安装在润州区教育局和润州信息中专。

继续深入开展书香润州建设，2017年居民综合阅读率再创新高，达到98.68%。辖区内新增静怡茶书院、书香世家酒店、远洋社区阅读新空间3个，新增凤舞读书社团、嶂山阅读社、睿泰悦读等阅读社团10个，新增阅读推广人100名。组织阅读活动100场以上，先后举办了“端午粽飘香，诗词情意长”诗词诵读会、女性户外读书会、流动书箱伴我快乐读书、润州区小学生读书演讲比赛、“书香和平”全民阅读推广会、未成年人诗词赏析活动、“书声琅琅能致远”诵读系列活动、润州区“月圆心圆”诗歌吟诵会、“贺十九大胜利召开吟诗会”“书香满宝塔·读书分享”等活动，教育系统“阅读慧心”工程、润心读书节已成为润州全民阅读品牌。积极探索政府购买服务新途径，引进润苑阅读组织，选择万科社区为试点，开展读书沙龙、阅读分享、演讲比赛、图书漂流活动，形成阅读品牌。加强和区电台、区作协的合作，开展《人民的名义》《白鹿原》等12本好书的推介活动。润心书场邀请评书名家殷健和王智超，开讲《三国》《双金锭》和扬州弹词《玉蜻蜓》，让社区居民在家门口就能听到流动书场，享受“免费文化大餐”。

积极开展全民艺术普及活动，全年完成艺术知识普及、艺术技能普及讲座各100场，艺术欣赏普及讲座60场，艺术精品普及讲座10场，各项展览、广场活动130余场。成功举办润州区第三届美术书法摄影大赛，全区1088名爱好者参加了此项赛事。文化惠民活动蓬勃开展，举办了“感受非遗魅力 传承千年文化”“清风洒润州”廉洁文化专场音乐会、“浓情母亲节，文化感恩季”系列文化活动、“回顾传统，共度端午”文艺汇演活动、“家在润州”广场文艺演出晚会、“月圆 心圆”诗歌吟诵会、“中国梦 教师美”庆祝教师节活动和“家在润州·阳光下成长”中小学生文艺汇演等活动。

2017年，区“扫黄打非”工作确立“试点先行，以点带面，整体推进”的思路，进基层取得实效。润州区信息中专被评为省级“扫黄打非”进基层示范点，金山街道西津渡社区被评国家级示范点（全市唯一）。进一步规范文化市场审批，公示市场审批服务流程，明确审批时限，新批（含变更、注销）出版物经营单位26家、互联网上网服务营业场所3家、娱乐场所6家、营业性演出备案20次，全年共完成55项文化行政审批事项。

（曾竹花　赵　宁）

【校园文化建设】 2017年，润州的艺术教育又上新台阶。在镇江市“小学生文艺汇演”中共获得四个一等奖的好成绩，其中宝塔路小学的民乐合奏《礼乐颂》的得分为一等奖的第一名。岁末，镇江实验学校、宝塔路小学、孔家巷小学创编的优秀节目参加了2018年镇江市少儿春晚。

【文化遗产保护】 2017年，区非遗保护中心继续开展非遗保护与传承的工作。年初组织了润州区民俗大拜年活动。4月28日，区政协文史委专题调研了近年来非遗传承与保护工作的现状及今后的工作思路。6月，围绕非遗日组织了相关的纪念活动。10月，组织了润州区非遗画册编撰工作，“杨一清”墓修缮一期工程正式启动。

（韦文胜）

【润州区文化馆】 2017年，润州区文化馆始终将文化惠民作为工作主旨。全区7个街道全部建成区文化馆分馆。“文化三下乡”工作顺利完成，共开展30余场文化广场展演活动。 润州记忆非遗馆和镇江大韩民国临时政府史料陈列馆，被市文广新局等单位列为镇江的著名小众景点，年均游客量达3000人，广受游客赞誉。“润心书场” 演出近100场次，扬州评话《三国》和弹词《玉蜻蜓》，广受欢迎 。区文化馆积极参加“全民艺术普及”工作，开展艺术知识讲座和技能培训共16场次。7月底，组织演出进军营，慰问部队官兵；12月底， 文化馆承办，组织一台精彩演出送至韦岗街道。两位馆员的论文入选江苏省优秀论文汇编，作者代表参加了宁镇扬泰地区的论文交流。在镇江市第29届少儿故事创作演讲大赛中，区文化馆获优秀组织奖。魏晓旭、张晓波被评为第二批群众文化“十百千”工程群众文艺骨干。2017年度文化部艺科所（润州区）少儿艺术考级活动顺利进行，报名人数突破千人，为学生搭建平台，有力促进了润州的少儿艺术教育。

（张晓波）

【润州区图书馆】 2017年，润州区图书馆坚持“文化惠民”宗旨，免费开放，以“文化部第六次县级以上公共图书馆评估定级”为契机，进一步改善硬件水平，提升公共服务水平，成功举办第九届“润心”读书节系列活动。红领巾读书征文比赛、“走进电台、陪你读书”活动、绘本读书活动、文化志愿者系列体验活动、作家进校园、图书漂流跳蚤市场、参与民生频道“读书时间”节目录制、流动书箱进社区惠及外来娃、润心讲堂常年开设春季保健、急救知识、交通安全知识讲座和“阳光父母”学堂等活动精彩纷呈，让广大市民在阅读活动中充分享受阅读的乐趣，享受公共文化的惠民服务。（陈 洁）

2017年润州区集体获市级以上各类艺术比赛奖一览表

表17

活动主题	主办单位	奖次	内容	获奖单位
镇江市29届少儿故事创作演讲比赛	镇江市委宣传部 镇江文广新局 镇江市教育局	优秀组织奖	润州少儿故事创作、演讲	润州区文化馆
镇江市小学生文艺汇演	镇江市教育局	表演一等奖	民乐合奏《礼乐颂》	宝塔路小学
			舞蹈《麦田童话》	润州区实验小学
			合唱《我心歌唱》《卢沟谣》	镇江实验学校
			情景诗朗诵《让大地洒满阳光》	中华路小学

（曾竹花）

2017 年润州区个人获市级以上各类艺术比赛奖情况一览表

表 18

时间	活动主题	主办单位	奖次	作品名称	作者（表演者）	单　位
2017 年 11 月	镇江市第二十九届少儿故事创作演讲比赛	镇江市委宣传部	创作一等奖	《种个爸妈带回家》	完　晨	润州区文化馆
			创作二等奖	《谁的自动铅笔》	陶静源	
			创作三等奖	《谢谢》	孟庆媛	
			演讲一等奖	《种个爸妈带回家》	丰逸凡	镇江市宝塔路小学
			演讲二等奖	《谢谢》	郭宏飞	
2017 年 12 月	2017 年江苏省红领巾读书征文评选	省文化厅	一等奖	阅读，遇见最好的自己	王沁心	镇江实验学校
			二等奖	阅读，遇见最好的自己	卞韵涵	中华路小学
			三等奖	一路书香一路歌	方钰娜	镇江市蒋乔小学
2017 年 12 月	2017 年度镇江市红领巾读书征文评选	镇江市文广新局	一等奖	阅读，遇见最好的自己	王沁心	镇江实验学校
				阅读，遇见最好的自己	卞韵涵	中华路小学
			二等奖	一路书香一路歌	方钰娜	镇江市蒋乔小学
			三等奖	午后 一场美丽的邂逅	徐雪奇	润州区实验小学
				书之洋任我们畅游	许文静	孔家巷小学
				书　伴我成长	徐　昕	
				学会坚强	徐义玮	宝塔路小学
			优秀指导奖		王凡娣	镇江实验学校
2017 年	第二批群众文化“十百千”工程群众文艺骨干	镇江市委宣传部	文艺骨干		魏晓旭	润州区文化馆
					张晓波	
					包文霞	润州区文体局

（曾竹花）

体 育

区小学生田径运动会开幕　　（区电台　提供）

【概况】 全民健身活动。2017年，区文体局根据《全民健身条例》和《全民健身实施计划(2016年~2020年)》精神，认真组织实施，着力打造群众体育工作特色，进一步完善全民健身各项规定，健全长效服务管理体系，实现全民健身制度化、规范化和特色化管理。

一是体育健身组织日渐成熟。区文体局全面实施《润州区体育协会年度工作管理考核办法》。新增体育协会两个，全区共有16个体育单项协会、46个体育特色健身团队，会员总人数约6000多人。年内重点抓了体育社团的规范化管理，尤其规范各体育单项协会、俱乐部的财务制度。二是体育健身设施日渐完善。新增一个体育公园（和平路街道体育公园），建设健身路径21套，安装室外乒乓球台20套，建设笼式足球场1块；为街道文体中心以及功能完善的社区活动室配发了许多群众有需求的室内健身器材，其中，跑步机12台、动感单车12台、乒乓球桌6套、组合训练器械2套、棋牌桌椅12套。年内全区新增公共体育设施面积达2万平方米，每万人拥有公共体育设施面积达38209.99平方米，居全市第一。三是体育健身活动蓬勃开展。年内组织26场较大规模的文体展示活动，有1.5万人次参加；举办健身气功进社区系列活动20场次，有9500人次参与；区各健身站点配合社区文体中心开展活动，深入社区、养老院等开展各类体育技能展示活动25场次，有4500人次参与；组织参加各项体育技能交流比赛15场，有2200人次参与；举办社会体育指导员骨干培训班45次，科学健身讲座8次，有3500人次参加；每周六组织广场教学活动全年共38场，有2.28万人次参与。四是体育健身赛事精彩纷呈。2017年，区文体局组织开展了“润州杯”环球艺术中华武术交流大赛、中老年人体育节开幕式暨老年人柔力球大赛、区机关篮球赛、健身气功站点联赛、润州区广场舞大赛、教职工趣味运动会等赛事活动，积极组队参加了市十五届运动会镇街部、职工部、老年人部各项比赛，参赛运动员达320人。五是体育指导科学规范。区文体局依据国家体育总局颁发的《社会体育指导员管理办法》具体规定，坚持面向基层、服务大众、不断提高指导工作的标准化和规范化水平。2月区文体局出台了《镇江市润州区社会体育指导员考核管理办法》，进一步加强对社会体育指导员的考核管理，建立“一人一档”制。这项举措获得市体育部门领导好评，并在全市积极推广。六是体育健身文化初步形成。以市民群众为主体，通过社会体育指导员骨干引导和管理，让大家在体育健身实践中共同创造生成体现时代特征和社会进步的价值观念、思维方式、行为规范及其活动结果。全民健身活动的开展已成为推进润州区全面建设、构建和谐社会的重要内容，有效地实现了提升居民文化素养和人口素质的目标。2017年，区文体局长钱进荣获全国群众体育先进个人表彰。

体育运动。2017年，润州区积极规范学校体育工作，“阳光体育”全面普及。进一步完善了“阳光体育运动方案”并全面实行了《国家学生体质健康标准》，指导各校开展“达标争优”活动，确保了全区学生体质健康平均合格率95%以上，优秀率10%以上。组织了润州区中小学生校园篮球联赛、“区长杯”校园足球比赛、小学生田径运动会、小学生毽绳以及棋类竞赛，这些竞赛已成为润州区学校体育、竞技体育工作规范性赛事。同时，承办了2017年镇江市少儿乒乓球比赛并被上级部门评为市级优秀赛区。

进一步深化“教体融合”，切实加强后备人才培养。巩固了阵地建设，狠抓业余训练，充分发挥镇江实验学校、南徐小学、孔家巷小学等体育传统校和青少年体育俱乐部的作用，创设良好的条件，接受更多的“市队校办”队伍，加大专业体育人才输送力度，拓宽后备人才输送渠道。积极组队参加上级主管部门组织的各类体育竞赛，并取得了良好的成绩。市少儿乒乓球队、女子排球队均落户润州区学校并得到了良好的发展。在年内举行的镇江市第15届运动会排球比赛中，润州区南徐小学、孔家巷小学组队获得两金两铜的好成绩；在青少年部象棋比赛中，润州区代表队获得一金二银三铜的好成绩；在青少年部乒乓球比赛中，润州区代表队获得团体总分第二名的好成绩。在2017年“市长杯”校园足球联赛中，官塘桥中心小学获得小学男子甲组第一名，润州区实验小学获得小学男子甲组第二名；在市中小学生三人制篮球比赛中，朱方路小学获得小学女子组冠军。2017年为市级单位新输送运动员37人，在训运动员101人。年内区新增国家级“校园足球”特色学校2个，市级足球特色幼儿园3个。镇江实验学校阳光青少年体育俱乐部被评为江苏省级优秀青少年体育俱乐部。

2017年润州区获市级以上各类体育竞赛奖情况一览表

表19

时间	活动主题	主办单位	获奖项目（组别）	名　次	获奖单位
2017年4月	羽毛球	镇江市政府	男、女少年组 男、女儿童甲组男、女儿童乙组	团体总分第3名	孔家巷小学
	乒乓球		男、女少年组 男、女儿童甲组男、女儿童乙组	团体总分第2名	镇江实验学校
2017年5月	足球		初中男子组	第5名	镇江实验学校
					官塘中学
			初中女子组	第6名	魅力之城分校
			小学男子组	第1名	润州实小
			小学女子组	第3名	镇江实验学校
	武术		少年乙组	第6名	李家大山小学
			儿 童 组	第2名	南徐小学
	篮球		初中男子组	第4名	镇江实验学校
			初中女子组		金山实验学校
			小学男子组		镇江实验学校
			小学女子组		朱方路小学
	象棋		男、女少 年 组	第3名	润州区少年宫
			男、女儿童甲组		
			男、女儿童乙组		
			男、女儿童丙组		
2017年6月	江苏省第八届全民健身运动会武术气功大赛	江苏省体育局	健身气功·集体功法展示赛	优秀奖	润州区代表队
			健身气功·导引养生功十二法集体赛		
			健身气功·大舞集体赛		
			健身气功·六字诀普及功法集体赛		
			体育道德风尚奖		
2017年7月	市校园篮球	镇江市体育局	初中男子	第5名	镇江实验学校
			初中男子	第4名	魅力之城分校
			初中女子	第5名	金山实验学校
			小学男子	第6名	朱方路小学
			小学女子	第2名	
			小学女子	第6名	金山小学

续表 19

时间	活动主题	主办单位	获奖项目（组别）	名　次	获奖单位
2017 年 7 月	排球	镇江市政府	男子甲组	第 2 名	孔家巷小学
			女子甲组	第 1 名	南徐小学
			男子乙组		孔家巷小学
			女子乙组	第 2 名	南徐小学
	航模		初中组		魅力之城分校
			小学组	第 3 名	蒋乔小学
2017 年 9 月	定向越野	镇江市政府	初中男、女子组	第 2 名	镇江实验学校
			小学男子组		金山小学
			小学女子组		桃园小学
2017 年 10 月	镇江市第六届千台万人乒乓球赛总决赛	镇江市体育局	镇江市第六届千台万人乒乓球赛总决赛	优秀组织奖	润州区代表队
	“市长杯”校园足球		小学男甲	第 2 名	润州实小
			小学男甲	第 1 名	官塘小学
			小学男乙	第 5 名	
			小学男乙	第 6 名	金山小学
			初中女子	第 7 名	魅力之城分校
	田径	镇江市政府	少年组	得 65 分	镇江实验学校
			少年组	得 4 分	官塘中学
			少年组	得 14 分	金山实验学校
			少年组	得 6 分	魅力之城分校
			儿童甲组	得 26 分	镇江实验学校
2017 年 11 月	镇江市第十五届运动会	镇江市体育局	职工部	优秀组织奖	润州区总工会
			镇街部		七里甸街道

（曾竹花）

居民生活与社会保障

民政工作

【概况】 2017年，区民政局深入贯彻中共十八届六中全会和省、市、区党代会精神，认真落实区委、区政府和上级民政部门工作部署，牢固树立“民政为民、民政爱民”工作理念，以“现代民政示范区”建设为主抓手，深入调研，完善制度，健全机制，加强作风建设，努力改善民生，加快推进各项民政工作创新发展，民生兜底保障更加结实、社会福利和养老服务更加务实、多元社会治理基础进一步夯实、双拥优抚政策进一步落实，为实现“两聚一高”新目标作出贡献。

【现代民政示范区建设】 2017年，区民政局聚焦现代民政总体目标，着眼于创特色、补短板、优布局、建机制，形成了具有润州特色的民政发展模式和鲜明路径。区民政局领导高度重视、及早部署、上下联动、点面结合，全力推进“现代民政示范区”创建。成立创建工作领导小组，专人负责创建中的组织协调、业务指导、督查推进等工作；按照“内容涵盖、标准略严”的原则，将创建工作指标分解落实到各个科室、各街道、各单位，合力创建；坚持对标找差，目标驱动，逐项分析推进措施，聚焦短板找差距、分析原因补措施。最终以高分被授予“2017年度民政示范区”称号。

【救灾救济】 2017年，各街道全面推进社会救助“一门受理”，落实专人负责社会救助咨询、受理、分办、转办等工作，部分社区(村)设立社会救助服务窗口。大力推进“救急难”主动发现，2017年，主动发现并救助困难群众32户，支出救助资金4.9万元。利用夏令、扶贫日、年终岁尾等时机多次对困难群众进行慰问，共计发放慰问物品1920份、资金15.8万元。开展农房保险，为3332户农村居住房屋购买了商业保险。在2017年“5·12”防灾减灾宣传周，通过举办专题培训、放置展板、分发资料、悬挂横幅标语等多形式开展防灾减灾宣传教育活动，努力营造了社会关心、参与防灾减灾工作的良好氛围。同时紧抓主题，开展风险排查、宣传教育和模拟演练等活动，累计排查安全隐患51处，并落实了处理措施，开展各类宣教活动60多场次，各类演练50多场次，发送(放)宣传材料6000多份。防灾减灾基础进一步夯实，先后两次组织业务骨干参加省、市举办的防灾减灾能力建设培训班，及时调整灾害信息员队伍，按照区、街道、社区三级网络，明确各自责任。为提高自然灾害灾情管理报送能力和水平，省民政厅统一配发了区(街道)级北斗报灾终端设备，配发给区级灾情管理人员应急救援型北斗终端1部，配发给街道灾情管理人员灾情直报型北斗终端8部。一旦发生灾情，能通过北斗灾害预警终端设备进行报灾。此外，根据润州区特点，储备了必备救灾物资，并与相关企业、超市洽谈了救灾物资的协议储备。继续深化全国综合减灾示范社区创建活动，宝塔路街道李家大山社区成功创建全国综合减灾示范社区。

【现代社区治理创新实验区建设】 2017年，润州区按照《润州区参与式治理工作指导手册》规范的流程、规则、程序，按照参与式治理，打造了一批示范街道、示范社区。自2015年开始“全省现代社区治理创新实验区”创建工作，实验时间3年，根据《关于做好全省现代社区治理创新实验区中期评估工作的通知》(苏民基〔2017〕14号)文件要求,贯彻参与式治理,使社区居委会对社区议事协商的有序组织,社区居民广泛参与社区事务,社区各方力量对社区建设共同支持,最终达到用民主协商的方式解决社区问题,提升为民服务水平。

【参与式治理】 重点对参与式治理的主体、方法等内容进行系统研究,增强参与式治理工作可操作性,促进参与式治理的制度化、规范化、程序化。做实网格参与,进一步优化网格划分范围,初步划分326个自然网格、4个专属网格,网格长330个,网格员488个。完善网格化管理内容,保障网格长基本工作条件,加强网格长志愿服务能力培训,发挥网格长在社情民意采集、社区设施管理、矛盾纠纷调解、困难群众救助、社区服务建言等方面的作用。推广协商参与,城市社区全面开展社区协商,制定"社区协商议事规程"。

【区域性社区服务中心建设】 新建改造了金星社区、迎江路中心社区2个区域性社区服务中心的功能区设置,研究社区服务中心的人员配备、工作职权范围和运行机制,完善"1+X"运作模式。2017年年底,金星社区已完成装修任务并入驻办公服务,迎江路中心社区已经改造完成并投入使用。

【社区党组织为民服务专项工作】 2017年4月,开始启动润州区社区党组织为民服务专项资金,组织城市社区负责人培训并且2017年社区所申报的项目与已确定的特色型社区相结合,委托镇江众益社会组织指导服务中心逐个社区、逐个项目进行审核,最终确定年度需要实施的党员群众最关心、最迫切、最直接的民生项目。重点打造了4个特色型社区,分别是:西津古渡社区(博爱型)、电力路社区(互助型)、万科社区(学习型)、迎江路中心社区(助老型)。2017年申报的"三社联动"项目,与特色型社区相结合。全区7个街道的38个社区共有项目总数337个,资金758.88万元,其中特色类项目79个,资金380万元;常规类项目260个,资金378.88万元。

【第十一届村委会和第六届居委会换届选举后续工作】 根据《中华人民共和国村民委员会组织法》《中华人民共和国居民委员会组织法》的要求,润州区于2016年9月进行第十一届村委会和第六届社区居委会的换届选举工作。2017年,对新当选的社区干部进行了培训,依法指导各地及时做好新老班子工作交接,健全村(居)委会组织网络。按程序推选产生新一届村(居)务监督委员会,制订新一届班子成员三年任期目标责任,确保村(居)委会换届后各项工作顺利开展。

【第二次全国地名普查】 润州区第二次地名普查工作于2017年12月底结束,涉及全区共7个街道,1个园区,72个社区(村)。完成人员专业培训、基础资料收集、外业经纬度及多媒体信息采集和国家级、省级的检查。整理确定出目录11个大类,采集地名条数1480条,陆地水系39条,陆地地形53条,行政区域9条,群众自治组织72条,非行政区域8条,居民点299条,交通运输设施407条,水利、电力、通信设施63条,纪念地、旅游景点55条,建筑物65条,具有地名意义的单位410条,保质保量完成了全国第二次地名普查任务。

【全国地名词典编撰】 根据《第二次全国地名成果转化规划(2015~2020年)》要求和全国标准地名图录典志编撰工作视频会议精神,做好润州区地名普查成果的转化利用,有序推进标准地名词典编撰工作。润州区标准地名词典(第一部分)从2016年10月开始启动,2017年12月结束,历经一年零一个月。此次地名词典编撰工作对2014年12月31日前资料进行收集、整理、加工和储存。润州区及时交流情况、上下联动、齐头并进,最终确定词目共25条,并且根据专家审核要求不断完善,词条释文已经经过七次修改。润州区根据要求于2017年12月底完成词条最终编撰工作。

【区划调整】 为进一步理顺高新区管理体制,根据市委办《关于调整完善镇江高新技术产业开发区管理体制的实施方案》,依照"以路渠为界、以块为主,优势互补、促进发展,尊重历史、兼顾实际"的原则对全区部分街道管辖范围进行了调整,主要涉及蒋乔街道和七里甸街道。调整后,七里甸街道办事处驻地不变,行政区域面积14.77平方公里,户籍人口4.38万人,辖曙光1个村民委员会,光华、四圩、金星、五里、二道巷、朱方路、七里甸、天桥路、天和星城、万科、新城花园11个社区居民委员会。蒋乔街道办事处驻地不变,行政区域面积35.14平方公里,人口3.62万人。辖嶂山、五洲山、龙门、大桥、鲇鱼套5个村民委员会,九华山庄、凤凰家园、乔家门、七里、严庄、蒋家门、四摆渡、富润华庭8个社区居民委员会。

【双拥优抚】 认真完成各项双拥工作。在春节和八一前,由区委常委和四套班子主要领导带队,对驻区或共建关系部队进行走访慰问,投入慰问金50余万元。密切军政军民关系,支持帮助武警支队教导队多媒体教室建设,积极协调12名军人子女入学入园和3名随军家属的岗位安置事宜,切实解决军队军人的后顾之忧。2017年,高标准的完成争创“江苏省第11届双拥模范区”的省、市级考核工作。做好优抚慰问和优待金发放工作,共发放慰问经费达14.05万元,做好义务兵家属优待金发放,共发放优待金225.02万元,发放大学生奖励金共81.13万元,发放立功奖励金达6.36万元左右。全年,新增优抚对象21人,参战涉核人员4人、伤残警察2人、退伍换证残疾军人3人、残疾评定2人、60周岁农村籍士兵9人、残疾军人等级调整人员1人。做好优抚对象数据核查工作,完成7个街道59个社区、村委会的数据调整工作,并对数据库里面的部分信息进行了区划分类、核查,已核查重点优抚对象164名,核查率达100%。做好退役士兵退伍登记、档案接收和技能培训工作。2017年,全区共接收82名退役士兵,其中参加中高级技能培训7人、成人学历教育39人、复学20人。完成退役士兵安置生活补助金的测算工作,全区共需发放安置生活补助金303.04万元。全面落实省厅“二十三”条文件的精神,对全区享受国家抚恤补助的优抚对象每人每月发放生活优待金65元,共计发放16.7万元;对全区符合要求的70名“两参”退役人员发放专项慰问金每人每年0.4万元,共计发放28万元;对全区范围内符合要求的下岗、失业转业志愿兵(士官)107人发放生活困难补助金共计44.21万元。

【老龄工作】 不断推进养老服务体系建设,新建迎江路中心社区老年人日间照料中心,面积700平方米,2018年上半年投入使用;新建12家老年人助餐点,桃园示范型老年人助餐点现在每天能为50多位老年人提供服务;推进标准化社区居家养老服务中心建设力度,确保到2020年,城市、农村标准化居家养老服务中心建设不低于80%和40%。2017年,共发放“尊老金”659.06万元,发放人数8851人,并补发2016年“尊老金”9.14万元。不断提升养老机构服务质量。区民政局联合区市场监督管理局、区卫计委、区消防大队,对辖区内11家养老机构进行了3次专项行动检查;聘请第三方评估机构按照《养老服务质量大检查指南》115项内容对养老机构进行评估;督查养老机构自查自纠,不断提升服务质量。全区所有养老机构都获得了消防和食品安全许可,九久老年康复中心还获得了“全国敬老文明号”称号。

【社会福利】 认真完成特困人员提标工作,润州区共有城市特困人员44人,农村特困人员13人,从7月1日起,城市特困标准提高至1377元/月,农村特困标准提高至9432元/年。进一步加强重点空巢独居老人关爱工作,对全区重点空巢独居老人进行排查摸底,截至12月底,排查出24位老人符合重点空巢独居老人条件,并签订《镇江市重点空巢独居老人关爱服务协议书》。积极推进各类儿童保障工作。严格落实孤儿保障工作,全区在册保障孤儿3人,均为社会散居孤儿,发放孤儿生活保障费4.326万元;积极开展困境儿童摸底调查工作,截至12月底,摸底排查出困境儿童40人。

【社会事务管理】 推进社会组织信用体系建设,日常工作全面应用外网系统。截至2017年年底,全区共有社会组织395家,其中民办非企业单位218家,社会团体177家,每万人拥有社会组织数达到14个。率先完成社会组织统一社会信用代码赋码工作,赋码率达到100%。开展慈善组织认定工作。对区慈善总会进行慈善组织和公开募捐资格认定,颁发证书。加大社会组织培育扶持力度,开展社会组织即社工人才增能培训,通过理论联系实践,有重点、专业性的增强其解决实际问题的本领,全面提升服务能力、管理及创新能力。组织社会组织等级评估,确定镇江市润州区羽毛球运动协会等4家AAA级社会组织,4家AA级社会组织,10家A级社会组织。截至2017年年底,共有获得评估等级的社会组织184家,获评社会组织占应评社会组织比率达到52%。加强社会组织事中事后监管,联合相关业务主管单位对名称不符合要求、组织架构不健全的社会组织进行了约谈,要求其限期整改;对名存实亡的社会组织进行清理,要求其主动注销。 (区民政局)

民族·宗教

【概况】 2017年,区民宗局以宗教场所星级创建和规范化建设为载体,以保障合法宗教权益和打击非法宗教活动为抓手,紧密结合区情民情实际,切实解决重点难点问题,着力营造和睦和谐氛围,民族宗教工作赢得了新发展、跨上了新台阶、展现了新风貌。

2017年,区民宗局在市级以上网站刊登民宗工作信息71条,其中省民宗局网站22条,圆满完成市民宗局下达的全年信息上报任务。2017年,在全市民宗系统信息工作评比中,区民宗局被评为先进单位,余文谦被评为先进个人。

【机构设置】 2017年7月份区划调整后,润州区下辖7个街道,共有2个少数民族工作示范社区(杨家门社区和同德里社区),少数民族群众约4000人;现有佛教、基督教2个宗教类别,合法宗教活动场所5个;辖有宗教团体2个。2017年5月,区民宗局顺利完

民族团结进步宣传月活动启动仪式文艺演出 （区民宗局 提供）

成了机构升级，由原来的挂牌改为与区委统战部合署，具备了执法主体资格，为今后的工作开展提供了有力的保证。

【民族工作】 1.突出一个重点。突出服务，紧抓落实。平台促服务，利用少数民族服务站、“E办事”等平台，加强民族团结进步宣传教育、保障少数民族群众合法权益、维护民族团结；创新促服务，杨家门社区一张“便民服务卡”开启了为少数民族群众的“零距离”服务，“对党说说心里话”专题讨论会，架起了政府与少数民族群众之间的“连心桥”；责任促服务，穆源民族学校以“师徒互助 青蓝共促”师徒结对汇报展、综合实践专题讲座、教学质量分析会等活动的开展为契机，强化教职责任，推动教学质量的提升。2. 创新两个载体。针对润州区城市少数民族工作的特点，创新工作的载体，扎实推进民族工作进社区。在少数民族工作任务较重的金山街道和宝塔路街道，完善街道少数民族再就业指导服务站和少数民族法律援助站，进一步优化了服务平台；广泛宣传和落实民族政策，2017年，清真饮食补贴发放工作如期完成，共有3504名少数民族居民受惠。通过走访入户大调查，及时了解辖区内少数民族困难群众，有效落实“一对一、一帮一”的帮扶制度，实行捆绑式、一站式帮扶。3.打造三个亮点。积极发挥金山街道杨家门社区、宝塔路街道同德里社区和穆源民族学校民族工作的示范作用，支持他们创新工作、创造特色，着力打造基层民族工作亮点。5月，全市少数民族舞蹈汇演中润州区推荐的2支舞蹈分获二、三等奖，区民宗局被评为优秀组织奖。9月8日，省民族工作示范社区杨家门社区主办了以“民族团结一家亲、同心共筑中国梦”为主题的广场文艺演出，启动了全市一年一度的民族团结进步宣传月活动。

【宗教工作】 1.规范管理强基础。一是强化领导责任。在抓好“三级网络”“两级责任”的基础上，建立健全民族宗教重点区域挂钩联系制度。区主要领导亲自过问指导，分管领导定期督查推进。区政府还把落实“三级网络”“两级责任”作为重要任务，把维护宗教领域稳定作为重要内容，纳入全区平安创建考核范畴。7月8日，区民宗局在润州区“周末讲堂”为全区教职人员、基层统战委员、民宗助理宣讲宗教政策法规，进一步提升了宗教人士和宗教干部的法治意识和依法管理水平。二是强化队伍建设。深入学习贯彻全国宗教工作会议精神，认真开展对宗教干部、宗教场所负责人、宗教信众骨干的政策教育和业务培训，充分调动这“三支队伍”的主观能动性，积极引导各方力量共同推动宗教事业持续健康发展，1月、5月和7月，共组织宗教界人士开展专题培训3次。此外，还利用微信平台组织宗教界人士学《宗教事务条例》《中华人民共和国宗教制度》《十九大报告》

民族政策咨询 （区民宗局 提供）

等。5 月 4 日，为加强宗教场所规范化建设，组织场所负责人和基层民宗干部传达学习了市委书记惠建林和市长张叶飞 4 月 20 日在市民族宗教工作会议上的重要讲话精神。三是强化制度保障。结合区情实际，先后研究制订了一系列管理制度，先后出台了《润州区宗教活动场所实行分级评估管理实施办法》《关于进一步加强宗教教职人员管理的规定》，对全区宗教活动场所实行分级评估管理，对宗教教职人员进行日常行为管理等。9 月，全面完成宗教活动场所统一社会信用代码赋码和登记证换发工作，实现了统一规范化管理。2.重点建设塑品牌。一是着力推进星级场所创建。按照省、市民宗局关于开展星级宗教场所创建的有关要求，结合和谐寺观教堂建设标准，区民宗局坚持全覆盖、高标准、严要求，不断加大争创力度，建立健全了定期协调推进和上下联动机制，及时帮助各宗教场所解决创建中遇到的问题。同时，积极开展“宗教慈善周”“宗教政策法规学习月”“道风建设年”等活动，进一步浓厚创建氛围。二是全力加强宗教场所建设。针对信教群众人数众多与宗教场所空间有限的矛盾，区民宗局积极争取政策和资金扶持，帮助宗教场所解决硬件建设中遇到的问题。2017 年，共争取专项资金 10 余万元，主要用于净因寺规范化建设、润州道院危旧房屋改造，有效排除了宗教场所的安全隐患，改善了信教群众的宗教生活。此外，区民宗局还于每年年初与各宗教活动场所签订“创建最安全场所”责任书，定期组织相关部门对宗教场所进行联合安全检查，始终绷紧安全这根弦。2017 年，为确保全市“宗教场所规范化建设现场会”在净因寺顺利召开，区民宗局在市民宗局的指导下多次深入现场，实地督查寺院建设与整改进度，并对寺院斋房、文化长廊、生活用水、防控系统建设等情况逐一了解，会议前期各项准备工作落实到位，力争使会议做到“四个头”（有看头、有学头、有用头、有念头），为全市宗教场所的规范化建设带好头。三是倾力保障重大活动开展。近年来，润州区建立健全民宗、公安、国保等部门协调工作机制，市、区上下联动，定期交流情况、研究问题、协同行动，围绕辖区主要庙观重大香期的消防安全保障，持续加强各宗教场所文明敬香的教育和监管，制订落实重大宗教活动工作预案，重大宗教活动期间区领导亲自挂帅，坚持一线指挥、现场协调，确保平稳有秩序、安全无事故。3.强化保障聚合力。一是壮大宗教骨干力量。鉴于宗教干部较少、基层力量薄弱的情况，区民宗局统筹抓好宗教干部、宗教教职人员、宗教信众义工“三支队伍”建设。各街道统战委员、民宗助理均已配齐，宗教教职人员初步形成了人才梯队，宗教信众义工队伍也在不断壮大。同时，区民宗局坚持独立自主自办原则，注重发挥各宗教场所的主体作用和佛协、伊协等宗教团体的关键作用，推动各宗教场所自我管理、自主发展。二是严抓场所财务管理。为规范财务管理、加强财务监督，区民宗局下发了《关于进一步规范宗教活动场所财务管理的若干规定》，对发生违反财务规定并产生严重后果的场所实行“一票否决”，一律取消星级场所和模范活动场所评选资格。同时，要求所有宗教活动场所的财务管理人员全部由具有会计资格的专业人员担任，避免账目混乱和不良后果的产生。三是严打非法宗教活动。区民宗局对非法宗教活动尤其是邪教势力渗透始终保持高压态势，坚持“有案就查、露头就打”。9 月 13 日，区民宗局联合公安部门制止了常发广场泰国佛修非法从事的法事活动。（余文谦）

润州区慈善总会

【概况】 2017 年，区慈善总会在区委、区政府的正确领导和社会各界关心支持下，在市慈善总会的具体指导下，深入宣传慈善理念，普及慈善文化，提高慈善意识，着力主动慈善，突出精准救助，自愿克难发力。按照年度计划扎实有序地开展了各项工作，取得一定成绩。2017 年，全区共募集善款 372.12 万元，其中小额冠名 111 人，共 24.6 万元，企业认捐 115 万元。在首届“镇江慈善奖”5 大奖项中，润州区收获了 4 项，其中企业家艾学平荣获“最具爱心慈善捐赠”称号；钟莹、刘彤、张晓春获“最具爱心慈善行为楷模”称号；杨嘉宏、阮庆红、杨柯获“优秀慈善工作者”称号；镇江市润州区康乃馨惠民服务中心“门里门外一手牵——情系单亲、流动母亲帮扶行动”项目被评为“最具影响力慈善项目”；镇江市润州区兼爱失独家庭服务中心相伴相随——失独老人关爱行动项目获 2017 年～2018 年度“心悦晚霞”慈善爱老项目江苏省立项；和平路街道桃一社区一家社会组织——益家环保志愿者工作队被润州区慈善总会授予“2016 年度优秀义工队伍”荣誉称号；镇江市九久老年康复中心被润州区慈善总会授予“慈善实践基地”称号。

加强自身建设。区慈善总会成立以来，一直把加强自身建设作为推动慈善工作的基础来抓，切实提升慈善组织的公信力。一是出台了《润州慈善总会慈善队伍“素质提升”学习教育活动实施方案》，制定了详细的学习计划，总会领导每月结合实际讲一课，学习结束后全体人员交流思想、撰写了学习心得；二是推进慈善信息公开，积极打造阳光慈善。实施信息公开透明是慈善的命脉，区慈善总会实现慈善信息平台页面的自主管理、资料统一上传及日常维护，把捐赠收入、救助支出、慈善项目动态等信息在网上公示，把每一笔慈善资金和每一个慈善救助项目、内容、受助人员全部公布于众，真正做到“明”和“细”，进一步增强慈善救助工作的严肃性和严谨程度，用“透明”和“阳光”赢得公众信任。

加大慈善宣传力度。一是借助媒体平台宣传慈善，2017年，总会与分会在报纸、杂志、广播、网站等媒体发布文章150篇，大大提高了润州区慈善品牌的“曝光率”；二是通过媒体广泛宣传受表彰单位和个人先进事迹，在全区形成积极向善和“我慈善、我光荣”的良好风尚；三是大力宣传《中华人民共和国慈善法》。在润州电台开辟专栏定期宣讲《中华人民共和国慈善法》；利用《润州手机报》向广大干部群众宣传《中华人民共和国慈善法》；区慈善总会还结合9月1日《中华人民共和国慈善法》的正式施行一周年和9月5日第二个“中华慈善日”这一契机，区慈善总会、分会、慈善工作站三级联动，统一定制标语横幅200条在全区悬挂，印刷各类宣传品近万份，9月5日上午，区慈善总会、分会设咨询台发放宣传资料，接受群众咨询。

做好慈善募捐工作。一是切实开展好“慈善一日捐”活动。7月份，区委办和区政府办专门发文，并召开全区领导干部动员大会，各街道、社区(村)也相继层层发动、个个参与，形成了领导带头捐、党员主动捐、干部职工自觉捐的良好氛围，全区三个月时间共收到“一日捐”善款219.79万元。二是深入企业，继续做好企业认捐工作。以《中华人民共和国慈善法》正式施行为契机，与各慈善分会分头一起，带着《中华人民共和国慈善法》和总会编印的80问小册进企业、跑公司，先后与39家冠名企业座谈，让企业了解慈善，截至12月底，已进账115万元。三是重视“小额冠名”捐。“小额冠名”已开展5年，2017年为了扩大“战果”，区慈善总会采取主动联系的方式催交冠名款，截至12月月底，共收到捐款24.6万元。四是开展不同形式的慈善爱心捐。2017年，区慈善总会及时在幼儿园、学校、有关公共场所搭建慈善爱心平台，区教育局除领导带头捐外，专门组织各学校、幼儿园动员发动捐款。截至12月，收到南徐新城幼儿园“书香溢满园，爱心传心田”义卖善款4733元，善款现场全部捐赠给了润州区慈善总会。

积极开展慈善救助。慈善救助是慈善总会主要工作，遵循慈善总会章程，积极开展“助困、助学、助医、助残、助老”等各种慈善救助活动，发挥慈善总会在完善社会保障体系和构建和谐社会中的补充作用。2017年年初，区慈善总会出台了《2017年慈善救助方案》，确定了全年救助项目19项，其中与上级配套项目14项，区本级项目5项，通过年初在全区的摸底，摸清全区困难户，救助对象，列出救助计划，有序开展救助。重点在助困、助医、助学、助残等方面进行救助，累计救助118521人次，共用救助款484.57万元。区慈善总会、爱心大使张晓春、润州区紫阳口腔诊所三方共同商定开展“夕阳红千人口福行动计划”项目救助，以资金合作方式进行，项目实施时间为20年，为润州区属地范围内的70周岁以上的农村五保老人、城市“三无”老人、失独老人、残疾老人等符合条件的救助对象进行口腔健康公益讲座、口腔普查、口腔疾病治疗、安装义齿等，项目计划每年救助100人次左右，救助总人数约2000人次，提升老人生活质量，享受幸福晚年。

慈善活动形式多样。2月，润州区益家环保志愿者助力“元宵点灯，照亮微心愿”活动，一起为困难儿童圆梦；3月22日，区慈善总会牵头在宝塔路黎明社区举行“情暖特困群体、倡导健康理念”公益活动启动仪式，活动主题是润州区益家室内环境检测公益服务中心和润州区安心家园公益服务中心义工团队向困难群众捐赠净水器和免费进行室内空气检测。首批30户家庭接受了净水器捐赠及室内检测；6月，镇江市扬州商会携手区慈善总会，定向捐助和平路街道2名白血病患儿，将爱心送到2名患儿家中，保证了他们后续治疗费用；组织总会全体人员及志愿者到镇江九久养老康复中心开展做义工活动，荡涤心灵，奉献爱心，感受养老院护理人员对老人的关爱，鼓励更多的志愿者义工队伍到康复中心做义工；8月，区慈善总会、区民政局携手镇江金江医院为全区内11家养老机构和1家社会组织的198名养老护理员提供免费体检。在检查中查出病情严重的护理员，享受医疗减免等救助措施，病情较轻的护理员也得到了免费赠药等关爱；9月，在佰润粤海大酒店一周年店庆之际，与润州慈善总会签订合作协议，共同开展“四佰”爱之行公益活动，向润州区老人、残疾人、困难家庭提供公益志愿服务；12月，区慈善总会联合金山街道慈善分会和润州山路慈善工作站，开展“冬衣捐赠，温暖民心”活动，组织志愿者向农民兄弟发放1000多件冬衣，确保外来务工人员能够温暖过冬。 (陈江萍)

润州区见义勇为基金会

【概况】 2017年，区见义勇为基金会(以下简称基金会)在区委、区政府、公安润州分局的领导和市见义勇为基金会的指导下，认真贯彻落实国务院和省、市政府《关于进一步加强见义勇为人员权益保护的实施意见》的精神，结合开展基层大走访活动要求，区基金会和分局政治处领导深入基层开展走访慰问活动，进一步体现党和政府对见义勇为人员的关爱，切实加强对见义勇为人员的表彰、奖励和权益保护等方面工作的力度，全年工作取得显著成效。

严格规范制度管理。公安润州分局党委高度重视基金会工作，及时听取工作汇报，及时研究提出的问题。对基金会开展的重大活动和创新的措施，分局一把手亲自过问具体指导，确保了工作顺利开展。同时，分局政治处主任定期参加理事长办公会，会同基金会同仁及时研究工作中遇到的问题，不断改进工作模式、完善各项工作制度，并且及时将基金会的有关工作在分局党委会上进行汇报交流，有力推动了工作顺利开展。3 月，基金会深入辖区基层所队、见义勇为工作站和相关单位开展为期一周的调研指导工作。基金会组织专人到分局巡特警大队，就基层保安辅警人员见义勇为"一案一奖"的申报、运转和质量把关方面进行具体指导；到宝塔工作站指导工作站基础台账的完善；到金山工作站指导新上任的工作站负责人着手建立志愿者之家工作；和宝塔路派出所教导员一起到市第一人民医院，与有关部门负责人商讨建立见义勇为人员"绿色通道"和进行体检的细化措施，研究下一步如何开展见义勇为工作共建等议题。在制度建设方面，区见义勇为基金会根据省、市见义勇为基金会的工作要求，制定、修改和完善了区见义勇为基金会《关于进一步明确润州区见义勇为基金会专职工作人员职责分工的决定》《关于进一步规范申报见义勇为人员材料的细则》和《润州区见义勇为基金会奖励抚恤办法》等一系列规章制度。全区上下，组织健全，网络畅通，工作氛围浓厚，建立了见义勇为工作微信群和QQ群，区见义勇为基金会网页，动态信息及时刷新，承上启下，保证信息公开、及时、透明和准确。基金会和工作站对各自的见义勇为人员的状况做到了底数清、重点准、情况明，基础档案和工作台账一目了然。正是有了全区上下强有力的组织领导，区基金会和各工作站的同志对见义勇为工作都能用心、用情、用力去做，从而促进了工作迈上新台阶。同时，注重夯实工作站基层基础，做到年初有目标，年终有考核。通过科学管理，使全区见义勇为工作进一步走上规范化、制度化的轨道。

稳妥把握褒奖节奏。及时褒奖先进，是基金会工作的重要环节。本着及时准确的原则，基金会对辖区涌现出的见义勇为人员，发现一个奖励一个，不重不漏，集中和单独表彰相结合。7 月，区见义勇为基金会与公安润州分局在宝塔路街道召开润州区见义勇为表彰会，对 2017 年上半年涌现的 7 名见义勇为积极分子进行集中表彰奖励，颁发"润州区见义勇为积极分子"荣誉证书和奖金 1.2 万元；9 月，及时表彰奖励了勇抓抢劫犯罪嫌疑人的倪鹏，理事长朱贵玉和秘书长杨曙平专程到和平路派出所为其颁发"润州区见义勇为积极分子"荣誉证书和奖励金 2000 元；11 月，区见义勇为基金会到官塘桥村委会上门表彰勇救落水男孩的老人张明东，公安分局政治处主任、区基金会常务理事凌军为张明东颁发"润州区见义勇为积极分子"荣誉证书和奖励金 2000 元。2017 年，全区见义勇为人员抢险救灾 6 人次，为公安机关提供线索或直接抓获犯罪嫌疑人 26 名。区见义勇为基金会表彰奖励见义勇为积极分子 9 名，颁发奖金 1.38 万元，给积极协助公安机关抓嫌犯、破案件的 11 名基层保安辅警发放专项奖励金 0.95 万元。

加强基础，拓展网络动态模式。在对 34 名获得区政府以上表彰的见义勇为人员建立权益保护档案的基础上，不断保持上门走访慰问、电话常态联系的方式，对他们日常生活中出现的新情况新问题及时了解并帮助，个人基本信息的调整、个人健康的现状、家庭收入及困难新情况，修正和完善他们的权益保护档案。对 2017 年新涌现出的董树青、焦守信等见义勇为人员，区见义勇为基金会协同派出所一起调查核实，根据掌握的实际情况，为他们申报建档。区见义勇为基金会网站上有图文并茂的见义勇为人员光荣榜和动态情况，使基础台账更为直观便于刷新留存，顺应网络时代的办公模式。年内，建立健全了每一位见义勇为人员的奖励呈批表和表彰决定，冬夏两季的慰问金、困难补助金呈批表和决定，医疗卡、公交卡、园林卡发放名册，生日蛋糕发放和免费健康体检，人身意外伤害保险等电子档案，使全区见义勇为工作的基础管理彰显时代节奏。

加强权益保护，创新举措畅通渠道。一是开展走访慰问，落实帮扶措施。根据见义勇为工作要求，区见义勇为基金会紧扣"见义勇为人员权益保护"主题，开展走访慰问，落实帮扶措施。区见义勇为基金会多次与各街道工作站以小型会议和个别登门的方式，分别对全区 34 名曾受到区政府以上表彰的见义勇为人员或家属、市见义勇为积极分子中的特困家庭进行了走访慰问和座谈，列出帮扶重点，先后为帮扶家庭和人员共发放慰问金 4.56 万元、困难补助金 1 万元。7 月，区见义勇为基金会主动邀请部分受区政府以上表彰的见义勇为人员进行座谈交流。公安分局政治处主任凌军向与会见义勇为人员报告了公安机关开展的"大走访"活动，倾听他们对公安工作、基层工作和见义勇为基金会工作的建议和意见，针对他们反映的具体困难和诉求，耐心地作出一一解答并提供帮助解决问题的途径和方法；区见义勇为基金会秘书长杨曙平组织与会人员一起学习了《江苏省奖励和保护见义勇为人员条例(草案)》讨论稿的精神,要求他们按照条例,自觉维护自身荣誉;理事长朱贵玉要求区见义勇为人员群体珍惜荣誉,继续发扬光荣传统,在日常交往中互帮互助、相互警示不做违法违规事,共同关心见义勇为工作,当好见义勇为联络员、信息员,及时向基金会反馈相关信息,壮大见义勇为队伍。同时,组织街道工作站同志到生活困难的见义勇为人员家中,送上一份炎炎夏日的清凉问候,并把防暑降温日用品递到他们手中。10月,制止猥亵犯罪行为的江科大学生张祯父亲癌症治疗导致家境困难影响学业,区见义勇为基金会了解情况后,及时为其申请了困难补助。二是关心思想政治,赠订《京江晚报》。为进一步提升见义勇为人员政治素质,区见义勇为基金会花费7200元给受市政府以上表彰的具有固定住址的20名见义勇为人员订阅了一份《京江晚报》,让他们感受到权益保护同时,可以关心时事、政治,熏陶良好的文化气息。2017年春节前夕,区见义勇为基金会专门为见义勇为人员发放一封新年慰问信。三是续购人身保险,减轻意外负担。在2016年首创为见义勇为人员保险的基础上,2017年8月,为曾受到市政府以上表彰的24名见义勇为人员继续购买了300元的人身意外保险,其中4名是初次享受此项待遇。四是安排健康体检,提供健康保障。区见义勇为基金会在日常工作中掌握到在润州创业的外来人口中获得见义勇为表彰的人员,由于他们因条件所限不能及时得到相关的健康保障,为此,拿出专项经费,安排7名符合条件的到市第一人民医院进行免费健康体检并建立健康档案;五是发放生日蛋糕卡,发送祝福短信。给受区政府以上表彰的见义勇为人员发生日蛋糕卡和手机生日祝福短信,祝福同时勉励群体人员继续珍惜荣誉,当好见义勇为的表率;在"七一"党的生日之际,给3位身为党员的见义勇为人员发手机短信,要求他们不忘初心,永葆党员本色,为润州见义勇为事业作出更大的贡献;六是组织赴浙疗养,拓视野陶情操。2017年10月,花费4.96万元组织受区政府以上表彰的先进分子,赴浙江普陀山、宁波等地疗养。

多项举措,强化宣传。一是开展舆论宣传,增强社会影响。营造学习、崇尚、关爱、争当见义勇为道德模范的浓厚氛围,不断造势扩大见义勇为的正能量宣传,引导全社会更加尊重和关爱见义勇为人员,是区见义勇为基金会2017年的一项重要工作,全年,投入宣传经费6.97万元。其中,区见义勇为基金会与公安润州分局设计制作了一批印有见义勇为和防范知识宣传内容的围裙、餐巾纸盒、便携布袋和鼠标垫。11月,区见义勇为基金会和韦岗街道、派出所一起,在韦岗菜场小广场开展见义勇为志愿者活动时,志愿者们给辖区的见义勇为人员和群众进行相关法律知识的咨询和解答,发放印有见义勇为和防范知识宣传的围裙、餐巾纸盒等。区见义勇为基金会和公安润州分局深入辖区宣传、教育、引导全区人民群众学习见义勇为英雄事迹,在君临南山小区、韦岗村镇等处又新安装了7块鲜亮的双面见义勇为和安全防范宣传栏,弘扬社会正气,同时增强群众防火、防盗和防骗意识。二是密切联系记者,强劲宣传态势。区见义勇为基金会和各个工作站经常保持和媒体的合作,通过报纸、电台、电视台和网络,及时宣传报道全区见义勇为人员的先进事迹,使见义勇为传统美德家喻户晓,共有宣传报道23篇,其中省级4篇。9月,公安润州分局和区见义勇为基金会约请《扬子晚报》《镇江日报》和镇江电台、电视台等新闻媒体采访报道了深夜擒获的蒙面持刀抢劫犯倪鹏的见义勇为事迹;11月,组织市级媒体记者连续报道救落水男童的老人张明东,同时公安润州分局政治处主任凌军以基金会常务理事的身份向媒体记者们介绍了区见义勇为基金会表彰奖励和帮扶见义勇为人员的相关情况,扩大见义勇为工作的影响面。各工作站也常年结合法律和综治宣传月等活动,邀请各路记者参加体验并宣传。和平街道成立见义勇为之家在金山网上发布;七里街道见义勇为宣传进社区的图文刊登于《镇江日报》民生版面;宝塔街道表彰见义勇为志愿者、蒋乔街道慰问见义勇为先进个人的新闻均适时在《镇江日报》的润州天地版登出。三是形式多样,打造见义勇为社会面宣传的强劲态势。各街道工作站常年结合法律宣传和综治宣传月等活动,不断增强广大干部群众的见义勇为意识,进一步调动人民群众参与见义勇为的热情,营造平安建设的良好氛围。宝塔街道工作站在人员密集场所举办"平安法治"文艺汇演,将见义勇为精神融入节目中,通过大型文艺汇演活动,弘扬社会正气,提升广大群众的道德情操,营造"崇德向善、循法而为"的社会氛围;和平路街道工作站法制学校两次对普通居民、老党员、青少年等开展了见义勇为法制讲座培训;七里甸街道工作站夏季在新城花园社区广场开展了主题为"我为人人,人人为我"见义勇为的宣传活动。活动现场摆放见义勇为事迹相关知识内容的展牌,向社区群众发放了见义勇为宣传资料和宣传扇,开展了见义勇为知识有奖小问答活动。各工作站通过宣传、教育、引导群众学习见义勇为英雄事迹,弘扬社会正气,争当见义勇为道德模范的浓厚氛围,扎实推进精神文明建设。

加强自身建设，提高服务水平。年初，为有力提升各工作站工作绩效，基金会认真分析基层工作质态，以工作动态为抓手，加大工作考核力度，收到效好成效。一是借助平台，努力开辟见义勇为阵地建设。各街道先后投资建立了平安法治文化广场和长廊。在此基础上，设立的大幅法制宣传版块中有部分见义勇为板块、有见义勇为箴言牌、还有见义勇为知识宣传视窗、普法草坪牌以及社区服务大厅门头上电子显示屏上也有滚动见义勇为字幕等，图文并茂地反映古今中外的见义勇为典故、见义勇为法律条文，把见义勇为理念和见义勇为法律条文转化成群众喜闻乐见的文化内容和形式，直观地宣传见义勇为法律法规知识，让群众在潜移默化中接受见义勇为文化熏陶。二是以人为本，提升为见义勇为人员服务的水平。区见义勇为基金会切实加强对各工作站志愿者队伍的建设和开展活动指导。各街道经常性开展志愿服务活动，利用辖区资源为曾受过市政府以上表彰的见义勇为人员提供了理发、洗澡、电动车修理和法律咨询的免费服务，并充分利用辖区可用利用资源尽可能为他们做好优抚优待服务工作。宝塔街道工作站建立的全区首个“见义勇为人员之家”设立在服务功能齐全的街道文体活动中心，为开展见义勇为活动提供了阵地支持。还举办了社会组织“3S”沙龙“对对碰”的交流活动，为见义勇为人员的志愿活动增添新的服务力量；和平街道工作站1月份新成立“见义勇为人员之家”后，开展了一系列见义勇为志愿者与见义勇为人员“心连心”的帮扶活动。韦岗街道工作站以季度为单位，联合韦岗派出所先后组织见义勇为信息员、志愿者参观韦岗战斗纪念馆、赴茅山新四军纪念馆瞻仰和缅怀先烈和在韦岗菜场门前广场为见义勇为人员及广大群众义诊测血压、血糖、修电脑和手机等服务居民群众，使见义勇为的美德驻入人心。

（区见义勇为基金会）

社会保障

【概况】 2017年，在上级部门的指导和支持下，全区社会保障工作平稳运行。

【社会保障量质齐升】 充分发挥好社会保险“稳定器”“减压阀”的作用，建立多层次的社会养老保险体系，统筹推进城乡居民基本养老保险政策实施，明确“多缴多得、长缴多得”的待遇激励机制激发参保热情。一是完善社会保障制度。全面完成全区机关事业单位人员核定和参保登记工作，登记在职人员3135人，登记退休人员1902人。二是扩大社保覆盖面积。实施全民参保计划，新增被征地农民1868人，扩面3022人，拉动基金1204万元，完成养老基金征缴2.7818亿元，完成进度全市领先。三是提升社保服务质效。整合窗口硬件资源，创新服务形式，增添“人脸识别”“指纹识别”等数据运用，推动人社服务向“互联网+”迈进，取得了明显成效。

（区人社局）

【城乡低保工作】 一是落实低保动态管理。2017年，润州区新增城乡低保107户、162人，停发城乡低保188户、352人，变更城乡低保52户，核减58人。截至12月份，全区共有城市低保3151户、5672人，农村低保275户、482人。做好低保提标和保障金发放，7月，按照《关于做好城乡低保提标工作的通知》，城乡低保月保障标准由625元/人提高至655元/人。全年，共发放城乡低保金3590.16万元。二是开展城乡低保节日慰问。在2017年春节来临前，区民政局根据市、区两级政府决定，对3401户、6217名城市低保对象和493户、860名农村低保对象，按照一人户400元，二人户600元，三人及以上户800元，分别发放了春节普惠制慰问金和市区特殊困难群众春节专项补助金，共计431万元。

【特困群体救助】 2017年，区民政部门和街道扎实开展临时救助工作，共救助困难群众553人次（不包含慈善救助），救助资金总额44.8万元，平均救助810元/人次，其中低保户435人次，低保边缘户118人次，因病499人次，突发灾害16人次，其他38人次。

（区民政局）

七里甸街道

【概况】 七里甸街道位于润州区南山路，是镇江市新行政中心和润州区政府所在地，润扬长江公路大桥、城际铁路、扬溧高速、312国道等在境内均有接口，坐拥南徐新城“首善资源”，区位优势独特。2017年6月，街道所辖五洲山村、四摆渡社区划归镇江高新区，调整后的街道总面积14.69平方公里，辖12个村(社区)，年末总户数19343户，总人口48615人。

2017年，街道紧紧围绕“推动‘五城共建’、建设‘强富美高新润州’”的总体部署，认真学习贯彻中共十九大以及区委八届三次全会精神，真抓实干、克难奋进，推动经济社会各项事业稳步攀升。区划调整后，实现定报工业利税900万元、固定资产投资23.32亿元、工业技改投资1.27亿元、产业类实际利用外资500万美元，完成公共财政预算收入2.64亿元、社会消费品零售总额18.85亿元。

突出“转型高效”，经济建设稳中求进。移动物联网产业大厦、美的城二期等3个区级亿元项目建设序时达标，镇江建科院与扬州大学，新创计算机公司与南京财经大学联合成立产学研合作基地，加快高校科技项目和成果产业化进程。在街道组织辖区内企业参加镇江市科技镇长团“扬州大学行”的活动中，江苏镇江建筑科学院和扬中大学进行了集中签约。重点梳理辖区内金恒大厦、精品楼盘商业街、村居集体资产等闲置楼宇，制定招商手册，适时对外发布信息。加强科技人才工作力度，全年完成R&D投入5400万元，发明专利申请35件。积极组织申报镇江市“金山英才”人才计划共10名(创新6名、创业4名)，申报“省双创”人才计划4名，睿泰科技引进的王晓光博士进入金山英才服务业公示阶段、江苏柳工引进的任峰博士成功进入“省双创”面试。

突出“便民惠民”，民生工程持续发展。扎实开展惠民大走访，全年下基层干部人数149人，走访农户2290户，走访城市居民10385户，走访企业475家，走访困难家庭252户，收集问题98个解决问题80个。推进和谐社区建设，12个村、社区和谐社区达标率为83%，实施金星、光华区域性党群服务中心改造提升计划，打造辐射周边的居民10分钟公共服务圈。探索居家养老模式，新成立的老年人助餐服务点分别在二道巷、七里甸、万科、四圩等社区先行先试，全年街道辖区享受政府资助的居家养老信息呼叫服务、居家养老上门服务和入住养老机构服务人数分别达到50人、60人和3人。2017年街道城镇失业人员再就业人数920人，困难人员实现再就业182人，小额担保贷款发放22笔，再就业技能培训86人，创业培训35人，就业高校毕业生实名登记率完成100%。全年共发布用工信息单位53家，开展并参加招聘会4场，接待求职登记人员167人次，成功介绍55名求职者进入企业工作。

突出“精细长效”，城市管理水平提高。全年城市建设管理投入324.67万元，累计修复破损道路3970平方米，改造低洼积水路面1340平方米，清理卫生死角和杂草、乱堆乱放等931.8吨，出新街巷墙体9480平方米，清除小广告8309处，拆除违章广告550平方米，修复管护苗木花草7180平方米，整治规范车辆停放1257起，整治占道经营和店面外溢525起，高标准规范临时疏导点7个。有序提高小区物业管理的科学化水平，帮助君临南山小区联系新城悦物业管理有限公司，并按照相关规定成立君临南山物业管理委员会。对群众反映强烈的朱方路291号老旧小区进行全方面的改造和提升。

突出"打防结合",综合治理态势良好。丰富法制宣传方式,依托公共文化场所,广泛建立普法阵地,联合派出所送法制课进校园,开展法制巡回宣讲走村进企,全年组织法制教育课58场次,受教育人数达4万余人。全年街道、村居委会共成功调解各类矛盾390起,制作调解协议书390份,调解成功率100%。街道司法所荣获省"六五"普法先进单位、人民调解省规范化建设示范点,七里甸特殊人群的治根模式获得镇江市政法系统三等奖。妥善安置矫正对象,全年共组织社区服刑人员集中教育15次,受教育人数达312人次,安排参加职业技能培训2次,参加人数达36人,安置就业工作2人。扎实推进综合治理工作,全年共接待群众来访50批,受理阳光信访案件71件,办结61件。五里社区荣获"全国无邪教示范社区"的称号,成为无邪教示范典型社区,并予以授牌。作为试点单位开展的出租房屋安全隐患集中整治工作已初见成效,截至年末街道已排查出租房屋1617户,发现安全隐患6例并当场进行整改。围绕全国"两会""一带一路"倡议和中共十九大胜利召开等重大节点做好信访稳控工作,十九大期间未发生一起人员失控和进京赴省上访情况。

突出"固本强基",基层党建再上新台阶。严格落实基层党建"三张清单",全年召开4次党工委会议专题研究部署,党的建设在街道考核体系中分值占比提高到30%,全体班子成员挂钩联系全部12个村、社区,调研指导督查推进党建重点工作。常态推进"两学一做"学习教育,党工委以上率下全年到挂钩联系社区讲党课20多场次。基层党支部依托"三会一课"、讲学平台等,创新"党章晨诵""红色洗礼"等形式,将党章党规和讲话学习融入日常。督促街道机关及村、社区等18个党支部经按期换届整改。深入推进三级书记项目。全面加强城市基层党建工作,引入各类结对共建单位30多家,打造光华、万科、金星3个区域化党建阵地。扎实推进"双型"先进党支部建设,试点建立党员教育管理"微平台"实施积分管理,成立"红色健跑团"、党员读书会等"党员自组织",万科社区润园党支部蝉联全市五星级先进党支部。2017年实际利用为民服务专项资金146.87万元,完成项目59个。

【搭建平台提升社会服务水平】

2017年,街道创建万科社区市级人社服务示范平台、光华社区省级创业型社区以及光华社区省级人社服务示范平台,依托平台推动就业,组织辖区内企业参加南京财经大学专场招聘会活动,江苏鼎峰、新创计算机、第六空间等7家企业参加现场招聘会,提供近百个就业岗位。街道12个村、社区高标准建成社区综治办,其中万科社区综治办多次迎接新疆、西藏、台湾、广东等外地领导和同行的考察学习。

【夯实阵地营造精神文化家园】

2017年,街道文化站新增文化设施面积200平方米,万人增幅50平方米,荣获全国社区教育示范街道称号。光华社区投入80万元建设基层文化综合性服务中心。完成五里、新城、天和星城三家单位的综合文化服务中心建设任务。组织"梦想起航 童心飞扬"晚会和"淘文化网走进七里甸街道"等演出。

【创新模式丰富统战工作内涵】

2017年,街道万科社区创新"三进三联"(工作体系进入,联通党内党外;资源平台进入,联结线上线下,项目服务进入,联动社区社团)工作机制,推动党的统战工作向网络社会组织领域延伸,努力构建同向而行、同心画圆的生动格局。该模式先后收到中央统战部、省委统战部、中国社会科学院的现场调研参观,得到了上级领导的一致肯定。

【树造品牌彰显基层党建活力】

2017年,街道万科社区支部书记工作室入选省级申报点,光华社区党员廉政教育基地获评全区十佳党员教育实境课堂、季秀平等3名党员获"润州先锋"荣誉。街道书记项目"实施末梢治理,强化基层党组织整体功能"获评全区优秀书记项目,被江苏省委新闻网、《镇江日报》、"镇江先锋""润州先锋"等媒体多次报道。社会组织党建"双管双培"管理模式获得全国网络社会组织工作推进会观摩,万科社区"党建引领360"得到郭文奇、惠建林、李健等省市领导肯定。

（江　悦）

2017 年七里甸街道各村、社区基本情况

表 20

村、社区名称	面 积（平方公里）	总户数（户）	总人口（人）	村、社区党支部（总支）书记	村、社区主任	办公电话
光华社区	2	551	2225	江晓鹏	戴德荣	85624401
金星社区	1.2	536	1800	唐家义	唐家义	84448180
四圩社区	2	1160	3500	张国平	张　翔	85596988
五里社区	1	410	1300	杨永全	曹　仁	80861079
曙光村	4.2	560	1100	季秀平	汤庆林	85622282
二道巷社区	0.4	1624	3159	陈静萍	陈静萍	85607517
朱方路社区	0.12	1255	3300	殷　骥	殷　骥	85606778
七里甸社区	0.27	1168	2976	杨玉坤	杨玉坤	85607881
天桥路社区	0.5	875	2925	周以馨	周以馨	84430757
天和星城社区	0.5	2104	6200	程红福	程红福	85246717
万科社区	1.5	5500	15600	夏光明	严　皓	85604208
新城社区	1	3600	7830	杨永全	唐平平	15716102093

注:2017 年 6 月五洲山村、四摆渡社区因区划调整已划出七里甸街道

（江　悦）

官塘桥街道

【概况】 官塘桥街道位于镇江市南郊，是 2011 年 7 月 20 日由原蒋乔镇拆镇设街后成立的新街道，同时也是官塘新城开发建设的主阵地，街道办事处驻官驸路 6 号。该街道东毗邻镇江丁卯经济开发区，南相接丹徒新区，西北紧依南徐新城区，辖区有 338 省道、京沪高速铁路和沪宁城际铁路等交通干线。2017 年，街道行政区域面积 16.32 平方公里，总户数 2766 户，总人口 7730 人，下辖官塘桥、平山、秀山三个村委会和宝平、远洋两个社区。辖区内有中学 1 所，小学 1 所，幼儿园 1 所，卫生院 1 所。

产业建设实现新起步。在产业载体上，交通产业园 2.3 万平方米展示馆（1 号馆）正式开工，顺利推进；在重点项目上，医养融合 PPP 项目、杭州新天地产城融合项目、盈创科技 3D 打印、低碳小镇等一批重大项目正在加紧洽谈之中；在推动招商、服务项目上，会同区发改委、商务部门多次与交产集团对接，开展了信息共享、政策上门、联合招商等，加快了招商进程，提升了招商效果，官塘产业建设实现了新起步，氛围越来越浓，前景越来越好。在人才与科技工作上，获批金山英才计划 1 个（徐阳春教授），实现了全区农业类人才项目零突破，认定国家级高新技术企业 1 个，研发投入、发明专利申报均超额完成；在经济指标上，全年分别完成固定资产投资 27.35 亿元、社会消费品零售总额 6 亿元、公共财政预算收入 7079 万元、发明专利 30 件，主要指标均完成全年任务（调整后）。

环城市环境得到新提升。全力推动基础建设。居住户拆迁基本完成，非居户进入扫尾阶段，全年共完成 237 户、11.39 万平方米，完成征地 22.5 公顷，流转土地 22.2 公顷，安置回迁 794 套，新增 1771 名村民进入失地农民保障系统，实现了街道 16 周岁以上村民全部享受征地保障待遇。全面开展 263 专项整治。对照标准，按期完成 23 家养殖场关闭，数量全区最多；严格实施河长制，实行河段挂牌，公布河

长姓名，明确目标职责，重点加强四明河常态化管控，进一步督促、推进污水管网建设。全区域强化城市管理。进一步建立了责任到人、人员到岗、上下联动、齐抓共管的“大城管”机制，24 小时开展违法建设、违法用地、偷倒渣土等巡查，注重河道、沟渠疏通和斜坡地质灾害防治，圆满完成了文明城市创建、秸秆禁烧等阶段性任务，经受住了多次强降雨天气考验，有力保障了官塘新城基础建设。

民生改善取得新进展。一是坚持富民。大力发展村级集体经济，全年新增经营面积 5800 平方米，三个村经营性总收入达到 1600 万元。全区首家被认定为省级创业型街道，五个村、社区均创成省级创业型村（社区），成为全区唯一一家全覆盖街道，农批市场新批为“省级创业示范基地”，秀山村本土大学生黄奇荣获“省大学生优秀创业项目”。扎实开展“三治理一挂牌”，以农村产权制度改革为目标，按进度、按步骤有序推进。二是坚持惠民。持续实施尊老金、大病救助、大学入学奖励制度，平山村新实施了残疾人月补助制度，进一步把发展成果惠及群众。三是坚持助民。以走村入户大走访为契机，突出问题导向，共收集问题 139 个，涉及不动产登记、道路改造、城市管理、社区服务等，已解决 112 个；突出精准扶贫，将 154 户低保家庭和 23 名精准扶贫人员作为重点，正通过鼓励创业、帮助就业、慈善救助、社会关爱等多方面、多途径加以解决。四是坚持安民。深入开展大排查大整治行动，累计查出各类隐患 489 处，整改 482 处。

社会事业呈现新活力。科普工作领跑全区。开展了“首个全国科技工作者日暨官塘桥街道第 29 届科普宣传周”活动，组织实施科普创新计划 2 个，与市科协联合开展的“低碳农业与生态文明建设”课题调研受到好评，“发展低碳农业建设生态文明的实践与思考”被 2017 年海峡两岸（苏台）农业特色小镇科技交流研讨会录用。官塘村荣获“镇江市科普惠农兴村先进单位”，鲍荣龙获得“全国农业科技协会先进工作者”荣誉称号。文明创建深入推进。党员干部利用大走访契机，走村入户引导居民群众争做文明人，大力宣传文明观念，提高居民的文明程度；社区网格长和志愿者们深入辖区单位，倡导商户文明经营，营造了良好的文明氛围；小候鸟课堂、乐夕阳服务队、新城帮帮团等志愿服务队逐渐形成规模和品牌。基层文化蓬勃发展。积极组织开展“我们的节日”“家在润州”“幸福四季欢、和谐新官塘”“农民运动会”等特色文化活动；挖掘和放大“农耕文化”品牌效应，发扬传承好“秀山号子”“太平花灯”等一批非遗项目；承接区级非遗传承、农民运动会和农民春晚 3 个子项目。

坚持全面从严管党治党。严格落实党要管党、从严治党要求，按照区委统一部署，突出问题整改，努力增强工作实效，不断提升基层党建和党风廉政建设实效。

一是不断夯实基层党建。抓重点。深入推进“两学一做”学习教育常态化制度化，全面落实“三会一课”制度，扎实推进“双型”先进党支部建设，狠抓红色形象体系建设阵地内涵双提升。大力推进书记项目，召开 4 次专题会议，“一把手”责任贯穿选题确定、明确指标、序时推进、总结提升全过程，通过实施“着力‘两个作用’，开展‘五式’服务”项目，有效增强党员归属感、组织存在感、群众认同感，该项目被《镇江组工信息》宣传推介。同时，村（社区）书记项目取得较好成效，党员双轨制管理为全区流动党员管理探索了新路，积累了经验。党员队伍中被评为市级党员先锋 2 人、区级党员示范岗 1 个、区级劳动模范 2 人，宝平社区党支部被评为区级党支部书记工作室。抓队伍。严格执行干部选拔任用全程纪实，不断完善事前动议、民主推荐、组织考察、讨论决定、任前公示等程序。全年招录公务员 3 人、事业人员 1 人，实现 2 名村干部有序流动。选拔任用机关中层干部 10 人，其中，中层正职 2 人，中层副职 8 人，为街道干部队伍注入新鲜血液，促进干部队伍建设持续加强。抓实效。以活动为载体，在激发队伍活力上下功夫，推出“老年追剧坊”“小候鸟培训班”“草根文艺团”等多个服务品牌，依托宝平党支部先锋服务站、官塘桥村党员充电站等载体，红细胞、帮帮团等志愿服务队伍提供服务 160 余场，参与党员 1200 多人次。抓宣传。全年在各类媒体上录用稿件 300 余篇，《人民日报》《光明日报》《新华日报》《江苏新时空》等省级以上媒体相继报道街道精彩活动和工作成效。年内开通的“魅力官塘”微信公众号，每周推送街道和村居重点工作、动态，吸粉已超 600 人，逐步提升了街道影响力。

二是严格落实主体责任。明确责任清单。切实将党风廉政建设“两个责任”落到实处，制定并下发“两个责任”清单，明确分工，责任到人；严格落实《关于落实党风廉政建设“两个责任”全程记实制度的通知》，督促每位领导班子成员按序时进度完成廉政记实要求，进一步履行“一把手”“第一责任人”职责和党工委班子成员“一岗双责”。层层压实责任。年初与班子成员、各基层党组织负责人签订党风廉政建设责任状，明确工作目标，层层传递压力；全年 4 次召开专题会议研究部署党风廉政建设工作，班子成员多次到村（社区）指导党风廉政建设工作。筑牢反腐防线。认真落实党风廉政建设和反腐败工作的新部署、新要求，严格执行廉政谈话制度，与机关部门和村(社区)主要负责人开展廉政谈话37人次,提出整改意见4条。

三是狠抓党风廉政建设。狠抓巡察问题整改。把区委巡查作为把脉问题、整改提升的重要机遇,从思想上高度重视,工作上主动配合,问题上全力改进,推动了党风政风进一步提升。对巡察反馈问题,党工委专题召开会议,一条条研究方案,一项项明确责任,将整改工作明确到人、到岗、到时点,确保整改完成。同时,推进常态化、长效化管理。推进制度落实。为健全和完善党内监督制度、依法决策机制,规范决策行为,加强廉政建设,修改完善了《街道"三重一大"事项决策制度实施办法》《街道党工委议事规则》。强化廉政教育。年初,制定党工委党风廉政建设学习计划,全年开展党风廉政专题学习9次,开展党员干部廉政学习6次。以宝平文化广场为载体,强化阵地建设,多形式开展廉政文化宣传,常态化开展"廉政春联进社区""廉政故事大家讲"等活动;号召机关党员"晒晒我的廉政桌面",通过征集廉政标语、转发朋友圈等形式,浓厚街道廉政氛围。弘扬廉政文化。平山村组织党员书写廉政春联,发动居民常做廉洁勤政"监督者",提醒党员增强廉洁自律意识;秀山村建立讲学平台、红色文化墙、在农批市场党支部建立红色党群阵地,积极开展廉政文化进村活动,帮助党员干部把好廉政关;官塘村组织党员赴红色教育基地嘉兴南湖,重温党的发展历程,感悟红船精神,开展廉政教育活动;宝平社区用身边人、身边事教育警醒,让党员干部和居民亲身感受廉政价值;远洋社区"凤栖苑"诗社分社组织党员创作廉政诗词,鼓励党员成为廉政文化的传播者。

四是把握意识形态导向。注重理论武装。将中共十九大精神、习近平总书记系列重要讲话精神以及省市区重要会议精神作为必修内容,全年组织班子成员、各村(社区)党组织书记、副书记等参加意识形态主题培训4批次,专题学习和讨论6场次,征集微心得41篇,江苏先锋用稿1次、镇江先锋1次、润州先锋5次。落实工作责任。严格按照上级要求,召开街道意识形态工作专题部署会暨专项督查会,研究制定了《官塘街道关于做好当前意识形态工作的责任清单》,安排1名分管领导和相关部门负责意识形态问题研判和处置,明确了"一票否决制"要求。强化氛围营造。利用"魅力官塘"、QQ群、微信群等"两微一端"媒体开展意识形态宣传教育,积极营造清朗网络空间,针对出现"官塘桥"字眼的信息,密切关注,及时跟踪,坚持管、用、防三措并举,牢固占领意识形态领域主阵地、主战场。

【学法遵法普法用法】 2017年,街道深入推进普法学习教育常态化制度化,坚持开展党工委中心组集体学法、党员干部学法讲座等活动,党工委中心组每季度学法2次,党员干部每月学法1次;党工委班子成员结合"旗帜鲜明讲政治"等三个专题集中研讨学习;以增强"四个意识"为关键,进一步增强领导干部担当作为、争做先锋、知法守法的自觉。开展"法律六进"系列活动,对公务员、执法人员、党政领导干部、流动人口、青少年、居民等全方面全覆盖进行宣传教育。开展"七五"普法宣传活动,成立街道法治宣传领导小组,制定第七个五年法治宣传教育规划,相继开展了农民工学法、远离非法集资、禁毒等普法宣传活动,开展普法活动10余场,发放法治宣传资料3000多份。定期召开专题会议,邀请公安、司法和各村、社区综治主任参加,对信访案件、民事纠纷,依照法律法规提出行之有效的解决方案。

【防范和打击非法集资】 2017年,街道针对在暖企惠民大走访活动中梳理的部分村(居)民拆迁补偿款遭受金融诈骗的案例,于3月17日上午在秀山美苑广场,组织市经侦支队、润州区法院、润州区金融办、江苏银行官塘支行、辖市区人大代表、官塘桥派出所、街道综治委等联合开展了以"珍惜自己血汗钱、保卫父母养老钱、守住子女读书钱、请远离非法集资"为主题的公益宣传活动。通过现场咨询、专家讲解、受骗村(居)现身说法、设置展牌、张挂条幅、发放宣传单等形式,向辖区村(居)民介绍非法集资的特征、表现形式和常见手段,引导广大村(居)民深刻认识非法集资的社会危害性,并号召村(居)民积极行动起来参与到防范和打击非法集资的行动中来,识别非法集资的险恶用心,坚决不参与非法集资。活动共发放宣传购物袋500个、宣传围裙500条、宣传资料1000余份,极大地提高了村(居)民对如何防范非法集资等知识的了解,加强了村(居)民自觉抵制非法集资诱惑的意识。

【重点工作】 2017年,街道全力推进重点工作。一是突出项目建设。全力推进招商·南山创意产业园、复星四季科技城、官塘休闲商贸城、农批市场改扩建等新开工项目,加紧对接汽贸城、四平山公园、新官塘变电站等储备项目。二是紧盯重点指标。确保完成固定资产投资、公共财政预算收入等指标。三是加强招商工作。促成中浩集团与林隐山庄合作的林隐茶博园项目;引进台资远东环保非金属刹车片项目。

【举办趣味运动会乐翻乡村娃】 8月22日,官塘桥村举行"我们的七彩假日"第三届青少年小小趣味运动会,10多名乡村娃在“运西瓜”“有轨电车”“风火轮” 等趣味比赛项目中角逐胜负，健康快乐迎接新学期到来。官塘桥村校外辅导员韩静自编自导的新游戏，让整日待在家里抱 iPad、看电视的孩子们都动起来。每年寒暑假，官塘桥村都会组织一些文体活动,让孩子们玩起来,提高身体素质,学会团结一致,培养阅读的良好习惯,促进孩子们阳光、自信、健康成长。

【举办“家在润州”广场演出】 9月28日下午，街道在宝平文化广场举办“2017年家在润州”特色文化广场演出,现场载歌载舞、欢声笑语,吸引了数百名市民前来观看。街道下辖三个村、两个社区根据自己的特色出节目，既饱含乡土气息,又融入时尚元素,南乡田歌《秀山号子》、印度舞《零度桑巴》、小品《圆梦》、葫芦丝《天边》等15个节目,赢得现场观众叫好声、鼓掌声一阵高过一阵。街道通过广场演出等形式,将“农耕文化”特色传承下去，同时发挥文化“安民、乐民、惠民”作用,丰富老百姓的精神文化生活，展现文明、和谐、幸福的官塘新风貌。(王 倩)

2017年官塘桥街道各村、社区基本情况

表21

村、居名称	面积（平方公里）	村民户数（户）	总人口（人）	农民人均收入（元）	党总支书记	主任	办公电话
平山村	6.7	1168	3183	22000	张义成	邱振宇	84522586
秀山村	6	760	2450	25680	吴志坚	朱明辉	85968270
官塘桥村	3	572	1500	25851	朱荣平	朱荣平	84510985
宝平社区	0.22	107	256	——	徐 毅	——	84523580
远洋社区	0.4	159	341	——	鲍水靖	孙 俊	80316055
合 计	16.32	2766	7730	——			

(王 倩)

宝塔路街道

【概况】 宝塔路街道地处镇江市润州主城区,东至古运河及丁卯桥路,南至天桥路、南山路、北府路,西至檀山路、黄山北路,北至中山西路及京口闸，总面积7.63平方公里。街道下辖11个社区居委会,其中电力路片区服务中心含电力路、广东山庄、同德里三个社区工作站，街道年末总人口71118人，总户数24288户,是全区城市经济核心区、项目建设的主阵地,是集商贸服务、餐饮娱乐、文化旅游于一体的镇江商业新中心所在地。2017年，宝塔路街道以迎接宣传贯彻中共十九大为主线,对标苏南加油干,精准务实惠民生,各项事业取得了新进展,发展动力不断增强、转型升级步伐加快、项目建设有力推进、民生事业加快发展、党的建设不断加强。

经济指标稳步增长。全年完成到位外资1552.1万美元，为全区首个完成外资全年任务的街道；社会消费品零售总额完成总量和增幅继续保持全区第一;完成区下达的公共财政预算收入4亿元,总量占全区的四分之一;完成固定资产投资33亿元,总量继续保持全区第一。

重点项目扎实推进。2017年，街道有4个重点产业项目列为区级重点项目,总体推进情况良好。恒大、中海两大高端地产企业落地开发建设,成为全市公认的“镇江地王、城市地标”;鸿鑫广场项目土地、立项批复已取得,建成后将成为紧邻新市政府的总部经济和金融机构融合发展的又一新聚集区；总投资4亿元的何家湾旧城改造项目征收令已办理。

城市管理亮点不断。坚持城管工作精细化,努力打造“精致化宝塔”,提升城市形象,扩展发展空间。城管水平长效提升。推进城管“网格化”工作时效化管理、精细化操作、规范化运行。全年通过大城管数字平台处理案件4500余起,平均结案率达90%以上。整改店面外溢、占道经营各类问题，出动执法人员180 余次，执法车辆 8台次，对辖区内卫生死角进行集中清理,共清运各类垃圾172

余车,花费5.16万元。按照市委市政府“两减六治三提升”专项行动方案的要求,对所在辖区内的垃圾分类设施进行改造,其中鑫韵花苑、跑马山庄、景天花园、国信宜四个小区作为市区确定的垃圾分类示范小区,按标准实施配套设施建设,共投资10.5万元。

党的建设夯实基础。全力实施街道、社区两级“书记项目”;全面深化“两学一做”常态化制度化;全域开展红色形象体系建设。强化基层党支部建设,精选上报4个区级支部书记工作室、3个区级党员学习实境课堂。其中城际商圈小徐工作室评选为市级优秀书记工作室,城际商圈招商中心党支部被评为区级“党支部书记工作室”,“红色课堂”被评为区级“党员教育实境课堂”。

社会秩序和谐稳定。进一步加强信访工作,规范信访行为,畅通信访渠道,维护群众合法权益,维护社会稳定。信访办共接待群众来信来访18起,阳光信访平台受理信访件63件,按期受理率、结案率达到了100%。按照“四查四防”工作要求,大排查大整治专项工作,加强与黎明、宝塔卫生中心及区疾控中心的对接,对辖区内115名重精失访人员的去向、现状、监护人信息等进行了核查,并一一登记在册。市级公众安全感调查结果为96%;法治满意度100%。

民生事业蓬勃发展。切实做好低保、养老服务、慈善救助、公租房等各项工作。全年新增低保18户,每月发放低保金74.6万元,受理困难群众临时救助76人,慈善助学25人,办理公租房申请审核91户,完成全街道783名残疾人基本信息系统的录入登记。就业创业取得实效。积极组织辖区企业开展专项招聘会,实现企业和员工互利共赢。共计帮扶城镇失业人员再就业904人,帮扶就业困难人员再就业201人,组织创业就业培训70人,扶持创业200人,引领大学生创业20人,创业带动就业1150人,技能培训300人(其中新成长120人),完成全年既定任务。共及时接受和调查离校未就业高校毕业生75人,完成实名制登记率100%。

【“两学一做”】 2017年,街道牵头制定了《宝塔路街道关于推进“两学一做”学习教育常态化制度化的实施方案》等一系列文件。街道党工委书记以“旗帜鲜明讲政治”为题为街道党员上党课,带领党工委中心组成员围绕区委八届三次全会精神、中共十九大精神等重点,集中交流研讨。结合大走访工作,落实党内关爱帮扶激励政策,配合区委组织部为5名困难党员发放关爱资金。对全街道23000余户居民做到大走访全覆盖,对654户困难户建立专项档案,进行跟踪帮扶。

【两级“书记项目”】 2017年,街道针对社区治理,非公有制和社会组织党建工作等重点,制定《2017年宝塔路街道各社区基层党建“书记项目”工作进度表》。“党建+发展”:城际商圈党委打造“全领域服务链”,“正能量积分+益服务积分+先锋积分”三大积分管理体系的试运行,有效地提高了商圈党员组织生活的参与度和认同度,相关做法得到上级部门领导的认可,并在全区做经验交流汇报。“党建+民生”:结合大走访工作收集的社情民意,运河社区党员志愿者史建辉设立“鹤颜欢”理发服务站,为辖区老年人免费理发。“党建+治理”:在电力路片区,通过老许工作室的建设,继续强化“政居分离”,优化服务体制,建设社会组织孵化基地,引进专业化服务团队。

【“大走访”惠民暖企促和谐】 2017年,街道在社区深入开展以“知民情、晓民意、解民忧、暖民心”为主题的“走村入户大走访”活动。截止到年底,已完成全部走访任务,共计23037户。其中一般居民16594户,低保户困难户654户。根据区委办下发的《润州区企业单位数用于2017年“暖企惠民”大走访网格汇总表》的名单,涉及街道共有企业3105家,经排查,实际企业数3053家,其中经营异常户421家,已搬迁、拆迁的115家,全都进行了走访。

【项目推动】 2017年,街道总投资分别达37.4亿元、40.2亿元的恒大铂珺花园、中海润江府项目分别于6月份、9月份开工建设;连淮扬镇铁路项目、运河七彩城项目房屋征收接近尾声;中星城际广场、鸿鑫商业广场项目规划调整循序到位;何家湾、恒顺地块征收启动,进一步显示宝塔经济发展潜力和后劲。

【人才招引】 2017年,街道人才工作取得了阶段性突破和成效。第一批金山英才计划入选4人,获得资助260万元,申报省“双创计划”1人,申报市“金山英才”计划6人,成功入选1人。

(殷珊珊)

2017 年宝塔路街道各社区基本情况

表 22

社区名称	总户数(户)	总人口(人)	党总支（党委、党支部）书记	主任	办公电话
黎明社区	2109	8730	吴爱民	崔正雪	85238837
李家大山社区	2600	8432	朱　晶	秦　瑶	87059566
黄山社区	2850	7060	徐　超	徐　超	85278928
运河社区	2309	5772	蔡春娟	蔡春娟	84496005
车站社区	1950	5120	于　敏	于　敏	85917058
凤鸣新村社区	2100	6200	满　化	满　化	85212983
润洲花园社区	1860	5606	薛顶雨	薛顶雨	85210226
金桥社区	2512	6200	倪　欢	倪　欢	84419081
电力路社区	2400	7208	许全鼎	许全鼎	85288433
广东山庄社区	2300	6996	李　实	李　实	85219608
同德里社区	1304	3794	黄　飞	黄　飞	85216522

（殷珊珊）

和平路街道

【概况】 和平路街道环抱金山，滨水而居，辖 3 个行政村（其中两个渔业村）、4 个涉农社区和 8 个城市社区，陆域面积 15.63 平方公里，水域面积 220 平方公里，长江岸线 93.56 公里。年末，街道常住人口总户数 20612 户，总人口 55194 人，是融市民、农民、渔民为一体的城乡结合型街道。

2017 年，是全面贯彻落实“十三五”规划的重要之年，和平路街道围绕迎接中共十九大、学习贯彻十九大这个大局，在区委、区政府的坚强领导下，以建设魅力和平、滨水新城为目标，以服务项目、保障民生为抓手，开拓创新，真抓实干，努力开创经济和社会事业新局面。全年完成固定资产投资 26 亿元，其中工业投资 2.5 亿元，技改投资 1.5 亿元；完成工业销售 4 亿元、工业利税 0.4 亿元；完成公共财政收入 1.05 亿元；完成社会零售品销售总额 14.5 亿元；完成 R&D 指标任务 1600 万元；完成专利申报指标 35 件。

着力推进重点项目。省重点项目魔幻海洋世界有序推进；水街和土壤治理项目进入招标程序；润康城项目全部竣工并交付使用；智慧旅游数据平台项目重新规划到海洋魔幻世界项目的游客中心内，进入相关软件开发阶段，进行智慧旅游数据平台的设备安装；大江风云项目建成运营、对外开放；湿地公园项目房车营地、湿地迷宫对外开放，并打造汽车自驾游基地，房车露营餐饮住宿基地，修复湿地原生态保护，建设滨江观景栈道。

拓宽思路加大招商力度。通过主动招商、以商招商、共同招商等模式，发动全街道人脉资源，有选择性的联系客商进行上门拜访或者邀请来街道考察投资，把服务企业与招商工作有效结合，有效借助外力盘活辖区闲置资产。成功引进成都通威集团、江苏梦德新能源电力公司在焦东滩开发建设渔光互补新能源项目，引进上海舜地实业集团酒店公司入驻宝润银都大厦，打造大型酒店；引进成都知名餐饮品牌朝天门火锅入驻东方伟业，盘活各类闲置资产 3.6 万平方米。

特色打造“书记项目”。街道党工委牢抓“党建红”固本强基工程“书记项目”。金泉社区党群服务中心完成招标、征润州零距离党群服务驿站预算审计、渔民文化体育公园已经完成，其他 12 个村（社区）已打造出具有不同特色的服务阵地，新金江社区联合党委重新规划提炼党建内涵，依托互联网技术，将红色形象体系馆提档升级。

有效拓宽党建工作渠道。编印《和平党建之声》专刊，每半月刊载部门、村（社区）党建工作成果、经验、信息，供参考学习、交流共享；结合党建重点工作，深入推进，汇编“两学一做”“学习十九大”等专题专刊3期、稿件9篇；开发利用“和平智汇”微信公众号，利用新媒体向辖区内党员群众展示和平工作和面貌，设有业务办理流程、党建之声、缤纷社区等信息，方便居民办事，党员群众学习。设置“党建之声”专栏，每周发布党建活动、举措、亮点，与《和平党建之声》共同拓展了街道党建智慧阵地的广度与深度，助推街道、村居、机关部门党建领域的同频共振。

努力营造舆论宣传氛围。在各类媒体上共发表宣传稿件1300余篇，其中《人民日报》《人民日报海外版》《新华日报》等省级重要媒体报道25篇；《镇江日报》头版头条2篇，头版10篇，二版头条7篇；《京江晚报》头版头条1篇，头版1篇。结合各大节日、文明城市创建、“暖企惠民”大走访活动、“海绵城市”建设、学习“十九大”系列主题活动进行专题报道。党建类宣传稿件共127篇，其中《人民日报》《新华日报》等重点媒体报道4篇；《镇江日报》头版头条2篇、头版5篇、二版头条3篇；《组工信息》1篇、动态2条；《党建之窗》2篇；“润州先锋”专稿采用5篇；“镇江先锋”专稿采用2篇。

大力培养基层后备力量。针对街道村、社区干部队伍建设实际需要，以“请进来”“走出去”等形式，定期组织邀请江苏大学、省、市委党校的专家教授采取集中讲授、案例教学、团队讨论等模式开展培训，提高基层干部队伍开拓创新、工作决策等能力。同时，积极为年轻干部创造多岗位锻炼学习机会，注重把有发展潜力的年轻干部放到征地拆迁、信访调解和城市管理等艰苦环境和重点工作任务的第一线，加速培养出一批能干事、会干事、想干事的“接班人”。年内累计任用机关、村（社区）35岁以下干部28人，有5名70后、80后两委后备干部走上村（社区）正职岗位。社区党组织书记平均年龄优化至37岁。

社会稳定工作稳步推进。全年处理群众来信来访104件次，抓好东方伟业招商、业主矛盾协调工作，积极配合法院和资产管理人，推进破产进程，推进项目稳定发展；协调解决了砂石码头业主的后续扫尾纠纷、二纺机职工纠纷等群体性事件，特别在全国“两会”、中共“十九大”“一带一路”、江苏发展大会期间无一起非访事件发生，全年信访平稳可控。成功化解市、区交办重点信访案件4件。

【危房解危】 2017年，街道全力以赴做好危房解危工作。完成了琴园巷社区危房解危扫尾、金山社区危房加固“第三次进场”、谏壁渔业村苏南运河西岸坍塌区域房屋避险搬迁工作，妥善解决了金山路51号、53号已拆迁房屋内强占户的搬迁工作，金山文化园扫尾工作有力推进，琴园巷372户危旧房搬迁解危全面启动，已签约300户，完成80%。

【大走访为民解难题】 2017年，街道重点走访企业（电话走访）459家，走访覆盖率100%，走访企业搜集问题106件，全部解决。走访居民实现全覆盖，搜集问题236件，解决问题218件。街道将“大走访”变成常走访、常关心，将“走访户”变成家里人、至亲人，解决居民群众实际困难和问题。其中新金江针对失水中青年渔民就业困难问题；金泉社区针对安置小区生活便利问题；长江村针对谏壁组东侧地块塌方问题；金江村针对高资港渔民经常断水问题作为大走访解决问题典型事例上报并刊登润州发布等等，大走访成果和特色经验做法全区领先。

【“三治理一挂牌”】 2017年，街道对农村集体经济组织账内账外资产进行了清查，摸清了债权债务，对历史长期遗留的债权、债务呆账经集体经济组织同意后进行了核销，对账外资产进行了清查核实，补充登记填写登记表，对发现的问题积极整改。依托江苏省农村产权交易信息服务平台，对村、社区闲置楼宇和产业楼进行招商宣传和推介，实行招标竞价，盘活村、社区集体资产资源，实现资产增值。全年街道在省农村产权交易平台发布信息5条，交易成功4条。

【提升城市环境】 2017年，街道加强对三茅宫片区、朱方路片区、桃园片区、冷冻批发市场等重点区域综合整治行动，加强对朱方路、太平大道、知行路、桃园、长江路沿线等重难点路段的日常巡查工作，规范劝导经营摊贩日常经营行为，巩固成果，严防反弹，整改工作及时、有力、到位，市容市貌得到进一步提升，全年大城管考核成绩良好。同时，对重点区域违建进行了重点监控及巡查，杜绝一切新增违建，全年拆除违建5000余平方米，总体上有效遏制了违建的产生。

【维护生态环境】 2017年，结合全区“263”专项行动，街道迅速组建工作班子，明确分工，细化责任，落实举措，扎实推进。积极与文旅集团对接，彻底清除征润州水源地周边各类污染源，全面完成鱼塘和砂石码头搬迁整治，有效确保水质安全。建立健全“河长制”管理制度，明确运粮河、金山河等河长，坚持日常巡查、管护，及时清理水体沿岸积存垃圾，维护沿岸风貌；集中精力，组织队伍对金山湖水域实施依法取缔非法捕捞、开展有序垂钓专项行动;率先对辖区2户畜禽养殖户进行清理整治,生态环境得到有效维护。

【海绵城市建设】 2017年,街道完成对春色江南香柳苑、运粮河花园、三茅宫一区17-38号大院、三茅宫三区大院、三茅宫一区14~16栋、三茅宫嘉馨小区的海绵城市建设任务,占全区总任务的86%。小区提升改造基本完成,惠及居民1300户,约3500多人,小区环境不断改善。

【渔民文化体育公园】 2017年,街道倾力打造辖区内渔民文化体育公园。作为全市最大的安置小区公园,建设面积约2万平方米,内设灯光篮球场、800米塑胶跑道、4000平方米体育广场、健身广场、室内羽毛球、小型足球场、门球场和儿童乐园等设施,将为附近居民群众提供集文化、娱乐、健身于一体的大型文体阵地。历经10个多月的建设,渔民文化体育公园基本完工。

(王　飞)

2017年和平路街道各村、社区基本情况

表23

村、社区名称	面积(平方公里)	总户数(户)	总人口(人)	村、社区党支部(总支)书记	村、社区主任	办公电话
金泉社区	1.8	862	1778	周松宝	张春兰	85516592
金山村	2.3	1083	2516	倪彦勇	张玉忠	85517990
征润州社区	2	402	1730	王读明	丁贵平	85526611
金江村	2.5	213	652	黄　静	张春华	85520703
长江村	0.63	92	239	常春平	吴明喜	85521070
金江社区	0.25	457	1528	刘长勇	刘长勇	85520998
三茅一社区	0.35	4016	12711	张　啸	张　啸	85609968
三茅二社区	0.3	1830	6348	金　涛	金　涛	85613293
金山社区	1.93	1771	4709	姜　丹	姜　丹	85520016
桃一社区	0.8	1641	4032	袁　强	丁　力	85529680
桃二社区	0.6	1994	4537	邹志萍	邹志萍	85320729
一泉社区	0.8	1598	4624	郭　亮	郭　亮	85529191
琴园巷社区	1	2408	5217	陈　锋	陈　锋	85627970
牌湾社区	0.4	2245	4573	孙贺敏	孙贺敏	88968308

(王　飞)

金山街道

【概况】 金山街道位于市区西部,辖区范围东起黄山北路,南沿中山西路,西接中山北路,北临长江。街道辖区总面积5.16平方公里,下辖10个社区,年末总户数23809户,总人口51545人。境内街巷古老,文化底蕴深厚,坐拥千年"文脉"西津渡古街、中外友好使者赛珍珠故居以及AAAA级风景旅游景区镇江博物馆等人文景观,是全市文物遗存最集中、人文资源最丰富、文化氛围最浓厚的街区。2017年,金山街道坚持以习近平总书记系列讲话和"四个全面"战略部署为指导,以建设"产业发达、富有活力、和谐宜居、开放文明的现代化主城区"为着力点,紧紧围绕主题主线,战略定位准确,发展思路明晰,工作举措有力,使全街道上下呈现出经济快速发展、人民安居乐业、社会和谐稳定的良好局面。

经济建设稳步发展。公共财政预算收入完成 1.09 亿元；固定资产投资年计划为 44 亿元，全年完成 30.39 亿元；R&D 投入年计划为 1600 万元，全年完成 1602 万元，全面完成年度计划；进出口总额年计划为 3360 万美元，全年完成 3416.88 万美元，超额完成全年计划。重点项目按序推进，街道 2017 年在建市、区重点产业项目 3 个，新建产业项目 1 个。3 个在建重点项目全年计划投资 16 亿元，1~12 月累计投资 17.5 亿元。星光时代广场项目，购物中心区域、SOHO 办公、SOHO 公寓进度紧跟序时，最高已达 12 层，为 2018 年年底购物中心开业和 SOHO 楼投入使用提供了保障。西津渡历史文化小镇项目，镇屏山西剩余建筑景观配套进度良好。西津渡旅游圈住餐业、服务业提档升级，桔子水晶酒店、雅阁酒店、书香府邸酒店开业。依托西津音乐厅、西津画院等文创载体正逐步形成具有影响力的文创、文化演艺品牌。金山壹号游轮酒店项目，年底全部试营业。

走访紧扣企情民心。"惠民暖企大走访"活动开展以来，金山街道通过"收、释、办"三字紧扣企情民心。收集民意：了解情况，收集意见是走访的第一步。活动开展以来，以重点走访、集中走访日、暖企座谈、党员会客厅、社区微信公众号等多种形式走访居民 5683 户，企业 270 家，收集梳理企业、群众诉求各 137 件。释疑解惑：解释答疑是走访中最常见的工作。群众对政策存在不了解、不理解的情况，做好解释工作就显得至关重要。走访活动中，对于居民企业提出的问题，能现场解答的一一现场作答，未能及时解答的问题将做好记录、留下走访便民服务卡，后期再将相关情况反馈给居民、企业。协调办理：问题的解决需要群策群力。作为属地街道，居中协调，全力办理，想方设法为群众解决实际问题。大走访活动收集到的问题中街道层面已经解决 111 件，上报协调问题 26 件。

文化党建步步提升。推进"两学一做"学习教育常态化制度化，坚持全覆盖、常态化、重创新、求实效，突出学、做、改。依托"三会一课"等基本制度，融入日常、抓在经常，长期坚持、形成常态。扎实开展"七一"专题党课、"新时期共产党员思想行为规范大讨论""亮身份、树形象、作贡献"等活动。积极开展书记项目，街道、社区书记项目创新创特，党内关爱十项举措丰富有效，建立特殊困难党员"红色档案"96 份，发放党内关爱基金 1.2 万元。积极推进红色形象体系建设，红色形象体系建设亮点频出，西津古渡社区对照红色形象体系建设要求，在硬件方面，完成了景区 1200 平方米办公房建设；在软件方面，不断深挖红色资源，通过开展三大"津彩"党建行动，丰富红色内涵，擦亮红色名片，逐渐成为景区的"津彩"红景。西津古渡社区和银山门社区成为区级红色形象体系建设现场观摩点。创优文化活动品牌，以"街巷剧场"为核心，以"街道搭台、百姓点单"为模式，通过"常规活动'月月演'、西津渡景区常态化演出、家风故事会"等方式和活动，实现宣传、文化有机融合，推进街巷剧场项目化运作，充分弘扬了社会主义核心价值观，擦亮了金山文化的金字招牌。

社会事业成效显著。街道 2017 年有低保户 1353 户，残疾人 184 人，保障人口 2360 人，月发放低保金、重残补助金 112.4 万余元，全年发放 1348.8 万元，其中区财政包干 680.8 万元，街道兜底 668 万元。拓展创业服务，以创业促就业，提升富民增收实效，年内共扶持创业 110 人，带动就业 458 人，举办技能和创业培训 4 场 1200 多人次，实现再就业 876 人，组织开展就业援助和"暖企惠民"招聘会，提供就业岗位 500 多个，切切实实为需求企业提供了帮助，让下岗失业人员找到了满意的工作，解决了供需不对称的问题。激活社会组织，加强"政社互动"，壮大社会组织孵化基地——"金山街道社会组织培育中心"，组织、协调、整合辖区各类社会组织的公益性民办非企业，培育服务性、公益性社会组织达 82 家。

城管城建齐头并进。街道 2017 年在文明城市创建迎检和日常管理中共投入 100 余万元，从人、财、物等方面加大"两减六治三提升"工作力度，清理卫生死角 2500 多处，清理各类垃圾 600 多吨，清理乱堆乱放 1000 余处，清理楼道乱涂乱画 2000 平方米，新置更换垃圾桶 100 余个，卫生环境得到明显改善；向辖区居民发放《告沿街百姓一封信》3 万余份，卫生防病毒常识宣传单 2 万余份，悬挂宣传横幅 40 余条，群众卫生意识明显提升。

【建立党内关爱帮扶机制】 2017 年，金山街道以"书记项目"为载体，通过建立"红色关爱档案"，推动党内关爱十项举措，采取多层次有针对性的措施，切实做好关爱、帮扶困难党员工作。建立"红色档案"，把困难党员的个人情况、家庭情况、重病情况整理归档，根据党员需求提供有针对性的帮扶，共计走访 80 岁以上党员 184 人，重病重残党员 60 人，建立"红色档案"96 份。设立"十项举措"，具体包括：设立党员关爱互助基金；重病残疾党员特别关怀；"统一活动日"志愿服务；发放"党组织联系卡"；社区党组织与社会组织"1+1"关爱党员；80 岁以上老党员"暖心"行动；党员生日、政治生日情感关怀；助力年轻党员创业计划；向老支部书记、委员问声好；对困难党员的临终关怀。街道 10 个社区均设立了"党员互助关爱基金"，共筹集关爱基金 4.17

万元,发放关爱基金 1.14 万元。街道 80 岁以上老党员数量众多,各社区党组织针对这一群体开展了丰富的"暖心"活动,用每个党员的小爱,汇聚成关怀困难党员和老党员的大爱,凝聚了强大的党员向心力,增强了党员对组织的归属感和荣誉感,激发了党员热爱党、忠于党、为党的事业不懈奋斗的热情和动力。

【城市建设】 2017 年,街道山巷路东西两侧棚户区、西荷花塘二期地块整理项目启动征收。山巷路东西两侧棚户区(小街片区)于 4 月启动,总户数为 956 户,总建筑面积 38007.78 平方米,截至 12 月 31 日,已签约 859 户。西荷花塘二期地块整理项目于 12 月初启动,总户数为 184 户,总建筑面积约 14058.39 平方米,截至 12 月 31 日,已签约 84 户。

【科技人才】 2017 年,金山街道强力推进科技创新,增强企业核心竞争力。依托清华科技资源,在启迪协信太古城中建设镇江科技城项目,该项目将形成"研发 + 基金 + 孵化 + 清华控股企业"的产业发展模式,按标准化设立的企业孵化器——启迪众创工社,作为新润州的新载体,为入驻企业提供资源整合、孵化发展的平台,吸引科技研发企业发展。金山街道作为老城区、旧城区,加大"人才兴街"意识,紧紧抓住"培养、引进、使用"三个环节,拓宽思路,多方寻求,在杭州、长沙、沈阳、武汉等高校集中城市招才引智,年内金山英才申报 7 人,入选 2 名;省双创申报 2 人。

【依托西津渡打造旅游经济圈】

西津渡景区、云台山周边、大西路沿线、山巷东西、宝盖山麓是镇江保留最完整、最具原始历史风韵的区域,有着丰富的旅游资源。2017 年,街道积极对上争取,集中精力,克服困难,加大投入和改造力度,将其打造成集民宿、民俗、名人、宗教、历史遗迹、特色博物馆等为一体的体验式旅游区,依托西津音乐厅、西津画院等文创载体逐步形成具有影响力的文创、文化演艺品牌,形成"大西津渡"景区格局。年内,金山壹号游轮、书香府邸酒店正式对外经营,桔子水晶酒店、雅阁酒店开业。

【"好人工作室"唱响好人之歌】

街道近年来涌现出"感动镇江十大人物""最年长社会妈妈""镇江好人"等模范人物 20 余个。为深化先进典型示范引领作用,壮大街道好人队伍,金山街道 2017 年率先在三个社区成立"好人工作室",分为金山好人地图、金山好人风彩、好人工作室制度、好人工作室承诺等模块,采用"工作室 + 志愿团队 + 专业服务机构"运作模式,更加凸显志愿服务专业化、团队化的特点,形成集群效应。老城如诗,街巷深处蕴藏的全国爱亲敬老之星、全国最美家庭、中国好人、江苏好人……一个个鲜活的价值标尺,引领广大人民群众崇德向善,见贤思齐。"聚力手艺人""九美妈妈服务团""晓春义举团""平安锣""爱心求助驿站"……一支支服务团队传递社会正能量,引领文明新风尚。"人人争做好人,好人人人崇敬"的浓厚氛围,"存好心、做好事、当好人、扬好德"的良好社会风尚逐渐形成,"好人工作室"的设立为街道的道德建设、好人宣传开辟了新阵地。

【"平安锣"敲响 30 年】 2017 年,金山街道银山门敲起的"平安锣"已经响彻 30 年。这里流传着"一面小锣敲出一方平安"的动人故事,流淌着浓浓的邻里情、文明风。"平安锣"队伍最初的从一支成长为两支,成为"大爱镇江"的一个明星品牌。30 年前,这里人员混杂、治安状况严峻,"钓鱼""白日闯"现象时有发生。为此,街道部分党团员和居民骨干在居委会的组织下,戴起红袖章,以敲"平安锣"的方式,开始了每晚的义务巡逻,提醒居民关好门窗,防火防盗。这锣从 1988 年开始,一敲就是 30 年,从无声到有声,从人工到电子化,一代代身居街巷深处的淳朴居民先后主动担当志愿者,有 4 万多人次投身义务巡逻,还 3 次将"平安锣""敲"进了中央电视台……他们敲出了一方平安,把当初的"高发案"社区变成

"平安锣"敲响 30 年表彰活动　　（金山街道　提供）

了“零发案”社区。“平安锣”已由单纯的群防群治提升为宣传党的政策、传递党的温暖、密切党群关系的桥梁和纽带；“平安锣志愿者群体”的内涵也在不断丰富提升，街道和社区成立了以平安锣为品牌的“平安锣”义工团队，其中包括文明志愿者团队、文化志愿者团队、城管志愿者团队、义务护林员、文保志愿者团队等，“平安锣志愿者群体”还被评为镇江市第二届大爱之星集体。 （单维维）

2017 年金山街道各社区基本情况

表 24

单位 \ 类别	总人数（人）	总户数（户）	社区党总支（党委、党支部）书记	主 任	电 话
迎江路中心社区	9316	4683	阮庆红	张葛亮	85291392
西津古渡社区	4862	2858	史梅玲	史梅玲	85296871
杨家门社区	8028	3678	田桂芳	田桂芳	86100098
风车山社区	5272	2112	何永慧	何永慧	86107055
太古山社区	4840	2318	苏文峰	苏文峰	88081195
黑桥社区	2831	1273	宋国琴	宋国琴	88081181
银山门社区	7878	3343	蒋菊花	蒋菊花	86100061
润州山路社区	4272	2422	张亚芳	张亚芳	88081191
红光社区	2199	441	卢庆荣	朱明德	88081193
京畿路社区	2047	681	郦玲花	郦玲花	86107031

（单维维）

韦岗街道

【概况】 韦岗街道地处镇江西郊，距离市中心约 20 公里，东北面与丹徒区高资街道相邻，西南面与句容市边城镇交界，是润州区的一块“飞地”。街道属丘陵山区地形，地势平缓、地质较硬、地耐力较强，土质以黏土为主。街道交通便利，243 省道、新改线的 312 国道、110 县道（石韦路）穿境而过，距京沪高铁站、沪宁高速入口仅 15 分钟车程，境内通 22 路、42 路、小衣庄专线三条公交线路（平均每 15 分钟一个班次）。街道下辖 1 个村、17 个村民小组，共有农户 834 户、农业人口 1911 人，2017 年年底户籍总人口 5083 人。街道占地 10.52 平方公里，其中耕地 166.9 公顷，林地 271 公顷，建设用地（含村民宅基地、城镇村及工矿用地等）448.3 公顷（含 199.6 公顷的采矿区），交通运输用地（铁路、公路、村间道路等）87.6 公顷，水域及水利设施用地 72.1 公顷。街道十分重视特色服务业发展。重点依托韦岗温泉、新四军“韦岗大捷”战斗遗址、燕子窝山歌文化等，发展以“红色旅游”“温泉旅游”为核心的旅游业。韦岗温泉资源是全国少有的纯天然“氡锶复合泉”，水温恒定在 50℃，泉水矿物质丰富，含有 30 多种人体有益元素，具有非常独特医疗价值。

2017 年，韦岗街道在区委、区政府的坚强领导下，深入贯彻落实中共十八大和十八届五中、六中全会精神，从严从实开展“两学一做”学习教育，严格按照上级的部署，自加压力，迎难而上，狠抓落实，各项工作取得了较好成绩。

经济发展稳步提升。2017 年，街道上下围绕年初下达的各项指标任务依然紧抓不放、克难奋进，保证重点经济指标维持稳定。大部分指标超额完成：公共财税预算收入 4050 万元，占年度计划的 101.3%；应税销售收入 8 亿元，占年度计划的 114.3%；社会零售总额 0.74 亿元，占年度计划的 105.7%；外贸进出口总额 3600 亿元，占年度计划的 102.9%。

街道环境焕然一新。为做好 312 国道南移试通车工作，改善道路两侧环境，街道对道路两侧 7

个村民小组房屋外立面粉刷出新,面积上万平方米。清理轮胎收购点1个,清运轮胎上千只。结合"263"专项行动部署要求,组织人员及机械设备共清理垃圾15车、50余吨,花费4000余元,并设立禁倒标识。同时街道继续做好整治后续工作,加强该地块的巡防力度,防止类似偷倒事件的再次发生。对沿街商铺签订了"市容环境责任书"50多份。先后组织了100余人次对村组的卫生死角进行集中清理整治,共取缔石韦路上占道经营8处、修理破损垃圾房6座、清理道路两侧绿化带中的杂草2000平方米、清理小广告235处、清理河道漂浮垃圾13处、清除卫生死角22处、清理各类积存暴露垃圾40余吨。

民生事业全面推进。完善民政救助和社会福利体系,做到应保尽保、应退尽退,经过客观、翔实的调查后,对不符合低保标准的人员及时清理,将切实需要保障的贫困家庭纳入低保保障体系;发动"慈善一日捐"救助活动,累计捐款5万元,加大对弱势群体的关心关爱。广泛开展政策宣传及解释,保证计生政策平稳推进,2017年,街道办理准生证人数显著增加,同时,通过宣传月等活动优化计生服务、全面落实计生奖扶、特扶,提升群众满意度。发放各类人员社保补贴31人,办理就业证191本,组织协办3场招聘活动,努力解决企业用工和就业难题。镇江日报头版刊登《韦岗民生提优让百姓更幸福》。

社会管理扎实有力。充分发挥社会组织作用成立志愿者巡防队,大力开展平安创建宣传、夜间义务巡逻、矛盾纠纷调度等工作,辖区发案率呈持续下降趋势;2017年,排查出不稳定因素6起,均控制在萌芽状态,共调处矛盾纠纷70余起,调处成功率95%以上,未发生重大有影响群体性事件,无赴省上访人员,确保了韦岗街道的大局稳定。开展重点场所集中整治,联合职能部门对船山集团火车铁道周边、小学校周边等重点区域和场所开展集中清查整治,进一步净化了社会环境,提高了人民群众的安全感和满意率。安全生产、城建城管、征兵等工作有序推进,"12345"热线、市长信箱、网上论坛等来件投诉做到有问必答、依法处置。

党建工作扎实开展。围绕"学有实效、做有实绩",通过推荐纲目引导学、搭好平台共同学、狠抓督查促进学,长期坚持每周晨读·微党课、每月自主编制辅导材料、每季开展专题讨论,扎实推进"两学一做"学习教育常态化制度化。强化"双型"党支部培育,申报2个"四星"先进党支部。规范开展"三会一课",严格落实党支部组织生活,高标准、高质量抓好学习教育各项工作。作为2016年书记项目的延伸,打造集服务"村民+教育管理党员"为一体的党群综合服务中心,从选址上到功能规划上,全力"1+1＞2"的效果。11月底有形落地,并对党员和群众全面开放。全年依托独特的红色教育资源韦岗战斗胜利纪念碑,开展了红色档案、红色课堂、读书征文、红色公益等多种特色的党建系列活动,积极推广红色积分、红色关怀,让党建文化内化为思想自觉,外化为行动自觉。

红色公益活动 （韦岗街道 提供）

廉政建设稳步推进。严格落实党风廉政建设"两个责任",明确党工委主体责任、纪工委监督责任。街道召开党风廉政建设工作大会,根据分工和职务,制定并签订具有"个性"的党风廉政建设责任书,形成一级抓一级、层层抓落实的责任体系和领导机制,开展廉政风险防控机制动态管理,将党风廉政建设责任制融入日常工作。组织观看反腐倡廉电教片、参观廉政教育基地等各种形式的廉政教育,强化党员干部廉洁自律意识。深入开展廉政文化进机关、进校园、进村,创建廉政文化活动;进一步加强了基层廉政建设,全面规范和保障基层权力运行,创建廉政文化墙,和组织部门联手重新制定出台了《韦岗街道机关管理制度》,狠抓机关作风建设,营造风清气正良好氛围,强化履责担当,严格监督问责,切实开展好农村基层不正之风和腐败问题"三治理一挂牌"专项行动,促进街道财政资金安全、规范、有效运行。进一步落实“三转”要求，全面清理议事协调机构，规范纪工委书记兼职情况，同时加强力量配备，共设纪工委委员5名，监察室副主任1名(主持工作)，纪检干事1名，韦岗村专职纪检委员1名，确保街道纪工委人员力量满足工作需要。

【“263”专项治理工作持续深入】 2017年，街道对已曝光的小塑料厂跟踪进行整治关闭；对黄埝岗路边小修理厂污水排放问题进行整治。土地确权工作基本结束，领证635本。成立四个工作小组开展畜禽禁养工作，全部完成签约。243省道快速化改造征地搬迁项目涉及的37户居住户全部签约交房。

【“传承红色基因”书记项目】 2017年，街道结合新建的韦岗村委会综合服务中心及3000平方米的韦岗街道文体活动中心，进一步优化内部功能室布局，融入本土红色文化元素，打造了集服务村民、教育管理党员为一体的党群综合服务中心。通过韦岗伏击战纪念馆的旧照片与文物，探寻韦岗战斗红色历史档案，进一步彰显韦岗党建的红色印记。

【“暖企惠民大走访”】 2017年，街道成立领导小组，把人员细化到每个企业每户家庭，街道全体人员每人15户，每位领导联系1~2家企业，以及区政协走访的72户，区商务局走访困难户51户，确保全覆盖。大家充分利用工作空闲时间以及每个月的第一个星期六，认真进行走访，并记录在走访日记本上。针对群众反映的问题能现场解决的现场解决，不能解决的，向领导汇报，由街道党工委开会研究提出解决办法。针对困难家庭制定不同的帮扶措施，有的提供资金帮扶、有的提供就业帮扶、有的给予创业帮扶；针对民生基础设施不足问题，逐步协调安装维修路灯、清理下水道、道路维修、菜场改造；针对环境污染问题，能协调解决的协调解决，不能解决的打报告请市区政府协调。企业走访工作，街道13家企业全部走访完毕，在走访中街道党工委帮助联合水泥厂协调解决清算职工资金，顺利完成清算，协助市、区相关部门举办两场针对联合水泥厂下岗职工的专场招聘会，想方设法帮助企业职工解决就业问题。通过大走访共梳理出问题23件，通过协商解决15件。

【“两学一做”常态化】 2017年，街道按照区委《关于推进“两学一做”学习教育常态化制度化的实施方案》，对街道“两学一做”学习教育协调小组人员进行了调整，制定街道实施方案，部署召开专题会议，层层落实责任，为党在思想上政治上行动上的团结统一夯实基础。

【“法治型、服务型”支部建设】 2017年，街道积极推进“法治型、服务型”先进党支部建设，通过支部书记座谈，所有党支部参与创建热情高涨。进一步领会上级文件精神；通过法治理念教育，进一步强化依法执政意识；通过专家讲课、视频学习、红色参观，强化了党员理想信念，增强了为民服务宗旨意识，积极运用远程教育、视频学习等手段对支部党员开展日常教育。

【学习型机关建设】 2017年，街道通过中心组学习、班子成员读书会、班子成员上党课、集中调研学习、微课堂等形式，强化班子自身建设。召开“三严三实”专题民主生活会，深入学习贯彻习近平总书记系列重要讲话精神，联系实际深入查摆问题，进一步坚定理想信念，严明政治纪律，严守政治规矩，提高党员干部综合素质能力。

(赵艺玮)

南山街道

【概况】 南山街道，管辖范围东至沪宁铁路线，转谷阳路、官塘桥路、环山路，南与丹徒区接壤，西到九华山路，北接南徐大道、转至南山路、林隐路，总面积约16.28平方公里。下辖五凤口社区、鹤林社区、檀山社区、回龙社区、黄鹤山社区和回龙山水库管理所。辖区内共有36个居民小组，户籍人口7042人，常住人口8398人，总户数2431户。党工委下辖13个党支部，428名党员。

2017年，南山街道在区委、区政府的正确领导下，深入贯彻中共十九大精神，全面落实省、市、区党代会要求，紧紧围绕建设“强富美高”新润州，立足“五城共建”发展方向，街道上下齐心协力，锐意进取，牢牢抓住南山转型的契机，强化资源整合，突出问题导向，攻克发展短板，各项工作取得新进展。

党建工作展新貌。南山街道全面对接润州党建，以书记项目为助推，注重常态教育和“双型”党支部建设。一是红色形象体系落地生根。党工委以打造红色形象体系为契机，街道层面重点体现简约、实用的风格，将街道发展历程与新发展理念有机结合，图文并茂，确保红色党建文化可观、可感、可亲。五凤口社区优化整合服务功能，打造综合性党员教育基地，充分彰显红色元素和人文理念。二是书记项目扎实推进。党工委因地制宜，紧扣“党建+生态”红绿双色惠民品牌，使党建红与生态绿相辅相成。各支部围绕“红色党建+”，党建与服务、民生、公益、治理等有机结合，五凤口社区更加突出“富民”主题，檀山社区深入打造“家文化”，鹤林社区致力构建“和谐”家园，推动基层善治。三是以“两学一做”为主线，常态教育。党工委把推进学习教育常态化制度化作为加强党建工作的一项长期任务。通过制定全年计划，落实主体责任；以“主题党日+”为基本形式，广泛学习中共党章党史、十九大报告等；组织开展“两聚一高”当先锋等微宣讲活动；督促各支部结合自身实际，制定红色积分管理具体实行方案，设置党员示范岗、党员先锋展示墙，通过“晒成绩、亮承诺、作表率”，不断搭建发挥党员作用实践平台。四是以“双型”党支部为龙头，全面争创党建特色。以“双型”先进党支部建设为龙头，五凤口社区第一党支部创成五星先进党支部。同时，立足实际，充分挖掘，涉农社区党支部重点结合领富帮富、社会稳定等方面，城市社区党支部重点结合创新管理、优化服务等方面，非公企业党支部重点结合发挥党员作用、推动企业发展等方面，提炼、包装，打造品牌过硬、特色鲜明的基层党组织。五是以“三聚三提五创”为抓手，培养干部。为了进一步加强换届后领导班子和干部队伍建设。通过建立党建工作例会制度，研讨交流，强化基层干部责任意识、作为意识；通过建立社区党组织书记党建工作专项述职制度，“晒”工作，“亮”实绩，督查交流，推动社区各项工作全面发展；通过年初设立街道党建工作创新创优评比制度，将物质和精神奖励有效结合，调动基层干部热情，确保党建工作落实落细。

经济发展稳中行。面对经济发展的新形势，街道始终紧盯指标，着重发挥重点项目这个经济发展总抓手的作用，求真务实，开拓进取，不断探索经济发展新增长点。一是盯指标抓税源收入产值稳定增长。全年R&D投入602万元，占全年任务的120%。公共财政预算收入全年完成3021万元。社会零售总额全年完成3.15亿元。在区财政、国、地税等相关部门的支持下，紧盯江天集团、现代园林等一批企业，确保企业税收及时足额入库，实施重点事项会办交办制度。每周对服务的企业遇到的困难和税收超百万元企业情况，逐一进行过堂汇报。二是产业结构不断优化。依托街道现有资源，不断推动产业结构优化升级。积极发展第三产业，分类指导，突出重点。大力发展文化、旅游等需求潜力大的产业。探索“景区+富农旅游经济圈”发展模式，打造八公洞休闲农家乐品牌；积极发展朝阳产业、绿色产业。与江苏省非物质文化遗产“太平泥叫叫”传承人周宝康积极协调，力争将民俗产品市场化、电商化。高度重视人才工作，根据“政产学研”的合作步伐，结合南山目前以生态保护为主旨的发展要求，在2017年人才指标计划中：金山英才指标2名，均以创业未落户类别申报完成。

维稳工作不松懈。将维稳工作作为南山工作的重中之重，一年以来三防工作开展有举措、有实效，在全区有影响力。一是高度重视信访工作。街道党工委、办事处高度重视信访工作，将信访工作列入全年重要议事日程，纳入年度考核目标。党工委、办事处全年听取信访工作汇报、专题研究信访工作共10次。1月制定信访工作年度考核细则，与基层各社区签订目标责任状。严格按照上级要求，街道信访矛盾调处服务站、社区信访矛盾调处服务室100%覆盖，改善接待场所，增强信访工作力量，真正做到早发现、早化解，把问题解决在基层、矛盾化解在萌芽。二是对重点信访户的化解有突破。在建党90周年、世界园艺博览会及省党代会期间，街道主要领导通过周密部署，维护社会稳定，未发生一起上访事件。中共十九大前后对上级交办的重点信访对象加大稳控力量与约谈力度，未发生一起进京非访。通过与招隐花苑群众面对面接待，宣传、解释、上门做思想工作、算算调剂安置方案一本账，招隐花苑集访群众共199户拆迁户，已化解192户。各包案领导加大约谈力度，耐心宣传拆迁政策再化解其中3户。街道始终坚持不回避矛盾，开门大接访，主动上门约谈，得到重点信访户理解，并积极配合化解信访问题，化解重点信访户3户。

全力建设新南山。坚持“绿水青山就是金山银山”的发展理念，下大力气整治辖区环境，不断推进基础设施建设，美化完善辖区百姓生活环境。一是完善基础设施建设。对镇宝路2号小区坑洼路面进行修整；对镇宝路40号附近旱厕进行通水并出新，对镇宝路16号化粪池和下水道进行清理并平整路面。二是继续推进“263”专项整治工作。二七河一期工程已经结束，二期工程已经进场动工。二期工程包括河岸绿化、管道铺设、亲水步道铺设等项目，投资100万元左右在原有的基础上进一步提升二七河的整体形象。在专项行动的日常工作中，街道每月严格遵守上级部门要求，对辖区内的环境隐患问题进行排查，包括边缘死角被偷倒的建筑垃圾、河道上的各种漂浮物等等。各社区建立了专门的巡查监督队伍，确保能够在第一时间发现问题并解决问题。三是做好森林防火、危房解危工作。新建森林防火值班室2处，开展定期与突击检查，确保辖区安全；完成镇宝路42号（光学仪器厂宿舍）18户危房解危搬迁，共支出补偿款约685.4万元。完成竹林路10号（原镇江水泥厂宿舍）15户危房解危搬迁，共支出补偿款683.9万元。四是打好防违控违持久战。成立拆违专项领导小组，调整防违控违管理体制和考核办法，形成街道、社区、城管、土地管理专员四级防控网络，严防死守控制新增违建。共查处、拆除各类违法建设6处，面积3000多平方米。

文体工作。为进一步丰富辖区居民的精神文化生活，街道多措并举使文体工作再上一个台阶。一是完善了文体基础设施建设。布置街道"道德讲堂"、未成年人文体活动中心，安排各社区规范化建设、布置"道德讲堂"、志愿者服务站、青少年文体活动中心。回龙社区新建80平方米健身活动室、600平方米健身场地，配备各种健身器材；五凤口社区建成"陈家湾生态文化广场"；檀山社区建成"檀山社区优秀基层综合文化服务中心"。二是组织举办了丰富多彩的文体活动。全年共举办13场活动。其中艺术讲座5场，涵盖电影赏析、诗词鉴赏等方面；艺术培训3场，侧重对未成年人的动手能力及艺术素质提高；艺术展演展示活动5场，其中在9月中旬举办了"家在润州"系列"悠悠南山情，拳拳富民心"广场文艺演出，受到了居民的广泛好评。三是积极发动参与市区活动。申报"诚信社区""文明社区""双美双优示范社区"，其中五凤口社区被评为双美双优示范社区；提交4件作品参加"紫金奖"文创大赛，其中2人获奖(戴翎、何健)；鹤林社区居民获得"镇江好人"称号，获得市"缘结慈善·情系模范"救助资金。

【书记项目】 2017年，街道紧扣"党建＋生态"红绿双色惠民品牌，"红风景"融入"绿空间""红基因"引领"绿理念""红先锋"推动"绿产业""红文化"倡导"绿生活"，使党建红与生态绿相辅相成，扎实推进书记项目。五凤口社区"五凤朝阳"书记项目，积极探索"红色堡垒带动创业、红色分子带动就业"的"双带"模式；檀山社区"形散神聚家文化"书记项目成为凝聚拆迁群众民心民力的有效载体，两个社区作为示范点接受了全区观摩点评。五凤口社区第一党支部成功创成五星先进党支部。

【重点项目】 2017年，街道进一步发挥项目作为经济工作主抓手的作用，积极主动与文旅、交产集团等投资主体对接，服务好在手在谈在建项目。萌可可中国少儿文化部落项目按序时推进，六艺馆中已全部完工并完成验收。鹤林烟雨项目成效显著，鹤林寺大殿、杜鹃楼的修缮工程已经完工。同时还与工商银行签订了银企项目合作，与央企易华录签订了项目合作的框架协议。积极与区招商局对接，力求盘活街道现有资源，统筹协调，上报五凤口社区闲置载体两处，共计0.59万平方米，为搭建一批高端招商平台添砖加瓦，为街道招大引强工作打下坚实基础。

【加大市容整治力度】 2017年，街道全面开展"六乱"治理工作，清理整治店面外溢、乱贴乱画、橱窗粘贴小广告共460余处，条幅400余条，占道经营160余次，规范露天市场6处。新建、改建景点式垃圾房6座，对原有垃圾箱进行了全面维修。规范露天市场6处。查处、拆除各类违法建设6处，面积3000多平方米。

【落实民生保障机制】 2017年，街道发放城乡低保金、优抚等民生资金225.1万元；清退低保家庭8户，变更5户，新增2户。主动与投资主体协商，已安置环山路项目、板桥安置点地块、南山城中村集体和国有项目、五凤口高架项目、官塘桥路等五个征收拆迁项目房源329套，帮助居民解决安置房逾期安置问题。

【精准扶贫"点对点"】 2017年，街道开展"慈善一日捐"共募捐9万余元，其中小额冠名捐款8000元，全部用于帮助困难群众；开展临时救助7户，发放救助金1.1万元，慈善助学2名。

【大走访】 2017年，街道通过建立网格管理单元、街道社区两级联动等方式，实现走访全覆盖。全年街道大走访达3000人次，走访居民总数2520户，走访企业203家，收集意见295条，经过梳理、归并后形成91条，通过边走边访边整改，解决问题74个。 （杨 健）

2017年南山街道各社区基本情况

表25

社区名称	面积	总户数	总人口	社区党支部	社区主任
五凤口社区	6	784	3200	杨 斌	孙正斌
鹤林社区	2.5	480	1350	周玉宝	张海明
檀山社区	1.2	450	1280	刘立新	汪晓祥
回龙社区	3.5	367	1100	鲍荣根	王裕平
黄鹤山社区	3	350	930	郑 仙	郑 仙

（杨 健）

镇江市黄山园艺场

【概况】 镇江市黄山园艺场又名镇江市金黄实业总公司，位于镇江市南山路33号。下辖企业中年销售额1亿元以上企业2家，外贸出口企业3家。

2017年，在区委、区政府的领导下，按照区委、区政府的工作要求，紧紧围绕全年目标任务，以习近平新时代中国特色社会主义思想为统领，咬定目标不放松，发扬团结、民主、勤廉、奋进的黄山精神，坚持稳定、发展不动摇，围绕工作重点，积极做好各项工作，下辖企业实现工业销售4.64亿元，实现利税7147.9万元。

全面推进现有资产的清理工作。按照与镇江市交通投资公司的协议约定，南山路菜场2017年底搬迁，全场集中精力对地块上的租赁房屋进行了全面清退，为项目的整体开发做好准备，地块上的承租户已基本清退结束。

积极参与城市文明创建工作。区文明办安排与天桥社区结对，每逢天桥社区安排任务，全场干部职工都能以志愿者身份积极参加创建活动。黄山小区是园艺场多年前主导开发的老小区，由于设施不配套、小区未封闭、物业跟不上等原因而成为全市为数不多的失管小区，为了能够通过省检、国检，主动配合天和星城对小区的道路、绿化、环境卫生实施了维修改造，赢得了居民的认可。

加强信访工作，切实维护群众利益，推动和谐社会建设。2017年，通过多方协作共同化解了2件因劳动关系引发的信访矛盾，并对长期存在的事改企信访隐患问题始终保持高度关注，一旦发现苗头，及时处置化解，全年未发生一起进京赴省上访事件，未发生去市、区集访事件。

抓党建工作责任落实，构建齐抓共管工作格局。一是完善目标责任考评。年初召开班子会议深入分析研讨，把党建目标任务进一步细化量化，并与各支部签订党建目标责任书，把党建工作融入经济、社会和作风建设的各项工作中，全年召开4次党委班子会议研究党建工作。“第一责任人”在金港公司建立了联系点，先后3次深入金港公司开展党建专题调研，组织实施党建“书记项目”，围绕“三个到位”抓推进，做到组织到位、领导带头到位、支部督导到位，打造“三大课堂”抓实效，推行“车间课堂”，建立“党员讲堂”，创建“实境课堂”。二是坚持例会制度。每月召开一次党政班子党建例会，安排督查党建工作进展情况；每季度召开一次党建协调会，每次会议着重解决党建工作中的一两个问题，并明确分管领导亲自抓落实。要求领导定期到联系点，开展调查研究，帮助各单位理清工作思路，制定党建工作计划，协调解决具体困难和问题。形成了党建工作第一责任人总体抓，分管领导具体抓的工作机制，上下联动，层层抓落实的责任机制。

抓服务提升，推进基层服务型党组织建设。一是积极开展基层服务型党组织创建活动。以解决群众反映强烈的突出问题为抓手，抓好金港支部党组织示范点创建，不断提升新经济组织党组织的凝聚力和战斗堡垒作用。

抓教育管理，健全和完善基层党组织生活制度。一是抓好党员学习教育。以现代远程教育网络等为载体，采取举办培训班、上流动党课、举行报告会等形式，深入推进“两学一做”学习教育常态化制度化。二是强化党员管理。开展党组织统一活动日，推行党员红色积分管理，积极开展党员承诺活动，搭建发挥党员作用平台，进一步强化基层基础保障。三是健全制度。严格落实“三会一课”制度，定期开展党员党性分析和民主评议党员工作。四是做好发展党员工作。严格按照发展党员“十六字”方针，加大发展党员力度，不断改善党员队伍结构，实现发展党员质和量的突破，新发展党员1名。（赵庆华）

镇江市水产养殖试验场

【概况】 镇江市水产养殖试验场位于镇江市南山路9号，与百年学府镇江中学相邻，下辖5家企业，其中国有企业2家，改制民营企业3家。

2017年，该场坚持以中共十八届六中全会和十九大精神为指导，紧扣区委八届二次全体（扩大）会议提出的总体目标和要求，持续开展“两学一做”学习教育活动，围绕“两聚一高”，践行“四个全面”战略决策，统筹推进“五城共建”，咬定目标，攻坚克难，开拓进取，不断创新，各项工作取得了明显成效。

挖掘潜力，盘活存量，聚焦资产保值增值。一是完成江南茗苑大地库的清查处理，确保产权归属明确。二是完成长江厂承租企业清退及占用众联土地退还等历史遗留问题处理，并对厂房、土地等资产整体盘活。三是积极协助完成安置房产权证的办理，进一步盘活剩余安置房源。四是注重开源节流、量入为出，尽量减少不必要的开支。

全力以赴，攻坚克难，积极参与全区拆迁。在做好企业发展、稳定工作的同时，积极投身全区旧城改造。在小街片区、连镇铁路支线项目等房屋征收工作中，全体参战人员不畏艰难、顽强拼搏，努力在与其他兄弟单位比拼中争先进位，较好地完成了各项工作任务，为润州的城市建设和交通发展贡献了自己的力量。

重心下移，排查矛盾，始终确保和谐稳定。始终把维护稳定作为首要任务，突出“事要解决”这个核心，深入基层，排查矛盾，做到在第一时间人员到位、措施到位、保障到位，把维护和谐稳定的各项工作落到实处。针对个案，着力从思想上耐心疏导，工作上细致入微，方法上突出重点，措施上处置有力，从而使问题和矛盾总体可控。

从严从实，从严治党，抓好党员队伍建设。一是把学习好、宣传好、贯彻好中共十九大精神作为首要任务，持续抓好“两学一做”，完善落实常态化、制度化工作要求。二是对照“两个责任”清单，认真履行领导干部“一岗双责”，主动破解“硬规定”“软执行”顽疾。三是认真落实区委巡察反馈意见整改，确保取得实效。 （桑绍彪）

润州茶场

【概况】 润州茶叶良种场属国有场圃，地处官塘桥街道境内，西与丹徒区交接，距沪宁高速公路镇江出口和312国道及镇南立交桥约4000米。拥有国有土地66公顷，其中茶园26.6公顷。

2017年，润州茶场在区委、区政府的坚强领导下，坚持邓小平理论和“三个代表”重要思想为指导，贯彻落实科学发展观，以中共十九大精神为新的动力，不忘初心，牢记使命。中共十九大召开以来，茶场坚持将学习宣传贯彻中共十九大精神作为当前和今后一个时期的首要政治任务来抓，组织安排了各项学习活动，从而深刻领会和全面把握十九大报告的科学内涵和精神实质。作为一个有着历史的老国营场圃，历史遗留问题比较多，经济发展有困难，茶场认真研究各种方针政策，解放思想，开拓进取，根据实际情况对当年分包出去的茶田进行一部分收回，重拾茶场传统产业和优秀品牌，打造一个全新的经济增长点。一如既往的积极做好职工的后勤服务，提前帮助职工预定茶叶包装，定期指导职工治茶、管理茶叶工作，尽可能的提高职工茶叶收益，积极帮助在茶叶销售上的确有实际困难的职工进行茶叶销售，在一定程度上解决了职工的实际困难。8月中旬，根据区委区政府统一要求和部署，对茶场职工住户开展了大走访和精准扶贫活动，深入职工居民家中，共搜集职工意见和建议26条，通过大走访活动了解职工需要什么，既密切了干群关系，又改正工作中的不足之处，全年确保了职工保险金的正常缴纳。对茶场范围内多次进行了环境卫生集中整治，投入资金10万多元，增加了垃圾分类收集设施，对茶场辖区内的道路两侧进行了绿化。加大宣传力度，通过发放“致全场职工的一封信”和悬挂宣传标语等方式，提高职工和居民的环境卫生意识。

全面落实防违治违工作。根据区委区政府有关文件精神，茶场一直将防违工作作为重点工作之一，多次召开防违领导班子成员会议，布置和开展防违、控违。制定了一系列措施，指定专人全天24小时防控。加大宣传力度，使职工违建势头得到有效遏制。扎实开展畜牧禁养工作。根据区委区政府统一部署要求，在5月底前顺利完成茶场境内所有养殖户的搬迁关停，并安排专人进行巡视，形成长效管理机制。全力以赴跟紧官塘新城建设步伐，因官塘新城道路建设需要，上半年已完成民营企业签约搬迁4户，按照相关政策要求提前收购了民营企业3户。积极参与区政府房屋征收工作，年内茶场参与了小街、民主街和连镇铁路建设的房屋征收，特别是连镇铁路马家山地块，共计52户，通过一个多月的努力，在规定征收签约期限内顺利完成签约任务。

（谢平亮）

新任区级党政领导

高国成

润州区委书记

1966 年 2 月出生,江苏丹徒人,中共党员,研究生学历。

1984 年 7 月镇江市政府办公室综合科工作;1988 年 12 月任镇江市政府办公室综合科副科长;1992 年 7 月任镇江市地产开发总公司党组成员、副总经理;1996 年 7 月任镇江市规划局党组成员、副局长;2000 年 12 月任句容市委常委、副市长;2002 年 12 月任句容市委常委、组织部部长;2004 年 11 月任镇江市口岸和港口局党组书记、局长;2013 年 12 任润州区委副书记、区政府代区长;2014 年 1 月任润州区委副书记、区政府党组书记、区长;2017 年 12 月任润州区委书记,区政府党组书记;2018 年 1 月任润州区委书记。

徐心田

润州区委副书记,区政府党组书记、区长

1976 年 9 月出生,江苏扬中人,中共党员,研究生学历。

1999 年 7 月润州区委组织部工作,历任组织科科员、干部科科员、副科长、科长,2005 年 4 月兼润州区委企业工委副书记;2005 年 9 月任官塘桥镇党委副书记;2005 年 12 月任蒋乔镇党委副书记;2006 年 2 月任七里甸街道党工委副书记,办事处副主任;2008 年 2 月任七里甸街道党工委副书记, 办事处主任;2008 年 12 月任宝塔路街道党工委副书记,办事处主任;2010 年 1 月任润州区外经局局长、党组书记, 招商局局长;2010 年 2 月任润州区商务局局长、党组书记, 区招商中心主任;2012 年 2 月任丹阳市副市长;2015 年 5 月任镇江市安监局局长、党组书记;2017 年 12 月任润州区委副书记、区政府代区长;2018 年 1 月任润州区委副书记、区政府党组书记、区长。

贾敬远

区委副书记，区政府党组成员、副区长，区委党校校长

1981年1月出生，安徽濉溪人，中共党员，研究生学历。

2002年7月江苏大学学生工作处科员；2005年3月任江苏大学党委宣传部科员；2008年4月任江苏大学校长办公室正科级秘书，2008年12月兼任机关团总支书记；2011年6月任江苏大学团委副书记；2012年12月任共青团镇江市委员会书记、党组书记（公开选拔）；2017年6月任润州区委副书记、区政府副区长；2017年8月任润州区委副书记、区政府党组成员、副区长，区委党校校长。

范永放

区人大常委会党组书记、主任。

1963年9月出生，江苏丹阳人，中共党员，研究生学历。

1982年2月丹徒县钢丝绳厂任技术员；1985年7月任镇江市机械密封件厂车间主任、科长；1989年12月任润州区计经委科员、科长；1992年6月润州区七里甸镇工业公司挂职任经理助理；1992年8月任　润州区计经委副主任、工业局副局长；1993年7月任润州区计经委、外经委副主任；1994年3月任润州区七里甸镇农工商总公司总经理；1995年9月任七里甸镇党委副书记；1996年8月任七里甸镇党委副书记　、镇长；2001年3月任七里甸镇党委书记;2002年12月任　润州区委常委；2003年2月任润州区委常委、宣传部长；2006年6月任润州区委常委、常务副区长；2007年9月任润州区委常委、纪委书记；2011年6月任润州区委副书记；2015年12月任润州区委副书记、区人大常委会主任；2016年2月兼任区人大常委会党组书记；2016年8月兼任区委党校校长。2017年6月任区人大常委会党组书记、主任、区委党校校长；2017年8月任区人大常委会党组书记、主任。

杨　坚

润州区委常委、区纪委书记、区监委主任。

1976年11月出生，江苏武进人，中共党员，大学学历。

1999年8月京口区象山乡工作；2000年3月京口区政府办公室信息督查科、综合科副科长；2003年3月镇江市纪委科员；2003年12月镇江市纪委副科级纪检监察员；2007年5月任市纪委办公室副主任；2012年4月任市纪委法规研究室副主任；2015年7月任市纪委法规研究室主任；2017年6月任市纪委党风政风监督室主任；2017年12月任润州区委常委、区纪委书记；2018年1月任润州区委常委、区纪委书记、区监委主任。

逝世人物

沈亦工，男，汉族，江苏仪征人，1927 年 9 月出生，1949 年 5 月参加工作，1949 年 12 月加入中国共产党。1949 年 5 月镇江盐业公司工作，历任副股长、副主任、副经理；1956 年 7 月市委业余政治学校理论教员，省委中级党校中级干部班学习；1957 年 7 月市委整风反右办公室秘书组长；1958 年 3 月市委宣传部教育组长，省委中级党校理论班学习宣传部理论教育科科长，业余政治学校副校长；1964 年 11 月社教工作队副主任，党委书记兼工作队长；1967 年 4 月市委宣传部理论教育课科长；1968 年 8 月市五七干校劳动；1969 年 3 月市革委会办事组秘书、副组长；1975 年 11 月镇江建港指挥部办事组负责人；1979 年 2 月市委办公室副主任；1981 年 2 月郊区人民政府副区长。1983 年 11 月离休。2017 年 11 月 28 日逝世。

市级以上先进集体名录

2017 年润州区获市和市级以上表彰的先进集体名录

表 26

单位名称	荣誉名称	授予单位
润州区	江苏省首批基础教育装备示范区	省教育厅
润州区	江苏省平安校园建设示范区	省教育厅、省综治办、省公安厅
润州区	江苏省残疾人工作先进县市区	省残工委
黎明社区卫生服务中心	全国优质服务示范社区卫生服务中心	国家卫计委
七里社区卫生服务中心	全国优质服务示范社区卫生服务中心	国家卫计委
黎明社区卫生服务中心	全国 200 强示范社区卫生服务中心	中国社区卫生协会
金山街道西津渡社区	全国“扫黄打非”进基层示范点	全国“扫黄打非”工作小组办公室
七里甸街道五里社区	创建无邪教示范社区	国务院防范和处理邪教问题办公室
区法院	全省法院党的十九大安保维稳工作先进集体	省高级人民法院
区法院执行局	全省法院执行系统先进集体	省高级人民法院
区社会保险管理中心	省级社会保险经办服务示范窗口	省人社厅
区侨联	双“五有”侨联组织	省侨联
区检察院	法治教育系列活动二等奖	省政法系统关心下一代工作委员会

续表 26

单位名称	荣誉名称	授予单位
镇江市信息中等专业学校	全省"扫黄打非"进基层示范点	省"扫黄打非"工作领导小组办公室
官塘桥街道	第一批省级创业型街道(乡镇)	省人社厅
官塘桥街道秀山村、官塘桥街道平山村、官塘桥街道宝平社区、七里甸街道五洲山村、七里甸街道光华社区、润州工业园区鲇鱼套村、润州工业园区大桥村、官塘桥街道官塘桥村、官塘桥街道远洋社区、金山街道西津渡社区、润州工业园区龙门村	第一批省级创业型社区(村)	省人社厅
惠龙易通国际物流股份有限公司	江苏省博士后创新实践基地	省人社厅
镇江市农副产品批发市场有限公司	江苏省创业孵化示范基地	省人社厅
镇江市农副产品批发市场有限公司	农业产业化省级重点龙头企业	省农委
镇江市农副产品批发市场有限公司	全国农产品批发市场行业百强市场	全国城市农贸中心联合会
镇江市农副产品批发市场有限公司	江苏省蔬菜协会副会长单位	省蔬菜协会

市级以上先进个人名录

2017年润州区获市和市级以上表彰的人物一览表

表 27

姓名	性别	荣誉名称	授予单位
鲍荣龙	男	全国农技协先进工作者	中国农村专业技术协会
易仁东	男	全省纪检监察系统先进工作者	中共江苏省纪委、省人社厅
金威威	男	全省纪检监察信访举报工作先进个人	中共江苏省纪委、省监察厅
黄永川	男	全省发展改革系统先进工作者	省发改委、省人社厅
邓南山	男	全省法院监察系统先进个人	省高级人民法院
田　冰	男	首批江苏省"侨胞挚友"	省侨联
杨　蕾	女	2016年度全省预决算公开工作先进个人	省财政厅
邓春祥	男	2017年度全省劳动保障监察优秀案卷	省人社厅
傅帅锋	男	江苏省劳动人事争议仲裁委员会仲裁员业务能手	省人社厅、省仲裁委员会、省总工会
傅帅锋	男	江苏省仲裁员岗位裁决书制作前十名	省人社厅、省仲裁委员会、省总工会
黄　奇	男	2017年江苏省大学生优秀创业项目	省人社厅

区委、区政府表彰名录

2016年度润州区先进集体名录

镇润发〔2017〕2号

一、特别贡献单位

润州工业园区
润州区蒋乔街道
润州区金山街道
润州区宝塔路街道
润州区教育局
润州区人民检察院
润州区人民法院
润州区财政局
润州区人力资源和社会保障局
润州区科学技术局

二、服务发展先进单位

镇江市地方税务局第三税务分局
镇江市国家税务局第二税务分局
镇江市公安消防支队润州大队
镇江市公安局润州分局
镇江市国土局润州分局
镇江市规划局润州分局
镇江市公安局润州交巡警大队

三、先进单位

润州区委组织部人才科
润州区纪委党风政风监督室
润州区委宣传部宣传科
润州区委政法委法治办
润州区委统战部民族宗教事务所
润州区委党校办公室
润州区广播电视台新闻中心
润州区工商联办公室
润州区信访局接访科
润州区残联残疾人劳动就业服务所
润州区编办行政机构编制科
润州区发改委大项目办公室
润州区市场监督管理局第一分局
润州区司法局社区矫正科
润州区法制办法制事务所
润州区农委蔬菜研究所
润州区统计局综合科
润州区住建局房屋征收和拆迁安置中心
润州区安监局安全生产监察执法大队
润州区商务局综合科
润州区审计局经济责任审计中心
润州区水利局工程科
润州区城管局市容科
润州区金融办公室
润州区环保局环境监察大队
润州区七里甸街道经济服务中心
润州区官塘街道团工委
润州区和平路街道总工会
润州区韦岗街道妇联
润州区南山街道鹤林社区
润州区工贸总公司资产财务科
润州区土地房屋开发总公司第一党支部
润州区城投公司诚润置业有限公司

润州区创建“中华诗词之乡”先进单位、先进个人等名录

镇润发〔2017〕7号

一、创建先进单位(18个)

七里甸街道
宝塔路街道
金山街道
区机关党工委
区住建局
区法院
区教育局

六普钻井公司
区诗协
蒋乔街道严庄社区
和平路街道文化站
官塘桥街道官塘桥社区
润州工业园区鲢鱼套村委会
韦岗街道党政办
镇江实验学校
区中华路小学
润州实验小学
区穆源民族小学

二、创建先进个人(34 人)

曹建平　陆庆宏　魏春平　祝明强
马　力　陈小坤　常耀中　蒋伟林
刘步楼　石荣贺　杨庆荣　凌　鑫
吴俊彪　李国楠　沈红卫　杨　镇
钱　进　毛　辉　李克俭　赵炬肃
徐小娟　曹永珍　王　敏　罗雪梅
沙　莎　杨永全　朱永平　曾竹花
夏光明　曹文萍　夏建平　周建苏
靳钟琦　王忠东

三、诗词创作先进个人(18 人)

张涵宇　王纪庚　王育春　朱　娟
张雪梅　谢晓燕　王凡娣　陈　林
张晓斌　鲍　蕾　谢　戈　朱晓燕
朱祥明　朱立东　黄科武　王佳雯
李国锋　孔　珊

四、示范诗社(10 个)

金山街道西津渡诗社
区法院法苑诗社
六普钻井公司石油魂诗社
七里甸街道橄榄绿诗社
区机关党工委朱方诗社
韦岗街道珑兴诗社
中华路小学中华儿童诗社
镇江实验学校实韵诗社
润州实验小学鹤鸣诗社
穆源民族小学清荷诗社

五、十佳诗人(10 人)

李克俭　陈宏嘉　梅和清　邢灿华
刘朝宽　孙　中　张涵宇　步小妮
陈小坤　曾竹花

六、诗词创作发表先进个人(市级以上刊物发表)(9 人)

梅和清　李克俭　王忠东　张涵宇
陈宏嘉　孙　中　卜积祥　邢灿华
王汝斌

七、诗教研讨会优秀论文(8 篇)

1.《当前诗教应把握的几个问题》
(区诗协　李克俭)

2.《机关单位诗教活力之源探索》
(区机关　田　冰)

3.《当前社区诗教存在的主要问题及对策》
(南山街道　孔　珊)

4.《浅谈儿童诗与格律诗的创作指导》
(中华路小学　姜　莹)

5.《关于整合文化资源,开展诗教的几点思考》
(区文化馆　张晓波)

6.《给诗教插上互联网的科技翅膀》
(镇江市风雅文化有限公司　邢灿华)

7.《弘扬诗词文化　打造诗意校园——润州区系统诗教工作实践研究》
(区教育局　曾竹花)

8.《探讨企业诗教新思路》　(六普　赵炬肃)

润州区劳动模范名单

镇润发〔2017〕9 号

润州区劳动模范名单

翟干干	江苏柳工机械有限公司班长
江　伟	江苏华兴通讯科技有限公司经理
韦金平	镇江金港磁性元件有限公司技术员
吴绪保	江苏南徐中天物业管理有限公司安全督导员
任学胜	镇江市润州金山包装厂总经理
胡芳槐	惠龙易通国际物流股份有限公司技术总监
张　伟	康士伯船舶电气(江苏)有限公司工程师
韦武青(女)	镇江市蔬菜研究所副所长
顾师伟	福世特建设工程有限公司副总工程师
戴德华	镇江市五洲山茶场场长
刘　彤(女)	镇江市九久老年康复中心院长
王　萍(女)	江苏润州超群花卉有限公司经理

朱荣平	润州区官塘桥街道官塘桥村党总支书记
孙正斌	润州区南山街道五凤口社区主任
季秀平	润州区七里甸街道曙光村党总支书记
刘长勇	润州区和平路街道金江社区书记、主任
熊保刚	润州区环境卫生管理所职工
丁春霞(女)	润州区官塘桥街道统计站站长
范金华	润州区宝塔路街道司法所所长
李瑞平	润州区金山街道会计服务中心主任
孙有才	润州区韦岗街道综治信访办主任
王大双	润州区政府机关事务服务中心职工
朱天琚	润州区信访局办公室主任
龚梅娟(女)	润州区委办公室秘书科负责人
刘东升	润州区司法局法律援助中心律师
董春永	润州区水利局工程科科长
章　伟(女)	润州区物价局举报中心主任
奚　铭	润州区人力资源和社会保障局人事综合科科长
石　颖(女)	镇江实验学校魅力之城分校教科室主任
樊金春	润州区七里甸社区卫生服务中心内科主任

润州区优秀教育工作者名单

镇润发〔2017〕21号

润州区优秀教育工作者名单

汤　俊	余春辉	孙海君	王　妮	张　园	龚　敏	何成娣
胡庆蓉	匡元霞	李玉娟	沙仙霞	孙丹明	文小敏	谢建国
杨　妍	姚晓欢	尹姝静	周书芹	许　瑾	张　婷	徐　燕
夏丽娟	许银芝	仲龙武	王学松	王德军	赵青青	戴　斌
陈　红	印海燕	蒋彩英	顾　俊	夏小玉	王正保	高　莹
季　红	张　飞	孙萧白	杨　云	李紫蓉	汪　婷	谢卫红
徐春英	朱桉楠	乔　玲	宋玲玲	顾仁煜	谢　强	吴　骏
王　挺	靳钟琦	魏　菲	任玉娟	赵　雪	郝思勤	陈毓宇
杨梦慧	居　佳	李金芝	阮玲华	韦莉萍	姚美华	左丽云
朱巧云	朱　莉	艾　珠	陈　洁	凌　伟	蒋　静	李　璐
杨　春	张　伟	江琳丽	眭　晨	张　俊	刘建平	曾竹花
王春燕	曹茂文	周镇梅				

2017年度润州区基层党建工作先进典型表彰名单

镇润发〔2017〕33号

一、优秀书记项目(10个)

七里甸街道党工委书记邵建海：实施末梢治理，强化基层党组织整体功能

南山街道党工委书记朱震:“党建红+生态绿”惠民党建品牌

金山街道党工委书记周藜：建立红色关爱档案，推动党内关爱十项举措

区教育局党委书记庄炳锁:打造“红烛先锋”工程

区市场监督管理局党委书记朱明:打造润州助企暖企“红色店小二”

区人社局党委书记孙祥波:做优“真抓实干,马上就办”党建品牌,办好“民生事、身边事、百姓事”

和平路街道金江村党支部书记黄静:“书记小舟”零水域服务

金山街道西津古渡社区党总支书记史梅玲:津彩党建行动

南山街道五凤口社区党总支书记杨斌:“依景融景”富农项目

七里甸街道万科社区党总支书记夏光明:“党员先锋”微平台开发

二、区级党支部书记工作室(10个)

金山街道迎江路中心社区十八进党支部

七里甸街道万科社区润园党支部

区人民法院金山湖法庭党支部

宝塔路街道城际商圈招商中心党支部
镇江市宝塔路小学党支部
官塘桥街道宝平社区党支部
区人民检察院检务保障第一支部
金山街道银山门社区红旗党支部
和平路街道金江村党支部
区市场监督管理局第三分局党支部

三、区级党员教育实境课堂(10 个)

宝塔路街道城际商圈红色课堂
区委党校"周末课堂"
和平路街道新金江社区"红色形象体系"展示厅
区人民法院"一园两馆"廉政教育基地
金山街道西津古渡社区"爱心驿站"
韦岗街道韦岗战斗红色教育实境课堂
金山街道伯先公园五卅演讲厅
七里甸街道光华社区党员廉政教育基地
南山街道五凤口社区党员教育基地
区人社局党员教育实境课堂

四、党员先锋(30 人)

王　伟	奚　铭	马　莉(女)
余　波	孙有才	方道清
朱蕴超(女)	臧　镇	刘　静(女)
张丽丽(女)	汪素英(女)	刘　敏
黄　静(女)	季秀平	江　涛
倪彦勇	阮庆红(女)	史梅玲(女)
满　化(女)	孙贺敏(女)	刘立新
韦源福	艾学平	薛　毅
余江华	陈小平	张兴淮
何尔忠	吴秀英(女)	谢　东

2016 年度润州区征兵工作先进单位和先进个人名单

镇润政〔2017〕61 号

一、先进单位

七里甸街道办事处
官塘桥街道办事处
韦岗街道办事处

二、先进个人

赵明辉	宝塔路街道武装部干事
王美吉	金山街道武装部部长
孔庆培	韦岗街道武装部干事
赵庆世	金山街道派出所教导员
徐晓梅	七里社区卫生服务中心五官口腔科医师

重要文件选录

关于转发区档案局《润州区档案馆收集档案范围实施细则》的通知

镇润办〔2017〕14 号

各街道党工委、办事处,各场圃,润州工业园区,区各部委办局,各人民团体,各直属单位:

《润州区档案馆收集档案范围实施细则》已经区委、区政府领导同志同意,现转发给你们,请结合实际,认真贯彻执行。

中共镇江市润州区委办公室
镇江市润州区人民政府办公室
2017 年 3 月 3 日

润州区档案馆收集档案范围实施细则

为建设内容丰富、结构合理、反映真实面貌、富有润州地方特色、覆盖人民群众的国家综合档案馆馆藏体系,科学划定润州区档案馆收集档案范围,完好保存和有效利用本地区档案资源,依据《中华人民共和国档案法》及其实施办法、国家档案局第 9 号令《各级各类档案馆收集档案范围的规定》《江苏省档案管理条例》等有关法律法规规章,结合本地工作实际,制定本细则。

第一条 润州区档案馆是润州区委、区政府直属的国家综合档案馆,是永久保管全区各类档案资料的基地,是党和政府及社会各方面开发利用档案信息资源的中心,是政务公开信息查询场所和政府电子文件中心。

第二条 本细则适用属于润州区档案馆收集范围的党政机关、人民团体、企事业单位及其他组织和个人。

第三条 润州区档案馆贯彻“科学发展、以人为本”的理念,本着维护历史真实面貌,全面反映润州区发展历程,保护档案的完整与安全,方便社会各界利用的原则,依法开展收集档案工作,建立有效征集机制并加大投入抢救性征集珍贵档案。

第四条 润州区档案馆依法收集对国家和社会有保存价值的,涵盖文书、业务、会计、科研、基建等各种门类,以及纸质、实物、光盘、磁介质等各种载体形态的档案资料。

第五条 本细则附录中所述的“文书档案”“业务档案”,均包括纸质档案和与内容对应的原生电子档案或数字化副本;“照片档案”包括纸质照片和数码照片;“音像档案”包括录音带、录像带、音视频光盘等;“实物档案”包括各类证书、奖牌、锦旗、纪念品、外交礼品、印章、字画、样品等。

第六条 润州区档案馆收集范围:

(一)中华人民共和国成立后的档案

1. 中共润州区委员会及所属各部门的档案;

2. 润州区人民代表大会及其常设机构的档案;

3. 润州区人民政府及其所属各部门、直属企事业单位、派驻国内各地机构的档案;

4. 政协润州区委员会及其常设机构的档案;

5. 润州区人民法院、润州区人民检察院的档案;

6. 润州区总工会、共青团润州区委员会、润州区妇女联合会、润州区残疾人联合会等人民团体及其工作部门的档案;

7. 各民主党派润州区委员会及所属各工作部门的档案;

8. 润州区级机关单位行使行政职能或从事某项事业行政管理的下属单位的档案,具有行业代表性和典型性的下属单位档案;全部或部分接收以上机构的临时机构的档案;

9. 属于地方和行业主管部门双重领导单位的档案(国家档案局与相关部门联合行文明确不进馆的除外);

10. 润州区域范围内区级撤销单位及区级单位下属撤销、破产、转改制国有企事业单位的档案;

11. 润州区有代表性、典型性的专业户、个体户,民营企事业单位,中外合资、合作经营单位,其他社会组织和集体,基层群众自治组织以及家庭形成的对国家和社会有保存利用价值的档案;

12. 润州区级组织机构及下属单位中形成的涉及民生、反映经济社会事业发展成就,具有本地特色的各类专业档案,包括重点建设项目档案以及反映城乡历史风貌变迁的音像和照片档案;

13. 润州区下属各镇、开发区管委会、各街道办事处、社区、重点村形成的档案列入县级综合档案馆接受范围。

(二)本地区重大活动、重要事件、重要人物形成的档案

1. 本地区历代形成的各种地方史志、族谱、家谱、年谱、反映本区各地风土人情的资料等。

2. 历代润州籍或曾在本地区境内长期活动过非润州籍的政界、军界、工商界、科学文化界、教育卫生体育界等领域具有重要影响的知名官员、专家学者和社会贤达及其他重要人物,其形成的工作笔记、日记、生平事迹、简历、著作、字画、书信、诗词、讲话记录、证书、照片、墓志、碑文、回忆录、纪念品、有特殊意义的个人用品等各种类型、各种载体的档案。

3. 省及省以上党政军负责人来本地视察和检查工作,国际国内各界知名人士来本地区调查、访问、讲学等活动所形成的各种档案。

4. 本地区与国内外友好城市的相互往来活动形成的档案。

5. 本地区承办的国际性、全国性和区域性的重大活动、重要会议形成的档案。

6. 本地区重大或特大突发公共事件、自然灾害及活动中形成的档案。

7. 反映本地区各个历史时期的具有地方特色和创新性生产技术专利以及获得各种奖励的名、优、特产品、传统产品等工艺技术方面的档案。

8. 外国人形成的有关本地区的游记、日记、图书、照片视频等档案。

9. 以本地区为背景或本地作者编辑出版的各种著述或文学创作。

10. 其他能反映本地区发展的档案资料。

(三)根据国家电子档案灾备要求,接收本地区有价值的各类电子档案。

(四)在收集档案同时,收集全宗指南、组织机构沿革、档案纸质的和机读的目录及相关资料,以及有助于管理和利用档案资料所必需的各类专用设备、专用软件系统等。

第七条 本细则附件列出了润州区档案馆依法接收其档案的进馆单位名录及档案类别(见附录),并将根据国家有关规定,适时调整接收单位及接收档案类别。

第八条 进馆单位形成的保管期限为30年及以上的档案,一般自档案形成之日起满10年向润州区档案馆移交。专业性较强或需要保密的档案,可以延长移交期限。由于保管条件恶劣可能导致不安全或严重损毁的档案,可提前向润州区档案馆移交。延长或提前移交,需经本级档案行政管理部门批准。

第九条 尚未列入进馆范围的其他门类档案,润州区档案馆将按国家有关规定,逐步确定其归属流向。

第十条 本细则由润州区档案馆负责解释。

第十一条 本细则自发布之日起实施。

附录:《润州区档案馆接收档案单位基本名录》

附件 1：

润州区档案馆接收档案单位基本名录

一、区直机关团体

(一)党委

序号	单位名称	进馆档案门类	备注
1	中共润州区委办公室(研究室、督查室)	文书、照片、音像、实物、电子、重大活动等	
2	润州区纪律检查委员会(润州区监察局)	文书、照片、音像、实物、电子、纪检监察案件等	
3	中共润州区委组织部	文书、照片、音像、实物、电子、死亡干部等	
4	中共润州区委宣传部（润州区精神文明建设指导委员会办公室）	文书、照片、音像、实物、电子、重大活动等	
5	中共润州区委统一战线工作部（润州区民族宗教事务局）	文书、照片、音像、实物、电子、重大活动等	
6	中共润州区委政法委员会（润州区社会管理治安综合治理委员会办公室）	文书、照片、音像、实物、电子等	
7	中共润州区委台湾工作办公室	文书、照片、音像、实物、电子等	
8	润州区机构编制委员会办公室	文书、照片、音像、实物、电子、事业单位登记等	
9	中共润州区委区级机关工作委员会	文书、照片、音像、实物、电子等	
10	中共润州区委老干部局	文书、照片、音像、实物、电子等	
11	润州区信访局	文书、照片、音像、实物、电子、信访案件等	
12	中共润州区委机要保密局	文书、照片、音像、实物、电子等	

(二)人大

序号	单位名称	进馆档案门类	备注
1	润州区人大常委会(办公室)	文书、照片、音像、实物、电子等	

(三)政府

序号	单位名称	进馆档案门类	备注
1	润州区人民政府办公室(外事办、侨办)	文书、照片、音像、实物、电子、重大活动、国际知名人士来访等	
2	润州区发展改革和经济信息化委员会（润州区旅游局）	文书、照片、音像、实物、电子、网站审批、行政审批等	
3	润州区教育局(润州区文体局)	文书、会计、照片、音像、实物、电子等	
4	润州区科学技术局(润州区知识产权局)	文书、照片、音像、实物、电子、专利、项目审批等	

序号	单位名称	进馆档案门类	备注
5	润州区民政局(双拥办、婚姻登记处)	文书、照片、音像、实物、电子、地名、行政区域界线、社会组织登记、婚姻登记、伤残抚恤人员、慈善捐赠、农村五保供养、城乡居民最低生活保障、殡葬服务等	
6	润州区司法局	文书、照片、音像、实物、电子、法律援助、司法鉴定、公证等	
7	润州区财政局(润州区会计服务中心)	文书、会计、照片、音像、实物、电子等	
8	润州区人力资源和社会保障局(就业管理中心、人才服务中心)	文书、会计、照片、音像、实物、电子、农业保险、社会保险、企业保险、劳动监察档案等	
9	润州区环境保护局	文书、照片、音像、实物、电子、环境评价、验收、处罚案件等	
11	润州区住房和城乡建设局	文书、会计、照片、音像、实物、电子等	
12	润州区城市管理局(润州区城市管理行政执法局)	文书、会计、照片、音像、实物、电子等	
14	润州区交通运输局	文书、会计、照片、音像、实物、电子、基建(路、桥)等	
15	润州区农业委员会	文书、会计、照片、音像、实物、电子、项目、农产品质量安全、林权登记等	
16	润州区水利局	文书、会计、照片、音像、实物、电子、水利项目、水利普查等	
17	润州区商务局	文书、照片、音像、实物、电子等	
18	润州区卫生和计划生育委员会(润州区疾控中心)	文书、会计、照片、音像、实物、电子等	
19	润州区市场监督管理局	文书、会计、照片、音像、实物、电子、企业法人登记、商标、个体工商户、广告登记、食品安全、药品品种登记、药品稽查等	
20	润州区人口和计划生育委员会(已撤销,需移交)	文书、照片、音像、实物、电子、二胎审批、社会抚养费征收、奖励援助政策名单等	
21	润州区审计局	文书、会计、照片、音像、实物、电子、审计等	
22	润州区安全生产监督管理局	文书、照片、音像、实物、电子、安全生产许可证等	
23	润州区统计局	文书、照片、音像、实物、电子、普查等	
24	润州区物价局	文书、会计、照片、音像、实物、电子等	
25	润州区人民政府法制办公室	文书、照片、音像、实物、电子、行政复议、行政执法、行政诉讼等	

(四)政协

序号	单位名称	进馆档案门类	备注
1	润州区政协机关(办公室)	文书、照片、音像、实物、电子等	

(五)法院、检察院

序号	单位名称	进馆档案门类	备注
1	润州区人民法院	文书、会计、照片、音像、实物、电子、诉讼等	
2	润州区人民检察院	文书、会计、照片、音像、实物、电子、诉讼等	

(六)人民团体

序号	单位名称	进馆档案门类	备注
1	润州区总工会	文书、会计、照片、音像、实物、电子等	
2	中国共产主义青年团润州区委员会	文书、照片、音像、实物、电子等	
3	润州区妇女联合会	文书、照片、音像、实物、电子等	
4	润州区科学技术协会	文书、照片、音像、实物、电子等	
5	润州区工商业联合会	文书、照片、音像、实物、电子等	
6	润州区文学艺术界联合会	文书、照片、音像、实物、电子、作品、著名艺术家档案等	
7	润州区归侨侨眷联合会	文书、照片、音像、实物、电子等	
8	润州区残疾人联合会	文书、会计、照片、音像、实物、电子、残疾人登记、康复等	
9	润州区红十字会	文书、会计、照片、音像、实物、电子、救灾救助项目等	
10	润州区慈善总会	文书、会计、照片、音像、实物、电子等	

(七)街道、园区、场圃

序号	单位名称	进馆档案门类	备注
1	润州区七里甸街道办事处	文书、会计、照片、音像、实物、电子等	
2	润州区蒋乔街道办事处	文书、会计、照片、音像、实物、电子等	
3	润州区官塘桥街道办事处	文书、会计、照片、音像、实物、电子等	
4	润州区宝塔路街道办事处	文书、会计、照片、音像、实物、电子等	
5	润州区金山街道办事处	文书、会计、照片、音像、实物、电子等	
6	润州区和平路街道办事处	文书、会计、照片、音像、实物、电子等	
7	润州区韦岗街道办事处	文书、会计、照片、音像、实物、电子等	
8	润州区南山街道办事处	文书、会计、照片、音像、实物、电子等	
9	润州工业园区	文书、会计、照片、音像、实物、电子等	
10	润州区水产养殖试验场	文书、会计、照片、音像、实物、电子等	
11	润州区黄山园艺良种场	文书、会计、照片、音像、实物、电子等	
12	润州茶场	文书、会计、照片、音像、实物、电子等	

二、区直属单位

（一）区委、区政府直属单位

序号	单位名称	进馆档案门类	备注
1	润州区史志档案办公室（润州区档案馆）	文书、照片、音像、实物、电子等	
2	中共润州区委党校	文书、会计、照片、音像、实物、电子、学籍等	
3	润州区广播电视台	文书、会计、照片、音像、实物、电子等	
4	润州区机关事务服务中心	文书、会计、照片、音像、实物、电子、基建等	
5	润州区工贸总公司	文书、照片、音像、实物、电子等	
6	润州区供销合作总社	文书、会计、照片、音像、实物、电子等	

（二）直属企事业单位

序号	单位名称	进馆档案门类	备注
1	润州区城市建设投资公司	文书、会计、照片、音像、实物、电子、基建等	
2	润州区土地房屋开发总公司	文书、会计、照片、音像、实物、电子、基建等	
3	润州区房地产开发总公司	文书、会计、照片、音像、实物、电子、基建等	

三、双重管理单位

序号	单位名称	进馆档案门类	备注
1	镇江市国家税务局第二分局	文书、会计、照片、音像、实物、电子、税收征管等	
2	镇江市地方税务局第五分局	文书、会计、照片、音像、实物、电子、税收征管等	
3	镇江市公安局润州分局	文书、会计、照片、音像、实物、电子等	
4	镇江市国土局润州分局	文书、会计、照片、音像、实物、电子、土地利用、地籍、垦保等	
5	镇江市规划局润州分局	文书、会计、照片、音像、实物、电子等	

关于印发《润州区农村产权交易管理办法(试行)》《润州区农村集体资产交易规则(试行)》《润州区农村土地承包经营权流转交易规则(试行)》的通知

镇润办〔2017〕38 号

各街道党工委、办事处,各场圃,区各部委办局,各人民团体,各直属单位:

为建立健全农村产权交易管理制度,规范农村产权交易行为,经区委、区政府研究,现将《润州区农村产权交易管理办法(试行)》《润州区农村集体资产交易规则(试行)》《润州区农村土地承包经营权流转交易规则(试行)》印发给你们,请认真贯彻执行。

附件:1. 润州区农村产权交易管理办法(试行)
2. 润州区农村集体资产交易规则(试行)
3. 润州区农村土地承包经营权流转交易规则(试行)

中共镇江市润州区委办公室
镇江市润州区人民政府办公室
2017 年 6 月 20 日

附件 1:

润州区农村产权交易管理办法(试行)

第一章　总则

第一条　为培育和发展我区农村产权交易市场,规范农村产权交易行为,推动城乡生产要素流动,优化资源配置,促进农民增收和农村经济发展,依据相关法律法规和政策,结合我区实际,制定本办法。

第二条　凡在本区从事农村产权交易活动的,适用本办法。法律、法规、规章另有规定的,从其规定。

第三条　本办法所称农村产权交易活动是指以承包、转包、出租、出让、转让、作价入股、抵押或以其他方式进行的农村产权流转交易活动(以下统称转让,交易双方统称转让方和受让方)。

第四条　农村产权交易应当遵循依法、自愿、有偿和公开、公平、公正的原则。

农村产权交易坚持农民自主、村民自治,任何组织或个人不得强迫流转交易,也不得妨碍自主流转交易。不得改变农村土地集体所有性质,不得改变土地用途,不得损害农村集体和农民合法权益。

第五条　农村集体产权(含所有权、使用权、经营权)依法转包、租赁、转让、入股、互换或者其他方式交易的,必须进入农村产权交易市场进行;鼓励农户拥有的产权进入农村产权交易市场交易。

第二章　组织机构

第六条　润州区农村产权交易管理领导小组是全区农村产权交易的领导监管机构,负责研究制定相关政策,对全区农村产权交易行为进行指导、协调和监督管理。领导小组下设办公室,办公室设在区农委,负责日常工作。

第七条　根据市委文件要求,润州区农村产权流转交易直接进入市公共资源交易中心交易,本级不单独设立农村产权交易市场,各街道(园区)依托便民服务中心,挂牌成立农村产权交易中心(以下简称镇级交易中心),配备专(兼)职工作人员,村(居)会计兼职交易信息员。

镇级交易中心为本辖区内农村产权交易提供政策咨询、信息发布、资格审查、组织交易、合同签订、出具鉴证等服务,其主要职责是:

(一)负责农村产权交易信息收集、数据更新、交易咨询;

（二）负责受理农村产权交易的申请、审核等相关事宜，出具产权交易凭证；

（三）负责农村产权交易信息的发布和成交公告；

（四）为农村产权交易活动提供场地、设施和代办等服务；

（五）负责农村产权交易活动情况的统计、分析、反馈及相关资料的存档工作；

（六）调处农村产权流转交易涉及的矛盾纠纷等；

（七）润州区农村产权交易管理领导小组授予的其他职责。

镇级交易中心按照统一交易规则、统一交易鉴证、统一服务标准、统一交易监管、统一交易软件的要求，组织管理农村产权交易活动。

第八条 区政府办、区金融办、区信访局、区科技局、区财政局、区国土局、区城乡建设局、区房管局、区水利局、区农委、区市场监管局、区档案史志办等相关部门按照各自职责，负责交易过程中资格审查、产权查档和变更登记等工作，协助做好产权交易监督管理工作。

第三章 交易品种、方式和程序

第九条 农村产权交易的品种包括：

（一）农户承包土地经营权，是指以家庭承包方式承包的耕地、养殖水面等经营权；

（二）“四荒”使用权，是指农村集体所有的荒沟、荒丘、荒滩使用权；

（三）林权，是指农村集体林地经营权和林木所有权、使用权；

（四）农村集体经营性资产，是指由农村集体统一经营管理的经营性资产（不含土地）的所有权或使用权；

（五）农业生产设施设备，是指农户、农民合作组织、农村集体和涉农企业等拥有的农业生产设施设备；

（六）农村小型水利设施使用权，是指农户、农民合作组织、农村集体和涉农企业等拥有的小型水利设施使用权；

（七）农业类知识产权，是指涉农专利、商标、版权、新品种、新技术等；

（八）其他，是指农村建设项目招标、产业项目招商和转让等。

第十条 农村产权交易按以下方式进行：

（一）农户承包土地经营权，采取出租、入股等方式流转交易，流转期限由流转双方在法律规定范围内协商确定；

（二）“四荒”使用权，采取家庭承包方式取得的，按照农户承包土地经营权有关规定进行流转交易；以其他方式承包的，其承包经营权可以采取转让、出租、入股、抵押等方式进行流转交易；

（三）林权，采取出租、转让、入股、作价出资或合作等方式流转交易，流转交易期限不能超过法定期限；

（四）农村集体经营性资产，采取承包、租赁、出让、入股、合资、合作等方式流转交易；

（五）农业生产设施设备，采取转让、租赁、拍卖等方式流转交易；

（六）农村小型水利设施使用权，采取承包、租赁、转让、抵押、股份合作等方式流转交易；

（七）农业类知识产权，可以采取转让、出租、股份合作等方式流转交易；

（八）其他，农村建设项目采取招投标方式进行交易，产业项目采取招商方式进行交易。

采取拍卖交易方式的，应当按照《中华人民共和国拍卖法》及有关规定组织实施。

采取招标交易方式的，应当按照《中华人民共和国招标投标法》等法律法规和有关规定组织实施。

第十一条 交易活动按照土地流转面积和交易底价或评估价的大小，实行分级负责。镇级交易中心受理土地经营权流转面积小于30亩和产权交易单项评估价在5万元及以下的交易申请，其他产权交易均到镇江市公共资源交易中心进行。

第十二条 农村产权交易按以下程序进行：

（一）提出交易申请

转让方向所在村（居）或镇级交易中心提交申请材料，交易信息员、审核员对申请材料进行初审。

（二）进行前置审核

初审合格后，根据产权类型，镇级交易中心委托相关职能部门对产权交易申请材料依法进行审查、产权查档和权属确认。

（三）发布流转信息

审核通过后，产权交易中心发布产权交易信息，广泛征集受让方。

（四）审查受让方资料

受让方申请受让产权，提交受让申请书、受让方资格证明或有效证件、受让方资信证明和农村产权交易需要提交的其他材料，产权交易中心对受让方进行资格审查。

（五）组织产权交易

产权交易中心依据征集到的资格审查合格的受让方情况，按照国家相关法律法规和政策规定，选择协议、电子竞价、招投标等交易方式，组织进行交易。

（六）签订交易合同

转让方与受让方签订产权流转交易合同，产权交易中心及时公示交易结果。

（七）出具交易鉴证

转让方与受让方向产权交易中心提交鉴证所需材料,经产权交易中心审核合格后,出具交易鉴证书。

转让方如果委托代理人代理交易,需要有授权委托书;涉及所有权转让的,需要将委托内容进行公证。

第十三条 转让方申请转让产权的,应当提交下列材料:

(一)产权转让申请书;

(二)转让方的声明与保证;

(三)转让方的资格证明;

(四)交易产权权属证明;

(五)准予产权交易证明;

(六)标的物情况介绍;

(七)标的物底价及作价依据;

(八)委托办理交易手续的,需提交授权委托书及受托方主体资格证明;

(九)按规定需要提交的其他材料。

转让方应当对所提交材料的真实性、完整性、合法性、有效性负责,并承担相应的法律责任。

第十四条 农村集体产权转让的,必须经本集体经济组织成员(代表)大会讨论通过,形成决议。

第十五条 产权交易中心发布的产权交易信息应当符合有关规定,信息首次发布的期限应当不少于10个工作日。

第十六条 受让方申请受让产权,应当接受产权交易中心资格审查,并提供以下资料:

(一)产权受让申请书;

(二)受让方资格证明;

(三)受让方资信证明;

(四)委托代理的,需要提交授权委托书及受托人身份证;

(五)联合受让的,需提交联合受让协议书、代表推举书;

(六)法律、法规、规章和规定需要提交的其他材料。

受让方应当对所提交材料的真实性、完整性、合法性、有效性负责,并承担相应的法律责任。

第十七条 转让方在发布的产权交易信息中要求受让方交纳交易保证金的,有受让意向的受让方在规定时限内交纳交易保证金(以到帐日为准)后获得受让资格;逾期未交纳交易保证金的,视为放弃受让资格。

第十八条 产权交易中心应当依据征集到的受让方情况,指导转让方选择交易方式:

(一)在项目信息发布期满后,征集到一个符合条件的意向受让方的,采取协议方式进行交易;

(二)在项目信息发布期满后,征集到两个及以上符合条件的意向受让方时,转让方应当根据交易标的的具体情况采取竞价、拍卖或者招标方式实施交易。

第十九条 农村土地折价入股后的权益或收益分配权交易,在同等条件下,本集体经济组织及农民合作社成员享有优先权。

农村承包土地经营权及农村集体经济组织的其他产权交易,在同等条件下,本集体经济组织成员享有优先购买权。

第二十条 受让方与产权交易中心签订《成交确认书》后,应当在5个工作日内签订《产权交易合同》。

产权交易合同经双方签字、盖章后,由产权交易中心审核并出具《产权交易鉴证书》。

《产权交易鉴证书》应当载明如下事项:项目编号、签约日期、转让方全称、受让方全称、标的物全称、交易方式、成交金额、合同价款支付方式、备注等内容。

《产权交易鉴证书》使用统一格式打印,手写、涂改无效。

第二十一条 转让方和受让方,应当凭产权交易中心出具的《产权交易鉴证书》和相关材料及时到有关部门办理产权变更登记手续。

凡涉及农村集体产权交易的变更,有关部门(组织)应当把产权交易中心出具的《产权交易鉴证书》作为证明集体资产所有权限发生转移的必需材料。

第四章 交易行为规范

第二十二条 农村集体产权的转让底价,以有资质的资产评估机构的评估价为依据。

农户个人产权的转让底价,可以依据有资质的评估机构的评估值,也可由转让方自行确定。

第二十三条 产权交易过程中,有下列情形之一的,经区农村产权交易管理领导小组办公室确认后中止交易:

(一)产权行政主管部门提出中止交易的;

(二)因不可抗力致使产权交易活动不能按约定的期限和程序进行的;

(三)产权存在权属争议的;

(四)转让方或与产权有直接关系的第三方提出正当理由,并经产权行政主管部门批准的;

(五)其他依法应当中止产权交易的情形。

第二十四条 当引起中止的情形消失后,农村产权交易服务机构应及时恢复交易。

第二十五条 在产权交易过程中,出现下列情形之一的,经区农村产权交易管理领导小组办公室确认后终止交易:

(一)中止期限届满后,仍未能消除影响交易中止的因素导致交易无法继续进行的;

(二)产权行政主管部门提出终止交易的;

(三)转让方或与产权有直接关系的第三方向产

权行政主管部门提出终止交易书面申请，并被审核同意的；

（四）产权已被设置抵押、诉讼保全或被强制执行的；

（五）其他依法应当终止产权交易的情形。

第二十六条 在产权交易活动中，禁止下列行为：

（一）操纵交易市场或者扰乱交易秩序；

（二）影响双方进行公平交易；

（三）法律、法规和规章禁止的其他行为。

第二十七条 农村产权交易服务的收费标准，由物价部门核准。为扶持农村产权交易，转让方或受让方为农村集体经济组织、农民合作经济组织或者农民的，免收交易服务费用；其他交易主体，按规定收取相关费用。

第二十八条 农村集体产权的交易收益，纳入农村集体"三资"统一管理，用于本集体经济组织扩大再生产、成员分配、社会保障和新农村建设等公益事业。具体管理办法，按照农村集体"三资"的管理规定执行。

第五章 争议处理

第二十九条 在产权交易中心进行产权交易过程中，发生产权交易纠纷的，当事人可以向当地农村产权交易管理部门申请调解，也可以依法申请仲裁或者提起诉讼。

第三十条 交易双方有违规违约行为，造成相关方损失的，依法承担法律责任。

第六章 附 则

第三十一条 本办法由区农村产权交易管理领导小组办公室负责解释。

第三十二条 本办法(试行)自发布之日起实施。

附件2：

润州区农村集体资产交易规则(试行)

第一章 总则

第一条 为了加强农村集体资产管理，保护农村集体资产所有者和经营者的合法权益，促进农村集体经济的发展，规范农村集体资产交易行为，维护全区农村产权交易秩序，根据《中华人民共和国物权法》、《江苏省农村集体资产管理办法》、《润州区农村产权交易管理办法(试行)》等相关法律法规和办法规定，制定本交易规则。

第二条 本规则适用于本区行政区域内农村集体资产的出让、转让、发包、租赁等交易行为。国家法律、法规对农村集体资产管理另有规定的，从其规定。

第三条 农村集体资产交易是指农村集体将其拥有所有权或使用权的资产、资金、资源，有偿出让、转让、发包、租赁给本集体经济组织或组织以外的法人、个人经营或使用，并订立合同确定双方当事人权利和义务的过程。

第四条 农村集体资产交易应当遵守民主决策、平等自愿、诚实信用、等价有偿和公开、公平、公正的原则，不得侵犯集体和他人的合法权益，不得损害社会公共利益。

第五条 农村集体资产受法律保护，禁止任何组织和个人侵占、哄抢、私分、破坏或者非法查封、扣押、冻结、没收。

第二章 农村集体资产范围

第六条 本规则所指的农村集体资产包括：

（一）法律规定属于农村集体所有的耕地、鱼塘、荒地、林地、滩涂、荒山等自然资源的承包权、使用权、经营权；

（二）农村集体经济组织的土地、厂房以及水利、电力设施等资产；

（三）农村集体控股、参股、联营的企业以及外商合资、合作经营的企业等，按照合同及章程规定属于集体所有的资产；

（四）集体依法拥有或控制的无形资产；

（五）依法属于集体所有的其他资产。

上述资产新发生交易或原合同到期重新交易的，统一纳入润州区农村产权交易机构进行交易。

第三章 交易程序

第七条 农村集体资产交易应具备以下条件：

（一）农村集体资产与国有资产以及农村集体资

产不同所有者之间应当明晰产权；

(二)符合土地利用整体规划、城乡总体规划、产业发展规划、环保要求。

第八条 有下列情形之一的，禁止交易：

(一)农村集体资产产权不明晰或有争议的；

(二)未经村民(代表)大会三分之二以上成员同意交易的；

(三)法律规定其他限制权利交易的或原交易合同约定事项尚未完结的。

第九条 村集体经济组织申请农村集体资产交易的，需向街道农村产权交易中心提出申请并提交以下材料：

(一)农村集体产权交易转出申请表；

(二)本村集体经济组织三分之二以上村民(代表)大会通过的决议书和街道人民政府出具的同意交易的证明；

(三)准予农村集体产权转出的有关证明；

(四)需要评估、竞价的必须提供评估、竞价报告文书；

(五)委托办理交易手续的，需提交授权委托书及受托方主体资格证明、法定代表人或者负责人身份证；

(六)街道农村产权交易中心要求提供的其他材料。

第十条 街道农村产权交易中心依法对资产交易申请进行登记，区、街道农经等相关部门按照各自的职责，负责对相关交易材料进行审查、查阅档案和权属确认等。

第十一条 街道农村产权交易中心依据申请人提交的资料制作挂牌信息，在润州区农村产权交易门户网站进行信息发布。

第十二条 农村集体资产交易信息应当包括下列内容：

(一)资产的基本情况(交易的集体资产项目名称；交易性质(出让、出租、转让)及交易对象范围；交易底价及叫价递增情况；合同期限、交易保证金数额、违约责任等)；

(二)交易的集体资产评估及备案情况；

(三)法律法规规定的其他事项。

第十三条 凡对申请交易的资产有受让意向者，应当在挂牌期间按规定向街道农村产权交易中心递交受让申请及相关文件：

(一)受让申请书；

(二)受让方身份的有效证件或文件；

(三)受让方开发项目的可行性报告；

(四)受让方的资信证明；

(五)受让方应当具备的基本条件；

(六)需要提交的其他材料。

第十四条 街道农村产权交易中心对意向受让方的受让申请进行登记，对意向受让方进行资格审查。如只产生一个符合条件的意向受让方，可以以不低于底价的报价交易或采取协议转让的方式；产生两个及以上符合条件的意向受让方，街道农村产权交易中心结合申请方的意见，可采取公开拍卖、招标投标等形式组织交易。

采取拍卖方式转让的，应当按照《中华人民共和国拍卖法》及有关规定组织实施。

采取招投标方式转让的，应当按照国家有关规定组织实施。

在同等条件下，原承租方(使用方)享有优先权；不存在原承租方(使用方)的，出让方(出租方)的集体经济组织成员享有优先权；除此之外的则以抽签的形式确定最终竞得人。

无人提出受让申请的，经申请人同意，可选择继续发布交易信息后另行组织交易。

第十五条 确定受让后，交易双方在平等、协商、自愿的基础上签订相关交易合同。合同一式四份，双方各执一份，农村产权交易机构备案一份，街道农经部门备案一份。

第十六条 区、街道农村产权交易机构出具《产权交易鉴定书》，涉及产权变更的，交易双方凭《产权交易鉴定书》及相关书面证明材料到转让方原发证机关办理权属变更登记手续或换取权属证书。

第四章 交易行为规范

第十七条 农村集体经济组织的资产交易价格，一般不得低于区有关文件规定的租金标准和有资质的资产评估机构评估值；转让价格低于底价的，需经本集体经济组织村民(代表)大会三分之二以上成员审议通过，方能确立。

第十八条 在农村集体资产交易过程中，出现下列情形之一的，经区农村产权交易管理领导小组办公室确认后终止交易：

(一)农村经营管理部门提出终止交易的；

(二)转让方或与农村集体资产产权有直接关系的第三方提出正当理由，并经产权主管部门批准，提出终止交易书面申请的；

(三)人民法院发出终止交易书面通知的；

(四)农村集体资产产权存在权属争议的；

(五)应当依法终止交易的其他情形。

第十九条 在交易活动中，禁止下列行为：

(一)操纵交易市场或者扰乱交易秩序的；

(二)有损于转让方、受让方进行公平交易的；

(三)法律、法规、规章禁止的其他行为。

第二十条 农村经营管理部门应当按照相关法

律、法规、规章和《润州区农村产权交易管理办法（试行）》的规定，对农村集体资产交易活动进行监管。

第二十一条 在农村集体资产产权交易过程中，发生交易纠纷的，当事人可以向所属街道农村产权交易中心或者润州区农村产权交易管理领导小组办公室申请调解；也可以依据合同的约定，申请仲裁或依法向人民法院提起诉讼。

第五章 责任追究

第二十二条 农村集体资产管理部门及农村集体经济组织成员、工作人员，根据自身工作职责，有下列情形之一的，应当依法依纪追究责任：

（一）根据村民代表大会的决议必须进入农村产权交易机构交易而未进场交易的；

（二）不按规定履行事前核准、备案、告知手续的；

（三）交易公告中有关获取交易文件的时间和办法的规定明显不合理的；提供虚假的公告、证明材料，或者公告含有欺诈内容的；

（四）在交易活动中索取、收受贿赂的；

（五）对发现的违规交易行为不及时报告或放任纵容的；

（六）在交易过程中有借工作之便参与违规交易、不当干预正常评标活动等违纪违法行为的；

（七）泄露依法应当保密的与交易有关的情况或者资料的。

第二十三条 对违反本规则的，应追究直接责任人责任；造成严重后果的，同时依法依纪追究主要领导责任和分管领导责任。

第二十四条 责任追究包括通报批评、责令公开检讨、停职检查、调离工作岗位、引咎辞职、责令辞职、免职。

第二十五条 纪检监察组织按照管理权限履行本规则中的有关职责。纪检监察组织按照权限和程序进行调查后，对需要实行责任追究的，按照干部管理权限向相关单位提出建议；相关单位根据纪检监察机关提出的责任追究建议作出责任追究决定；相关单位作出责任追究决定后，由组织人事部门办理相关事宜。

第二十六条 需要追究党政纪责任的，由纪检监察组织按照党员干部管理权限和处理程序，予以追究；涉嫌犯罪的，依法移送司法机关处理。

第六章 附 则

第二十七条 本规则（试行）由润州区农村产权交易管理领导小组办公室负责解释。

第二十八条 本规则（试行）自发布之日起实施。

附件3：

润州区农村土地承包经营权流转交易规则（试行）

第一章 总 则

第一条 为规范交易行为，保障交易双方当事人合法权益，维护农村产权交易秩序，根据《中华人民共和国土地管理法》、《中华人民共和国农村土地承包法》、《中华人民共和国物权法》、《润州区农村产权交易管理办法（试行）》等相关法律法规和办法规定，制定本交易规则。

第二条 农村土地承包经营权流转交易，应遵循依法、自愿、有偿、规范有序的原则。

第三条 农村土地承包经营权流转交易包括：

（一）农村集体经济组织成员依法获得的农村土地承包经营权的流转；

（二）农村集体经济组织“四荒”和机动地的流转；

（三）农村集体经济组织其他农用地的流转。

第四条 承包方依法取得的农村土地承包经营权，可以自愿委托给村集体经济组织在街道农村产权交易中心进行流转。

第五条 农村土地承包经营权流转交易，需遵循有关法律规章规定，签订规范的书面流转合同，接受农村产权交易机构的指导和监督。

第二章 交易程序

第六条 转让方向所在街道农村产权交易中心提出申请并提交下列材料：

（一）申请人（农户）的身份证、土地承包经营权证和本村村委会证明、有效权属证明（农村土地承包经营权证书、农村土地承包合同）的正本和复印件（正本核验后退还）；

（二）村集体经济组织申请流转交易的，提交本集

体经济组织三分之二以上村民(代表)大会通过的决议书和街道办事处出具的同意流转交易的证明书;

(三)再流转交易的转让方必须提供原流转交易的合同和原始方的同意书,再转让方为企业法人或其他组织的,必须提供营业执照正本和复印件(正本核验后退还);

(四)需要评估、竞价的必须提供评估、竞价报告文书;

(五)法律法规规定的其他材料。

第七条 街道农村产权交易中心依法对转让申请进行登记,区、街道农经部门,负责对相关资料进行审查、查阅档案和权属确认等。审查通过的,由街道农村产权交易中心依据转让方提交的材料制作挂牌信息,在润州区农村产权交易门户网站进行信息发布。

第八条 农村土地承包经营权转让信息应当包括下列内容:

(一)转让标的的基本情况(区位、面积、农户数量、产业布局规划、交通状况、基础设施、流转方式、流转期限、指导价格等);

(二)转让标的持有人的基本情况;

(三)转让标的资产评估及备案情况;

(四)受让方应当具备的基本条件;

(五)法律法规规定的其他事项。

第九条 挂牌期间,街道农村产权交易中心接受意向受让方的查询洽谈。

第十条 凡对转让项目有受让意向者,应在挂牌期间按规定向街道农村产权交易中心递交受让申请及相关文件:

(一)受让申请书;

(二)受让方身份的有效证件或文件;

(三)受让方开发项目的可行性报告;

(四)受让方的资信证明;

(五)需要提交的其他材料。

第十一条 街道农村产权交易中心对意向受让方的受让申请进行登记,对意向受让方进行资格审查。如只产生一个符合条件的意向受让方,可以以不低于底价的报价交易或采取协议转让的方式;产生两个及以上符合条件的意向受让方,街道农村产权交易中心结合转让方的意见,可采取公开拍卖、招标投标等形式组织交易。

采取拍卖方式转让的,应当按照《中华人民共和国拍卖法》及有关规定组织实施。

采取招投标方式转让的,应当按照国家有关规定组织实施。

第十二条 确定受让方后,交易双方在平等、协商、自愿的基础上签订农村土地承包经营权流转交易合同。合同一式四份,双方各执一份,农村产权交易机构备案一份,街道农经部门备案一份。

第十三条 区、街道农村产权交易机构出具《产权交易鉴证书》。涉及权属变更的,交易双方应凭《产权交易鉴证书》及相关书面证明材料到转让方原发证机关办理农村土地承包经营权变更登记手续或换取权属证书。

第三章 交易规范

第十四条 农村土地承包经营权流转交易应具备以下条件:

(一)农村土地承包经营权权属明晰,权证齐全有效;

(二)具有转出(或转入)土地承包经营权的真实意愿;

(三)交易双方必须是具有完全民事权利能力和民事行为能力的自然人、村集体经济组织、法人或其他组织,且具有相应的投资经营农业生产能力。在同等条件下,本集体经济组织成员享有土地流转交易优先权;

(四)流转土地的用途要符合国家的法律法规、环境保护、农业产业发展规划、土地利用总体规划和城市总体规划等政策规定。

第十五条 有下列情形之一的禁止流转交易:

(一)农村土地承包经营权权属不合法、不明晰或有争议的;

(二)不利于承担保护重要生态功能的(生态湿地、饮用水源保护等);

(三)村集体经济组织的“四荒”和机动地未经村民(代表)大会三分之二以上成员同意流转交易的;

(四)法律规定其它限制权利交易的或原交易合同约定事项尚未完结的。

第十六条 农村集体经济组织“四荒”、机动地承包经营权的流转交易价格,以资产评估机构评估值为依据;转让价格低于底价的,需经本集体经济组织村民(代表)大会三分之二以上成员同意,方能确立。

第十七条 在农村土地承包经营权交易过程中,出现下列情形之一的,经润州区农村产权交易管理领导小组办公室确认后终止交易:

(一)农村土地承包经营权行政主管部门提出终止交易的;

(二)转让方或与农村土地承包经营权有直接关系的第三方向农村土地承包经营权行政主管部门提出终止交易书面申请,并经农村土地承包经营权行政主管部门批准的;

(三)人民法院依法发出终止交易书面通知的;

(四)农村土地承包经营权存在权属争议的;

(五)应当依法终止农村土地承包经营权流转交易的其他情形。

第十八条 在交易活动中,禁止下列行为:

(一)操纵交易市场或者扰乱交易秩序的;

(二)有损于转让方、受让方进行公平交易的;

(三)法律、法规、规章禁止的其他行为。

第十九条 农村土地承包经营权的农业行政主管部门应当按照《中华人民共和国土地承包法》和《润州区农村产权交易管理办法(试行)》的规定,对农村土地承包经营权交易流转活动进行监管。

第二十条 在流转交易的过程中,发生农村土地承包经营权交易纠纷的,当事人可以向所属街道农村产权交易中心或者润州区农村产权交易管理领导小组办公室申请调解;也可以依据合同的约定,申请仲裁或依法向人民法院提起诉讼。

第四章 附 则

第二十一条 本规则(试行)由润州区农村产权交易管理领导小组办公室负责解释。

第二十二条 本规则(试行)自发布之日起实施。

关于印发《润州区村级集体资金乡镇财政所管理试点工作实施办法》的通知

镇润政办〔2017〕32 号

各街道办事处,各场圃,区各委办局,各直属单位:

经区政府研究同意,现将《润州区村级集体资金乡镇财政所管理试点工作实施办法》印发给你们,请认真贯彻执行。

镇江市润州区人民政府办公室

2017 年 8 月 1 日

润州区村级集体资金乡镇财政所管理试点工作实施办法

为严肃财经纪律,保障村级集体资金安全,维护农民群众切身利益,加强农村基层党风廉政建设,增强农村基层组织自我发展、自我服务能力,进一步将村级集体资金乡镇财政所管理试点工作落到实处。根据镇江市财政局、镇江市农委关于转发《江苏省村级集体资金乡镇财政所管理试点工作方案》的通知(镇财基层〔2017〕20 号)的文件精神,结合我区实际,特制定本实施办法。

一、指导思想

以推进村级集体资金统一管理为重点,因地制宜、明确职责、发挥优势、突出重点。加强村级集体资金收支监管,确保集体资金运行规范、安全,从源头上预防和治理违反财经纪律的问题,促进村集体经济健康发展和农村社会和谐稳定。

二、基本原则

(一)坚持“四权”不变的原则。保持村级集体资金所有权、使用权、审批权和收益权不变,保持村级集体债权债务关系不变。

(二)坚持核算主体不变的原则。保持以村集体经济组织为单位进行会计核算的独立性,不得分解、合并原有的会计核算单位。

(三)坚持规范管理的原则。建立健全的规章制度,完善村级集体资金收付各项审批手续,规范业务操作流程。

(四)坚持精简高效的原则。实行村级集体资金由街道财政所(分局)管理办法,要简化流程和审批环节,务求提高办事效率,方便村级集体资金及时高效使用。

三、试点工作具体内容

(一)实行村级集体资金由财政所(分局)统一核算

1. 建立村级集体资金结算专户(以下简称“结算专户”)。村级集体资金实行“统一管理,集中核算,集中收付,分户记账”。由财政所(分局)统一开设村级集体资金结算专户,统一核算街道所有行政村各项收入和支出。对行政村数量较多的街道,可以行政村为单位,设立结算专户进行核算。对已开设银行账户的村集体经济组织,纳入统一管理。村集体不得在结算专户之外再开设银行账户,严禁账外账,严禁设立“小金库”。

2. 村集体取得的各项收入和收取的往来款项资金(包括代收代付款项)均应上缴结算专户,各项支出由结算专户经审核后拨付,各行政村不得延迟上缴或坐收坐支,不得采取“飞过海”等手法搞体外循环,确保所有村级集体资金纳入街道财政部门统一监管。各项收入主要包括:村级经营收入、发包及上交收入、财政及上级部门补助收入、其他收入及投资收益等。各村专业合作社收支应独立核算,自负盈亏。

3. 各街道财政所(分局)要指定专人负责结算专户资金的收付工作,对资金收付进行账务处理。村集体经济组织原出纳担任报账员,负责村级经费报账工作。街道财政所(分局)结算专户管理人员与村会计、报账员每月要定期核对银行存款余额,确保账账相符。

4. 街道财政所(分局)应加强结算专户管理,不得为任何单位和个人过账,不得出租、出借银行账户;街道行政机构不得以任何名义截留、平调、挪用村级集体资金;各行政村严禁私设账外账、小金库和多头存款,不得巧立名目、弄虚作假套取现金。

(二)规范村级集体经济组织收入支出流程

1. 村级集体组织的各项收入及往来款,一律凭规范的票据或结算凭证,由报账员收取款项并于当日缴入结算专户,将银行缴款凭证交街道财政所(分局)入账。当日解交有困难的,应向街道财政所(分局)说明原因,并于下一个工作日及时解交。

2. 村级集体资金支付,由村委会或村民会议讨论同意后,由经办人员执行并取得有效原始票据,经办人应在原始票据上注明签字,同时,证明人、村委会主任、村书记签字证明并复核,村民理财小组审查盖章。村报账员收集相关票据后送街道财政所(分局)审核,并经分管街道领导签字后办理拨付,将原始凭证交村会计记账。

3. 结算专户的结算起点原则上为1000元,结算起点以上的支出应采用银行转账方式结算,结算起点以下的零星支出可以使用现金结算。有条件的地方推行非现金结算。街道财政所(分局)对每个村实行“备用金”管理,“备用金”数额控制在5000元以内,村规模较大,零星支付较频繁的可放宽到1万元,具体由试点街道核定。

每个村由村会计或报账员统一办理“村务卡”,备用金的收支业务通过“村务卡”办理,每月将收支明细打印装订在凭证中备查。“村务卡”按照相关规定管理,严禁用于私人资金收付。

4. 街道财政所(分局)对各村提交的支付凭证应进行审核,凡是不符合现行财务管理规定的费用和支出,财政所(分局)有权拒付。行政村存款金额不足时,对行政村超过余额的支付申请,财政所(分局)有权拒付。

(三)提高村级财务管理水平

1. 村级会计核算以各行政村为单位,在街道农经站的业务指导下,依据《村集体经济组织会计制度》(财会〔2004〕12号)及其他法律、法规的要求开展会计核算工作。落实村级民主理财,完善村级财务公开,保证农民群众对集体财务的知情权、参与权、表达权和监督权。在试点前,已实行委托会计中介机构记账,或由街道农经站等统一记账的,其记账方式仍维持不变。

2. 管好专项资金。村集体经济组织要加强专项资金核算与管理,将一事一议资金、土地征用补偿费、财政转移支付补助到村资金等专项资金全部纳入结算专户核算,并单独设置明细账,全面、真实、完整地反映村级集体资金的管理和使用情况,严禁将村级集体资金和专项资金拨入村其他合作经济组织账户核算。

3. 加强村级财务票据管理。村集体经济组织在购买商品、接受服务以及从事其他经营活动支付款项时,应当向收款方取得发票,即经税务、财政等部门监制的合法有效原始凭证;要加强内部结算票据管理,明确专人负责保管,村集体经济组织与其成员之间结算时,要按规定使用“江苏省农村集体经济组织内部结算凭证”;要统一村集体经济组织自制原始凭证、费用报销凭证、差旅费报销凭证的格式,并严格限定自制原始凭证的使用范围。坚决杜绝“白条”入账等现象的发生,真正做到有据可查、运行规范。

四、试点范围

根据《江苏省财政厅村级集体资金乡镇财政所管理试点工作方案》的文件精神,我区为先行试点区,结合润州区村级集体经济发展情况,特指定七里甸街道、韦岗街道为我区先行试点街道。根据上级要求,结合我区实际,鼓励有条件的街道一同推进集体资金乡镇财政所管理工作,从而进一步提升我区村级集体资金规范化管理的整体水平。

五、试点工作步骤

本次试点工作从2017年7月1日起组织开展,将分为三个阶段进行。

(一)宣传发动阶段(2017年7月)

各街道成立工作班子,明确工作职责和分工,加强工作领导,形成工作氛围。

(二)实施阶段(2017年8月~2017年9月)

各街道按上级文件要求,落实具体工作内容,根据村集体资金运行和会计核算情况开展试点工作。

(三)检查验收阶段(2017年10月)

各街道认真总结试点工作经验,整理相关台账资料,迎接省市检查考核验收。

六、保障措施

(一)加强领导,明确职责

实行村级集体资金街道财政所(分局)管理试点工作是一项综合性工作,涉及面广、政策性强,需统一各有关部门的思想和行动,牢固树立大局意识。各街道要组成由财政和农经部门牵头,纪检、审计等部门参加的工作班子,加强工作领导,明确职责分工,各有关部门要认真履职,协调配合,统筹推进,形成合力,确保试点工作有序展开。

全区街道财政所(分局)要认真履行法律法规赋予的对村集体经济组织的财务会计工作进行管理和监督的职责,切实加强对村级集体资金运行的监管,各街道应帮助财政部门充实和配备专门人员,加强对结算专户会计人员的业务培训。农经(农业)部门要认真履行法律法规赋予的对村集体经济组织财务会计工作进行指导和监督的职责,做好村集体经济组织会计核算、财务公开、民主理财以及村级资产资源的监督管理等工作。

(二)加强培训,提升水平

加大对农村财会人员的管理和培训力度。切实加强对农村财会人员的管理,从事农村会计工作的人员需具备相应的专业知识,建立健全登记备案和培训考核制度。要建立完善财会人员定期培训和继续教育机制,组织做好对农村财会人员的培训和继续教育工作,着重组织各级财政强农惠农富农政策、村集体经济组织财务会计制度、农业承包合同管理、减轻农民负担政策、农村集体“三资”管理等业务知识的教育培训,不断提高业务素质和政策理论水平。

(三)加强监督,规范管理

各试点财政所(分局)要结合本地实际,确定工作的重点,在做好日常财务收支、预决算、收益分配等定期审计检查的基础上,开展对村干部任期和离任经济责任、集体资产和资源、农民负担、村级债权债务等专项审计,对集体土地征用补偿费和涉农财政资金进行重点审计,通过审计监督,促进村级“三资”规范管理。要严肃查处村级集体资金实行街道财政所(分局)管理过程中出现的各种违规、违纪行为,不得拒绝接受管理,对平调挪用村集体资金、违规操作谋取私利等问题,要按照相关规定追究有关人员的责任,触犯法律的移交司法部门处理。

(四)明确职责,稳步推进

各街道为本次村级集体资金乡镇财政所管理试点工作的责任主体,为了稳妥推进村集体资金乡镇财政所管理工作,各街道要根据省市有关文件和本实施办法的要求,在对各行政村集体资金进行全面清查的基础上,结合当地实际,制定实施细则,报区财政局、区农委备案。要加强工作调度,落实各工作要点和时间节点,确保试点工作有序开展。要根据试点工作开展情况建立健全的财务管理制度,努力提高村级财务管理水平。

关于印发《润州区政府购买棚改服务实施办法》的通知

镇润政办〔2017〕57 号

各街道办事处,各场圃,区各委办局,各直属单位:

经区政府研究,现将《润州区政府购买棚改服务实施办法》印发给你们,请各地、各部门遵照执行。

镇江市润州区人民政府办公室

2017 年 12 月 19 日

润州区政府购买棚改服务实施办法

为加快推进我区棚户区改造,做好政府购买棚改服务工作,根据《关于进一步做好镇江市区政府购买棚改服务的实施办法的通知》(镇政办发〔2017〕164 号)和《关于推进政府购买公共服务工作的实施办法》(镇政办发〔2014〕181 号)等有关规定,制定本办法。

第一章 总体要求和工作原则

第一条 政府购买棚改服务,是指通过发挥市场机制作用,把棚户区(含城中村,下同)改造相关服务事项按照一定的方式和程序,交由具备条件的社会力量和企事业单位承担,并由政府根据合同约定向其支付费用。

第二条 政府购买棚改服务应坚持棚户区改造和安置房选址与城市规划建设统筹,坚持总体谋划,做好总量预测,科学布点,项目化推进,遵循依法合规、积极稳妥、有序实施,科学安排、注重实效,公开择优、以事定费,改革创新、完善机制的原则。

第三条 区住建局、财政局承担政府购买棚改服务的指导、协调、监督和实施工作。区发改、国土、规划、环保、审计、民政、市场监督、教育、征收办等部门,在各自职责范围内做好涉及政府购买棚改服务的相关工作,确保棚改服务事项如期实施。

第二章 政府购买棚改服务的主体和方式

第四条 购买主体:区人民政府按照棚户区改造项目性质授权本级棚户区改造主管部门(区住建部门)作为政府购买棚改服务的主体(以下简称购买主体)。购买主体获区人民政府授权后按有关管理规定开展政府购买棚改服务。

第五条 承接主体:承接政府购买棚改服务的主体(以下简称承接主体),包括在登记管理部门登记或经国务院批准免予登记的社会组织、按事业单位分类改革应当划入公益二类或转为企业的事业单位,依法在市场监督或行业主管部门登记成立的企业、机构等社会力量。鼓励多种所有制企业作为实施主体承接棚改任务。各级原融资平台公司可通过市场化改制,建立现代企业制度,实现市场化运营,在明确公告今后不再承担政府融资职能的前提下,作为实施主体承接棚改服务。

第六条 承接主体应具备以下条件:

(1)依法设立,具有独立承担民事责任的能力;

(2)治理结构健全,内部管理和监督制度完善;

(3)具有独立、健全的财务管理、会计核算和资产管理制度;

(4)具备提供服务所必需的设施、人员和专业技术能力;

(5)具有依法缴纳税收和社会保障资金的良好记录;

(6)承接前三年内无重大违法记录,通过年检或按要求履行年度报告公示义务,信用状况良好,未被列入经营异常名录或者严重违法企业名单;

(7)符合国家有关政事分开、政社分开、政企分开的要求;

(8)法律、法规规定以及购买棚改服务项目要求的其他条件。

第七条 政府购买棚改服务的内容包括棚改征地拆迁服务、安置住房筹集、公益性基础设施建设服务和棚改货币化安置服务(购买普通商品房用于安置)等方面,不包括棚改项目中配套建设的商品房以及经营性基础设施。

第八条 购买主体应当根据购买内容的供求特点、市场发育程度等因素,按照方式灵活、程序简便、公开透明、竞争有序、结果评价的原则组织实施政府购买棚改服务。购买主体应当按照政府采购法的有关规定,采用公开招标、邀请招标、竞争性磋商、竞争性谈判、单一来源采购等方式确定承接主体。

单一来源采购。根据《中华人民共和国政府采购法》及其实施条例中有关单一来源采购方式适用情形的规定,土地已由区属平台公司收储并开始实施房屋征收拆迁的,以及尚未实施征收拆迁但土地没有解除融资抵押登记的棚改项目,由购买主体组织专家对单一来源可行性进行论证,将论证意见及实施方案上网公示。公示无异议后,方可履行相关审批手续。

与政府购买棚改服务相关的采购限额标准、公开招标数额标准、采购方式审核、信息公开、质疑投诉等按照政府采购相关法律制度规定执行。采用公开招标以外的采购方式,应当按照政府采购法的有关规定经区级财政部门批准后报市级财政部门。

第三章 建立政府购买棚改服务专项资金

第九条 政府购买棚改服务专项资金按照有关规定在区级财政一般公共预算、政府性基金预算以及国有资本经营预算中安排;在不违反财政部、江苏省财政厅、市财政局相关规定的前提下,可将中央、省、市财政支持我区的保障性安居工程资金与专项资金统筹使用。

第十条 购买棚改服务专项资金管理按照《镇江市政府购买棚改服务专项资金管理暂行办法》(镇政办发〔2017〕169号)执行。

第四章 政府购买棚改服务的程序

第十一条 确定政府购买棚改服务目录。区财政部门负责将棚户区改造列入区政府购买服务指导性目录,归类在政府购买服务指导性目录内其他适宜由社会力量承担的服务事项类“棚户区改造服务”(政府采购品目代码C99)。政府购买棚改服务的种类、性质和内容,将根据经济社会发展变化、政府职能转变及公众需求等情况进行动态调整。

第十二条 编制政府采购棚改计划。购买主体根据政府采购管理要求编制政府采购棚改服务计划,明确项目基本情况、组织形式、采购方式、采购时间、绩效目标等内容,经政府核准后,由购买主体报市政府采购监管部门备案，履行政府购买棚改服务手续。

第十三条 编制政府采购棚改服务预算。购买主体应根据年度棚改计划，制定棚改项目购买服务实施方案，编制年度棚改资金需求计划，报经区财政部门审定。区财政部门会同购买主体根据财政承受能力提出列入同级财政预算规模，经政府同意后报请人大批准。区财政部门根据人大批准的预算规模，下达政府采购服务预算，会同购买主体分解到具体项目，并确保年度政府购买服务总额在人大批准预算范围内。财政部门根据批准的规模和部门预算批复一并下达给购买主体。

第十四条 选择承接主体。根据棚改计划和采购要求选择棚改项目承接主体。购买主体应当在政府采购指定媒体上及时向社会公告购买内容、规模、承接主体的资质要求和相关材料等信息，充分征集社会公众和服务对象的意见，并按政府采购规定程序确定承接主体。

第十五条 签订合同或协议。购买主体应按照采购文件要求与承接主体签订购买棚改服务合同（或协议，下同）。合同应当明确购买棚改服务的内容、期限、数量、质量、价格等要求，以及资金结算方式、双方的权利义务事项和违约责任等内容。

第十六条 购买主体应当加强购买合同管理，督促承接主体严格履行合同。及时了解掌握购买棚改服务项目实施进度，严格按照国库集中支付管理有关规定和合同执行进度支付款项，并根据实际需求和合同规定积极帮助承接主体做好与相关政府部门、服务对象的沟通、协调。购买主体应指导承接主体做好政府购买棚改服务与棚改贷款衔接工作，督促承接主体积极做好向金融机构融资办理事项，充分发挥市场竞争机制降低融资成本；棚改承接主体收到政府支付的购买棚改服务资金后，严格按照贷款合同规定，偿还银行等金融机构棚户区改造贷款本息。

第十七条 承接主体应当按合同履行提供服务的义务，认真组织实施服务项目。按时完成服务项目任务，保证服务数量、质量和效果，主动接受有关部门、服务对象及社会监督，严禁转包行为。承接主体完成合同约定的服务事项后，购买主体应当及时组织对履约情况进行检查验收和购买棚改服务绩效评价，在政府采购指定媒体上公告验收结果和绩效评价报告，并依据现行财政财务管理制度加强管理。

第五章 预算及财务管理

第十八条 棚改服务购买主体应当依据市、区政府制定的棚户区改造规划，拟定棚改年度实施计划和改造规模。财政部门应当据此定期测算本地区财政购买棚改服务的承受能力。

第十九条 区政府应当将购买棚改服务资金逐年列入财政预算，并按购买棚改服务合同要求，由购买主体及时、足额向提供棚改服务的承接主体支付。

第二十条 购买主体应当充分发挥行业主管部门、行业组织和专业咨询评估机构、专家等专业优势，结合项目特点和相关经费预算，综合物价、工资、税费等因素，合理测算安排政府购买棚改服务所需支出。

第二十一条 财政部门在布置年度预算编制工作时，应当对购买棚改服务相关预算安排提出明确要求，在预算报表中制定专门的购买棚改服务项目表。

第二十二条 财政部门负责对购买主体填报的政府购买棚改服务项目表进行审核。

第二十三条 承接主体应当建立政府购买棚改服务台账，记录相关文件、工作计划方案、项目和资金批复、项目进展和资金支付、工作汇报总结、重大活动和其它有关资料信息，接受和配合相关部门对资金使用情况进行监督检查及绩效评价。

第二十四条 承接主体应当建立健全财务制度，严格遵守相关财政财务规定，对购买服务的项目资金进行规范的财务管理和会计核算，按照棚改项目对资金进行专款专用、专账核算，加强自身监督，确保资金规范管理和使用。

第二十五条 承接主体应当建立健全财务报告制度，按要求向购买主体提供资金的使用情况、项目执行情况、成果总结等材料。

第六章 政策支持、绩效和监督管理

第二十六条 设立区棚户区改造管理协调机构。成立区棚户区改造工作协调小组并下设办公室。主要工作为定期或不定期召开联席会议，研究、协调、解决棚户区的规划布局、前期手续、棚改融资、政府购买服务过程中遇到的问题和矛盾，统筹考虑棚改项目融资、放款、审计等方面问题，加大棚改项目推进力度。

第二十七条 发改、国土、规划、住建、环保、征收办等部门要做好棚户区改造项目审批服务，按规范程序切实提高效率，对符合相关规定的项目，加快完成立项、规划许可、土地使用、施工许可等审批手续，确保棚改服务事项如期实施。

第二十八条 所有棚户区改造项目，严格按照《财政部国家税务总局关于棚户区改造有关税收政策的通知》（财税〔2013〕101 号）规定，享受有关税收减免政策。

第二十九条 财政部门应当按照建立全过程预算绩效管理机制的要求，加强成本效益分析，推进政府购买棚改服务专项资金绩效评价工作。

第三十条 财政、审计等有关部门应当加强对政府购买棚改服务的监督、审计，确保政府购买棚改服务资金规范管理和合理使用。对截留、挪用和滞留资金以及其他违反本办法规定的行为,依照《中华人民共和国政府采购法》《财政违法行为处罚处分条例》等国家有关规定追究法律责任;涉嫌犯罪的,依法移交司法机关处理。

第三十一条 财政部门应当会同相关部门建立承接主体承接政府购买棚改服务行为信用记录,对弄虚作假、冒领财政资金以及有其他违法违规行为的承接主体,依法给予行政处罚,并列入不良行为记录黑名单。民政、市场监督等部门应当按照职责分工将承接主体承接政府购买棚改服务行为信用记录纳入年检(报)、评估、执法等监管体系,不断健全守信激励和失信惩戒机制。

第三十二条 购买主体应当建立监督检查机制,加强对政府购买棚改服务的全过程监督。

第三十三条 财政部门和购买主体应当按照《中华人民共和国政府信息公开条例》《政府采购信息公告管理办法》以及预算公开的相关规定,公开财政预算及部门和单位的政府购买棚改服务活动的相关信息,涉及国家秘密、商业秘密和个人隐私的信息除外。

第七章 附 则

第三十四条 本办法自印发之日起施行,由区住建局会同区财政局负责解释。

文件题录

区 委

表28

序号	文 号	标 题
1	镇润发〔2017〕1号	关于印发《润州区“两减六治三提升”专项行动实施方案》的通知
2	镇润发〔2017〕2号	关于表彰2016年度先进集体的决定
3	镇润发〔2017〕3号	关于1983年建区以来至2012年党内规范性文件的清理决定
4	镇润发〔2017〕4号	关于申请选派第十批“科技镇长团”来润州工作的请示
5	镇润发〔2017〕5号	关于调整区委党的建设工作领导小组成员的通知
6	镇润发〔2017〕6号	关于转发《润州区政协2017年工作意见》的通知
7	镇润发〔2017〕7号	关于表彰润州区创建“中华诗词之乡”先进单位、先进个人等的决定
8	镇润发〔2017〕8号	关于印发《在全区年轻干部中开展“润苗工程”的实施意见》的通知
9	镇润发〔2017〕9号	关于表彰镇江市润州区劳动模范的决定
10	镇润发〔2017〕10号	关于支持人民法院基本解决执行难工作的实施意见
11	镇润发〔2017〕11号	关于印发《润州区关于深化科技体制改革的意见》的通知
12	镇润发〔2017〕12号	关于实行落实党风廉政建设“两个责任”全程记实制度的通知
13	镇润发〔2017〕13号	关于调整区委政法委员会组成人员的通知
14	镇润发〔2017〕14号	关于成立润州区农村产权交易管理领导小组的通知
15	镇润发〔2017〕15号	关于贾敬远同志工作分工的通知

续表 28

序号	文　号	标　　题
16	镇润发〔2017〕16 号	关于开展 2017 年度“三聚三提五创”活动的实施意见
17	镇润发〔2017〕17 号	关于成立中共镇江市润州区委巡察工作办公室的通知
18	镇润发〔2017〕18 号	关于调整区委保密委员会成员的通知
19	镇润发〔2017〕19 号	关于调整区级机关党工委委员的批复
20	镇润发〔2017〕20 号	关于建议戴云同志为考察对象的请示
21	镇润发〔2017〕21 号	关于表彰润州区优秀教育工作者的决定
22	镇润发〔2017〕22 号	关于印发《深化区管企业负责人薪酬制度改革方案》的通知
23	镇润发〔2017〕23 号	关于认真学习宣传贯彻党的十九大精神的通知
24	镇润发〔2017〕24 号	关于建议蔡萍同志为考察对象的请示
25	镇润发〔2017〕25 号	关于润州区深化国家监察体制改革试点工作实施方案的请示
26	镇润发〔2017〕26 号	关于转发《镇江市润州区人民代表大会常务委员会讨论决定重大事项的规定》
27	镇润发〔2017〕27 号	关于印发《润州区富民增收实施方案(2017~2020 年)的通知
28	镇润发〔2017〕28 号	区委、区政府关于构建和谐劳动关系的实施意见
29	镇润发〔2017〕29 号	关于王明龙同志兼任润州区旅游协会第一届理事会会长的备案报告
30	镇润发〔2017〕30 号	关于夏兵同志免职的请示
31	镇润发〔2017〕31 号	关于润州区监察委员会委员人选的请示
32	镇润发〔2017〕32 号	关于润州区监察委员会主任、副主任人选的请示
33	镇润发〔2017〕33 号	关于表彰 2017 年度全区基层党建工作先进典型的决定
34	镇润发〔2017〕34 号	关于季前进同志职务任免的请示
35	镇润发〔2017〕35 号	关于同意悬挂“镇江市润州区监察委员会”牌子的批复
36	镇润办〔2017〕3 号	关于开展全区党内规范性文件备案工作的通知
37	镇润办〔2017〕4 号	关于印发《2016~2021 年区委巡察工作规划》的通知
38	镇润办〔2017〕5 号	关于成立润州区“两减六治三提升”专项行动领导小组的通知
39	镇润办〔2017〕6 号	关于印发《关于开展“走村入户大走访”工作的实施方案》的通知
40	镇润办〔2017〕7 号	关于印发《润州区暖企惠民“新春百企行”走访活动方案》的通知
41	镇润办〔2017〕8 号	关于印发《关于在城市社区开展“入户大走访”活动的实施方案》的通知
42	镇润办〔2017〕9 号	关于印发《2017 年润州区亿元以上重点产业项目投资计划》的通知
43	镇润办〔2017〕10 号	关于调整区委全面深化改革领导小组成员的通知
44	镇润办〔2017〕11 号	关于印发《中共镇江市润州区委全面深化改革领导小组 2017 年工作要点》的通知

续表 28

序号	文　号	标　　　题
45	镇润办〔2017〕12 号	关于成立退伍军人聚京上访处置领导小组的紧急通知
46	镇润办〔2017〕13 号	关于认真学习贯彻省、市“两会”精神的通知
47	镇润办〔2017〕14 号	关于转发区档案局《润州区档案馆收集档案范围实施细则》的通知
48	镇润办〔2017〕15 号	关于印发《2017 年润州区重点工作督察方案》的通知
49	镇润办〔2017〕16 号	关于做好 2017 年镇江市润州区劳动模范评选表彰工作的通知
50	镇润办〔2017〕17 号	关于成立镇江市润州区劳动模范推荐评选领导小组的通知
51	镇润办〔2017〕18 号	关于转发《润州区关工委 2017 年工作意见》的通知
52	镇润办〔2017〕19 号	关于印发《润州区 2017 年中华诗教创先工作任务分解表》的通知
53	镇润办〔2017〕20 号	关于调整区委干部教育培训工作领导小组成员的通知
54	镇润办〔2017〕21 号	关于调整润州区人才工作领导小组成员的通知
55	镇润办〔2017〕22 号	关于暖企大走访问题交办的通知
56	镇润办〔2017〕23 号	关于成立润州区“走村进企入户”大走访协调推进小组的通知
57	镇润办〔2017〕24 号	关于宣传思想文化工作项目化考核的实施意见
58	镇润办〔2017〕25 号	关于润州区劳动模范享受有关待遇的通知
59	镇润办〔2017〕26 号	关于调整区双拥工作领导小组成员的通知
60	镇润办〔2017〕27 号	关于印发《润州区全面推行河长制的实施方案》的通知
61	镇润办〔2017〕28 号	关于印发《2017 年度落实党风廉政建设“两个责任”的责任清单》的通知
62	镇润办〔2017〕29 号	关于印发《文明城市长效管理工作区领导挂钩联系街道(园区)安排》的通知
63	镇润办〔2017〕30 号	关于印发《2017 年社区(村)协助党政部门工作事项》等减负目录并做好签约工作的通知
64	镇润办〔2017〕31 号	关于调整区防汛防旱指挥部成员的通知
65	镇润办〔2017〕32 号	关于成立区部分军队退役人员群体稳定和权益保障工作专班的通知
66	镇润办〔2017〕33 号	关于印发《关于推进“两学一做”学习教育常态化制度化的实施方案》的通知
67	镇润办〔2017〕34 号	关于成立区房屋征收拆迁扫尾工作指挥部的通知
68	镇润办〔2017〕35 号	关于成立润州区对接镇江高新区管理体制调整完善工作领导小组的通知
69	镇润办〔2017〕36 号	关于全面开展农村集体资产清产核资工作的实施意见
70	镇润办〔2017〕37 号	关于印发《润州区开展农村基层不正之风和腐败问题“三治理一挂牌”专项行动工作方案》的通知
71	镇润办〔2017〕38 号	关于印发《润州区农村产权交易管理办法(试行)》《润州区农村集体资产交易规则(试行)》《润州区农村土地承包经营权流转交易规则(试行)》的通知
72	镇润办〔2017〕39 号	关于成立区文化市场管理工作领导小组的通知
73	镇润办〔2017〕41 号	关于进一步规范干部选拔任用工作的意见
74	镇润办〔2017〕42 号	关于印发进一步严格干部日常监督管理工作若干规定的通知

续表 28

序号	文号	标题
75	镇润办〔2017〕45 号	关于印发《镇江市润州区南山街道党政机关机构设置职能配置和人员编制规定》的通知
76	镇润办〔2017〕46 号	关于印发《镇江市润州区南山街道事业单位机构设置职能配置和人员编制规定》的通知
77	镇润办〔2017〕47 号	关于继续开展“爱在润州·慈善一日捐”活动的通知
78	镇润办〔2017〕48 号	关于在全区开展安全生产大检查的通知
79	镇润办〔2017〕49 号	关于设立区农村产权流转交易中心的通知
80	镇润办〔2017〕50 号	关于转发《关于在全市开展社会矛盾和安全隐患大排查大整治行动的通知》的通知
81	镇润办〔2017〕51 号	关于成立全区社会矛盾和安全隐患大排查大整治行动领导小组的通知
82	镇润办〔2017〕52 号	关于成立润州区全面推进河长制工作领导小组的通知
83	镇润办〔2017〕53 号	关于调整润州区重点河湖区级河长的通知
84	镇润办〔2017〕54 号	关于印发《区委常委会“两学一做”学习教育 2017 年工作安排》的通知
85	镇润办〔2017〕55 号	中共镇江市润州区委办公室关于在全区党员干部中开展“旗帜鲜明讲政治”专题学习培训的通知
86	镇润办〔2017〕56 号	中共镇江市润州区委办公室印发《关于全面落实区纪委向区一级党和国家机关派驻纪检机构的方案》的通知
87	镇润办〔2017〕57 号	中共镇江市润州区委办公室印发《关于加强区纪委派驻机构建设的意见》的通知
88	镇润办〔2017〕59 号	关于印发《2017 年度辖区街道绩效管理考核实施意见》的通知
89	镇润办〔2017〕60 号	关于印发街道纪工委书记和区纪委派驻纪检组长、副组长提名考察办法(试行)的通知
90	镇润办〔2017〕61 号	关于印发《全区出租房屋安全隐患集中整治工作方案》的通知
91	镇润办〔2017〕62 号	2017 年润州区区级机关绩效管理考核办法
92	镇润办〔2017〕64 号	关于调整区委老干部工作领导小组组成人员的通知
93	镇润办〔2017〕66 号	关于印发《全区出租房屋安全隐患集中整治攻坚阶段实施方案》的通知
94	镇润办〔2017〕67 号	关于转发《润州区法治宣传教育第七个五年规划实施情况考核验收办法》的通知
95	镇润办〔2017〕68 号	关于在全区党员中开展“红色先锋·五大看齐”行动的通知
96	镇润办〔2017〕69 号	关于开展“十九大”期间信访维稳工作专项督查的通知
97	镇润办〔2017〕70 号	关于印发河长制工作职责的通知
98	镇润办〔2017〕71 号	关于成立共青团镇江市润州区第十次代表大会换届工作领导小组的通知
99	镇润办〔2017〕72 号	关于印发《中共镇江市润州区委法律顾问工作规则(试行)》的通知
100	镇润办〔2017〕73 号	关于聘任区委法律顾问、法律专家库成员的通知

续表 28

序号	文　号	标　　　　题
101	镇润办〔2017〕74 号	关于做好全区 2018 年度重点党报党刊征订工作的通知
102	镇润办〔2017〕75 号	关于转发市委办公室、市政府办公室《印发〈关于规范党员干部操办婚丧喜庆事宜的暂行规定〉的通知》的通知
103	镇润办〔2017〕76 号	关于印发《润州区国有企业公司制改革方案》的通知
104	镇润办〔2017〕77 号	关于成立润州区富民增收工作领导小组的通知
105	镇润办〔2017〕83 号	关于深入开展 2018 年元旦、春节安全生产大检查的通知
106	镇润办〔2017〕84 号	关于做好 2018 年元旦春节期间有关工作的通知

区人大常委会

表 29

序号	文　号	标　　　　题
1	镇润人〔2017〕1 号	关于公布区政府组成部门、垂直管理部门和“两院”效能建设测评结果的通知
2	镇润人〔2017〕2 号	关于命名 2014~2016 年度机关效能建设人民满意优秀单位的通知
3	镇润人〔2017〕3 号	关于表彰 2016 年度机关效能建设优秀单位的通知
4	镇润人〔2017〕4 号	镇江市润州区人民代表大会常务委员会关于镇江市润州区选举镇江市第八届人民代表大会代表结果的报告
5	镇润人〔2017〕5 号	镇江市润州区人民代表大会常务委员会关于镇江市润州区选举镇江市第八届人大代表情况报告
6	镇润人〔2017〕6 号	关于提请杨永全等同志职务任命的报告
7	镇润人〔2017〕7 号	润州区人民代表大会常务委员会关于许可对区九届人大代表杜伟民采取强制措施的决定
8	镇润人〔2017〕8 号	关于江朝民等同志任职的通知
9	镇润人〔2017〕9 号	关于杨永全等同志任职的通知
10	镇润人〔2017〕10 号	关于余波等同志职务任免的通知
11	镇润人〔2017〕11 号	关于印发《2017 年区人大常委会工作要点》的通知
12	镇润人〔2017〕12 号	关于印发《镇江市润州区第九届人大常委会议事规则》的通知
13	镇润人〔2017〕13 号	关于表彰 2016 年度基层人大百分考核先进单位的决定
14	镇润人〔2017〕14 号	关于提请免去陈维怡等同志职务的报告
15	镇润人〔2017〕15 号	关于陈维怡等同志免职的通知
16	镇润人〔2017〕16 号	关于刘学智同志任职的通知
17	镇润人〔2017〕17 号	关于吴斌斌等同志职务任免的通知

续表 29

序号	文　号	标　　题
18	镇润人〔2017〕18 号	镇江市润州区人大常委会关于将“张家湾”项目购买棚改服务费用列入财政预算的决定
19	镇润人〔2017〕19 号	镇江市润州区人大常委会关于将“龚家湾”项目购买棚改服务费用列入财政预算的决定
20	镇润人〔2017〕20 号	关于提请孙渊等同志职务任免的报告
21	镇润人〔2017〕21 号	关于孙渊等同志职务任免的通知
22	镇润人〔2017〕22 号	关于杨庆荣同志任职的通知
23	镇润人〔2017〕23 号	关于赵江等同志职务任免的通知
24	镇润人〔2017〕24 号	关于贾敬远等同志任职的通知
25	镇润人〔2017〕25 号	关于提请陈小坤等同志职务任免的报告
26	镇润人〔2017〕26 号	关于陈小坤等同志职务任免的通知
27	镇润人〔2017〕27 号	关于黄光全等同志免职的通知
28	镇润人〔2017〕28 号	关于徐根法等同志职务任免的通知
29	镇润人〔2017〕29 号	关于补选张道政等同志为镇江市第八届人民代表大会代表的报告
30	镇润人〔2017〕30 号	关于提请孙渊等同志任职的报告
31	镇润人〔2017〕31 号	关于补选徐红军等同志为镇江市第八届人民代表大会代表的报告
32	镇润人〔2017〕32 号	关于孙渊等同志任职的通知
33	镇润人〔2017〕33 号	关于张群林等同志职务任免的通知
34	镇润人〔2017〕34 号	关于提请徐心田同志职务任命的报告
35	镇润人〔2017〕35 号	关于徐心田同志任职的通知
36	镇润人〔2017〕36 号	关于徐心田同志任职的通知
37	镇润人〔2017〕37 号	关于同意接受王冬生同志辞去镇江市第八届人民代表大会代表职务的报告
38	镇润人〔2017〕38 号	关于补选徐心田同志为镇江市第八届人民代表大会代表的报告
39	镇润人办〔2017〕1 号	关于召开镇江市润州区第九届人民代表大会第一次会议的通知
40	镇润人办〔2017〕2 号	关于召开镇江市润州区第九届人民代表大会第一次会议的通知
41	镇润人办〔2017〕3 号	关于召开镇江市润州区第九届人民代表大会第一次会议的通知
42	镇润人办〔2017〕4 号	关于召开区九届人大常委会第一次会议的通知
43	镇润人办〔2017〕5 号	关于加强区人大代表各组与被测评单位对口联系的通知
44	镇润人办〔2017〕6 号	2017 年区人大代表小组开展活动的意见
45	镇润人办〔2017〕7 号	关于印发《润州区人大机关公务员平时考核工作实施方案》的通知
46	镇润人办〔2017〕8 号	关于召开区九届人大常委会第五次主任会议的通知

续表 29

序号	文　号	标　　　题
47	镇润人办〔2017〕9 号	关于召开区九届人大常委会第二次会议的通知
48	镇润人办〔2017〕10 号	关于召开区九届人大常委会第七次主任会议的通知
49	镇润人办〔2017〕11 号	关于召开区九届人大常委会第九次主任会议的通知
50	镇润人办〔2017〕12 号	关于召开区九届人大常委会第三次会议的通知
51	镇润人办〔2017〕13 号	关于召开区九届人大常委会第十一次主任会议的通知
52	镇润人办〔2017〕14 号	关于召开区九届人大常委会第四次会议的通知
53	镇润人办〔2017〕15 号	关于召开区九届人大常委会第五次会议的通知
54	镇润人办〔2017〕16 号	关于召开区人大工作理论研究会换届工作会议的通知
55	镇润人办〔2017〕17 号	关于召开区九届人大常委会第十四次主任会议的通知
56	镇润人办〔2017〕18 号	关于召开区九届人大常委会第十六次主任会议的通知
57	镇润人办〔2017〕19 号	关于召开区九届人大常委会第六次会议的通知
58	镇润人办〔2017〕20 号	关于举办人大干部综合素能提升培训班的通知
59	镇润人办〔2017〕21 号	关于召开区九届人大常委会第十八次主任会议的通知
60	镇润人办〔2017〕22 号	关于召开区九届人大常委会第二十次主任会议的通知
61	镇润人办〔2017〕23 号	关于召开区九届人大常委会第七次会议的通知
62	镇润人办〔2017〕24 号	关于报送对政府组成部门、垂直管理部门和“两院”开展效能建设测评材料的通知
63	镇润人办〔2017〕25 号	关于召开区九届人大常委会第二十二次主任会议的通知
64	镇润人办〔2017〕26 号	关于召开区九届二次人代会经费的请示
65	镇润人办〔2017〕27 号	关于召开区九届人大常委会第二十四次主任会议的通知
66	镇润人办〔2017〕28 号	关于召开区九届人大常委会第八次会议的通知
67	镇润人办〔2017〕29 号	关于增加区人大环境资源城乡建设委员会领导职数的请示
68	镇润人办〔2017〕30 号	关于召开镇江市润州区第九届人民代表大会第二次会议的通知
69	镇润人办〔2017〕31 号	关于召开镇江市润州区第九届人民代表大会第二次会议的通知
70	镇润人办〔2017〕32 号	关于召开镇江市润州区第九届人民代表大会第二次会议的通知
71	镇润人办〔2017〕33 号	关于召开区九届人大常委会第九次会议的通知

区政府

表 30

序号	文　号	标　　题
1	镇润政〔2017〕1 号	关于将张家湾片区列入 2017 年棚户区改造计划的请示
2	镇润政〔2017〕2 号	关于请求协调办理润州区回迁安置房产权证有关手续的请示
3	镇润政〔2017〕3 号	关于建设御桥嘉苑地下双层机械停车位的请示
4	镇润政〔2017〕4 号	西团结河下段及周边环境综合整治项目搬迁公告
5	镇润政〔2017〕5 号	关于延长镇江中集润宇置业有限公司土地合同竣工期限的请示
6	镇润政〔2017〕6 号	关于印发《润州区人民政府工作规则》(试行)的通知
7	镇润政〔2017〕7 号	关于区长、副区长工作分工的通知
8	镇润政〔2017〕8 号	关于继续给予惠龙易通政策扶持的请示
9	镇润政〔2017〕9 号	关于提请江朝民等同志任职的报告
10	镇润政〔2017〕10 号	关于中船现代迁建项目延期开竣工的请示
11	镇润政〔2017〕11 号	关于协调征润州水源地周边砂石码头及养殖场整治资金的紧急请示
12	镇润政〔2017〕12 号	关于王冬生等 5 人率团访问丹麦和挪威的请示
13	镇润政〔2017〕13 号	关于申请返还配套费的请示
14	镇润政〔2017〕14 号	关于范海进等同志职务任免的通知
15	镇润政〔2017〕15 号	关于申请创建“省级食品安全示范区”的请示
16	镇润政〔2017〕16 号	关于提请吴斌斌等同志职务任免的报告
17	镇润政〔2017〕17 号	关于胡如明率团访问丹麦和挪威的请示
18	镇润政〔2017〕18 号	关于印发润州区政府 2017 年“六大任务百项工作”目标责任分解的通知
19	镇润政〔2017〕19 号	关于下达 2017 年度全区国民经济和社会发展主要指标的通知
20	镇润政〔2017〕20 号	地藏庵 3 号、11 号、12 号、13 号危房解危搬迁公告
21	镇润政〔2017〕21 号	金山圩区跃进河水系整治项目搬迁公告
22	镇润政〔2017〕22 号	大夫桥 13 号、西麒麟巷 40 号等危房解危搬迁公告
23	镇润政〔2017〕23 号	关于提请刘学智同志任职的报告
24	镇润政〔2017〕24 号	关于变更润扬大桥发展有限公司生活区土地性质的请示
25	镇润政〔2017〕25 号	关于徐燕率团访问德国和法国的请示
26	镇润政〔2017〕26 号	关于派遣仲凡同志赴日本参展及组织协调有关工作的请示
27	镇润政〔2017〕27 号	关于祝中昊率团访问印度和香港的请示
28	镇润政〔2017〕28 号	关于下达 2017 年度一般公共预算收入任务的通知

续表 30

序号	文　号	标　　　　题
29	镇润政〔2017〕29 号	关于蔡萍率团访问德国和奥地利的请示
30	镇润政〔2017〕30 号	关于化解五凤口高架下面康湾组被拆迁户调剂安置诉求有关建议的报告
31	镇润政〔2017〕31 号	关于润州区安置房建设计划的报告
32	镇润政〔2017〕32 号	关于太古山一期征收华侨新村住宅房有关事宜的请示
33	镇润政〔2017〕33 号	关于周洪源率团访问德国和法国的请示
34	镇润政〔2017〕34 号	关于将蚕桑路以南、蚕桑支路以西地块(美的城项目)增补进 2017 年上市计划的请示
35	镇润政〔2017〕35 号	关于提请将“张家湾”项目购买棚改服务费用列入财政预算的报告
36	镇润政〔2017〕36 号	关于提请将“龚家湾”项目购买棚改服务费用列入财政预算的报告
37	镇润政〔2017〕37 号	关于提请杨庆荣同志任职的报告
38	镇润政〔2017〕38 号	关于交付西荷花塘剩余地块有关事宜的请示
39	镇润政〔2017〕39 号	关于戴克祥等同志职务任免的通知
40	镇润政〔2017〕40 号	关于胡笑宇等同志试用任职的通知
41	镇润政〔2017〕41 号	关于陈祥峰同志免职的通知
42	镇润政〔2017〕42 号	关于窦阿林同志试用任职的通知
43	镇润政〔2017〕43 号	关于请求免除御桥嘉苑安置房城市基础设施配套费的请示
44	镇润政〔2017〕44 号	关于将龚家湾东片区列入 2017 年棚户区改造计划的请示
45	镇润政〔2017〕45 号	关于徐鸿同志任职的通知
46	镇润政〔2017〕46 号	关于曹阳等同志任职的通知
47	镇润政〔2017〕47 号	关于请求尽快协调解决四明河沿线生活污水直排入河问题的报告
48	镇润政〔2017〕48 号	关于调整润州区部分行政区划的请示
49	镇润政〔2017〕49 号	关于请求返还七里甸城中村改造项目 2016-1-7 号地块政府基金和净收益的请示
50	镇润政〔2017〕50 号	关于朱丽琴、段光霖同志赴美国进修的请示
51	镇润政〔2017〕51 号	关于王龙刚同志赴德国、荷兰进修的请示
52	镇润政〔2017〕52 号	关于陆期勇同志赴加拿大进修的请示
53	镇润政〔2017〕53 号	关于王凯等同志任职的通知
54	镇润政〔2017〕54 号	关于提请贾敬远等同志任职的报告
55	镇润政〔2017〕55 号	关于尽快交付江河汇小区调剂安置房的紧急报告
56	镇润政〔2017〕56 号	关于蒋建国、赵玉红同志赴英国进修的请示
57	镇润政〔2017〕57 号	关于调整区征兵工作领导小组成员的通知

续表 30

序号	文　号	标　　题
58	镇润政〔2017〕58 号	关于审查并转报《润州区韦岗街道土地利用总体规划(2006~2020 年)调整方案》的请示
59	镇润政〔2017〕59 号	关于祝锋同志赴加拿大进修的请示
60	镇润政〔2017〕60 号	关于贾敬远等同志工作分工的通知
61	镇润政〔2017〕61 号	关于表彰 2016 年度征兵工作先进单位和先进个人的决定
62	镇润政〔2017〕62 号	关于调整完善润州区国民经济和社会发展主要指标 2017 年度目标的请示
63	镇润政〔2017〕63 号	大夫桥 18 号等危房解危搬迁公告
64	镇润政〔2017〕64 号	润州区 2016 年能源消耗总量和强度“双控”目标责任评价考核自查报告
65	镇润政〔2017〕65 号	关于杨勇等同志职务任免的通知
66	镇润政〔2017〕66 号	关于尽快办理镇江美的城三区二期项目立项手续的请示
67	镇润政〔2017〕67 号	关于镇江市信息中等专业学校用地规划的请示
68	镇润政〔2017〕68 号	关于高新斤同志赴德国进修的请示
69	镇润政〔2017〕69 号	关于镇江智能智慧展示交易中心项目土地上市的请示
70	镇润政〔2017〕70 号	关于对市交通产业集团和市城建产业集团市政道路建设违法用地行为处理的请示
71	镇润政〔2017〕71 号	关于蔡雷等同志试用任职的通知
72	镇润政〔2017〕72 号	关于李志鹰同志任职的通知
73	镇润政〔2017〕73 号	关于江俊斌同志赴英国进修的请示
74	镇润政〔2017〕74 号	关于金非同志赴德国进修的请示
75	镇润政〔2017〕75 号	关于运粮河新河桥国控断面水质达标有关情况的报告
76	镇润政〔2017〕76 号	关于张轶等同志职务任免的通知
77	镇润政〔2017〕77 号	关于包永林等同志免职的通知
78	镇润政〔2017〕78 号	关于沈国伟同志任职的通知
79	镇润政〔2017〕79 号	关于李玉萍同志赴香港学习的请示
80	镇润政〔2017〕80 号	关于请求返还五洲山城中村改造项目土地出让金中政府净收益和有关规费的请示
81	镇润政〔2017〕81 号	关于认真做好 2017 年度随军家属安置工作的通知
82	镇润政〔2017〕82 号	关于请求返还福馨路以南、富润路以西项目土地出让金中政府净收益的请示
83	镇润政〔2017〕83 号	建设新村 98 号等危房解危搬迁公告
84	镇润政〔2017〕84 号	南门外大街 96 号等危房解危搬迁公告
85	镇润政〔2017〕85 号	关于印发《润州区土壤污染防治工作方案》的通知
86	镇润政〔2017〕86 号	关于请求安排蚕桑路以南、蚕桑支路以西地块上市的请示

续表 30

序号	文　号	标　　　　题
87	镇润政〔2017〕87 号	关于请求拨付我区企业在全国中小企业股份转让系统成功挂牌政策扶持奖励的请示
88	镇润政〔2017〕88 号	镇江市润州区人民政府国有土地上房屋征收决定书
89	镇润政〔2017〕89 号	镇江市润州区人民政府国有土地上房屋征收决定公告
90	镇润政〔2017〕90 号	关于夏建平等同志职务任免的通知
91	镇润政〔2017〕91 号	关于张海东等同志任职的通知
92	镇润政〔2017〕92 号	关于蔡飞同志不再担任区发展改革和经济信息化委员会副主任职务的通知
93	镇润政〔2017〕93 号	关于《润州区县道公路网规划(2016~2020)》报批的请示
94	镇润政〔2017〕94 号	关于提请张群林等同志职务任免的报告
95	镇润政〔2017〕95 号	关于杨海莲等同志职务任免的通知
96	镇润政〔2017〕96 号	关于谷志源同志试用任职的通知
97	镇润政〔2017〕97 号	关于提请徐心田同志任职的报告
98	镇润政办〔2017〕1 号	关于印发《镇江市润州区市场监督管理局主要职责内设机构和人员编制规定》的通知
99	镇润政办〔2017〕2 号	关于申请拨付挂职领导住宿及餐费经费的请示
100	镇润政办〔2017〕3 号	关于下达 2017 年国民经济主要指标一季度指导性计划的通知
101	镇润政办〔2017〕4 号	关于转发省机关事务管理局《关于开展党政机关办公用房闲置及处置利用情况调查的通知》的通知
102	镇润政办〔2017〕5 号	关于印发“双打双防”专项行动方案的通知
103	镇润政办〔2017〕6 号	关于印发《2017 年润州区农业工作要点》的通知
104	镇润政办〔2017〕7 号	关于印发《润州区畜禽养殖污染治理专项行动实施方案》的通知
105	镇润政办〔2017〕8 号	关于印发《2017 年“3·15”国际消费者权益日主题活动方案》的通知
106	镇润政办〔2017〕9 号	关于申请拨付行政权力网上公开透明运行网络经费的请示
107	镇润政办〔2017〕10 号	关于印发润州区“两减六治三提升”专项行动工作实施方案的通知
108	镇润政办〔2017〕11 号	关于下达 2017 年润州区主要工业经济和信息化发展指标任务的通知
109	镇润政办〔2017〕12 号	关于申请拨付通讯网络保障经费的请示
110	镇润政办〔2017〕13 号	关于进一步加快“四上”企业培育的实施意见
111	镇润政办〔2017〕14 号	关于调整区创建“土地执法模范区”工作领导小组的通知
112	镇润政办〔2017〕15 号	关于明确蔡萍、刘国明副区长挂钩基层联系点的通知
113	镇润政办〔2017〕16 号	关于转发《润州区审计局 2017 年度审计工作意见》的通知
114	镇润政办〔2017〕17 号	关于成立润州区特色小镇创建工作领导小组的通知

续表 30

序号	文　号	标　　　　题
115	镇润政办〔2017〕18 号	关于印发 2017 年润州区政府系统廉政建设重点任务的通知
116	镇润政办〔2017〕19 号	关于开展创建“2017 年度江苏省土地执法模范区”活动的实施意见
117	镇润政办〔2017〕20 号	关于印发《润州区 2017 年度地质灾害防治方案》的通知
118	镇润政办〔2017〕21 号	关于印发润州区 2017 年农作物秸秆禁烧工作方案的通知
119	镇润政办〔2017〕22 号	镇江市润州区人民政府办公室关于 2017 年全区食品安全工作的意见
120	镇润政办〔2017〕23 号	关于印发润州区“放心餐桌”工程实施方案的通知
121	镇润政办〔2017〕24 号	镇江市润州区人民政府办公室关于印发润州区创建省级食品安全区工作方案的通知
122	镇润政办〔2017〕25 号	关于申请拨付专项协作经费的请示
123	镇润政办〔2017〕26 号	关于区政府办公室领导班子成员工作分工的通知
124	镇润政办〔2017〕27 号	关于印发《加快推进“不见面审批“(服务)改革实施方案》的通知
125	镇润政办〔2017〕28 号	关于印发《润州区“不见面审批(服务)”事项清单(第一批)》的通知
126	镇润政办〔2017〕29 号	关于申请拨付应急值班津贴经费的请示
127	镇润政办〔2017〕30 号	关于申请拨付挂职领导相关经费的请示
128	镇润政办〔2017〕31 号	关于申请拨付对外宣传经费的请示
129	镇润政办〔2017〕32 号	关于印发《润州区村级集体资金乡镇财政所管理试点工作实施办法》的通知
130	镇润政办〔2017〕33 号	关于转发省机关事务管理局《关于组织开展党政机关办公用房清理整改“回头看”的通知》的通知
131	镇润政办〔2017〕34 号	关于申请拨付陆金火同志赴英国、法国友好交流经费的请示
132	镇润政办〔2017〕35 号	关于成立润州区违法建设专项治理行动领导小组的通知
133	镇润政办〔2017〕36 号	关于下达 2017 年度润州区专业化招商和外资到位任务的通知
134	镇润政办〔2017〕37 号	关于建立润州区校园周边综合治理联席会议制度的通知
135	镇润政办〔2017〕38 号	关于组织开展集中无偿献血活动的通知
136	镇润政办〔2017〕39 号	关于申请拨付刘国明、江朝民同志赴西藏援藏慰问经费的请示
137	镇润政办〔2017〕40 号	关于印发润州区妇女发展规划(2016~2020 年)的通知
138	镇润政办〔2017〕41 号	关于印发润州区儿童发展规划(2016~2020 年)的通知
139	镇润政办〔2017〕42 号	关于成立镇江市润州区政府性债务管理领导小组的通知
140	镇润政办〔2017〕43 号	关于印发镇江市润州区债务风险预警办法的通知
141	镇润政办〔2017〕44 号	关于印发镇江市润州区区级政府性债务风险应急处置预案的通知
142	镇润政办〔2017〕45 号	关于申请拨付行政权力网上公开透明运行网络经费的请示
143	镇润政办〔2017〕46 号	关于润州区部分行政区划调整的通知
144	镇润政办〔2017〕47 号	关于调整我区被征地农民 2017 年基本生活保障标准的通知

续表30

序号	文 号	标 题
145	镇润政办〔2017〕48号	关于成立润州区e办事服务中心的请示
146	镇润政办〔2017〕49号	关于成立润州区人民政府法律顾问委员会的通知
147	镇润政办〔2017〕50号	关于印发《润州区人民政府法律顾问工作规则》的通知
148	镇润政办〔2017〕51号	关于补缴秦红社会养老保险的请示
149	镇润政办〔2017〕52号	关于拨付权力阳光运行系统项目建设费的请示
150	镇润政办〔2017〕53号	关于印发润州区普惠性民办幼儿园认定管理办法(试行)的通知
151	镇润政办〔2017〕54号	关于做好《润州年鉴(2017)》和《镇江年鉴(2017)》发行工作的通知
152	镇润政办〔2017〕55号	关于做好《润州年鉴(2018)》编纂工作的通知
153	镇润政办〔2017〕56号	关于转发《镇江市人民政府办公室关于全市推进“3550”改革的意见》的通知
154	镇润政办〔2017〕57号	关于印发《润州区政府购买棚改服务设施办法》的通知
155	镇润政办〔2017〕58号	关于成立区供销社探索创新联合社治理机制专项试点工作领导小组的通知

区政协

表31

序号	文 号	标 题
1	镇润政协〔2017〕1号	关于政协润州区第六届委员会主席、副主席、秘书长工作分工的通知
2	镇润政协〔2017〕2号	关于明确区六届政协各专门委员会组成人员的通知
3	镇润政协〔2017〕3号	关于设置区六届政协委员界别活动组的通知
4	镇润政协〔2017〕4号	关于区政协领导和机关委办分工联系各界别活动组、基层联络委的通知
5	镇润政协〔2017〕5号	关于刘向华等同志任职的通知
6	镇润政协〔2017〕6号	关于调整润州区政协基层联络委员会组成人员的通知
7	镇润政协〔2017〕7号	关于陈稳宇等同志职务任免的通知
8	镇润政协〔2017〕8号	关于打造教育现代化强区的建议案
9	镇润政协〔2017〕9号	关于表彰润州区政协工作理论研究会优秀论文的决定
10	镇润政协〔2017〕10号	关于郑奇斌等同志职务任免的通知
11	镇润政协〔2017〕11号	关于易宝顺同志任职的通知
12	镇润政协〔2017〕12号	关于加快设立润州区产业引导基金的建议案
13	镇润政协〔2017〕13号	关于召开政协镇江市润州区第六届委员会第二次全体会议的决定
14	镇润政协办〔2017〕1号	关于举办政协委员培训班的通知

续表 31

序号	文　号	标　　题
15	镇润政协办〔2017〕2 号	关于征集区政协六届一次理论研讨会论文的通知
16	镇润政协办〔2017〕3 号	关于开展全民健身与全民健康深度融合视察活动的通知
17	镇润政协办〔2017〕4 号	关于开展非遗文化传承视察活动的通知
18	镇润政协办〔2017〕5 号	关于开展全国文明城市复审迎检视察活动的通知
19	镇润政协办〔2017〕6 号	关于组织开展“区政协委员进企业”活动的通知
20	镇润政协办〔2017〕7 号	关于开展农业供给侧结构性改革视察活动的通知
21	镇润政协办〔2017〕8 号	关于印发《润州区政协机关公务员平时考核实施方案》的通知
22	镇润政协办〔2017〕9 号	关于开展“履职尽责·勤政为民”民主评议活动的通知
23	镇润政协办〔2017〕10 号	关于开展城市精细化管理工作视察活动的通知
24	镇润政协办〔2017〕11 号	关于开展民主评议润州区教育局活动的通知
25	镇润政协办〔2017〕12 号	关于开展区政协委员述职的通知
26	镇润政协办〔2017〕13 号	关于做好区政协六届二次全体会议提案征集工作的通知
27	镇润政协办〔2017〕14 号	关于召开区政协六届二次全体会议经费的请示

润州区诗协作品选

润州新貌

王汉民

润州创建海绵城，无限风光谁不倾。

三库四山千景秀，一湖九水万般清。

佳園似锦逍遥住，大道如天任意行。

世外桃源何处有，深谋实干梦真成。

统 计 公 报

2017年润州区国民经济和社会发展统计公报

润州区统计局

二〇一八年三月二十七日

2017年,全区上下在区委、区政府的正确领导下,紧紧团结和依靠全区人民,坚持以习近平新时代中国特色社会主义思想为指导,立足苏南定位,勇于开拓创新,主动适应高新区体制调整,全区经济社会平稳健康发展。

一、综合

2017年, 全区实现地区生产总值208.35亿元,按可比价格计算,比上年增长7%,其中:第一产业增加值0.71亿元,下降28.6%;第二产业增加值40.68亿元,增长5.7%;第三产业增加值166.96亿元,增长7.5%。

经济结构进一步优化,服务业增加值占地区生产总值比重进一步提高,三次产业比例为0.4:19.5:80.1。

全年,完成财政总收入26.74亿元,下降9.38%;其中一般公共预算收入15.10亿元,下降13.99%;一般公共预算收入中各项税收收入13.18亿元,下降13.76%。全年,完成财政总支出18.17亿元,下降5.20%;其中一般公共预算支出15.37亿元,增长16.70%。(除一般公共预算收入、一般公共预算收入中各项税收收入不含高新区外,其余均含高新区。)

二、农业

全区农林牧渔业总产值(现价)1.252亿元,下降23.78%;其中:农业0.756亿元,增长2.27%;林业0.005亿元,同比下降9.6%;畜牧业0.156亿元,下降52.6%;渔业0.296亿元,下降27.4%;农林牧渔服务业0.039亿元,下降42.1%。

全年,农作物播种面积180公顷,同比下降5.6%;其中:粮食播种面积80公顷,同比下降4.7%;蔬菜播种面积750公顷,同比下降28.57%。全年生猪饲养量0.77万头,同比下降54.42%;肉类总产量3147吨,同比下降5.09%;家禽饲养量2.1万只,同比下降47.5%;水产品产量1309吨,同比下降23.18%。

主要农产品产量

表32

产品名称	产品产量(吨)	同比(±%)
粮 食	779	-41.07
蔬 菜	18234	-2.94
油菜籽	0	-
禽 蛋	55	-5.17
水产品	1309	-23.18

全年，化肥施用量（折纯）452吨，农村用电量3563万千瓦时。

全年，粮食单产7800公斤/公顷，超过市考核指标6%；落实农业支持保护补贴1.3928万元；完成蔬菜播种面积213.33公顷次；培训农民807人次；组织参加各类农展会5期，签约项目3个；全年,农业电商网上交易额达到8.3亿元；发放农业支持保护补贴1.3928万元，兑付农机化发展资金5.5余万元，完成农业保险投保总金额5.36万元。

2017年,共完成成片造林12公顷，四旁绿化5.13万株。组织200多名机关干部开展区级机关义务植树活动，共栽植绿化树木3000余株；投入30万元资金，成立了润州区森林消防专业队，并添置了扑火器材，调换了一线护林员，确保不发生大的森林火灾。共治理受害林面积37.06公顷，比去年缩小6.0%，清理病死树株数1303株，比去年下降4.9%。

全区农村土地承包经营权证书到户率97%，6月26日在全市率先通过区级综合验收，现已经过省级验收。6月30日，润州区农村产权交易中心在镇江市公共资源交易中心正式挂牌运行。共发布项目25个，成交项目18个，成交总额1446.6万元。关闭规模畜禽养殖场42家，散养户27家；全部验收合格后，签订了长效管理目标责任状，并对完成任务的规模场进行奖补，共发放奖补资金160万元。2017年，禽D防疫2.38万羽，鸡新城疫防疫2.38万羽，生猪W1.69万头次，牛羊W220头次，高致病性猪蓝耳防疫1.75万头次，猪瘟防疫1.69万头次，应免密度均达到100%。

举办了120人参加的安全生产培训及打击非法捕捞警示会议；全年，调动执法人员150余人次，出航50余航次，巡航里程2000公里，保证渔民的生产安全和生产秩序。

2017年，冬春农田水利基本建设完成投资370万元。完成土方约10万立方米，新建防渗渠道1000米；疏浚县乡河道4条，疏浚长度4000米；新建改造塘坝2座。改善灌溉面积133.33公顷，改善除涝面积66.67公顷，长效保洁河道13.5公里。

三、工业和建筑业

2017年年末，拥有规模以上工业企业17家（其中2家企业年报退出）。全年，规模以上工业企业完成总产值25.97亿元，同比增长4.93%。分轻重工业看，轻工业3.38亿元，同比增长5.73%；重工业22.59亿元，同比增长4.81%。分行业门类看，采矿业4.05亿元，同比增长49.11%；制造业9.37亿元，同比下降11.1%；燃气生产和供应业12.38亿元，同比增长9.52%。在总计中，股份制企业10.40亿元，同比增长19.12%；外商及港澳台商投资企业12.55亿元，同比下降5.40%；其他经济类型企业3.02亿元，同比增长9.64 %。在总计中，民营工业13.42亿元，同比增长16.85%，其中私营企业7.35亿元，同比增长9.16%。在总计中，大中型工业企业17.57亿元，同比增长0.15%。

全年,规模以上工业企业实现主营业务收入27.34亿元，同比增长3.76%；利税4.55亿元，同比增长33.2%；利润3.44亿元，同比增长60%。规模以上工业企业总资产贡献率、主营业务收入利润率和成本费用利润率分别为13.92%、12.58%和14.26%，产品销售率为102.35%。

主要工业产品产量

表 33

产品名称	计量单位	累计	同比 +-%
石灰石	吨	8760119.00	19.54
鲜、冷藏肉	吨	957.50	2.41
非织造布（无纺布）	吨	307.00	-17.03
服装	万件	31.12	-48.51
硅酸盐水泥熟料	吨	0.00	-100.00
商品混凝土	立方米	39550.00	-9.89
石墨及碳素制品	吨	112000.00	-7.82
滚动轴承	万套	647.49	22.41
发电量	万千瓦小时	1253.30	0.00

2017年年末,拥有资质以上建筑业企业54家，年平均从业人员22533人。全年,签订合同额222.85亿元，同比下降62.65%，建筑业房屋施工面积504.29万平方米，同比下降13.87%。全年,建筑业实现总产值105.45亿元，同比下降45.84%。竣工产值44.86亿元，同比下降61.97%。

四、固定资产投资

全年，完成固定资产投资164.86亿元，同比增长1.5%。其中二产投资完成7.79亿元，同比增长0.9%；三产投资完成157.07亿元，同比增长1.6%；产业投资完成63.68亿元，同比增长2.3%；高新技术产业投资完成3.1亿元，同比下降12.5%；工业技改投资完成5.6亿元，同比增长8.2%。

全区房地产投资完成29.11亿元,同比下降61.2%。施工面积257.53万平方米，同比下降45.89%;竣工面积33.61万平方米，同比下降55.88%。房地产销售面积完成39.98万平方米，同比下降51.63%，其中，住宅销售面积36.42万平方米，同比下降53.64%。商品房平均售价10279元/平方米，同比增长43.1%，待售面积24.21万平方米，同比下降28.44%。

五、国内贸易和开放型经济

全年，实现社会消费品零售总额119.83亿元，增长

10.5%。按消费形态分,批发业实现零售额45.54亿元,增长14.4%;零售业实现零售额56.32亿元,下降1.7%;住宿业实现零售额0.04亿元,增长57%;餐饮业实现零售额13.18亿元,增长38.8%。

全年,限额以上法人批发和零售业消费品中,服装、鞋帽、针纺织品类实现零售额0.26亿元,比上年下降15.18%;石油及制品类实现零售额53.67亿元,比上年增长12.75%;家用电器和音像器材类实现零售额0.54亿元,比上年下降3.38%;中西药品类实现零售额10.99亿元,比上年增长8.15%;金银珠宝类实现零售额0.04亿元,比上年增长0.46%。

2017年年末,拥有亿元贸易市场2个,分别是:镇江九州国际装饰家居广场有限公司、镇江农副产品批发市场有限公司,实现成交额63.29亿元。

2017年,完成进出口总额 3.42亿美元,同比增长12.4%,其中出口总额2.95亿美元,同比增长12.2%;进口总额0.48亿美元,同比增长13.3%。全年新批三资企业5家,实际利用外资4800万美元,占市计划的80%,协议注册外资6952万美元。

六、科学技术和卫生

全年,实现高新技术产业产值2.82亿元,占规模以上工业总产值比重10.9%,R&D投入占地区生产总值的比重0.18%。4个科技项目获市以上立项,为企业争取扶持资金200余万元。全年共申请专利794件,其中发明专利申请390件;专利授权881件。

2017年年末,拥有医疗卫生机构17个、床位680张;有卫生技术人员619人,其中执业医师216人、注册护士357人、药剂人员46人。城乡居民合作医疗同步实施,农村新型合作医疗覆盖率100%,卫生服务体系健全率100%。(卫生部分含高新区)

七、教育、文化和体育

2017年年末,全区拥有小学13所、初中1所、九年一贯制学校3所;现有在校小学生12615人,初中生4346人。九年义务教育对象入学率100%;小学、初中在校生巩固率均达100%;初中升高中段的比例达到100%。职业教育、成人教育继续发展,现有中等职业类学校1所,在校学生1487人。年内向普通高校输送新生90人。(教育部分含高新区)

2017年年末,全区拥有文化馆(站)7个,各村(社区)综合文化服务实现全覆盖,农家书屋实现电子阅览室全覆盖。群众性文化活动蓬勃开展,全年,举办区级演出、送戏下乡30场、送展览8场、送电影156场。全区文艺创作者在市级以上获奖作品100余件,在书画、美术、舞台文艺等方面发表作品200余件。

全年,认真抓好各竞赛项目的运动员队伍选拔和训练,共向上推荐、输送运动员101名。积极组队参加省、市两级比赛,在2017年镇江市青少年阳光体育运动联赛少儿体育竞赛中,参加了田径、篮球、排球、足球所有组别的竞赛,并获得优异成绩。全区已建成体育健身路径点106个。目前,社会体育指导员1600人。

八、生态环境

2017年,全区入江支流国控运粮河新河桥断面Ⅲ类,达标率100%。全区集中式饮用水质达标率100%。全年,总监测天数365天,环境良好天数205天,空气质量平均优良天数比例为56.1%,较2016年PM2.5下降15.7%。城市区域环境噪声除4类区交通噪声外,其余各类区昼间和夜间噪声值均能达到标准要求,4类区夜间噪声达标率100%。

九、人民生活和社会保障

2017年,润州区委、区政府积极适应经济发展新常态,把建设强富美高新润州作为目标,始终坚持"以人民为中心"的发展理念,通过暖企惠民大走访、致力创新、强化监督等举措,围绕城市经济转型发展同心实干,经济发展稳中有进,社会事业更加繁荣,城乡居民收入呈现稳中有好的增长态势。2017年,润州区全体居民人均可支配收入达43915元,同比增加3626元,增长9.0%。分城乡看,城镇常住居民人均可支配收入45120元,同比增加3688元,增长8.9%。其中:工资性收入27807元、经营净收入5876元、财产净收入4529元、转移净收入6908元,分别增长7.4%、11.5%、12.6%和10.5%。城镇常住居民人均生活消费支出27202元,比上年增加1418元,增长5.5%。农村常住居民人均可支配收入25455元,同比增加1938元,增长8.2%。其中:工资性收入15726元、经营净收入5452元、财产净收入1068元、转移净收入3209元,分别增长7.8%、6.8%、12.4%和11.6%。农村常住居民人均生活消费支出18685元,比上年增加1200元,增长6.9%。城乡居民收入增速态势良好,较上年分别提升0.7和0.1个百分点。

2017年,全区新增城镇就业人员11749人,帮助下岗失业人员再就业6971人,实现农村劳动力转移200人,2017年年末,城镇登记失业率1.59%。全区创成1个省级创业型街道、11个省级创业型社区(村)、1个省级创业孵化基地、3个省级大学生优秀创业项目、7个市级标准化示范平台。(含高新区)

2017年,全区城乡基本社会保险覆盖率达98%,共有4704名城乡老年居民享受到政府养老补贴。

注:1.公报中各项统计数据均为初步统计数,正式数据以统计年鉴为准;

2.公报中各项统计数据除注明按可比价格计算外,均按现行价格计算;

3.除标注含高新区外,其余段落部分的数据均不含高新区。

统 计 数 据

基本概况

表 33

指标名称	计量单位	2017 年实绩
行政概况		
街道	个	7
村民委员会	个	8
村民小组	个	112
居民委员会	个	52
全区总面积	平方公里	89

国民经济与社会发展主要指标

表 34

指标名称	计量单位	2017 年实绩	比上年 ± %
国民经济核算			
地区生产总值	亿元	208.35	7.0
#第一产业	亿元	0.73	–26.3
第二产业	亿元	40.68	5.7
#工业	亿元	10.16	4.0
第三产业	亿元	166.94	7.5
农业			
农林牧渔总产值	万元	12521	–23.7
#农业	万元	7563	–8.9
林业	万元	47	–9.6
牧业	万元	1564	–52.6
渔业	万元	2960	–27.4
农林牧渔服务业	万元	387	–42.1

续表 34

指标名称	计量单位	2017 年实绩	比上年 ± %
工业			
规模以上工业总产值	亿元	25.97	4.9
规模以上工业增加值	亿元	7.03	4.0
规模以上工业销售收入	亿元	27.34	3.8
规模以上工业利税总额	亿元	4.55	33.2
规模以上工业利润总额	亿元	3.44	60.0
国内贸易			
社会消费品零售总额	亿元	116.75	10.5
对外经济			
利用外资新批项目数	个	5	–
工商注册实际到位外资	万美元	4800	–7.1
进出口总额	万美元	34246	12.4
进口	万美元	4751	13.3
出口	万美元	29495	12.2
固定资产投资			
固定资产投资	亿元	164.86	1.5
#第二产业	亿元	7.80	0.9
第三产业	亿元	157.07	1.6
#房地产	亿元	29.11	–61.2
财政收支			
财政总收入	亿元	26.74	–9.4
#一般公共预算收入	亿元	15.10	–26.9
财政总支出	亿元	16.61	–13.3
人民生活			
在岗职工平均工资	元	93578	23.5
城镇常住居民人均可支配收入	元	45120	8.9
农村常住居民人均可支配收入	元	25455	8.2
教育卫生			
在校学生数	人	25533	3.8
医院床位数	张	752	10.6
卫生技术人员	人	582	–9.6
#护士	人	337	–5.9
科学技术			
高新技术产业产值	亿元	2.82	
高新技术产业产值占规模工业总产值比重	%	10.90	
R&D 投入	亿元	0.38	
R&D 投入占 GDP 比重	%	0.18	

注:项目数为当年新批项目。

规模以上工业(分街道)

表 35　　单位:亿元、个、万人

单位名称	工业总产值	主营业务收入	利税	利润总额	资产总计	负债合计	企业个数	平均用工人数
合计	25.97	27.34	4.55	3.44	33.55	15.06	17	0.32
七里甸街道	1.10	1.09	0.09	0.00	1.42	0.61	2	0.05
官塘桥街道	0.31	0.34	-0.03	-0.04	1.02	0.96	1	0.00
宝塔路街道	12.38	12.38	3.12	2.76	14.01	6.62	1	0.06
和平路街道	4.21	4.22	0.25	0.14	3.51	2.58	6	0.04
金山街道	0.00	0.00	0.00	0.00	0.00	0.00	0	0.00
韦岗街道	6.26	7.54	1.21	0.67	10.11	2.93	6	0.11
南山街道	1.71	1.76	-0.09	-0.10	3.48	1.36	1	0.06

建筑业主要指标

表 36

指标名称	计量单位	2017 年实绩	比上年 ± %
企业个数	个	54	-8.47
签定的合同额	亿元	222.18	-62.65
建筑业总产值	亿元	105.45	-45.84
竣工产值	亿元	44.86	-61.97
房屋建筑施工面积	万平方米	504.29	761.30
#新开工面积	万平方米	58.79	290.63
年末从业人员总数	人	22958	2.65
年末从业人员年平均人数	人	22533	-1.14

注:本表建筑业企业均为具有资质等级的总承和专业承包建筑业企业 (不含劳务分包建筑业企业)

固定资产投资

表 37

指标名称	计量单位	2017 年实绩	比上年 ± %
固定资产投资	亿元	164.86	1.50
#产业投资	亿元	63.68	2.30
工业投资	亿元	7.36	1.10
工业技改投资	亿元	5.60	8.20
按产业分			
第一产业	亿元	0.00	
第二产业	亿元	7.80	0.90
第三产业	亿元	157.07	1.60
#房地产	亿元	29.11	–61.20

房地产开发投资

表 38

指标名称	计量单位	2017 年实绩	比上年 ± %
房地产开发投资完成额	亿元	29.11	–61.2
房屋施工面积	万平方米	217.84	–54.2
房屋竣工面积	万平方米	33.61	–55.9
商品房销售面积	万平方米	39.98	–51.6
#住宅	万平方米	36.42	–53.6
商品房销售额	亿元	41.10	–30.8
#住宅	亿元	37.42	–31.4
商品房平均售价	元	10279.19	43.1
#住宅	元	10274.86	48.1
待售面积	万平方米	24.21	–28.4

城镇非私营单位从业人员和劳动报酬

表 39

指标名称	年末从业人员数（人）		年末从业人员劳动报酬（千元）		在岗职工平均工资（元）
		在岗职工		在岗职工工资总额	
合计	37641	30191	3415228	2952266	93578
1.国有单位合计	25234	20858	2614564	2351573	106577
2.城镇集体单位合计	1006	568	59278	38723	59174
3.其他单位合计	11401	8765	741386	561970	65461
按企业、事业、机关分组					
#1.企业	20022	15551	1455963	1172518	73976
2.事业	10267	7843	1018341	864730	101630
3.机关	7300	6747	936887	911173	133753
按国民经济行业分组					
1.农、林、牧、渔业	59	59	2889	2889	48966
2.采矿业	919	805	64982	57821	69277
3.制造业	811	737	36233	33156	43549
4.电力、燃气及水的供应业	2177	2038	277335	271768	127022
5.建筑业	7459	4941	448430	290820	60871
6.批发和零售业	1129	1121	50518	50336	45306
7.交通运输、仓储业	1755	1200	156544	122747	93110
8.住宿和餐饮业	1230	1071	52714	45449	43900
9.信息传输、计算机服务和软件业	1155	920	83877	69966	75967
10.金融业	712	710	74069	73910	103515
11.房地产业	1270	1220	95743	91764	76346
12.租赁和商务服务业	581	324	39958	28924	68477
13.科学研究、技术服务和地质勘查业	1862	1642	209771	176676	111359
14.水利、环境和公共设施管理业	1136	865	87791	70632	76695
15.居民服务和其他服务业	107	97	10721	10199	86911
16.教育	2388	1867	226184	206499	102332
17.卫生、社会保障和社会福利业	3940	2885	415337	333653	106477
18.文化、体育和娱乐业	1057	516	81161	48132	77461
19.公共管理和社会组织	7894	7173	1000971	966925	131686

社会消费品零售总额(分街道)

表 40

指标名称	计量单位	2017 年实绩	比上年 ± %
润州区	万元	1167538.9	10.5
七里甸街道	万元	185777.7	10.5
官塘桥街道	万元	63203.2	10.4
宝塔路街道	万元	706942.1	10.5
和平路街道	万元	108519.7	10.6
金山街道	万元	59810.7	10.4
韦岗街道	万元	4624.1	10.3
南山街道	万元	38661.4	10.6

利用外资(分街道)

表 41

指标名称	项目数(个)	实际利用外资(万美元)
合计	5	4800.00
七里甸街道		500.00
蒋乔街道		
官塘桥街道		
宝塔路街道	3	1552.10
和平路街道		
金山街道	1	
韦岗街道		
工业园区		
南山街道	1	2747.90
其他		

注:项目数为当年新批项目

财政总收入

表 42

指标名称	2017 年实绩	比上年 ± %
一、工商税收(万元)	248219	-8.87
国税(万元)	170405	100.79
地税(万元)	77814	-58.50
二、农牧业税(万元)		-100.00
三、专项收入(万元)	5227	-11.92
四、其它收入(万元)	6024	-10.92
五、行政事业性收费收入(万元)	7918	-20.84
六、基金收入(万元)		
本年收入合计(万元)	267386.71	-9.38

财政总支出

表 43

指标名称	2017 年实绩	比上年 ± %
一、一般公共服务(万元)	22776	6.92
二、外交(万元)		
三、国防(万元)	85	-64.73
四、公共安全(万元)	10514	10.56
五、教育(万元)	35914	7.40
六、科学技术(万元)	3487	-16.40
七、文化体育与传媒(万元)	789	-74.47
八、社会保障和就业(万元)	15336	62.01
九、医疗卫生(万元)	6839	21.09
十、环境保护(万元)	2339	26.43
十一、城乡社区事务(万元)	20821	-64.15
十二、农林水事务(万元)	6621	41.26
十三、交通运输(万元)	1219	72.91
十四、工业商业金融等事务(万元)	6929	-75.05
十五、其他支出(万元)	32471	474.40
本年支出合计(万元)	166140	-13.30

教育

表 44

指标名称	2017 年	比上年 ± %
全区学校总数(所)	51	2.00
1.高中		
2.初中	4	0.00
3.职中	1	0.00
4.小学	16	0.00
5.幼儿园	30	3.44
全区学生总数(人)	25533	3.77
1.高中		
2.初中	4346	10.33
3.职中	1584	4.00
4.小学	12615	1.12
5.幼儿园	6988	4.81
全区班级总数(个)	722	1.83
1.高中		
2.初中	98	1.08
3.职中	44	2.32
4.小学	347	0.28
5.幼儿园	233	2.19
全区当年毕业生数(人)	6187	7.50
1.高中		
2.初中	1294	15.32
3.职中	498	-36.54
4.小学	1980	1.71
5.幼儿园	2415	20.50
全区当年招生数(人)	6725	0.47
1.高中		
2.初中	1610	11.80
3.职中	598	12.40
4.小学	2125	-1.51
5.幼儿园	2392	-7.19

续表 44

指标名称	2017 年	比上年 ± %
全区教职员工总数(人)	2242	3.10
# 专任教师	1755	1.26
1.高初中	298	4.19
2.职校	114	–8.87
3.小学	874	1.86
4.幼儿园	956	4.59
中学专任教师职称人数(人)	286	3.20
1.高级教师	98	–4.08
2.一级教师	146	4.28
3.二级教师	42	1.20
小学专任教师职称人数(人)	842	–11.28
1.高级教师	85	4.93
2.一级教师	663	–15.08
3.二级教师	94	1.07

注:专任教师数不含工人。

医疗机构

表 45 单位:个、张、人

分组名称	机构数	床位数	卫生技术人员	其中		
				执业医师	注册护士	药剂人员
总计	17	752	582	201	337	44
医院	7	230	117	49	63	5
综合医院	7	230	117	49	63	5
专科医院	0	0	0	0	0	0
社区卫生服务中心	7	522	438	136	264	38
卫生院	0	0	0	0	0	0
妇幼保健所	1	0	17	6	10	1
疾病预防控制中心	1	0	10	10	0	0
卫生监督所	1	0	0	0	0	0

说 明

一、本索引采用主题分析索引方法编制,按索引词第一个字的汉语拼音字母顺序排列(同音按声调),音、调相同按第二个字音序排列,依次类推。

二、索引词后的阿拉伯数字表示内容所在的页码,数字后的拉丁字母a、b、c表示该页码从左到右的栏位。

三、凡空二字起排,为二级索引,是一级索引词的"附见"。

四、特载、专记、大事记等内容不作索引。

A

安全生产监督管理 114c
　　概况 114c

B

宝塔路街道 181a
　　概况 181a
　　"两学一做" 182b
　　两级"书记项目" 182b
　　"大走访"惠民暖企促和谐 182c
　　项目推动 182c
　　人才招引 182c
　　宝塔路街道各社区基本情况(2017年) 表22 183

C

财政 146a
　　概况 146a
　　财税改革 140c
财政·税务·审计·金融 146
残联 92c
　　概况 92c
　　成功申报全国残疾预防试验区创建试点 92c
　　润州区残疾人综合服务中心项目建设 93a
　　街道"残疾人之家"全覆盖 93a
城管执法 139c
　　概况 139c
　　加强队伍建设,规范执法行为 139c
　　加大整治力度,落实长效管理 139c
　　深化为民服务,营造良好氛围 140b
城市建设 133b
　　概况 133b
　　电力路道路提升与海绵化改造工程竣工 133c
　　枣林路中段通车 134a
　　庆丰圩路建成 134a
　　润州山路南段(中山西路至崇实女中段)建成通车 134a
　　润州区完成2017年街头绿地建设任务 134a
　　文苑竹林景区景观提升工程竣工 134b
　　赛珍珠文化公园建成开放 134c

南徐新城商务办公 B 区 1 号楼获国家优质工程奖 135a
城区防汛工作 135a
城乡建设·环境保护 133
城乡建设综述 133a
概况 133a
城乡卫生管理 138b
概况 138b
市容环境面貌 138b
重点难点工作 138b
城管队队伍形象建设 139a
润州区环卫所 139a
慈善总会 171c
概况 171c

D

档案工作 50a
概况 50a
档案资源体系建设 50b
档案利用体系建设 50b
档案安全体系建设 50b
档案法制宣传 50b
党校工作 53b
概况 53b
地税 148a
概况 148a
对台工作 48a
概况 48a
项目招引 48b
互动交流 48b
优化环境 48b
基层交往 48c
“两岸交流交往 30 周年纪念”活动 48c
对外经济技术合作 144a
概况 144a
中船西门子新品发布会 144c
举办润州区城市经济发展论坛 145a
赴丹麦挪威招商引资 145c
对外贸易 143c
概况 143c
润州区进出口前 15 强企业名单(2017 年)表 13 144
对外招商 143a
概况 143a

F

法院 105a
概况 105a
审判方式改革 106a
审判队伍建设 106b
法治·人民武装 98
法制政府建设 100a
概况 100a
润州区委、区政府举行法律顾问聘任仪式 100c
服务业 130a
概况 130a
产业情况 130a
主要工作 130b
妇联 89c
概况 89c
开展“巾帼心向党,建功新时代”学习教育活动 89c
推进妇联改革 90a
妇女创新创业 90a
组织宣传 90b
妇儿合法权益 90b
妇儿发展环境 90b

G

工贸总公司 131a
概况 131a
“两学一做”学习教育常态化、制度化 131a
党风廉政建设“两个责任” 131a
“书记项目” 131b
企业改制工作 131b
企业债务风险 131b
房屋征收工作 131c
工商联 85b
概况 85b
工业 129a
概况 129a
亮点工作 129b
工业·服务业 129
公安 101a

概况 101a
供销合作总社 131c
概况 131c
综合改革工作 131c
项目建设 132a
为农服务 132c
党建工作 132c
关心下一代工作 95a
概况 95a
官塘桥街道 178a
概况 178a
学法遵法普法用法 180b
防范和打击非法集资 180c
重点工作 180c
举办趣味运动会乐翻乡村娃 180c
举办“家在润州”广场演出 181b
官塘桥街道各村(社区)基本情况（2017 年） 表 21 181
广播电视 160a
概况 160a
发挥全媒体平台宣传 160b
规范管理安全播出 160b
健全完善内部体系 161a
国税 147a
概况 147a
国土资源管理 113b
概况 113b
国有资产管理 113b
概况 113b

H

和平路街道 183a
概况 183a
危房解危 184b
大走访为民解难题 184b
“三治理一挂牌” 184c
提升城市环境 184c
维护生态环境 184c
海绵城市建设 185a
渔民文化体育公园 185c
和平路街道各村、社区基本情况(2017 年) 表 25 185
红十字会 93a
概况 93a
环境保护 140b
概况 140b
“两减六治三提升”专项行动 140b
生态建设重点项目 141a
中央环境督察组交办问题整改“回头看” 141a
国控断面达标考核工作 141b
环境监管 141b
环境保护宣传力度 141c
黄山园艺场 193a
概况 193a

J

机关党建工作 50c
概况 50c
“书记项目”实施 51a
机关事务服务中心工作 66b
概况 66b
纪委 75
纪委常委、委员名单 75
检察 103c
概况 103c
见义勇为基金会 172c
概况 172c
建筑业管理 136c
概况 136c
区属建筑施工企业的发展 136c
建筑业安全生产管理 137a
区属施工企业文明工地创建和环境整治 137a
交通管理 116c
概况 116c
官塘新城建设 116c
农村公路管养 117a
“五项行动”整治 117a
行业管理 117b
法治建设 117b
安全生产 117b
党风廉政建设 117b
教育 151
街道·园区·场圃 176
金融 149b
概况 149b
金山街道 185a

概况　185a
建立党内关爱帮扶机制　186c
城市建设　187a
科技人才　187a
依托西津渡打造旅游经济圈　187a
“好人工作室”唱响好人之歌　187b
“平安锣”敲响 30 年　187c
金山街道各社区基本情况(2017 年)
表 24　188
经济发展与计划管理　112a
概况　112a
经济建设　15c
概况　15c
农业　15c
工业　16a
服务业　16a
项目建设　16a
外贸外经　16b
九三学社润州委员会　84a
概况　84a
居民生活与社会保障　167

K

科技·卫计·广播电视·文化·体育　157
科协　90c
概况　90c
指导基层开展各项创建活动　90c
创新驱动　90c
传统科普宣传活动特色亮眼　91a
农技协建设　91a
众创平台建设　91a
科学技术　157a
概况　157a
科技招商　157b
优化创新发展环境　157c
知识产权保护　158a

L

老干部工作　51b
概况　51b
润州区老年人体育协会　52c
润州区诗词协会　52c
利用外资及港资　157a
概况　157a
润州新批外资及港台企业一览表(2017 年)
表 12　142

M

民革润州支部　79a
概况　79a
民建润州基层委员会　80c
概况　80c
民进润州综合支部　81b
概况　81b
民盟润州支部　80a
概况　80a
民政工作　167a
概况　167a
现代民政示范区建设　167a
救灾救济　167b
现代社区治理创新实验区建设　167c
参与式治理　168a
区域性社区服务中心建设　168a
社区党组织为民服务专项工作　168a
第十一届村委会和第六届居委会换届选举
后续工作　168b
第二次全国地名普查　168b
全国地名词典编撰　168b
区划调整　168c
双拥优抚　168c
老龄工作　169a
社会福利　169b
社会事务管理　169b
民主党派·工商联　79
民族·宗教　169c
概况　169c
机构设置　169c
民族工作　170a
宗教工作　170c

N

南山街道　190c

概况 190c
书记项目 192b
重点项目 192b
加大市容整治力度 192c
落实民生保障机制 192c
精准扶贫“点对点” 192c
大走访 192c
南山街道各村、社区基本情(2017 年)
表 25 192
农工党润州支部 82b
概况 82b
农业 125a
概况 125a
农业生产提质增效 125a
生态环境持续改善 125b
农村改革进一步深化 125c
行政执法力度持续加大 126a
安全生产工作不断加强 126a
事中事后监管能力显著提升 126c
农业·水利 125

Q

七里甸街道 176a
概况 176a
搭建平台提升社会服务水平 177b
夯实阵地营造精神文化家园 177b
创新模式丰富统战工作内涵 177c
树造品牌彰显基层党建活力 177c
七里甸街道各村、社区基本情况(2017 年)
表 20 178
侨联 93c
概况 93c
侨务工作 67a
概况 67a
涉侨经贸科技对接平台搭建 67a
引资引智渠道开拓 67a
华侨华人高层次人才工作 67b
侨企助推转“侨经服务行动” 67b
实施“归侨侨眷关爱工程” 67b
侨务法治建设 67b
涉侨依法行政 67c
“侨情涵养行动” 67c
社区侨务工作 67c
侨务外宣“传递乡情行动” 68b
区情概要 14a
位置、面积、区划 14a
交通 14b
地貌、资源 14b
雨情、水情、气象 15a
风景名胜 15b
民族、方言 15b
人口 15c
区属房地产开发 137b
润州区房地产开发总公司 137b
润州区土地房屋开发总公司 137c
南山里项目用地挂牌交易 138a
龚家湾棚户区改造项目 138a
张家湾棚户区改造项目 138a
何家湾棚户区改造项目 138a
蚕桑路西延工程建设 138a
沟西路建设项目 138a
华东列电厂异地重建项目陆续交付 138b
镇江实验学校远洋分校项目主体完工 138b
兴润家园安置小区全面竣工 138b
区委 37
区委、区政府表彰名录 200
区委常委领导分工 37
区长、副区长工作分工 61
群众团体 87

R

人大 54
人大常委会主任、副主任工作分工 54
人大常委会组成人员名单 54
人民武装 110a
概况 110a
润州区举行 2017 年度军队院校招生政策宣讲
110c
镇江军分区领导调研润州区人武工作 111b
人事劳动管理 117c
概况 117c
人物 195
荣誉榜 198
润州茶场 194a
概况 194a
润州概况 14

深入开展“美好生活　法律相伴”活动　110a

S

商贸流通　143b
概况　143b
商业经济　142
社会保障　175b
概况　175b
社会保障量质齐升　175b
城乡低保工作　175c
特困群体救助　175c
社会教育　155b
概况　155b
社会建设　16c
概况　16c
审计　148c
概况　148c
审计全覆盖　149a
固定资产投资审计　149a
卫生系统财务收支审计　149b
生态文明建设　17b
概况　17b
师资队伍　155c
概况　155c
史志工作　50a
概况　50a
《润州年鉴(2017)》出版发行　50a
市场监督管理　121b
概况　121b
市级以上先进个人名录　199
市级以上先进集体名录　198
逝世人物　197
水产养殖场　193c
概况　193c
水利　126c
概况　126c
机关作风建设　127c
水法规宣传　128c
司法行政工作　106c
概况　106c
全区司法行政重点任务完成情况表(2017 年)　表 11　109
润州区司法局联合六部门完成基层司法所体制改革　110a

T

体育　164a
概况　164a
润州区获市级以上各类体育竞赛奖情况一览表（2017 年）　表 19　165
统计公报　236
统计管理　123b
概况　123b
统计数据　239
统计资料　236
统战工作　47a
概况　47a
思想政治工作　47a
基层统战工作　47b
服务城市工作　47b
民宗侨台工作　47c
中央统战部到润州调研考察网络社会组织统战工作　48a
团委　88c
概况　88c
基层组织建设　88c
青年创业就业　89a
青年志愿者服务工作　89a
青少年违法犯罪　89b
学校及少先队工作　89b

W

韦岗街道　188a
概况　188a
“263”专项治理工作持续深入　190a
“传承红色基因”书记项目　190a
“暖企惠民大走访”　190a
“两学一做”常态化　190b
“法治型、服务型”支部建设　190b
学习型机关建设　190b
卫生与计划生育　158a
概况　158a
人口计生工作　158c
疾控应急工作　159a

卫生监督工作 159b
润州区人民医院 159c
润州区各社区卫生服务中心情况(2017年) 表16 160
文化 161a
概况 161a
校园文化建设 161c
文化遗产保护 162a
润州区文化馆 162a
润州区图书馆 162c
润州区集体获市级以上各类艺术比赛奖一览表(2017年) 表17 162
润州区个人获市级以上各类艺术比赛奖情况一览表(2017年) 表18 163
文化建设 16c
概况 16c
文件题录 222
文件选录·题录 204
文联 91a
概况 91a
"最美家乡"润州区美术写生创作采风活动 91b
润州区菊吟京剧协会 91b
艺术普及工作 91b
诗教创先 91b
诗词创作 91c
《润州诗词》《风雅润州》诗集付梓 91c
何春华《向左向右》作品研讨 92a
纯子获全球汉语爱情诗大赛奖 92b
罗戎平出版《地域的文化立场》 92b
姚凤英出版散文集《野草萋萋》 92c
姜国强出版散文集《家乡的船》 92c
物价管理 118c
概况 118c
行政审批制度改革,建立健全收费监管制度 118c
行政事业性收费事中事后监管 119a
平价商店提档升级,开展平价惠民365宣传月活动 119b
物业、停车收费管理 119c
完善价格监测体系 120a
市场价格检查,维护市场价格稳定 120b
节日期间政策提醒会 120b
商品房销售明码标价专项检查 120b
教育收费专项检查 120c
涉企收费专项检查 120c
价格举报工作 120c
拓展价格认证领域,提高认证业务水平 120c
"两学一做"活动 121a
支部党建工作 121b
惠民大走访活动 121b

X

信访工作 49a
概况 49a
加强接访下访,减少矛盾激化上行 49b
加强基层基础,维护良好信访秩序 49b
加强隐患排查,着力源头预防化解 49c
加强积案攻坚,切实提高办结率 49c
加强人员稳控,确保敏感时期安全 49c
新任区级党政领导 195
宣传工作 44a
概况 44a
项目化推进机制 46c
对外宣传工作 46c
典型培树 46c
网络社会组织工作 46c
宣传系统"业务沙龙" 46c

Y

幼儿教育 152c
概况 152c
润州区幼儿园基本情况表(2017年) 表14 153

Z

政法委及综治工作 98a
概况 98a
全区政法工作会议 99b
"政法干警永远忠于党"主题教育活动 99c
全区社会矛盾和安全隐患大排查大整治 99c
"锣声敲响30年·平安润州谱新篇"主题活动暨"平安锣"表彰 99c
政府 61
政协 69

政协润州区第六届委员会主席、副主席、秘书长工作分工 69
政协润州区第六届委员会常务委员会 69
政治建设 16b
　概况 16b
职业教育 155a
　概况 155a
致公党润州总支委员会 83a
　概况 83a
中共镇江市润州区第八届委员会委员、候补委员名单 37
中小学教育 154a
　概况 154a
　润州区中小学基本情况表(2017 年) 154
重点学校、幼儿园介绍 156b
　镇江市朱方路小学简介 156b
　金山水城幼儿园简介 156c
重要会议 39b
　中共润州区第八届委员会第三次全体会议 39b
　中共润州区第八届代表大会第二次会议 39c
重要会议 57a
　区人大常委会议 57a
　区人大主任会议 57b
　区第九届人民代表大会第二次会议 57c
　区人大常委会会议情况一览表(2017 年) 表 4 58
　区人大常委会主任会议情况一览表(2017 年) 表 5 59
重要会议 62a
　润州区政府召开政府组成人员全体(扩大)会议 62a
　区政府常务会议 62c
　润州区政府重要会议一览表(2016 年) 表 6 63
重要会议 72a
　抢抓机遇 奋发作为 开拓同城化背景下润州产业发展新空间 72a
　关于打造教育现代化强区的建议案 72b
　关于加快设立润州区产业引导基金的建议案 72b
　区政协委员构成情况表(2017 年) 表 7 73
　区政协常委会会议情况一览(2017 年) 表 8 73
　区政协主席会会议情况一览表(2017 年) 表 9 74
重要文件选录 204
住房管理 135b
　概况 135b
　重点工程房屋征收拆迁 135b
　富润华庭五期安置房小区竣工 135c
　扬溧高速南出入口安置房(兴润家园)竣工 135c
　紫园安置房小区建成交付 135c
　危旧房解危工作 136a
　住房保障工作 136a
　住宅小区物业管理工作 136b
　国信停车场项目竣工 136b
　润州区 6 个老小区物业提升改造竣工 136b
综合服务和协调工作 63a
　区政府办公室工作 63a
　外事工作 65b
　为民服务公开电话与效能监督工作 65c
综合管理 112
综述 38a
　概况 38a
　区委办公室工作 38c
　保密工作 39a
综述 54a
　概况 54a
　重要视察活动 56c
综述 69a
　概况 69a
　聚焦中心任务,服务城市发展 70a
　坚持履职为民,增进民生福祉 70b
　丰富监督形式,注重发挥实效 71a
　加强自身建设,提高履职能力 71b
　政协六届二次全体会议 71c
综述 75a
　概况 75a
　严把“三道关”,确保“廉洁”过“廉节” 76a
　夯实基层纪检监察组织建设 76b
　“阳光纪检 执纪为民”走访专项行动 76c
　学习中共十九大精神 76c
　部署区委第二轮巡察工作 77a
　巡察整改制度 77b
　“村账镇管”全覆盖,多措并举防违纪 77c
　提升信访案件查办质量 78b
　查办案件统计表(2017 年) 表 10 78
综述 142a
　概况 142a

综述 151a
概况 151a
总工会 87a
概况 87a
“微创新”工程 87a
职工技能竞赛 87b
构建和谐劳动关系 87b
区总工会与工商联联席会议制度 87c
评选润州区首届劳动模范 88a
“菜单式”培训 88a
组织工作 40b
概况 40b
“三聚三提五创”开展 41a
干部教育格局常态化 41b
“润苗工程”实施 41b
中层干部选拔任用规范 41c
“两学一做”学习教育常态化制度化 41c
红色形象体系建设 41c
“书记项目“高标实施 42a
村社干部队伍建设 42a
“示范集群“分类打造 42b
校地合作 42c
党的基层组织数量情况和换届情况 表1 43
党员基本情况 表2 43
党员学历构成情况 表3 44
组织机构及领导人名录 17b

润州区诗协作品选

赞改革开放伟大成就

王汝斌

卌载沧桑巨石磐，艨艟驶过万重滩。

神舟逐日蓝天站，母舰追风碧海澜。

外贸商机功烁烁，中华好景路漫漫。

家和惠实民安乐，举世讴歌刮目看。

镇江润州长江村镇银行

镇江润州长江村镇银行股份有限公司（简称镇江润州长江村镇银行）是由武汉农村商业银行作为主发起行，经中国银监会镇江监管分局批准，具有独立法人资格的新型农村商业银行。注册资本人民币2亿元，2015年2月5日正式对外营业。城南支行已于2017年8月28日正式对外营业。

该行位于镇江的主城区和行政中心所在地——润州区，营业场所面积达1500平方米，开设4个营业窗口,办公场所环境优美、营业大厅宽敞明亮、软硬件设施完备、服务功能齐全。该行以先进的农村金融经营管理理念、完善的管理模式、丰富的金融产品、优质高效的金融服务，积极推动润州区经济的快速发展。该行积极按照《江苏银行业普惠金融文明规范服务乡镇星级网点评定标准》开展星级网点的建设工作，并以此项工作为契机大幅提升服务品质，成功打造江苏省三星级网点，向社会展示该行的特色文化内涵和良好精神风貌。业务范围包括：吸收公众存款，发放短期、中期和长期贷款，办理国内结算，办理票据承兑与贴现，从事同业拆借，从事借记卡业务，代理发行、代理兑付、承销政府债券，代理收付款项及代理保险业务，经银行业监督管理机构批准的其他业务。

该行依托主发起银行——武汉农村商业银行先进的网路系统支持，业务系统平台建设稳步推进。镇江润州长江村镇银行的经营宗旨是：恪守信用，合法经营，积极参与金融市场竞争，以安全性、流动性、效益性为经营原则，以服务“三农”、小微企业、区域经济发展为目标，向社会提供优质、高效的金融服务，促进经济繁荣及各项事业发展。

镇江市农业产业化经营龙头企业

镇江市五峰茶场

镇江市五峰茶场地处镇江市西郊、五洲山北麓，属宁镇丘陵地区。茶场创建于1986年2月，茶园面积62公顷，分布在五洲山坡上，生态环境极佳，茶树优良品种率达90%以上，茶园方圆5公里内无工业“三废”排放企业。茶场年产各类绿茶23吨，品种包含：五峰黄金芽、五峰白茶、五峰迎春茶、金山翠芽茶、五峰香怡茶;产销率高达100%，历年来呈现供不应求的趋势。镇江市茶场是镇江市市级农业产业化经营龙头企业，中国茶叶学会首批命名的全国12家“茶叶科技示范基地”之一。茶场先后通过无公害农产品产地和产品认证、绿色食品认证，并在全省茶叶企业首批通过QS市场准入质量安全认证。

茶场产品品牌响、质量优。茶场拥有的“彭公”牌商标和“五峰迎春”牌商标双双被评为“江苏省著名商标”；“五峰迎春茶”被评为“江苏名牌农产品”。“彭公”牌“金山翠芽”“五峰迎春”茶在国际名茶评比中多次荣获金奖。在国内各级别，国家级“中茶杯”、省级“陆羽杯”、市级“三山杯”名特茶质量评比中连续多年荣获特等奖、一等奖。

开展创新产业链上学习教育活动

制茶车间

金山翠芽 五峰香怡 五峰迎春 五峰白茶

金山翠芽

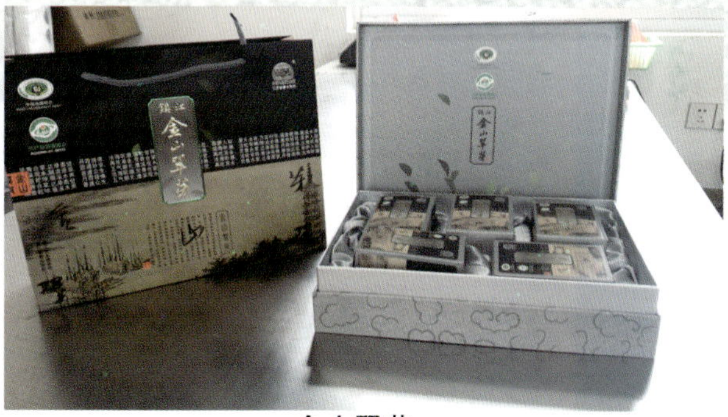

金山翠芽

五峰迎春

五峰白茶

五峰香怡

采茶

镇江市黄山园艺良种场
镇江市金黄实业总公司

总经理　朱邦政

镇江市黄山园艺场又名镇江市金黄实业总公司，位于镇江市南山路33号。下辖企业中年销售额1亿元以上企业2家，外贸出口企业3家。

2017年，在区委、区政府的领导下，按照区委、区政府的工作要求，紧紧围绕全年目标任务，以习近平新时代中国特色社会主义思想为统领，咬定目标不放松,发扬团结、民主、勤廉、奋进的黄山精神，坚持稳定、发展不动摇，围绕工作重点，积极做好各项工作，下辖企业实现工业销售4.64亿元，实现利税7147.9万元。

组织党员干部开展“两学一做”学习教育活动

场党委班子开展党风廉政教育活动

开展红船重温入党誓词活动

开展走进一大会馆现场党课活动

润州区宝塔路街道黎明社区

社区党委书记　吴爱民

润州区宝塔路街道黎明社区地处镇江城区南端，东至黄山东路，南靠南山风景区，西至老黄山南路，北依沪宁铁路线。辖区占地0.81平方公里，常住人口1.3万人，有小学和幼儿园各1所，企事业单位2家，大型生活夜市公园1个。社区所辖六个成熟封闭小区及部分零散楼栋，五个成熟封闭小区分别是亚东朴园、景天花园、红星牡丹园、红星瑞香园、样板安置小区红星桃花源。

社区连续被评为“省级文明社区”,多次荣获市级“双拥模范社区”、市级“退休人员社会化管理服务示范点”、市级“廉政文化示范点”、连续被评为人口和计划生育工作市级“示范社区”等多项荣誉称号。

社区两委组织学习十九大精神

职业体验小小消防员

大学生社会实践老少同乐

党员活动参观革命纪念碑重温入党誓词

润州区和平路街道新金江社区

红色形象体系建设党建展览厅

党员主动结对困难群众，并发放结对帮扶联系卡

润州区和平路街道新金江社区联合党委成立于2010年9月，下辖金江村、长江村、金江社区3个党支部，有党员130人。社区现有居民1179户、3556人，其中涉渔人口700余人，上岸渔民2800余人。金江村、长江村是镇江目前从事长江捕捞的专业渔业村，所辖水域捕捞范围上至句容大道、下至丹阳新河口，沿江一线水域约90余公里。2017年，社区联合党委以区委红色形象体系建设为契机积极打造红色渔文化的社区名片，不断推动渔民党建在拓展党群阵地、浓厚红色氛围、深化融城服务等方面探索和延伸，着力打造一座党旗红、百姓安、产业富的魅力滨水新城。

联合辖区企业，召开失水渔民专场招聘会

红烛义工全家福

“华庆富书记工作室”团队

润州区官塘桥街道平山村

村党总支书记 张义成

村党总支副书记、村委会主任 邱振宇

官塘桥街道平山村位于沪蓉高速南出入口，北与南山风景名胜区管理委员会五凤口社区交界，南与秀山村接壤，东与大港新区丁卯街道毗邻，是官塘新城建设的核心区。全村总面积6.7平方公里，下辖21个村民小组，1297户居民，常住人口3479人；党总支下属4个党支部，共有党员109名。

近年来，该村“两委”班子，以中共十八大、十九大精神为指导，深入贯彻习近平总书记系列重要讲话精神，坚持走群众路线，紧密围绕街道党工委、办事处的工作部署，率领全体党员干部抢抓机遇，转型升级，圆满完成了年度制定的工作目标。促使村级经济社会快速、稳定、可持续发展，全村各项工作呈现良好发展局面。先后获得江苏省社会主义新农村建设示范村（2014年）；江苏十佳草莓基地（2015年）；江苏省文明村（2016年）等多项荣誉。

围绕官塘新城建设，至2015年底平山村21个自然村已经全部拆迁完毕，为加快经济转型，平山村利用村级资产在秀山美苑、南山一品和远洋地产等地购置门面房进行招商引商，并提供优惠政策，鼓励本地村民创业，目前已成功招引商铺34家，实现了集体资产的保值、增值和村级经济可持续发展。

开展学习十九大系列活动

开展集中救助活动，向残疾人发放特殊补助

开展失地农民技能培训

村干部义务清洁小区

给老年村民买意外保险

平山姐妹艺术团文娱演出现场

润州区官塘桥街道秀山村

村党总支书记 吴志坚

秀山村地处官塘桥街道东南，距离镇江市中心约8公里，东与沪宁城际相邻，南接338省道，西至镇南立交桥、市农批市场，北与润州茶场、平山村交界。属丘陵山区。全村占地面积6平方公里，下辖9个自然村（已全部拆迁），19个村民小组，共有农户760户，农业人口约2350人，耕地面积54.67公顷。全村工业销售5680万元，工业利税210.6万元，三产营收额9.5亿元，三产利税4120万元，农民人均收入23680元。流转高家组、韦巷组、马湾（3、4、5组）、廖家3组土地约86.67公顷，征地安置约2200余人。全年，在各类媒体刊登稿件50余篇。为35位失地农民实现再就业。办理失地农民养老保险207人。针对外来务工人员举办农批小候鸟课堂。2017年，获得省级创业示范村（社区）、镇江市人社基层服务标准化建设示范平台等称号。

村党总支副书记、村委会主任 朱明辉

非遗太平花灯展演

返乡大学生开办小候鸟暑期课堂

蔬菜安全检测服务上门

非遗秀山号子展演

秀山产业楼

润州区官塘桥街道官塘桥村

官塘桥村位于镇江市南大门，是官塘桥街道办事处驻地，全村面积3平方公里，下辖9个村民小组，总人口1503人。几年来，随着官塘新城建设的推进，全村已拆迁847户、34.52万平方米、安置失地农民1152人、回迁安置1117套房屋。沙山公园租地16.67公顷、环山路租地18.67公顷，全村共征地约146.67公顷。固定资产7807.53万元，年经营性收入324万元。集体资产有远洋香奈城售楼处1656平方米、创业楼6650平方米以及板桥1000平方米商办用房等。随着官塘新城项目的进展，该村围绕基础设施建设、民生事业、经济发展等重点工作，取得显著成绩，重点打造了“南山翠茗”“林隐白茶”等中高档茶叶品牌。远洋创业楼为自主创业人员提供创业平台，目前已有多家公司入驻。该村开拓创新工作思路为群众做实事，制定了《官塘桥村大病医疗救助机制实施办法》《大学生奖励助学办法》《低收入老年人生活补贴办法》《合作医疗兜底办法》《扶持村民再就业办法》五大惠民举措。先后获得“全国综合减灾示范村”“全国科普惠农兴村先进单位”“江苏省优秀科普惠农服务站”“江苏省民主法治示范村”“镇江市社区综合文化服务中心示范点”“润州区双强‘四星’级先进党支部”等多项荣誉。

官塘桥村党总支书记、村委会主任 朱荣平

组织党员学习十九大

走访了解困难家庭情况

洋学生走进茶博园体验茶艺

组织开展招聘会

为村民义务修家电

“官塘驿站”表演队演出现场

润州区官塘桥街道宝平社区

社区党支部书记 徐 毅

宝平社区于2015年11月19日正式揭牌成立，位于镇江市谷阳路18号南山一品13幢，建筑面积为1800平方米。东临宝平路，南临周湾路，北靠谷阳路，西邻官山路。辖区有秀山美苑和南山一品两个住宅小区，总人口约5000人，是一个集拆迁安置居民、中档消费小高层居民和高档消费别墅区居民为一体的多元化社区。

社区以标准化建设为抓手，以“平安和谐温馨型社区”为目标，以“围绕服务抓党建，抓好党建促服务”为宗旨，设立“一站式”服务大厅、建立信息研判制度、拓宽民意收集渠道，实施全程代办服务，为居民办理各项业务提供便利。2017年年底，在秀山美苑外建成近5000平方米集党建宣传、历史长廊、体育文化、亲子娱乐为一体的综合性宝平文化广场，开展了阳光绿苗温暖行动、雷锋精神伴我行、消防安全知识进社区、航天科普知识进社区等主题鲜明、内容丰富、形式多样的群众文化教育活动，营造社区浓厚的文化氛围。社区先后获得江苏省民主法治示范社区、镇江市廉政文化建设示范点、镇江市科普示范社区、镇江市人社基层服务标准化示范平台、镇江市优秀基层综合性文化服务中心等多项荣誉。

党支部开展“七一”系列活动

党员志愿者向居民收集意见建议

消防安全科普知识进社区

开展“中医养生”科普活动

宝平文化广场

社区娃娃学习航空知识

社区文艺队广场演出

润州区官塘桥街道远洋社区

社区党支部书记 鲍水靖

社区党支部副书记、居委会主任 孙俊

深入辖区工地开展法律维权服务

追忆红色岁月，歌颂党的恩情

远洋社区位于镇江市南大门，沪宁高速出口东侧。东自官山路，西至官塘桥路，南自四平山，北接谷阳路，环境优美，交通便利。辖区总建筑面积51万平方米，户籍159户，实际入住1532户，4350人。

社区成立于2016年12月，党支部目前有正式党员18名，社区服务中心面积960平方米。社区以红色阵地建设为契机，按照区委有关红色形象体系建设“六个有”“四统一”的总体要求进行规划建设，处处凸显红色党建氛围。以党建带群建为基础，处处体现红色元素，社区党群服务中心建设力争在2018年全部完工启用。

社区将打造一个宜居、安居、乐居的社区环境，为辖区群众建设一片“幸福蓝海”。与社区医院共建，建设集老年健康、康复训练、棋牌娱乐、助餐服务等功能为一体的居家养老服务中心，使孤寡老人、“空巢老人”的身体健康、生活照料有着落。开展假日课堂活动10余次，其中赴市地震台科普活动图片刊登人民日报头版。一年来，社区已开展涉及健康医疗、环境卫生、帮扶弱老、青少年活动、就业帮扶等5个大类的活动，将努力打造成官塘新城的明星服务社区。先后获得“省级创业型社区”“市级科普示范社区”等荣誉称号。

“七一”社区党员赴南京雨花台参观学习

到市地震台开展“防灾减灾伴我行”科普活动

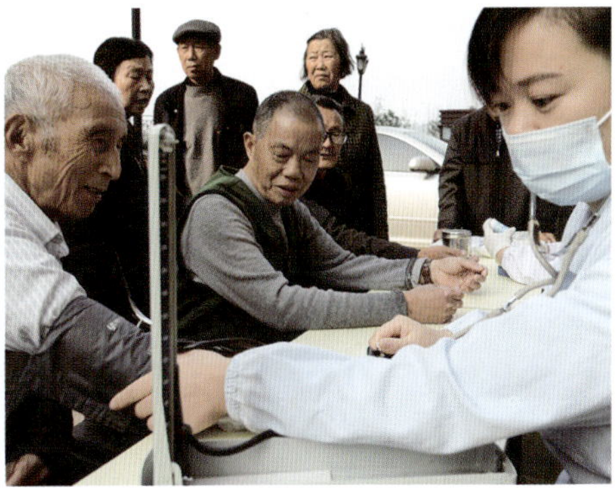

义诊进社区，健康助老行

HELIN 润州区南山

区主要领导到社区现场指导工作

鹤林社区隶属南山街道，地处南山风景名胜区，紧邻镇江市区，因始建于东晋时期的鹤林寺而得名。辖区总面积约2.5平方公里，总户数约480户，户籍人口1350余人，党员67名。2008年以来，随着城市建设的快速发展，社区除个别小组外相继拆迁，其中位于南山北部景区核心地带的原珍珠、水库、招隐花苑等居民小组拆迁后，南山北入口建设成为市民休闲健身的城市公园，社区居民安置到了红星桃花源、瑞香苑、康湾山等小区。

社区党支部始终发扬团结、奋进的优良传统，坚持把抓好班子建设、带好队伍作为支部工作的基础，扎实开展“两学一做”学习教育,不忘初心、牢记使命、服务居民，以抓好党建带动各项工作的开展，引领社区治理。自2015年8月回归润州后，为破解社区治理、发展难题，通过实施一批事关民生的城建项目调剂安置，圆了社区居民的安居梦，促进了社区的和谐稳定；通过盘活社区集体资产，发展城市经济，增加集体收入，更好地服务居民；通过开展主体鲜明、内容丰富的活动，宣传社区的好人好事，弘扬正能量。

下一步，社区将按照区委推进红色形象体系建设的要求，对社区党群服务中心进行改造升级，完善硬件设施。通过挖掘鹤林深厚的历史文化底蕴，以党建+文化，提升党建工作软实力，让社区的发展更多地惠及社区居民，增强社区居民的获得感。

街道主要领导为社区党员上党课

社区干部组织除冰铲雪，方便居民出行

党员和居民代表会议

街道鹤林社区

南山北入口

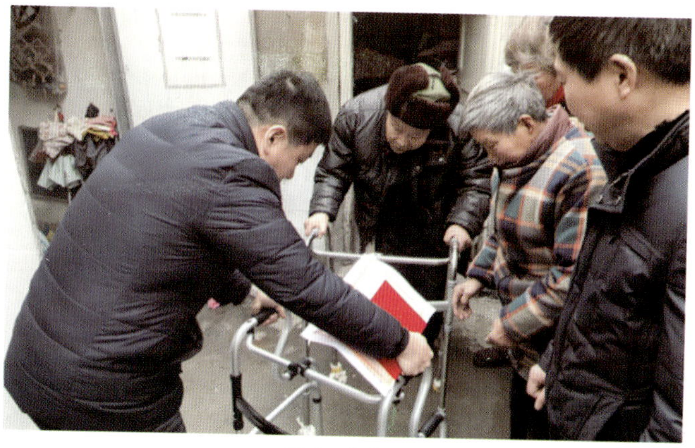

慰问残疾居民

社区党员开展“七一”学习教育活动

开展少儿读书会活动

社区党群服务中心

润州区蒋乔社区卫生服务中心

领导莅临考察指导

进社区义诊、宣传

蒋乔社区卫生服务中心位于润州区檀山路10号万科社区，建筑面积约4000平方米。中心现有在职职工38人，其中卫生技术人员35人。

本着“小病在社区、大病进医院、康复回社区、健康进家庭”的原则，本中心积极开展医疗、预防、保健、康复、健康教育、计划生育技术指导“六位一体”的综合性服务。承担万科社区、檀山社区、蒋家门社区、乔家门社区、嶂山社区、严庄社区、七里社区、凤凰家园社区等8个社区居民的基本医疗保障和基本公共卫生服务工作，服务人口约2.8万人。

基础设施现代化。中心拥有数字化摄影系统、全自动生化分析仪、彩色B超、五分类血球计数仪、全自动尿液分析仪、电子阴道镜、微波治疗仪、耳声发射听力筛查仪、视力筛查仪、同视机及各种康复设备。安装了排队叫号、自助挂号、预约转诊、HIS系统、智能自助体检等信息化系统，打造数字化社区卫生服务中心，满足辖区居民的基本医疗需求。

基本医疗规范化。中心为居民提供连续、便捷、主动全程的基本医疗服务。实施基本药物制度并实行药品“零差价”销售；对行动不便的患者提供上门送药、上门体检等服务；为特困人群实行医疗救助，实行“五减免、五减半”等惠民措施。强化医患沟通，建立医患沟通机制，最大限度减少医患矛盾，深受居民的好评。

基本公卫均等化。积极主动向辖区居民推行健康零距离服务。由责任医生、公共卫生医师、社区护士等医务人员组建了5支“3+X”家庭健康责任团队，为辖区内8个社区实行网格化管理，免费为居民提供14大类55项社区基本公共卫生服务项目。

进幼儿园健康教育宣传

进社区健康教育宣传

润州区宝塔路社区卫生服务中心

康复集团内分泌科主任医师吴晨光、糖尿病首席专家亲自到中心为家庭医生签约患者进行健康咨询

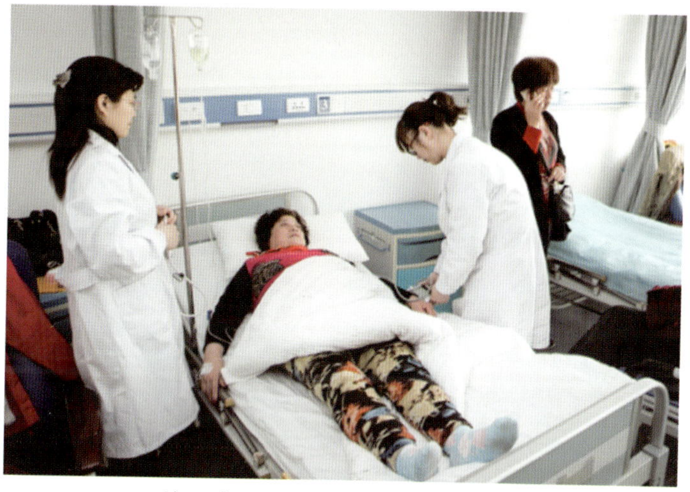
第四人民医院神经内科主任专家查房

家庭医生签约

润州区宝塔路社区卫生服务中心是政府投入新建的现代化、高标准的社区卫生服务中心。开展预防、保健、健教、康复、计生、医疗，“六位一体”功能的基层卫生服务工作，是康复医疗集团全科医师规范化培训基地。中心建筑面积3700平方米，中心现有职工60人，其中，卫生专业技术人员54人，高级以上职称4人，承担辖区内51072人的基本医疗和公共卫生服务。2017年，中心就诊达15.22万人次，总收入2756.17万元。

中医馆是中心特色专科，原江苏大学附属医院陈太峰主任医师、原康复医疗集团徐太华主任医师、原中医院骨伤科副主任医师谢六生等名中医长年坐诊。有了这些名医的传帮带，大大提升了中心的中医药服务能力。利用养生保健、食疗药膳、运动功法、体质调养等方法，深入为辖区内老年人和0~36个月儿童开展中医药保健与健康指导服务。中心引进的中医体质辨识系统开展了中医治未病工作，将中医药工作与健康教育、社区康复、预防保健等工作相结合，取得了较好的成效。2017年，中医馆就诊26623人次，中草药收入222.45万元，中医治疗收入246万元。

中心抓住第四人民医院神经内科康复联合病房建设的契机，推进医院优质服务向社区延伸，满足社区老年病患者、康复期患者、长期卧床患者生活照料、医疗护理、康复训练的需要，缩短患者在大医院住院时间，让患者享受社区优厚的医保政策，从而减轻患者家庭负担。利用信息化数字平台，通过“患者不动，标本动、信息动”的方式，实现了基层首诊、便捷就医、高效、优质服务的模式。

中心结合康复医疗集团有利的平台，开设了糖尿病全—专联合门诊。由康复集团内分泌科主任医师吴晨光、糖尿病首席专家亲自来中心为家庭医生签约患者进行健康咨询、开展个性化康教育及综合干预等服务。逐步形成“让家庭拥有医生，让医生走入家庭”的和谐服务新模式。

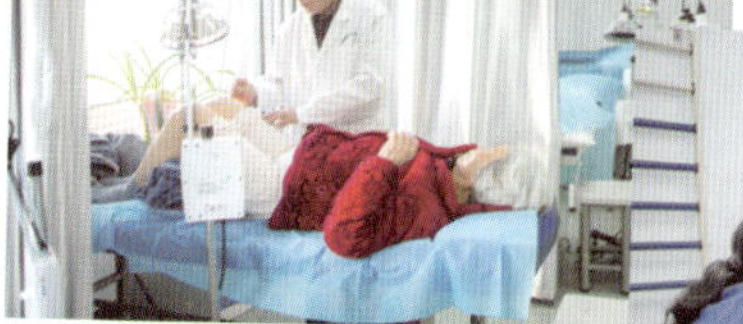
宝塔中心特色专科

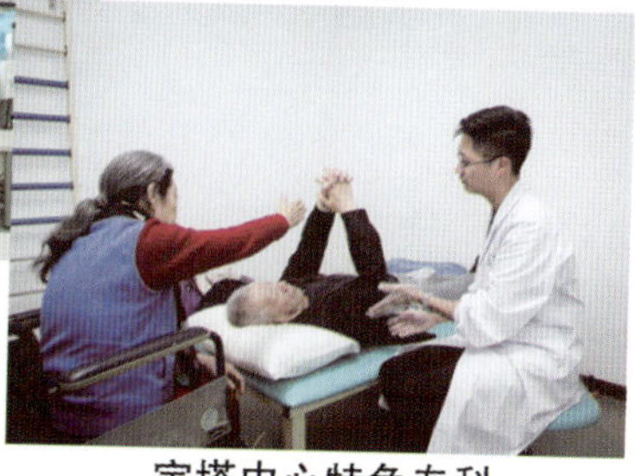
宝塔中心特色专科

润州区黎明社区卫生服务中心

润州区黎明社区卫生服务中心是由市、区两级政府共同出资4200万元新建的现代化、高标准的社区卫生服务中心。中心建筑面积4237平方米，中心现有职工70人，其中卫生专业技术人员64人，高级职称5人，承担辖区内4.2万余人的基本医疗和公共卫生服务。2017年，中心门诊数达17万人次，总收入为2600多万元。

江苏省卫计委主任谭颖调研黎明社区卫生服务中心

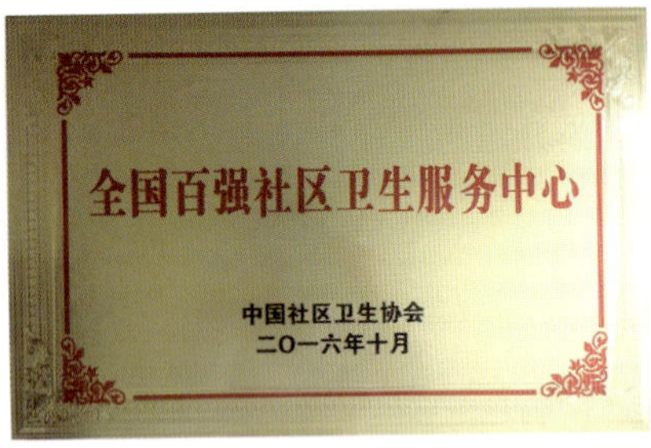

中央改革办督查家庭医生签约服务工作

开展“旗帜鲜明讲政治”专题党课活动

与镇江康复眼科医院签订眼科专科联盟

开展“健康中国 · 科普助力”专科义诊宣传周公益活动

组织党员迎“七一”活动

镇江市港龙交通工程建设有限责任公司

镇江市港龙交通工程建设有限责任公司成立于2009年，由原润安工程公司改制而来，注册资本5188万元人民币。公司是通过ISO：9002国际质量体系认证的国家建筑二级资质企业,具有道路工程设计与施工、市政公用工程施工等一体的综合施工能力。公司职工280余人，其中工程技术人员95人，高级职称5人，中级职称25人，初级职称65人，具有一流资质的项目经理12人。公司拥有机械设备125台，设备总功率4300千瓦。公司拥有水稳拌合楼壹座，年生产能力50万吨。多年来，公司解放思想、深化改革，强化管理，依靠科技进步，不断提高科技装备水平，为镇江的城市建设作出积极贡献。

淮安钢板桩防护工程

建连云港至镇江铁路站前工程

云南东格高速公路土建 3 标项目路基土石方工程

Midea
美的置业
南徐繁华
MIDEA
CITY
HOTLINE
0511 8082 8888

美的城 Midea City ·3街区
盛境智未来
约100-140平方米 智慧精工高层
献一座城
上：润州区南徐大道与朱方路交汇处
第20180045号。本宣传宣传资料为要约邀请，有关内容以双方签订合同为准。

TAIGU LEGENDS
协信® 太古城 | 星光里 STARLIGHT WALK

TAIGU LEGENDS

强强联合 启迪协信在中国

启迪协信科技城投资运营商

启迪协信成立于 2015 年 6 月 10 日，由千亿级科技服务企业启迪控股与中国房地产开发企业 100 强协信集团实施“地产战略整合重组”成立。源于清华，致力于成为全球领先的科技园投资运营商。

中国科技地产行业标杆企业

启迪协信荣膺“2018 中国产业园区运营优秀企业”“2018 中国科技地产行业标杆企业”双项殊荣。

———— 协信控股官网

协信商业集团
中国领先的城市运营专家和资产管理专家

采用前瞻开发视野、创新商业模式，追求自然、人与城市的和谐，打造具有协信特色的商业地产，引领生活及消费的升级。目前已经开发和管理超过 70 个城市综合体，不断带动当地城市及区域发展。

日常需要的丰盛生活

性，集成周边各类生活配套与自然资源，打
客户提供满足多元化日常需要的丰盛生活，
的发展。

为镇江人民共创美好生活

同时，随着大港、润州区、京口区项目的落地，镇江万科也在不断践行城乡建设与生活服务商，为镇江人民共创美好生活，2018年，万科企业股份有限公司跻身《财富》世界500强第332位。

润州区摄影家协会

2017 摄影家协会主要工作

2017年，润州区摄影家协会高扬社会主义核心价值观的旗帜，引领广大摄影爱好者，坚持以人民为中心的创作导向，坚持用优秀影像作品讴歌新时代，用精品力作与人民分享，积极进取，奋发作为，立足润州开展摄影创作，围绕中心工作开展摄影服务，取得一定的成绩。

协会与区政协文史委合作，完成了《影像润州》画册的拍摄和编辑工作。该画册以全新的视角展现古今润州的风貌，是记录润州的影像资料，也是宣传润州的好读物；协会与江苏镇江润州工业园区合作，历时一年多拍摄和编辑的《江苏镇江润州工业园区十年影像纪实》画册，较为全面的展现了园区建设的历程，发展的成果，同时留下一批珍贵的影像资料；协会与区水利局合作成功举办了第三届“水韵润州”摄影大赛；协会与区残联合作，组织会员深入到十户有残疾人的家庭中拍摄服务，并在春节前将装裱的照片免费赠送，深受欢迎；协会与润州区公安分局合作，多次组织骨干会员随警创作，用生动的影像作品展现公安干警的英姿。

会员严勇进、刘茂春、宫宪伟、杨催民等不畏艰苦，克服重重困难，经过十六个省、市、自治区，途经越南、老挝、缅甸、哈萨克斯坦、蒙古国、俄罗斯六个国家，历时55天，总行程3万多公里，完成了环中国边疆摄影创作自驾游的壮举。

会员罗秀龙荣获镇江市优秀文艺工作者称号；会员陈岗被镇江市公安局聘请为随警创作员。

一年来，协会在会员发展和晋级上做好服务，全年发展区级会员10多人，有4位会员成为市级会员，有5人成为省级会员。

过去的一年，会员创作成果丰硕，有40余幅作品在各级摄影大赛中获奖和入选。

环中国边疆摄影创作自驾游/严勇进、刘茂春、宫宪伟、杨催民